U0871001

行走

溯源燕赵历史
锤拓京畿文化

——<上>——

丁伟·主编

河北出版传媒集团
河北教育出版社

图书在版编目（CIP）数据

行走：溯源燕赵历史　锤拓京畿文化 / 丁伟主编.
石家庄：河北教育出版社, 2024. 11. -- ISBN 978-7
-5545-8608-2

Ⅰ. K292.2

中国国家版本馆CIP数据核字第202453YN27号

书　　名 / 行走——溯源燕赵历史　锤拓京畿文化
XINGZOU——SUYUAN YANZHAO LISHI　CHUITA JINGJI WENHUA
主　　编 / 丁　伟

总 策 划 / 崔　海
策　　划 / 董素山　孙海新
委　　员 / 庞家兵　赵　萌　汪雅瑛　胡若辉　杜丽敏　郑　学
文字撰稿 / 赵　辉
图片摄影 / 刘国锋
视频拍摄 / 王建喜　张雯雨
视频剪辑 / 任　杰　赵　慧
统　　筹 / 高沛毅　贾　庄　陈　扬

出版发行 / 河北出版传媒集团
河北教育出版社
石家庄市联盟路705号　邮编 050061
出　　品 / 北京颂雅风文化传媒有限责任公司
北京市朝阳区望京利泽西园3区305号楼
邮编 100102　电话 010-84852503
责任编辑 / 孙海新　汪雅瑛　陈爱儿　赵　磊　闫　璐　康紫苏
特约编辑 / 弓翠平
装帧设计 / 郑子杰　秦　华　肖　曼　边雪彤
印　　刷 / 北京永诚印刷有限公司
开　　本 / 889mm × 1194mm　1/16
印　　张 / 55.5
字　　数 / 647千字
印　　数 / 1—2000
版　　次 / 2024年11月第1版
印　　次 / 2024年11月第1次印刷
书　　号 / ISBN 978-7-5545-8608-2
定　　价 / 980.00元
版权所有　翻印必究

前言

今年，河北博物院的一块石头火了，那是两千三百多年前的刻石，来自河北平山县三汲乡，那里是战国时期古中山国灵寿城所在地。这块并不漂亮的石头名叫“守丘刻石”，上面刻着十九个字：“监罟尤（囿）臣公乘得，守丘亓（其）（旧）（酒）（将）曼，敢谒后尗（俶）贤者。”[1] 两个平凡的守墓人，一个叫公乘得，一个叫臼将曼，他们在孤独的日子把目光投向无穷的未来，在这块石头上刻下对后世贤者的问候。网友们因此称之为“来自两千三百多年前的漂流瓶”。

东晋王羲之在《兰亭集序》里说：“后之视今，亦犹今之视昔。”[2] 中国自古的圣贤们，就是一面回望过去，敬畏前辈的创造，接续文明的灯火，观古以鉴今；一面展望未来，关心着国家的命运，创造子孙后代的福祉。铭刻在文化基因里厚重的人文关怀，奠定了我们中国文化的底色。

守丘刻石是燕赵大地上无数文化遗迹中的一个。众所周知，河北是中华文明的重要发祥地，上下五千年里圣贤辈出，名胜古迹众多，历史文脉源远流长。涿鹿之战、尧帝伊始、战国争雄、秦皇雄关、汉唐烽火、宋元兵戎、明代迁徙、清宫风云在这里上演；儒学、文学、艺术、数学、天文、医学、建筑、宗教在这里荟萃；红色太行、壮美长城、诚义燕赵、神韵京畿、弄潮渤海，新中国从这里走来，现代人文精神和区域文化在这里发展……作为一个河北人，每当有人问起我们是哪里人，回答这个问题，其实也是在回答“我是谁”这个永恒的问题，从文化认同到文化自信，从文脉传承到文化复兴。燕山太行，苍苍莽莽；滦河漳水，浩浩汤汤；风物多娇，人文煊煌。我们热爱这片土地，所以我们必须记下……

在这个媒体多元化的时代，人们获取信息的方式不计其数，寻找快乐的方式也数不胜数，但我们始终坚信行走的价值。行走，代表着一种虔诚，是对文化印记的寻找，是对先贤行止的追随，是对中华文脉的延续，而更重要的是在行走中体验和记录这一切。“读万卷书，行万里路。”阅读与行走，是人生的两大必修课。用这一套书，把我们的行走变成大家的阅读，又让大家在阅读中与我们一起行走，感受与众不同的河北！

[1] 李晓东：《中山国守丘刻石及其价值》，《河北学刊》1986 年第 01 期。

[2] 吴楚材、吴调侯选编《古文观止》，中国文史出版社，2014，第 288 页。

目录

直隶风云

文 / 赵辉

进入保定莲池区裕华路，
路中央两根朱红的旗杆拔地而起，
在周边相对低矮的建筑中显得高入天际，
那气势告诉你：
“下车、下马，老实走过来磕一个！”
这种盛气加持的地方，
也就只有直隶总督署了。

引子

进入保定莲池区裕华路，路中央两根朱红的旗杆拔地而起，在周边相对低矮的建筑中显得高入天际，那气势告诉你："下车、下马，老实走过来磕一个！"这种盛气加持的地方，也就只有直隶总督署了。

不过，比起直隶总督署来，这旗杆比较年轻，是民国直鲁豫巡阅使曹锟所建，像一个盛装的年轻人站在不露声色的老爷叔面前，神气但没有阅历的加持。直隶总督署建成于清雍正七年（1729），坐北朝南，建筑分东、中、西三路，中路有大门、仪门、"公生明"牌坊、大堂、二堂、官邸、上房五进院落，东、西两侧为花厅、幕府院、花园等辅助性建筑，既有明、清衙署的典型特色，也参考了皇家宫殿建筑"前朝后寝"的格局安排。直隶总督署经历清代八帝，历任总督七十四人，前后一百八十二年，见证了清王朝从盛到衰的历程，是目前我国保存最为完好的清代省级衙署。

直隶，字面意思就是直接隶属于中央，这个概念产生于宋，北宋王存《九域志》载："利州路有三泉县，皇朝（宋）乾德五年（967），以县直隶京师。"[1]此时的"直隶"还不能作为一个地名，直到明代才开始指代直接隶属于中央的行政区域。明洪武初年（1368—1372），明太祖朱元璋建都南京，以京畿、应天诸府为直隶。明成祖朱棣迁都北京，把直隶于北京的地区称为北直隶，直隶于南京的地区称为南直隶。清王朝建立之后，把南直隶改为江南省，北直隶改为直隶省，并在顺治、康熙、雍正和乾隆四朝不断调整扩充，最终范围涵盖今北京、天津、河北大部、河南东北部、山东西北部、内蒙古和辽宁部分地区。

畿辅重地直隶相当于京师的"防护罩"，对京师的安危关系极大，所以历代直隶总督必须是朝廷信任的能臣和重臣，直隶总督的人选也是统治阶层博弈的重要筹码。直隶总督最早在清顺治十八年（1661）设置，第一位直隶总督是都察院左副都御史苗澄，不过此时的直隶总督侧重军事职能，还不是后世军政大权独揽的角色，并且经常被裁撤或迁移。直至清雍正元年（1723），雍正皇帝为了加强皇权对直隶地方的控制，特授李维钧为直隶总督，全称是"总督直隶等处地方，提督军务、粮饷、管理河道兼巡抚事"[2]，直隶总督才开始成为常设不改的"永制"。到了清乾隆年间，在官方典籍中正式将督抚列于地方官之首，直隶总督则列于全国八督之首，真正集军权、财权、行政权和监察权于一身，成为直隶地方最高军政长官。鸦片战争后，直隶总督又兼任长芦盐政、北洋通商大臣等职，在朝廷内政外交中起到决定性作用。所以，在这一百多年来，直隶风云背后是清王朝的兴衰浮沉，直隶总督署也被称为"一座总督衙署，半部清史写照"。

[1] 陈显远：《直隶制始创于陕西宁强》，《学术论坛》1982 年第 06 期。

[2] 赵尔巽等：《清史稿》卷一百一十六《职官三》，中华书局，1979，第 3338 页。

清雍正元年（1723），
雍正皇帝为了加强皇权对直隶地方的控制，
特授李维钧为直隶总督，全称是
“总督直隶等处地方，提督军务、粮饷、管理河道兼巡抚事”，
直隶总督才开始成为常设不改的“永制”。

保定直隶总督署大门

直隶总督任职简表

朝代	总督任职情况
雍正朝	李维钧－蔡珽－李绂－宜兆熊、刘师恕（协办）－何世璂－杨鲲－唐执玉－刘于义－李卫－唐执玉－李卫－顾琮－李卫
乾隆朝	孙嘉淦－高斌－史贻直－高斌－刘于义－高斌－那苏图－陈大受－方观承－鄂弥达－方观承－杨廷璋－周元理－英廉（冯英廉）－杨景素－周元理－袁守侗－英廉（冯英廉）－郑大进－英廉（冯英廉）－袁守侗－刘墉－刘峨－梁肯堂
嘉庆朝	胡季堂－颜检－姜晟－熊枚－陈大文－熊枚－颜检－熊枚－吴熊光－裘行简－秦承恩－温承惠－章煦－那彦成－托津－方受畴
道光朝	长龄－屠之申－松筠－颜检－蒋攸铦－那彦成－明山－屠之申－松筠－那彦成－王鼎－琦善－穆彰阿－琦善－讷尔经额
咸丰朝	桂良－谭廷襄－瑞麟－庆祺－文煜－恒福－文煜
同治朝	崇厚－刘长佑－官文－曾国藩－李鸿章
光绪朝	张树声－李鸿章－王文韶－荣禄－袁世凯－裕禄－廷雍－李鸿章－周馥－袁世凯－吴重熹－袁世凯－杨士骧
宣统朝	那桐－端方－崔永安－陈夔龙－张镇芳

直隶行政区划表

府名	辖区
顺天府	府治大兴、宛平，辖大兴、宛平、良乡、固安、永清、东安（今安次）、香河、三河、武清、宝坻、宁河、顺义、密云、怀柔、房山、文安、大城、保定县（今属文安）、平谷、蓟县（今属通州）二十县 另辖五散州：通州、昌平州、涿州、霸州、蓟州
保定府	府治清苑，辖清苑、满城、安肃（今徐水）、定兴、新城（今高碑店）、唐县、博野、望都、容城、完县（今顺平）、蠡县、雄县、束鹿（今辛集）、高阳、新安（今属安新）十五县 另辖二散州：祁州（今安国）、安州（今属安新）
正定府	府治正定，辖正定、获鹿、井陉、阜平、栾城、行唐、灵寿、平山、元氏、赞皇、无极、藁城、新乐十三县 另辖一散州：晋州

直隶行政区划表

（续表）

府名	辖区
大名府	府治大名，辖大名（含今魏县）、元城、南乐、消丰、东明、长垣六县 另辖一散州：开州（今濮阳）
顺德府	府治邢台，辖邢台、沙河、南和、平乡、广宗、巨鹿、唐山（今属隆尧）、内丘、任县九县
广平府	府治永年，辖永年、曲周、肥乡、鸡泽、广平、邯郸、成安、威县、清河九县 另辖一散州：磁州
天津府	府治天津，辖天津、青县、静海、南皮、盐山、庆云、兴济（今属青县）七县 另辖一散州：沧州
河间府	府治河间，辖河间、献县、阜城、肃宁、任邱、交河（今泊头）、宁津、吴桥、东光、故城十县 另辖一散州：景州
承德府	府治在今承德，另辖滦平、丰宁、隆化三县 另辖一散州：平泉州，及一散厅：围场厅
宣化府	府治宣化，辖宣化、赤城、万全、龙门（今属赤城）、怀来、西宁（今阳原）、怀安七县 另辖三散州：蔚州、延庆州、保安州（今分属涿鹿、怀来、宣化等）
永平府	府治卢龙，辖卢龙、迁安、抚宁、昌黎、乐亭、临榆六县 另辖一散州：滦州
朝阳府	朝阳府原属承德府，清光绪二十九年（1903）升府，府治在今朝阳，辖建昌、阜新、建平、绥东四县
遵化	州治今遵化，另辖玉田、丰润二县
易州	州治今易县，另辖涞水、广昌（今涞源）二县
冀州	州治今冀州，另辖南宫、新河、武邑、枣强、衡水五县
赵州	州治今赵县，另辖柏乡、隆平（今属隆尧）、高邑、宁晋、临城五县
深州	州治今深州，另辖武强、饶阳、安平三县
定州	州治今定州，另辖曲阳、深泽二县
赤峰	赤峰直隶州原属承德府，清光绪三十四年（1908）升直隶州
张家口	寄治于万全县张家口
独石口	寄治于赤城县独石口
多伦诺尔	治今内蒙古自治区多伦县

注：以上资料来自保定直隶总督署博物馆。

明良相遇

真正意义上的第一位直隶总督李维钧任职不到一年，就在年羹尧案中被牵连，因贪赃枉法、隐瞒财产等罪状被判斩监候，不久病死狱中。从李维钧开始，雍正年间共有十一位官员担任（或署理）直隶总督，其中最被雍正倚重的是唐执玉和李卫。

唐执玉（1669—1733），字益功，江苏武进（今江苏常州）人。清康熙四十二年（1703）进士，授浙江德清知县，随后历任工部主事、给事中、鸿胪寺卿、奉天府府丞、大理寺卿、礼部侍郎、都察院左都御史等，清雍正七年调任直隶总督。唐执玉上任之初，直隶总督署尚未竣工，他作了《新建保定总督公署碑记》，记录了公署建设的缘起和经过。唐执玉为人清廉，为政勤恳，以"厚民生、澄吏治"为己任，特别注重治理水患，重视民生疾苦，经常说："吾才拙，政事不如人，可自力者勤耳。勤必自俭始。"[3] 雍正对他十分关照，进贡的荔枝下来，派人专门赐给唐执玉。唐执玉经常带病工作，雍正就专门派擅长医术的宗人府府丞冀栋带着人参去看他。清雍正八年（1730），雍正在圆明园召见唐执玉，赐其"福"字，并御书"恪恭首牧"匾额，此匾至今还悬挂在直隶总督府大堂之上。清雍正九年（1731），唐执玉因病请辞数次，最终获得雍正许可卸任。清雍正十一年（1733），唐执玉受命再次出任直隶总督，两个月后病逝于任上，享年六十五岁。当时的直隶总督俸禄加养廉银高达两万多两白银，可唐执玉每年的收入自己仅花费十分之三四，其余全部上交国库。他的副手顾琮带僚属处理丧事，发现他的箱子里空无一物，甚至无钱安葬。雍正听到顾琮的报告，禁不住落泪，下旨由国库拨银办理丧事。雍正与唐执玉的君臣关系也成为一段佳话，人们评价说：他们二人之间经常彼此叮咛，关爱程度胜过家人甚至父子，真是古人称道的"明良相遇，千载一时"[4]。

李卫（1686/1688—1738），字又玠，江苏铜山大沙河（今属丰县）人。李卫祖上在明代世袭锦衣卫，但到父辈已经没落，十岁即丧父兄，与母亲汪氏和寡嫂相依为命，所以虽然他有过目不忘的天赋，却没有机会好好读书，而是在社会底

[3] 赵尔巽等:《清史稿》卷二百九十二《唐执玉传》，第 8103 页。

[4] 李桓:《国朝耆献类徵》卷六十八，江苏广陵古籍刻印社，1990，第 128 页。

保定直隶总督署悬挂的御赐匾额

保定直隶总督署的二堂，又称退思堂

层养成了任侠尚武之风。清康熙五十六年（1717），李卫凭借捐纳入仕为官，随后历任户部郎中、云南驿盐道、云南布政使、浙江巡抚、浙江总督等。清雍正十年（1732），李卫出任直隶总督。他能够体察民生疾苦，不畏权势、不徇私情，做事务实公正，在编练新兵、整顿吏治、治理水患和剿除盗匪方面都卓有政绩。最为可贵的是，李卫虽然文化水平不高，但特别注重教育，主持修复古莲池，并受命建立莲池书院，从选址到改建都亲自过问，除雍正下令拨付的款项，他还捐出自己的养廉银，并带头捐出部分薪水，以供书院持久发展。正是有李卫打下的良好基础，莲池书院才得以一度成为“全国书院之冠，京南第一学府”。李卫担任直隶总督共五年零十个月，其间曾因两次紧急事件受命离职，相当于三次督直，最后一任跨越了雍正和乾隆两朝，在清乾隆三年（1738）卒于直隶总督任上。李卫其人性格急躁，经常被人告状说他“使气凌人、骄慢无礼”[5]，但是由于他秉持忠心，做事公正无私，得到了雍正的包容和认可，把他和田文镜、鄂尔泰三人誉为“模范督抚”。

[5] 赵尔巽等:《清史稿》卷二百九十四《李卫传》，第 10336 页。

保定直隶总督署大堂正门

旗镇冀门

清乾隆年间两次担任直隶总督的方观承也是一代名臣。方观承（1698—1768），字遐谷，号问亭，又号宜田，安徽桐城人。他的祖父和父亲因为戴名世《南山集》案牵连，被流放黑龙江卜魁（今黑龙江齐齐哈尔）。年仅十六岁的方观承跟哥哥寄食在江宁清凉山寺，每年要跋涉千里去黑龙江照料祖父和父亲。也正因如此，方观承对南北民俗和要塞详情了如指掌，因为励志勤学被平郡王福彭赏识，在讨伐准噶尔时让方观承作为书记跟随。方观承由此步入仕途，历任内阁中书、军机处章京、吏部郎中、直隶清河道、直隶按察使、直隶布政使、山东巡抚、浙江巡抚等官职，清乾隆十四年（1749）任直隶总督，除了被调任陕甘总督一年外，前后督直隶近二十年，直至清乾隆三十三年（1768）病逝于直隶总督任上。方观承督直隶期间，保护百姓私垦土地的权益，治理直隶五大水系，积极扶植工商业发展。由于直隶境内的永定河、滹沱河、滏阳河、漳河等河水经常泛滥，方

保定直隶总督署的丁香

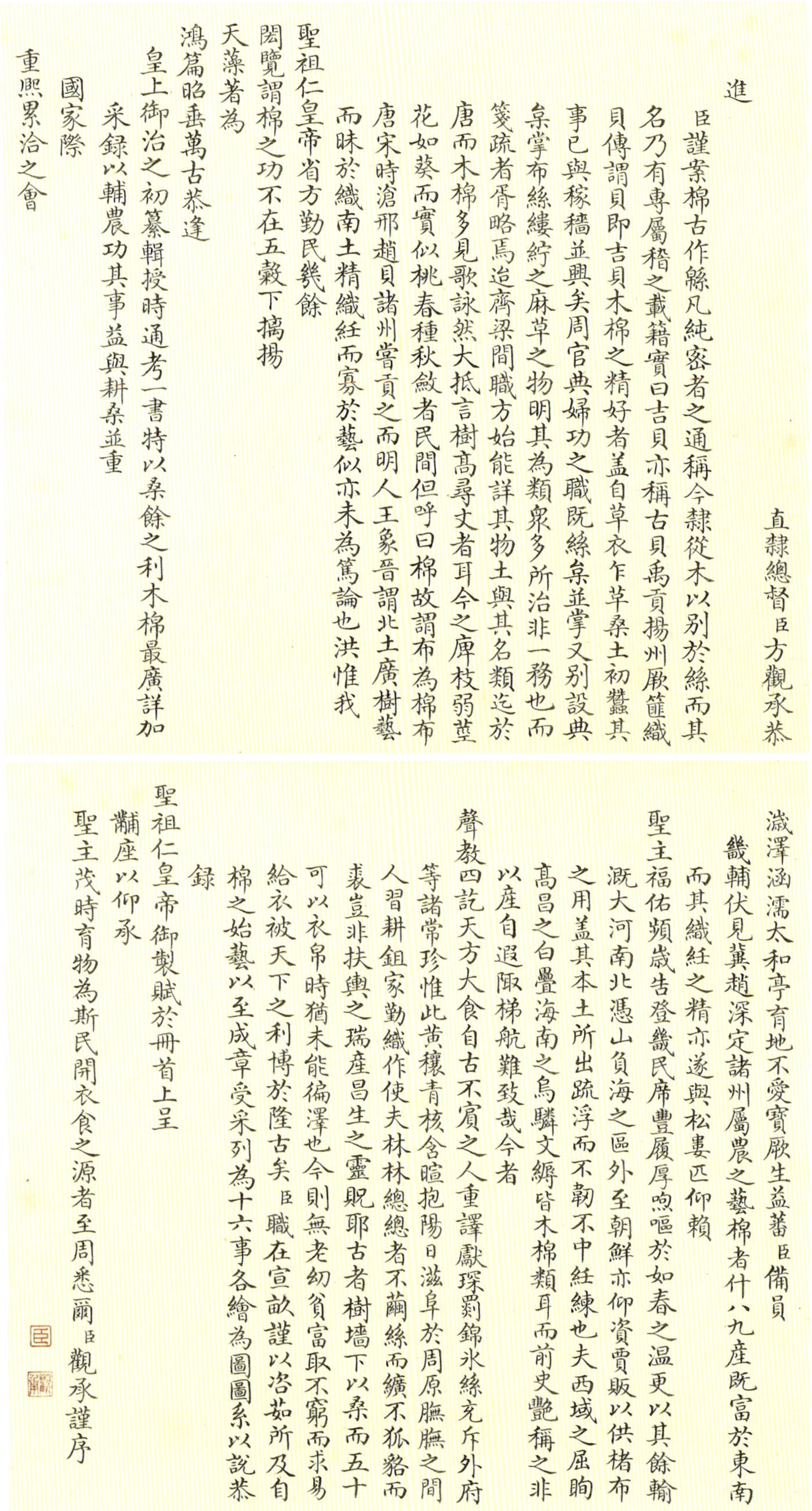

直隸總督臣方觀承恭
進
臣謹案棉古作緜凡純密者之通稱今隸從木以別於絲而其
名乃有專屬稽之載籍實曰吉貝亦稱古貝禹貢揚州厥篚織
貝傳謂貝即吉貝木棉之精好者蓋自草衣卉服桑土初蠶其
事已與稼穡並興矣周官典婦功之職既絲枲並掌又別設典
枲掌布絲縷紵之麻草之物明其為類衆多所治非一務也而
箋疏者胥略焉迨齊梁間職方始能詳其物土與其名類迄於
唐而木棉多見歌詠然大抵言樹高尋丈者耳今之庳枝弱莖
花如葵而實似桃春種秋斂者民間但呼曰棉故謂布為棉布
唐宋時滄邢趙貝諸州嘗貢之而明人王象晉謂北土廣樹藝
而昧於織南土精織紝而寡於藝似亦未為篤論也洪惟我
聖祖仁皇帝省方勤民幾餘
閱覽謂棉之功不在五穀下摛揚
天藻著為
鴻篇昭垂萬古恭逢
皇上御治之初纂輯授時通考一書特以桑餘之利木棉最廣詳加
采録以輔農功其事益與耕桑並重
國家際
重熙累洽之會
瀸澤涵濡太和亭育地不愛寶厥生益蕃臣備員
畿輔伏見冀趙深定諸州屬農之藝棉者什八九産既富於東南
而其織紝之精亦遂與松婁匹仰賴
聖主福佑頻歲告登畿民席豐履厚煦嘔於如春之温更以其餘輸
溉大河南北憑山負海之區外至朝鮮亦仰資賈販以供楮布
之用蓋其本土所出疏浮而不韌不中紝練也夫西域之屈眴
高昌之白疊海南之烏驎文繃皆木棉類耳而前史豔稱之非
以産自遐陬梯航難致哉今者
聲教四訖天方大食自古不賓之人重譯獻琛蜀錦氷絲充斥外府
等諸常珍惟此黄穰青核含暄抱陽日滋阜於周原膴膴之間
人習耕鉏家勤織作使夫林林總總者不繭絲而纊不狐貉而
裘豈非扶輿之瑞産昌生之靈貺耶古者樹墻下以桑而五十
可以衣帛時猶未能徧澤也今則無老幼貧富取不窮而求易
給衣被天下之利博於隆古矣臣職在宣畝謹以咨茹所及自
棉之始藝以至成章受采列為十六事各繪為圖圖系以說恭
録
聖祖仁皇帝御製賦於冊首上呈
黼座以仰承
聖主茂時育物為斯民開衣食之源者至周悉爾臣觀承謹序

《御题棉花图》前方观承序　清　台北故宫博物院藏

观承治河的同时，在各地设置了很多留养局，收容老弱病残和无家可归者。他还在全省设置义仓一千余处，绘制《畿辅义仓图》，提高了赈济灾荒、保障民生的能力。方观承还持续对当时被辟为皇家行宫的古莲花池进行维护，命人绘成《莲池行宫十二景图》并题诗。清乾隆二十六年（1761），乾隆西巡五台山归来住在保定，方观承进献图文并茂的《保定名胜图咏》，乾隆兴之所至，御笔题诗在每幅图旁。后来古莲池被八国联军毁坏，人们参考《莲池行宫十二景图》的图文资料才得以修复，如今古莲池到处可以见到方观承的墨迹。

方观承最为人称道的民生工程是推广红薯和棉花种植，让直隶百姓受惠尤多。当时北方经常闹饥荒，方观承基于做浙江巡抚的经历，把红薯从南方引进直隶，并且大力推广优良品种和种植技术，百姓的粮食问题得以缓解。影响更大的是方观承的“棉花事业”，清乾隆三十年（1765），为了让识字不多的普通百姓了解棉花的种植方法和纺织技术，方观承特地请画师创作成《布种》《灌溉》《耘畦》《摘尖》《采棉》《拣晒》《收贩》《轧核》《弹花》《拘节》《纺线》《挽经》《布浆》《上机》《织布》《练染》共十六幅图。在每幅图上配有解说和诗歌，又在最前面恭录了康熙皇帝的《木棉赋并序》装裱成册。方观承把图册进献给乾隆，并请他为每幅图题了诗，最后将乾隆御题《棉花图》定名为《御题棉花图》，刻石并陈列在直隶总督署中。乾隆对此大加赞赏，把这套图文并茂的棉花种植加工普及读物颁行天下。

方观承身世传奇，在清人笔记中记载了他许多有趣的故事，有两则发生在他做直隶总督期间，体现出了一种可贵的人格魅力。其一是“车笠之交”[6]，讲的是清雍正五年（1727），方观承从南京到黑龙江探望祖父和父亲，由于没有钱，所以只能徒步，途中遇见两个坐车去京城参加会试的年轻人。两个年轻人看方观承在车后走得辛苦，就与他交谈，得知他的身世后大为感动，邀请他上车。可是他们的车很狭窄，只能容下两个人，所以大家商量每人轮流步行三十里，让方观承每天能少走六十里，到了京城后三人方才告别。二十多年后，两位少年也都为政一方，恰好一起到京城觐见，途中忽然有直隶总督派人邀请到衙署。两人官阶比直隶总督低许多，又与直隶总督素不相识，所以很是诧异，等见面才知道，原来这位直隶总督就是当年一起乘车的方氏少年，三人含泪紧紧握着彼此的手……

另一件事讲的是方观承任直隶总督时对人讲的往事：他少年时有一年要去京

[6] 陈其元:《庸闲斋笔记摘抄》，载《清代野史》第七辑，巴蜀书社，1987，第217—218页。

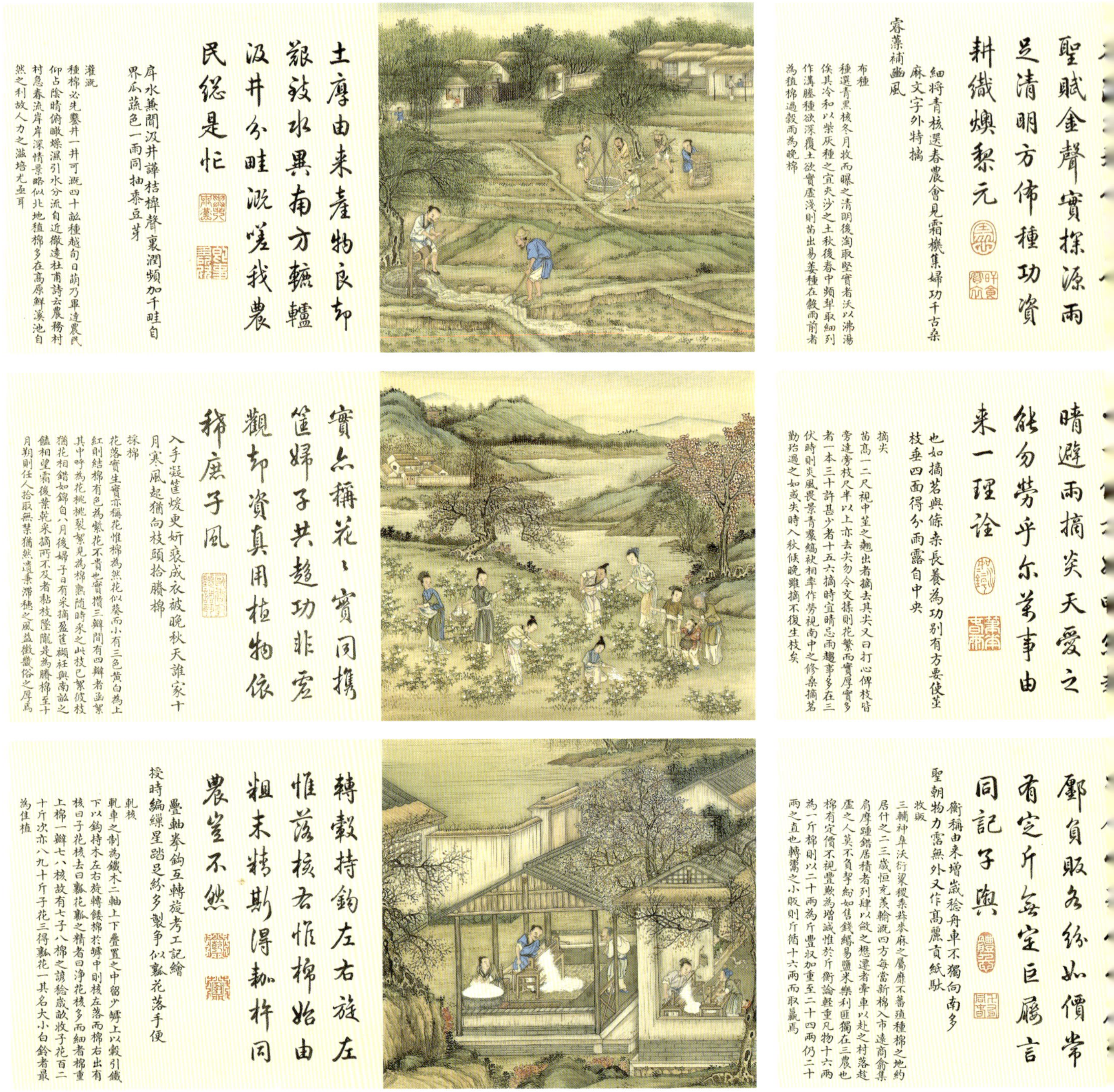

佚名《御题棉花图》 清 台北故宫博物院藏（第 022—025 页图）

聖祖仁皇帝御製木棉賦 并序

木棉之為利於人溥矣衣被禦寒實有賴焉夫既紡以為布復擘以為絖卒歲之謀出之隴畝功不在五穀下嘗稽之載籍島夷卉服注以為吉貝即其種也然止以充遠方之貢而未嘗徧植於中土故周禮婦功惟治蠶枲唐徵庸調但及絲麻至木棉之種後世由外蕃始入於關陝閩粵今則遠邇貴賤咸資其利而昔人篇什罕有及之者故為之

賦曰

玫吉貝之佳種披邱索以窮源道伽毗而遠來由秦粵而衍蕃做崖州之紡織製七襄而無痕做宋人之洴澼比八綿而同温先麥秋而播種齊壺棗而登原宿黃雲於萬蕊墮白雪於千村落秋實於露晞軋機柚於星昏暎佐耆年之帛陽回寒女之門幸卒歲之可娛乃民力之普存若應鍾之司律正薄寒之中人月照牛衣之夜霜侵葛屨之辰家挾千箱之纊路絶百結之鶉曝茅簷而歌愛日賽田祖而洽比鄰謝履絲之靡麗免于貉之艱辛故夫八口之家九土之氓無沍寒之膚裂罕疾風之條鳴時和年豐火耨水耕歲落三鍾之棉場登百畝之秔同彼婦子樂此太平奚羨纂組之巧與夫縞紵之輕慨風詩之未録省方問俗將補豳什而續授衣之經

芟密耘長遍野皋夏畦增此郵辭勞白家少傅瞋寒中但識加棉厚絮袍

科要分明行要疏春經屢雨夏晴初村墟槐柳人排立傭趁花田第幾鉏

耘畦

苗密宜芟苗長宜耘古法一步留兩苗雖不可盡拘大要欲使根科疏朗耳時維夏至千鋤畢興一月三耘七耘而花繁葺細猶之穀五耘而糠秕悉除也苗有壯碩異於常莖者為雄本不結實然不可盡去備其種斯有助於結實者又或雜植脂麻云能利棉

納稼惟時棉尒成等差黃白辨粗精紛羅真有如雲慶吉語猶占冬朔晴

黍稌場邊午日暉堆雲劈絮正紛霏廣南有樹何曾采任逐晴空鳥毳飛

揀曬

自種迄收田功畢而人事起矣棉貴純白土黃色者亦可織而直賤水浥者惟供雜用爰類擇之以分差等曝布之以資久貯時當秋穫場圃畢登野則京坻盈望戶則篝筎紛羅擘絮如雲堆光若雪蓋至是而禦寒之計無虞卒歲已農占以十月朔晴主棉賤故俗有賣絮婆子看冬朝之謡驗之良信

结揚葺白氈成村舍比鄰闻相杵铮铮唱答合斯聲

似入蘆花舞處深一彈再擊有餘音何人善學棼絲理此際如添挾纊心

彈花

淨花曝令極乾曲木為弓彈之弓長四尺許上彎環而下短勁蠟絲為弦椎弦以合棉聲錚錚然與鄰舂相應移時結者開實者揚卉茸縈熟著手生溫疊而卷之謂之花衣袁以取㬉則輕匀而熨貼也紡織者資其柔韌經之綸之無不如志矣

擦條拘節異方言緫是斯民衣食源幾許工夫成稇密紡紗络緖事猶煩

花筩一卷寸筵纖素几生寒輾玉尖抽綴略同新繭子條條付與紡車拈

拘節

渙者必合而後可以引其緒南中曰擦條其法條棉於几以筵卷而扦之出其筵成筩縷縷如束取以韋紡易曰束帛戔戔或謂帛即古棉字猶酉為酒之類薄物淺小而有白賁之義意象似之用備一說

挂经林較便其踝路迎窗多婦女木榨每見手中持

南林北架製隨宜過絡迴環一手持素腕當窓憐慣捷阿誰長袖倦垂時

挽經

理其緒而絡之以為經南方用經牀枝豎八維下控一軒四股次第旋轉北則持木架引維而卸絡之勢若相嬰薄者一架容數維重約四兩許當其心閒手敏茅簷笑語閒坐立皆可從事比經牀為便捷也

經緯相資南北方藉知物性亦如強刷紗束絲俾成緒骨力停匀在布漿

縷縷看陳燥濕宜糊盆度後撥車施爬梳莫使沾塵污想到衣成薄澣時

布漿

布漿有二法先用糊而後作紝者為漿紗先成紝而後用糊者為刷紗北地則將已合之紝東如索絢鬻以沸湯入糊盆或米汁度過稍乾用撥車一名支稜絡之成總乃上軸轤引兩端以帚刷之棻衍陸離有條而不紊或漿氣未勻紛綸縺綣復加爬梳俾縷緒脊直無或不伸自拘節後功莫密於此

深軋軋梛停工一般機杼無花樣大輅椎輪自古風

軋軋機聲地窖中窓低曉日户藏風一燈更沃深宵餕半匹寧酬竟日功

織布 附打油

南織有納文綿積之巧鐵人弗重也惟以縝密勻細為貴志稱肅寧人家穿地窖就長檐為窓以織布埒松之中品今如保定正定冀趙深定諸郡邑所出布多精好何止中品亦不必皆作自窖中也棉之核壓油可以照夜其滓可以肥田而秸稾亦中爨有火力無遺利云

五色無論精與粗茅簷卒歲此殷需布棉題句屢民瘼敬纘神堯耕織圖

乙酉清和月御題

元黃朱綠比絲新自昔纖封儉俗淳聖詠益昭民用切屢豐澤徧授衣人

臣方觀承敬題

練染

織既成端精麤中度廣狹中量乃授染人聿施五色水以漂之日以晅之則鮮明而不浥敗于是加刀尺為襦裳暫有其文服之無斁蓋積終歲之勤苦而得之農家珍惜之情不殊紈綺也夫麻枲之織不可以禦冬寒帛纊之溫不能以逮貧賤惟棉之用功宏利溥既以補蠶桑之不及而鋤耘溉穫其事直與稼穡相終始蓋合耕與織並致其勤焉

直隸總督臣方觀承恭

進

臣謹案棉古作緜凡純密者之通稱今隸從木以別於絲而其
名乃有專屬稽之載籍實曰吉貝亦稱古貝禹貢揚州厥篚織
貝傳謂貝即吉貝木棉之精好者蓋自草衣卉服土初蠶其
事已與稼穡並興矣周官典婦功之職既絲枲並掌又別設典
枲掌布緦縷紵之麻草之物明其為類衆多所治非一務也而
箋疏者胥略焉迨齊梁間職方始能詳其物土與其名類迄於
唐而木棉多見歌詠然大抵言樹高尋丈者耳今之庳枝弱莖
花如葵而實似桃春種秋斂者民間但呼曰棉故謂布為棉布
唐宋時滄邢趙貝諸州嘗貢之而明人王象晉謂北土廣樹藝
而昧於織南土精織紝而寡於藝似亦未為篤論也洪惟我
聖祖仁皇帝省方勤民幾餘
閱覽謂棉之功不在五穀下摛揚
天藻著為
鴻篇昭垂萬古恭逢
皇上御治之初纂輯授時通考一書特以桑餘之利木棉最廣詳加
采錄以輔農功其事益與耕桑並重
國家際
重熙累洽之會
漸澤涵濡太和亭育地不愛寶厥生益蕃臣備員
畿輔伏見冀趙深定諸州屬農之藝棉者什八九產既富於東南
而其織紝之精亦遂與松婁匹仰賴
聖主福佑頻歲告登畿民席豐履厚煦嫗於如春之溫更以其餘輸
溉大河南北憑山負海之區外至朝鮮亦仰資貿販以供楮布
之用蓋其本土所出疏浮而不韌不中紝練也夫西域之屈眴
高昌之白疊海南之烏驎文緶皆木棉類耳而前史艷稱之非
以產自遐陬梯航難致哉今者
聲教四訖天方大食自古不賓之人重譯獻琛罽錦氷絲充斥外府
等諸常珍惟此黃穰青核含𣇈抱陽日滋阜於周原膴膴之間
人習耕鉏家勤織作使夫林林總總者不繭絲而纊不狐貉而
裘豈非扶輿之瑞產昌生之靈貺耶古者樹墻下以桑而五十
可以衣帛時猶未能徧澤也今則無老幼貧富取不窮而求易
給衣被天下之利博於隆古矣臣職在宣畝謹以咨茹所及自
棉之始藝以至成章受采列為十六事各繪為圖圖系以說恭
錄
聖祖仁皇帝御製賦於冊首上呈
黼座以仰承
聖主茂時育物為斯民開衣食之源者至周悉爾臣觀承謹序

紡綫

紡車之制植木以駕輪衡木以銜鋌紡者當軒左握棉條右
轉輪弦鋌隨弦動自然抽緒如繅絲然曰紡綫單緒獨引四
日而得一斤以供織絡合兩緒三緒以供縫紩綫之直加所
紡棉十之三匀不毛起者加十之五吳淞間曰紡紗以足運
輪一手嘗引三紗五紗用力較省

婦誇身手得似絲纖價合高
絡緯聲中夜漏迢輕匀綫績比絲繅茅檐新

相將抽緒轉軒車工
與繰絲一例加聞道
吳淞別生巧運輪却
解引三紗

上機

機之制與絲織同柚受經二人理之杼受緯一人行之經必
需必糵而緯則否引繩高下手足並用盡一日之力成一布
長二十尺龘者倍之拙工得半而已昔傳元時有黃道婆者
自崖州至松江為織具教人多巧異所製遂甲他處今松婁
間祀之於花神廟祈棉之廟也稱花即知是棉產棉之地皆
然猶之洛陽人稱花即知是牡丹是可以覘所尚矣

機名任好不將巧製羨吳東
種棉直與苧桑同抱布何知綺繡工月杼星

豈止千絲與萬絲女
郎徐自引伸之可知
事在挈端要諸絃從
心無不宜

师，到了宝应已经身无分文。当时已经是年底，他破旧的单衣禁不住寒风凛冽，就想着去当地的亲戚家借点钱继续赶路。可没想到，刚到亲戚家门前，就被看门的仆人当作小偷赶走了。他只能继续赶路，遇见一个姓胡的屠夫收留了他，把他带到家里酒肉款待，一直到过了年。大年初一，还给他做了一身新棉衣。正月十五后，方观承辞行，胡屠夫又送他四千钱和行李。方观承感慨说："遭遇圣恩，以有今日，皆胡长者赐也。"[7]在做直隶布政使后，他专门派使者拿着一千两银子去找胡屠夫报恩，告诉使者如果胡长者肯来，就备车马把他接来。使者到了那里，发现门巷萧条，胡长者夫妻已经过世很久了。方观承讲到这里已经泪如雨下，在座者也无不黯然神伤。

因为自己家族遭遇过冤情，方观承特别注重断狱公正，甚至不惜因此顶撞皇帝。袁枚的《小仓山房文集》记录了方公顶撞乾隆的故事。有一次磁州匪徒造反，方观承上奏判处十人死刑，乾隆怀疑他为了博得宽容的好名声故意轻判，所以"严旨督过，一夕间接十三廷寄"[8]。谋反是大逆之罪，一般来说都是全部杀无赦，现在方观承只杀十人，乾隆当然不高兴了，觉得他沽名钓誉、罔顾国法。方观承一晚上就接到十三封廷寄，家人们都急哭了，让他别拿性命跟皇上顶牛。方观承毫不动摇，坚持自己的主张。乾隆从未受过如此冒犯，索性下旨把造反者押到京城会审，打算用事实打方观承的脸。结果公审事实证明，方观承的判决严格依据《大清律》，没有枉杀也没有纵容，乾隆由此更加尊重方观承。

方观承去世时家无余财，他用自己的俸禄和养廉银在桐城和江宁置族田建家祠，供养家族中生活贫苦者。他还捐资修缮清凉山寺，报答年少时长老的收留之恩。方观承作为犯大逆之罪的方孝标的后人，能够从底层书记之职做到封疆大吏，在清代堪称奇迹。乾隆说他："以书记起用，古有今则无。有之只一人，曰惟观承夫！"[9]在《怀旧》诗中把他列为"五督臣"之一。乾隆赐给方观承的诗句"棨戟依京国，隼旟镇冀门"[10]中，"旟"是旗帜的意思，他把方观承比喻成一面旗帜。直隶总督部院从诗句中取"旟镇冀门"四字制成牌匾，悬挂在大堂正门之上。方观承的传奇事迹直到晚清还被人津津乐道，著名的《点石斋画报》曾经专门连载《方敏恪公轶事》（方观承谥号"恪敏"，"敏恪"应为"恪敏"之误）。方公生前用连环画教化百姓，身后又被画成连环画传颂，也是一大缘分。

[7] 陈其元：《庸闲斋笔记摘抄》，载《清代野史》第七辑，第218—219页。

[8] 袁枚：《太子太保直隶总督方恪敏公观承神道碑》，载钱仪吉纂《碑传集》卷七十二，中华书局，1993，第2062页。

[9] 爱新觉罗·弘历：《御制诗四集》卷五十九《五督臣五首》，收入《影印文渊阁四库全书》，台湾商务印书馆，1986，第19页。

[10] 高晋、阿桂等：《钦定南巡盛典》卷十一，收入《影印文渊阁四库全书》，台湾商务印书馆，1986，第8页。

保定直隶总督署的老树

晚清第一名臣

雍正、乾隆时期的直隶总督是“八督之首”的封疆重臣，但其影响力主要是在直隶地方，中央皇权与地方督权达到和谐的平衡。而从同治、光绪年间开始，这种平衡开始被打破，直隶总督逐步登上权力巅峰，成为能够影响中央皇权决策的重要角色，“中兴四大名臣”中曾国藩和李鸿章都做过直隶总督，所以后来直隶总督署门口对联说：

北吞大漠，南亘黄河，中更九水合流，五州称雄，西岳东瀛一屏障；
内修吏治，外肄戎兵，旁兼三口通商，一代名臣，曾前李后两师生。

曾国藩（1811—1872），原名子城，字伯函，号涤生，湖南湘乡人。清道光十八年（1838）进士，入翰林院，后历任侍讲学士、内阁学士、礼部侍郎、兵部侍郎、吏部侍郎、两江总督、武英殿大学士等，在太平天国运动期间，受命组建“湘军”并最终攻陷天京，朝廷加封太子太保，又赐予一等“毅勇”侯封号，被誉为“晚清第一名臣”。清同治七年（1868），曾国藩受命改任直隶总督，在清同治八年（1869）初抵达任上，此时的曾国藩已经接近人生终点，身体状况每况愈下。朝廷之所以让曾国藩北上督直隶，主要有三个方面考虑：其一，曾国藩虽然早在四年前就担心功高震主，主动裁撤湘军，来换取朝廷心安，但依然强势掌控着江南。朝廷把他调离两江总督来到直隶，更方便在自己的监管之下。其二，捻军起义爆发后，曾国藩受命清剿，但当时湘军已经被遣散，作战主力淮军是曾国藩门生李鸿章的部队，指挥和管理并不顺畅，导致他剿捻不力，只能由李鸿章接替他的工作。其三，太平天国运动刚刚平息，列强又步步侵袭，直隶拱卫京师，需要马上重整秩序，而当时没有足够可靠的大臣能够担此重任，最佳选择只能是曾国藩。

保定古莲花池里的昆阆门

保定古莲花池里的海棠

曾国藩到任后写下一副对联，现在还挂在直隶总督署大堂的楹柱上，内容是：

长吏多从耕田凿井而来，视民事须如家事；
吾曹同讲补过尽忠之道，凛心箴即是官箴。

古时读书人大多是耕读传家，即便几世公卿，向前追溯也是农民的孩子，所以曾国藩说大家不要忘了自己也出身百姓，不能因为实现了所谓“阶层跨越”就忘了自己的根本，把自己放到百姓之上作威作福，而是应该把百姓的事当作自己的家事。上联讲的是做人，下联则讲的是做事，他说当官要做事难免犯错，要懂得秉承一片忠心，有错马上改过，带着敬畏之心行使自己的权力。曾国藩到任后，马上实地考察，着重解决在《略陈直隶应办事宜折》中列出的三大问题：首先，针对吏治败坏、法纪荡然的问题，他亲拟《直隶清讼事宜十条》令各地刊发实行，又在身体衰弱、眼疾严重的情况下昼夜审理积案，到任七个月全省结清自咸丰至同治十余年旧案一万两千多起、新案两万八千余起；其次，针对军纪涣散、军务废弛的问题，他又针对当时军队战斗力差、管理松散，奏请按湘军军制改造直隶练军，让朝廷放权给自己，自己则放权给各级将官，直隶总督由此把军权完全掌控在了自己手里；再次，针对灾患频仍、民生凋敝的问题，他对永定河、大清河等河流进行挖掘疏浚，对清同治八年水、旱、蝗灾交加的情况进行切实调查，用切合实际的方式帮百姓渡过难关，救助饥民不计其数。曾国藩对直隶的文化教育也非常重视，他上任伊始就住在古莲花池，与莲池书院的师生朝夕相处，亲自熬夜为书院考生命题。在经过半年多的实地调研后，曾国藩针对直隶文风朴陋的问题，撰写了《劝学篇示直隶士子》，提出儒学有义理、考据、辞章、经济四科，而义理是治学的根本，鼓励士子们“立志以植基，居敬以养德，穷理以致知，克己

以力行，成物以致用”[11]，他的学生黄彭年、张裕钊、吴汝纶都先后担任莲池书院山长，此后一二十年间培养出傅增湘、尚秉和、王发桂、胡景桂、刘春霖等人杰。可以说，曾国藩督直隶仅仅一年多，直隶就呈现出政教大行、民用大和的新局面。

清同治九年（1870）初，曾国藩肝病日渐严重，右眼失明，左眼昏花，这个工作狂人不得不病休了一个月，第二个月未见好转，只好又续假一个月。就在这个春天，直隶天津附近有一个恐怖的传言散播开来：法国传教士收买人贩子诱拐儿童，然后用幼童的器官配制药方，人们在河东荒野发现很多残缺的尸体，更加重了人们的恐惧。后来，人们抓获用迷药诱拐儿童的人，这个名叫武兰珍的人自称是受天主教堂教民指使。因为涉及对外关系，天津知县刘杰就去找知府张光藻，张光藻认为此事应该由负责外事的三口通商衙门处理，于是又请示三口通商大臣崇厚。崇厚与法国驻天津领事丰大业交涉，但丰大业认为天主教堂收养孩子是贫苦家庭主动送来抚养的，做仁慈的事却被诬陷，让他实在恼火。冲突就在双方往来中逐步升级，先是教堂门口百姓与教民冲突，接着是丰大业大闹三口通商衙门和天津府衙，向崇厚和刘杰开枪，最后是愤怒的百姓聚集打死丰大业及其秘书，并且火烧法国教堂、领事馆和仁慈堂，导致二十名外国人和数十名中国教民丧生，这就是震惊中外的“天津教案”。教案发生后，法、英、美、俄等七国提出抗议，并调集军舰到天津外海示威，战争一触即发。慈禧太后一方面害怕洋人开战，一方面又想维护民心，保全朝廷的体面，但她对如何处理此事实在没有主意，又不愿为自己招来骂名，于是下谕派正在养病的直隶总督曾国藩前往天津处理，并且要“顺舆情而维大局”[12]，把这块烫手山芋甩给了他。

曾国藩收到谕旨后，知道自己陷入了前所未有的危机。直隶总督衙署的三堂又称官邸，是总督的书房和内签押房，他把自己关在里面秉笔疾书。后面的四堂又称上房，是总督和家眷居住的地方，曾国藩的发妻欧阳氏惶恐地在佛龛面前诵经。

[11] 曾国藩：《劝学篇示直隶士子》，载《曾国藩全集》第 14 册《诗文》（修订版），岳麓书社，2011，第 487 页。

[12] 曾国藩：《曾国藩家书》，唐浩民评析，长江文艺出版社，2022，第 374 页。

泓 凯
爱 挞
爱 挞 儿
信号灯
裕华莲池口
B0856
报修电话
122

保定天主教堂

曾国藩写的是遗嘱，他对儿子曾纪泽说：我马上就要去天津查办教案，外国人性情凶悍，天津士绅民情汹汹，都不是能和解的样子，恐怕中外会因此构怨兴兵。我反复思量，真的没有良策去解决。我从咸丰年间招募团练，就发誓效命疆场，“今老年病躯，危难之际，断不肯吝于一死，以自负其初心”[13]。他从容安排了自己的后事，灵柩走水路归湘安葬，“沿途谢绝一切，概不收礼”[14]。然后他谆谆教导孩子们要兄弟亲和，写了两首诗告诫他们要“不忮不求”，也就是不嫉妒、不贪求。

曾国藩到达天津后，对教案的前因后果进行了详细调查，确认教堂没有诱拐、杀害儿童，发布了《谕天津士民》，公布了调查结果，谴责了造谣生事和打砸抢烧的人，又写了《查明天津案大概情形折》上奏朝廷。慈禧太后给出了相互矛盾的最高指示：“和局固宜保全，民心尤不可失。”[15] 可事实上，和局的保全意味着必须让步，民心的要求却是开战泄愤。曾国藩治军多年，他深知战争不是明智的选择，当年他正是看到清军的不足，才带头设立军械所、机器局、翻译西方科技书籍，而随着洋务一步步深入，他发现必须从西洋之器走到西洋之法。东西方器具可以轻易融通，可东西方文化结构的问题，他当时没有答案。针对教案的处理，他同意对外国人进行赔偿，并以一命抵一命的原则处死闹事的首犯二十人，但坚决拒绝法方处死天津知府、知县的要求，判处二人革职发配黑龙江“效力赎罪”。由于他心中过意不去，先后筹集一万多两银子帮知府张光藻和知县刘杰安顿家人，又想方设法为二十名死刑犯（最终十六名被处决）每家赔付五百两纹银。在这件事里，直隶总督之上还有总理衙门和外务部，再往上还有慈禧太后，作为一个不能完全自主的角色，他已经尽了最大力来保持初心，但结果依旧是“外惭清议，内疚神明”[16]。他成了全民声讨的对象，也成了朝臣弹劾职责的靶子，就连湖南同乡也视之为奇耻大辱。

清同治九年八月，曾国藩被清廷任命为两江总督，处理前两江总督马新贻被刺杀一案。他的门生李鸿章则受命继续处理教案。在南下途中，曾国藩还连同李鸿章奏请选派聪颖幼童赴美留学。清同治十一年（1872）三月，曾国藩带着“外惭清议，内疚神明”的遗憾离开了人世。天津教案成为他人生中挥不去的一个阴影，也是他人生中最大的失败，这个失败并非他个人的问题，而是当时整个清王朝生存状态的缩影，仅仅因为他是那个时代最适合承受这个失败的人，所以就注定由他来承担。

[13][14] 曾国藩：《谕纪泽纪鸿》（同治九年六月初四日），载《曾国藩全集·家书（二）》，第 1369 页。

[15] 中国第一历史档案馆编《咸丰同治两朝上谕档》第二十册，广西师范大学出版社，1998，第 128—129 页。

[16] 曾国藩：《曾国藩全集·杂著、求阙斋读书录、求阙斋日记类钞（十）》，第 361 页。

保定直隶总督署的四堂，又称上房，是直隶总督和家眷日常起居之所，此处现在还原了曾国藩在任时的场景

保定城中的真觉禅寺

真觉禅寺中的大慈阁，被誉为“市阁凌霄”，为保定八景之首

落日旌旗

清同治九年八月，李鸿章调补直隶总督，代替当时身体衰弱、声名扫地的曾国藩处理天津教案。由于曾国藩已经吸引了舆论的火力，李鸿章虽然基本延续曾国藩的思路解决了教案，却幸运地享受了所有成果。到任之初，李鸿章就与曾国藩领衔奏请选派聪颖幼童赴美留学："使西人擅长之技，中国皆能谙悉，然后可以渐图自强。"[17] 鉴于李鸿章首屈一指的外交能力，清廷决定把北方的外交、洋务和海防都交给直隶总督管理，颁发钦差大臣关防，称"北洋通商大臣"或"北洋大臣"。至此，直隶总督不仅掌控直隶的军权、财权和行政，而且负责直隶、山东、奉天各省的通商、洋务、海防、关税和军工等事宜。对于李鸿章而言又承担了清政府的外交事宜，所以人们说他："坐镇北洋，遥执朝政，凡内政外交，枢府常倚为主，在汉臣中权势为最巨。"[18] 梁启超在《李鸿章传》中甚至说他："自李鸿章之名出现于世界以来，五洲万国人士，几于见有李鸿章，不见有中国。"[19]

李鸿章（1823—1901），字少荃，安徽合肥人。清道光二十七年（1847）进士，早年投身曾国藩门下，受命组建淮军，历任江苏巡抚、两江总督、湖广总督等。清同治九年，接替曾国藩担任直隶总督兼北洋大臣后，李鸿章开始在天津和保定两地办公，特别是随着列强对清王朝及周边区域的蚕食，直隶总督的工作开始从本省的省务逐步转向洋务和外交。在省务方面，他治河、赈灾、盐政、吏治和练军等工作有着持续的进展；在洋务方面，他在直隶境内创办了磁州煤铁矿、开平矿务局、临城煤矿、平泉铜矿、热河金矿等矿业，修建了开平、唐胥、津沽等铁路，在天津设立电报局和近代医院，扩大了天津机器局的技术和产能。

保定淮军公所的砖雕

[17] 曾国藩：《曾国藩全集·奏稿（十二）》，第402页。

[18] 刘体智：《异辞录》，三晋出版社，2022，第84页。

[19] 梁启超：《李鸿章传》，中国三峡出版社，2009，第3页。

保定淮军公所的洞门

保定淮军公所的徽派建筑

清光绪十四年至光绪十七年（1888—1891），
直隶总督兼北洋大臣李鸿章奉诏修建
“淮军昭忠祠暨公所”简称“淮军公所”，
其中有继苏州、无锡、武汉之后为祭奠阵亡的淮军将士修建的第四座“昭忠祠”。
“淮军公所”是一组徽派建筑群，是李鸿章所辖淮军的驻防机关，
同时具备办公、集会和祭祀等功能。

保定淮军公所里的马头墙

保定淮军公所的院落

为了给洋务运动提供新时代的人才，他先后创办了天津电报学堂、天津水师学堂、天津武备学堂、威海水师学堂、旅顺口鱼雷学堂、天津医学堂和天津水雷学堂等；在外交方面，他先后参与应对日本侵台、英国“马嘉理案”、中法战争等外交事件。

李鸿章在担任直隶总督期间创立了北洋水师。两次鸦片战争的失败让有识之士开始注意海防问题，而在清同治十三年（1874），日本出兵侵略台湾，中日签订了《北京专条》，李鸿章深刻意识到列强的威胁都来自海上，所以他提出“海防论”，上《筹议海防折》，积极筹建近代化的海军。从清光绪元年（1875）开始，李鸿章开始组建北洋舰队，从英、德等国采购军舰，在旅顺、大沽和威海建立海军基地，至清光绪二十年（1894）中日开战前，北洋水师拥有主力舰艇二十五艘，官兵四千余人，号称“亚洲第一舰队”。北洋水师看似强大，但内在问题非常严重，一方面北洋水师用人以李鸿章的淮系为主，军中派系林立、军纪废弛；另一方面海军经费困难，总理海军事务大臣奕譞前后挪用海军经费两千余万两，为慈禧修筑颐和园。李鸿章作为总理海军事务衙门的筹办人，为了保全自己的地位，

①水师学生习练上桅图

②李鸿章与洋教练在大沽口观看军事演习

③管轮学生伏案图

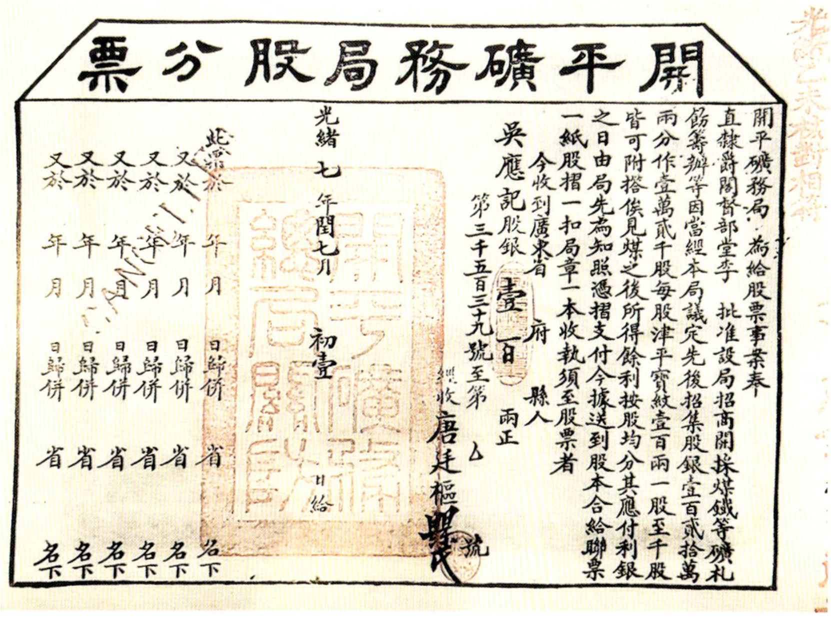

開平礦務局股分票

開平礦務局　為給股票事案奉
直隸爵閣督部堂李　批准設局招商開採煤鐵等礦札
飭籌辦等因當經本局議定先後招集股銀壹百貳拾萬
兩分作壹萬貳千股每股津平寳紋壹百兩一股至千股
皆可附搭俟見煤之後所得餘利按股均分其應付利銀
之日由局先為知照憑摺支付今據送到股本合給聯票
一紙股摺一扣局章一本收執須至股票者
今收到廣東省　府　縣人
吳應記股銀壹百兩正
第三千五百三十九號至第　號
總收　唐廷樞
光緒七年閏七月初壹日給
此票於　年　月　日歸併　省　名下
又於　年　月　日歸併　省　名下
又於　年　月　日歸併　省　名下
又於　年　月　日歸併　省　名下
又於　年　月　日歸併　省　名下
又於　年　月　日歸併　省　名下

开平矿务局股分票

保定淮军公所戏楼

淮军公所的戏楼是整个建筑群的精华，
代表了公所“中西合璧，南北交融”的建筑特色，
是目前中国规模最大的清代封闭式戏楼。
戏楼分上下两层，顶部采用西式木桁架结构，
而戏台顶部的“鸡笼顶”藻井用三千多个木构件通过榫卯组合而成。
戏台上悬“划然轩昂”牌匾，两侧有当年莲池书院山长吴汝纶的楹联：
“高节变风云，坐客欷歔，击筑欲邀燕市饮；遗芳在兰菊，礼魂容与，传葩疑唱楚人骚。”

保定淮军公所戏楼内景

保定淮军公所戏楼内，角儿们似乎犹在当年，即将粉墨登场

❶

②

③

④

⑤

①清光绪三十四年（1908）北洋武备学堂校门明信片
②保定工巡总局弁兵
③北洋武备学堂各生伏案图
④北洋新军乐队
⑤北洋速成武备学堂

也只能硬着头皮讨慈禧欢心。而在此期间的日本，海军实力已经赶超北洋水师，并在甲午海战中击败了北洋水师。

北洋水师的全军覆没标志着洋务运动的失败，也让李鸿章从巅峰跌落深渊，不仅作为政治资本的淮军和水师损失惨重，而且自己也像当年曾国藩一样被朝野视为罪人。清光绪二十一年（1895）年初，李鸿章被慈禧太后任命为全权大臣，赴日本马关谈判，最后签订《马关条约》，约定承认朝鲜独立，割辽东半岛（后因三国干涉而未能得逞）、台湾和澎湖列岛，赔偿军费两亿两白银，增开商埠等事项。虽然签署条约的决策者是光绪与慈禧，但李鸿章依然被认为是罪魁祸首，不仅受光绪皇帝责难，而且遭到连珠炮一样的密集参劾，他也因此被夺走三眼花翎和黄马褂，丢掉了端坐二十五年的直隶总督之职。

接替李鸿章出任直隶总督兼北洋大臣的是王文韶，但随着慈禧与光绪的矛盾日益加剧，八面玲珑的老好人王文韶已经满足不了慈禧对直隶总督的定位。在清光绪二十四年（1898）六月十一日光绪颁布《定国是诏》开始维新变法后，六月十五日慈禧即任命亲信荣禄为直隶总督兼北洋大臣。荣禄上任后节制北洋三军，包括袁世凯的“新建陆军”、董福祥的“甘军”和聂士成的“武毅军”，参与谋划戊戌政变，并及时稳定了政局，事后被授军机大臣和练兵钦差大臣，把袁世凯、董福祥、聂士成、宋庆四军和自己的新募军编为“武卫军”。荣禄离任后，由袁世凯暂时护理直隶总督兼北洋大臣。九天后，新任直隶总督裕禄到达。裕禄是个冤大头，仅任职一年多就遭遇义和团运动。慈禧太后和她的智囊团想出馊主意，扶植义和团与洋人抗衡，裕禄积极奉行这一政策，结果山东拳民涌入直隶，不仅到

北洋机器局

保定淮军公所的花窗

淮军公所建筑群南北兼容，
南部的迎宾院、戏楼、享堂、昭忠祠为徽派建筑，
有敞亮的天井和错落的马头墙；北部几个院落是北方的四合院，古朴厚重。
公所里随处都有鬼斧神工的木雕、砖雕和石雕装饰，
结合各式花窗和洞门，在庄重的格局之下营造出雅致的氛围。

保定淮军公所戏楼
入口的砖雕垂花门

处烧教堂、杀洋人，而且毁坏铁路和电线杆，甚至与前去弹压的清军交战，导致最终局面完全失控，一方面各国趁机进兵，一方面慈禧向英、美、法、德、俄、日、意、奥等十一国宣战。清光绪二十六年（1900）七月，八国联军攻占天津，直隶总督裕禄兵败自杀。八月，北京陷落，慈禧与光绪仓皇逃往西安，他们发布上谕，将战争的罪责推到义和团身上，下令各地清军剿杀。同时，为了尽快稳定局面，清廷只好再度授李鸿章为直隶总督兼北洋大臣，连续电催其北上。

英、法、德、意联军占领直隶省会保定，把当时代理直隶总督的廷雍捉住。廷雍当初因为支持义和团，由三品直隶按察使升为从二品直隶布政使，在裕禄自杀后暂时代理直隶总督。联军占据直隶总督署衙门大堂，模仿中式审判，按《大清律例》将廷雍判处死刑，押赴保定城东南凤凰台斩首示众，他是庚子国变中被八国联军杀害的级别最高的中国官员。廷雍是当时著名的书画家，书宗北魏，画法“四王”，是个温厚的君子，被杀头示众后头颅失踪，朝廷为他铸了个银头与身躯合葬。

李鸿章从湖广总督任上赶到北京，作为直隶总督兼北洋大臣与十一国谈判。

保定淮军公所戏楼入口砖雕垂花门的细节，有“福禄寿”“松竹梅”“平安如意”“马上封侯”等题材

他早在清光绪二十二年（1896）就做过一次环游世界的访问，对西方列强有着比清皇室更清晰的认知，也让自己的国际声望达到了顶峰，正因如此，他是清王朝此时此刻最合适的“背锅侠”。庚子国变前后李鸿章远在两广总督任上，完全没有参与任何决策，作为被占领了京城的战败国代表，他也没有任何讨价还价的资格，这位“中国的俾斯麦”只能尽自己所有能力谋一个“和局”。从列强提出《议和大纲》到最后签署《辛丑条约》，李鸿章经历了人生中最黑暗的九个多月，其间多次吐血，签约两个月后含恨而逝。据说，李鸿章病逝前口述了一首七律：

劳劳车马未离鞍，临事方知一死难。
三百年来伤国步，八千里外吊民残。
秋风宝剑孤臣泪，落日旌旗大将坛。
海外尘氛犹未息，诸君莫作等闲看。[20]

据当时在场的周馥回忆：“公临终时，两日炯炯不瞑。余抚之曰：‘未了事，我

[20] 高拜石：《南湖录忆》，台北达昌出版社，1965，第 332 页。

保定淮军公所在李鸿章去世后成为李文忠公祠

李鸿章

周馥

辈可了，请公放心去也。’目乃瞑，犹流涕，口动欲语，公伤也！”[21] 李鸿章一生代表清廷签订了三十多个条约，也因此被清流抨击为卖国贼，秋风宝剑，落日旌旗，功过难评。梁启超的《李鸿章传》说：“吾敬李鸿章之才，吾惜李鸿章之识，吾悲李鸿章之遇。”[22] 英国人布兰德（J. O. P. Bland）写的《李鸿章传》也说：“李无疑是一个真正的爱国者，他始终在尽他最大的努力来维持他国家的利益，但遗憾的是，他手中的筹码太少了！”《清史稿》中评价他：“鸿章既平大难，独主国事数十年，内政外交，常以一身当其冲，国家倚为重轻，名满全球，中外震仰，近世所未有也。”[23] 据说，李鸿章去世后慈禧太后“震悼失次”，众人如同“梁倾栋折，骤失依恃者”[24]。清朝廷在京城为李鸿章建祠，李鸿章在直隶总督任上建立的保定淮军公所也成为李鸿章的祠堂。

对于自己的一生，李鸿章有清晰的认知，他说自己：“少年科第，壮年戎马，中年封疆，晚年洋务，一路扶摇，遭遇不为不幸，自问亦未有何等陨越。乃无端发生中日交涉，至一生事业，扫地无余，如欧阳公所言：‘半生名节，被后生辈描画都尽。’环境所迫，无可如何。”[25] 对于国事，他晚年无奈地称自己为“裱糊匠”：“我办了一辈子的事，练兵也，海军也，都是纸糊的老虎，何尝能实在放手办理？不过勉强涂饰，虚有其表，不揭破犹可敷衍一时。如一间破屋，由裱糊匠东补西贴，居然成一净室，虽明知为纸片糊裱，然究竟决不定里面是何等材料，即有小小风雨，打成几个窟窿，随时补葺，亦可支吾对付。乃必欲爽手扯破，又未预备何种修葺材料，何种改造方式，自然真相破露，不可收拾。但裱糊匠又何术能负其责？”[26]

“裱糊匠”的说法几乎接近了事情的本质，但李鸿章始终没有琢磨透，这被梁启超评价为“不学无术”，梁启超说：“史家之论霍光，惜其不学无术。吾以为李鸿章所以不能为非常之英雄者，亦坐此四字而已。李鸿章不识国民之原理，不通世界之大势，不知政治之本原，当此十九世纪竞争进化之世，而惟弥缝补苴，偷一时之安，不务扩养国民实力，置其国于威德完盛之域，而仅摭拾泰西皮毛，汲流忘源，遂乃自足，更挟小智小术，欲与地球著名之大政治家相角，让其大者，而争其小者，非不尽瘁，庸有济乎？”[27]

[21] 周馥：《周悫慎公自订年谱》卷下，台北广文书局，1971，第 3 页。
[22] 梁启超：《李鸿章传》，第 2 页。
[23] 赵尔巽等：《清史稿》卷四百十一《李鸿章传》，第 12022 页。
[24] 吴永口述、刘治襄笔记《庚子西狩丛谈》卷四，李益波整理，中华书局，2009，第 118—119 页。
[25] 吴永口述、刘治襄笔记《庚子西狩丛谈》卷四，第 120 页。
[26] 吴永口述、刘治襄笔记《庚子西狩丛谈》卷四，第 121 页。
[27] 梁启超：《李鸿章传》，第 5 页。

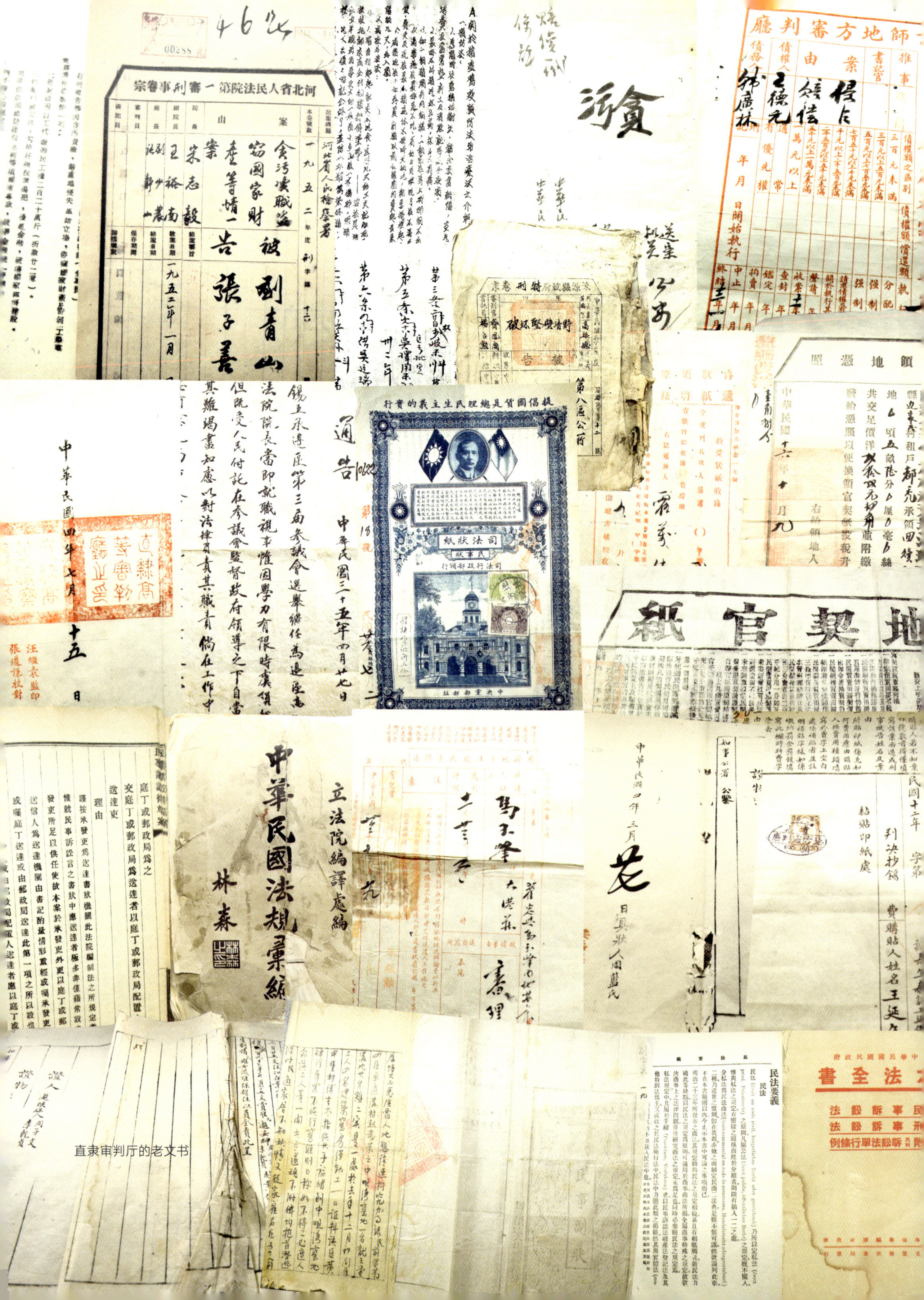
河北省人民法院第一審刑事卷宗
師地方審判廳
司法狀紙
地契官紙
中華民國法規彙編
立法院編譯處編
民法要義
書全法
直隶审判厅的老文书

荣禄

袁世凯

[28] 徐文霨:《跋》，载沈祖宪辑录《养寿园奏议辑要》，台北文海出版社，1966，第885—886页。

[29] 张一麐:《古红梅阁笔记》，上海书店出版社，1998，第43页。

[30] 孔祥吉:《袁世凯上翁同龢说帖述论》，《历史研究》1995年第03期。

北洋新政

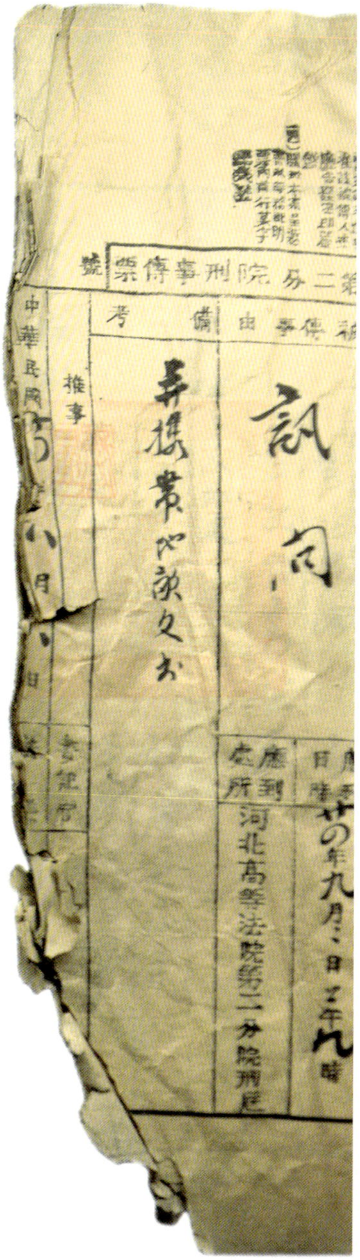

李鸿章去世之后，袁世凯被任命为直隶总督。袁世凯（1859—1916），字慰庭，又作慰亭，号容庵，河南项城人。袁世凯早年加入淮军吴长庆部，因处理朝鲜问题表现突出，得到朝廷重视，归国后被委派在天津小站训练新建陆军，招揽天津武备学堂优秀毕业生并委以重任，其中就包括“北洋三杰”冯国璋、段祺瑞和王士珍，还有曹锟、陆建章、段芝贵、李纯等人，后来都成为北洋政府举足轻重的人物。戊戌变法期间，袁世凯将维新派夺权计划向当时的直隶总督荣禄告密，慈禧太后发动政变，囚禁光绪帝，宣布临朝训政。当时德国逐步侵蚀山东，清廷任命袁世凯为山东巡抚，率新建陆军（武卫右军）开赴山东，一方面遏制德国，一方面弹压义和团。庚子国变中，武卫军各部在与八国联军交战中损失惨重，只有袁世凯的武卫右军保存了实力，一跃成为朝廷倚重的栋梁，他也因此接替李鸿章出任直隶总督兼北洋大臣。袁世凯从清光绪二十七年到三十三年（1901—1907）任直隶总督近七年，以超前的思维和高效的手段开始推行新政，被称为“北洋新政”。北洋新政使得直隶成为全国新政的模范，“凡将校之训练，巡警之编制，司法之改良，教育之普及，皆创自直隶，中央及各省或转相效法”[28]，甚至于“朝有大政，每由军机问诸北洋”[29]。北洋新政的创新主要体现在行政、司法、经济、教育、军事五大方面，从整体上推动了直隶乃至全国的近代化。

北洋新政第一方面是行政制度的近代化改革，这是洋务运动没有涉及、维新变法又无力改变的层面。行政制度的改革包含以下方面：第一，袁世凯指出问题的关键：“我之所以贫弱者，不过用守旧之人，求变法之治。人与治殊，才与事违，以此望治，是欲南辕而北其辙也”[30]。他上任后在保定设置课吏馆培养行政人才，紧接着又改为直隶法政学堂，以“改良直隶全省吏治，培养佐理新政人才为宗旨”，除学习《大清会典》和《大清律》外，还开设国际公法、政治学、宪法学、刑法学、民法学、商学、国际法、刑事诉讼学、民事诉讼学、财政学、警政监狱学等十几个学科，是我国最早的法政专门学堂。袁世凯让直隶候补官员轮流入学，又奏请从山东、山西、陕西、河南、安徽各省举人中选拔优秀的年轻人来参加学习。清光绪三十二年（1906），袁世凯又在天津设立北洋法政专门学堂，教

河间地方法院——直隶审判厅旧影

河北石门地方法院开庭旧影

授更为专业的法律、政治和经济知识。第二，袁世凯改革官员选拔考核机制，设立考验处，对官员进行阅历（成果）、批判（见识）、律例（知识）、行止（品德）、口才（条理）五项考察，接着又设立调查处，进行平时调查（常规）和临时调查（随机），并以此作为对官员进行奖惩的标准。第三，袁世凯还积极派遣官员出国考察或留学，去参观国外的行政、司法、学校和实业，并且要有自己的思考和心得。他对考察和留学归来的人才敢于破格任用，比如任命赴日本考察工商业的候补道周学熙为直隶工艺总局总办，任命赴日考察农业的候补知府黄璟为直隶农务局总办，委任毕业于美国耶鲁大学的詹天佑为京张铁路总工程师兼会办，委任毕业于纽约大学的吴仰曾为滦州煤矿总办等。袁世凯还设立了直隶商务局、工艺局、农务局、军政司、巡警局、学校司等新式行政机构，实现了专门事务的专业管理，这些举措从整体上提升了直隶全省的行政管理水平。

北洋新政第二方面是改良司法。袁世凯在直隶仿照西方制度编练巡警，聘任日本警视厅警官三浦喜传为警务顾问，在省城保定创办巡警局，由赵秉钧担任总办，制订了《直隶警务处试办章程》，建立了中国第一支警察部队，成功接管了庚子国变后被八国联军占据的天津。清廷认为袁世凯的改革“于保卫地方，一切甚属妥善，着各直省督抚仿照直隶章程，奏明办理”。清光绪三十一年（1905），袁世凯建议中央设立了巡警部，推动了中国警察事业的近代化。袁世凯还改革了审判方式，在天津和保定建立审判厅，拟订了《天津府属试办审判厅章程》，对审判厅的审判范围、审判官员的构成、诉讼的程序、审判官的权限、诉讼费用等都制定了标准。袁世凯仿照西式监狱对旧式监狱进行改造，在保定和天津的审判厅附近设立了拘置监和习艺所，特别是习艺所让囚犯能够学习织布、织毯、纺纱、皮靴、成衣、麻绳、造纸等技术，一方面为监狱创造财富，另一方面能获得自己的劳动收入，甚至有的地方还设立了监狱学堂，帮助罪犯改过自新。

北洋新政第三方面是发展经济。袁世凯鉴于直隶被八国联军破坏之后的百

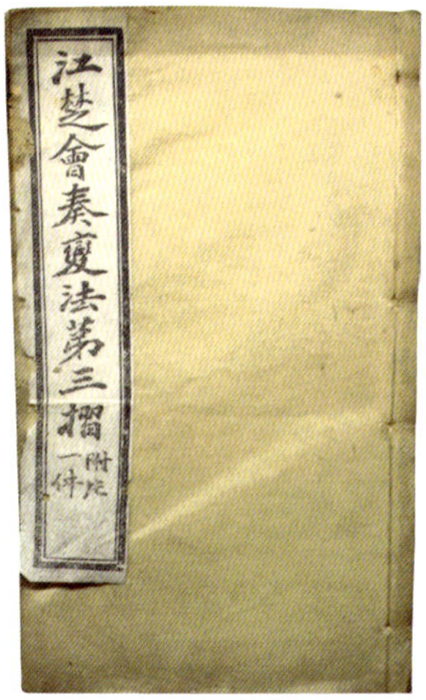

1901 年初，袁世凯上《遵旨敬抒管见上备甄择折》，张之洞、刘坤一上《江楚会奏变法第三折》，为清末新政勾画蓝图。同年 4 月，清政府成立督办政务处领导新政。11 月，李鸿章去世后，袁世凯接任直隶总督兼北洋大臣，同时也成为督办政务处大臣

保定直隶审判厅

清光绪三十三年（1907），直隶总督袁世凯筹建直隶审判厅。
于清宣统二年（1910）投入使用。
直隶审判厅开创了地方行政和司法权分立的先河，
是中国从封建司法制度向近代司法制度的重要转折，
也是中国现存唯一的清末高等审判机构。

保定直隶审判厅的院落

直隶审判厅记录用的笔砚盒

业凋敝，把恢复和发展经济放在至关重要的位置。他深刻意识到工、农、商之间的密切关系，先后设立商务局、商务总会、工艺总局、农务局、农务总会等，领导和推动全省农业和实业的发展，“一时风气丕变，人人思奋，颇有明治维新之象”[31]。袁世凯委任周学熙先后开办了启新洋灰公司和滦州煤矿，又以政府入股的形式帮助缺少资本的实业家创建实业。为了解决战乱带来的金融危机，袁世凯创办了银元局和户部造币总厂，一方面支持各项新政的经费，另一方面为工商业发展提供资金支持。袁世凯收回庚子国变中被英、俄夺走的关内外铁路，修建西陵铁路、京张铁路，特别是破格任用詹天佑为京张铁路总工程师兼会办，开启了完全由中国自主设计建造铁路的先河。

北洋新政第四方面是教育改革。袁世凯联合张之洞等督抚，连上三次奏折，请求朝廷废除科举、兴办新学，终于迫使清廷于光绪三十一年宣布废除科举制度。袁世凯参考各国近代学制，构建起包括蒙养学堂、小学堂、中学堂和大学堂的中国近代第一个系统学制。他任用严修、林墨青等教育专家，在直隶掀起了兴办新式教育的高潮，使得直隶建立起比较完整的现代教育体系。袁世凯认为“育才莫先于兴学，兴学莫重于得师”[32]，为了给蓬勃发展的新式学堂提供师资，他大力扶植师范教育，建立保定师范学堂、天津高等师范学堂、师范传习所和师范速成班近百所，培养出来的人才不仅成为直隶本省教育骨干，而且为鲁、豫、晋诸省提供了大批师资。为了普及教育，袁世凯在保定设置学务司管理全省学务，并在各州县成立劝学所，深入到乡村市镇劝导适龄孩子入学。清廷把直隶的做法推广到全国，推动了全国教育事业的发展。为了培养专门人才，袁世凯还创立了直隶高等工业学堂、天津商务学堂、直隶高等农业学堂等高校，促进了近代第一批省立大学堂的设立。

北洋新政第五方面是扩练新军。袁世凯接任直隶总督兼北洋大臣后，先后出台《募练新军章程》和《北洋常备军营制饷章》，借鉴西方各国军制，建立起多兵种协同作战的近代军队编制。他又在保定设立北洋军政司，作为一省军务总汇之所，他自兼军政司督办，下设兵备、参谋和教练三处，分别由刘永庆、段祺瑞和

[31] 王守恂:《天津政俗沿革记》卷九，民国二十年（1931）刊本，第7页。

[32] 袁世凯:《袁世凯奏议》中册，天津古籍出版社，1987，第548页。

冯国璋任总办，这是中国近代最早的军政参谋机构。有了这些制度支持，袁世凯在武卫右军的基础上编练了“北洋常备军”，一跃成为当时最强的军事力量。为了培养新式军事人才，袁世凯创办了直隶陆军小学堂、保定北洋武备学堂、北洋速成武备学堂、北洋行营将弁学堂和各类陆军专业学堂，其中北洋速成武备学堂是保定陆军军官学校前身，被称为中国近代第一所正规陆军军校。从北洋速成武备学堂到保定陆军军官学校，共培养了上万名军官，其中有一千六百多人获得将军头衔。这些毕业生中，除了中国人民解放军创建人之一的叶挺将军、直系军阀首领吴佩孚和国民党军统帅蒋介石，还有张治中、傅作义等耳熟能详的著名将领。

到清光绪三十二年，袁世凯的权势达到顶峰，除担任直隶总督兼北洋大臣外，还身兼清廷督办政务大臣、会办练兵事务大臣、督办商务并会办商约大臣、督办邮政大臣、办理京旗练兵大臣、督办山海关内外铁路大臣、督办天津至镇江铁路大臣、督办京汉铁路大臣等职，统率当时实力最强的北洋六镇新军，经济上不仅接收了李鸿章淮系集团的上海轮船招商局、电报总局等，而且负责运营山海关内外铁路等路矿企业，掌控着滦州煤矿和唐山启新洋灰公司，权势和地位超越了前辈曾国藩和李鸿章。袁世凯又通过自己的权力扶植亲信，在中央控制了练兵处、巡警部、邮传部、民政部和外务部，在地方除了直隶之外还掌控山东、东三省和江苏、安徽北部地区，北洋集团由此成为当时最强大的地方势力集团。

清廷对北洋集团的崛起十分恐慌，从清光绪三十二年起借官制改革削弱北洋集团，袁世凯被迫辞去各项兼差，并将北洋六镇的一、三、五、六各镇交陆军部管辖。清光绪三十三年，袁世凯被任命为军机大臣兼外务部尚书，接任直隶总督的是他的亲信杨士骧。杨士骧继续推行袁世凯的新政，在任内关注民生，主张改革田赋和徭役，同时严禁随意向百姓摊派费用，以减轻百姓负担。杨士骧是性情中人，虽然身居高位，却喜欢去路边小馆大快朵颐。清宣统元年（1909），杨士骧卒于直隶总督任上，死因众说纷纭，有情杀、仇杀、病逝、暗杀等多种传闻。不过，考虑到也是在这一年，袁世凯被摄政王载沣罢去一切职务回家养老，杨士骧之死不排除清廷在清除袁世凯的势力。从那以后，直隶总督开始被守旧派接任，那桐、端方、崔永安任期都很短，唯有陈夔龙作为守旧派担任直隶总督两年多，他对取消科举制非常不满，辛亥革命后干脆因病乞休，所以也被称为最后一个直隶总督。其实，在陈夔龙病休后，还有真正的最后一个直隶总督张镇芳。清宣统三年（1911）十二月，张镇芳以湖南提法使署理直隶总督，但仅仅十天之后，宣统皇帝就宣布逊位。张镇芳学问很好，乡试中过解元。他是袁世凯的亲戚，袁世凯担任中华民国临时大总统后，委任他为河南都督兼民政长，他在任上创建了河南留学欧美预备学校，这个学校就是后来著名的河南大学。张镇芳的继子张伯驹被人称为“民国四公子”之一，是著名的词人和收藏家。

宣统帝逊位后，憋了许久的袁世凯成为临时大总统，七个月后被选举为正式大总统，三年多后摇身一变成为洪宪皇帝，又在八十三天后匆忙取消帝制，两个多月后病逝。袁世凯去世后，北洋集团的徐世昌、冯国璋、段祺瑞、王士珍、曹锟、吴佩孚、张勋、张作霖等人都成为一方首领，开启了鲁迅诗中“城头变幻大

保定陆军军官学校

[33] 鲁迅:《南腔北调集·为了忘却的记念》，载《鲁迅全集》第 4 卷，人民文学出版社，1981，第 486—487 页。

王旗”[33] 的乱世。民国九年（1920），大总统徐世昌任命曹锟为直鲁豫巡阅使。曹锟出身小商小贩，深谙广告的作用，他在办公的原直隶总督署门前，竖起两根高 33 米的朱红旗杆，发誓要做大王旗中最高者。三年后，曹锟靠着收买议员被选为大总统，离开他的大旗和直隶总督署，到北京去做“猪仔总统”，结果不到一年下野，被关进了小黑屋。

乾隆帝把方观承比作旗帜，李鸿章也把自己形容成落日旌旗，如果说雍正、乾隆时期，直隶总督是盛世贤臣德才兼备的旗帜，那么同治、光绪时期，直隶总督就是帝国暮色中坚守尊严的旗帜，而到了北洋时代，这面旗帜唯一象征的是无上权威。离开家国天下，我们不过是渺小的蝼蚁，自以为的无上权威，不过黄粱一梦。君不见，当年旗杆今犹在，诸位风流人物早已化为尘埃……

保定陆军军官学校的大门

保定陆军军官学校的院落

燕赵文脉
敦厚绵长
——燕赵书院思想史的一个解读视角

文 / 张鹏

燕赵文脉，敦厚绵长。伟哉庠序，泽被四方。
燕赵文化史以重学亲道为根，
而巍然屹立于这片厚土之上的历代书院正是这段文明的缩影。
巡览河北的书院史，正如款步迈进燕赵文化的深府内庭，
烛幽探微，片影弥珍，依循点滴遗迹攀缘而进，
煌煌之门在敬肃的钝响之后悠悠敞开。

元氏封龙书院

书院之名肇始于唐。《资治通鉴》载：上（指唐玄宗）置丽正书院，聚文学之士，或修书，或侍奉文章。可见此时的书院仅为搜寻、整理前代逸散图书并校注经籍、著述文章的机构。除了这种官置书院之外，还有很多民间书院。民间书院虽也受官方书院影响，但其主要还是纯净的读书之所。读书人在此收藏书卷，博览群书，以书会友，著书立说。当时河北的书院即为后者。学界认定，唐代河北的书院有张说书院、棠荫书院和西溪书院三所。

张说书院，又称张相公堂，坐落在满城花阳山中。张说书院创建于唐永昌元年（689），为张说读书修习之地。张说何人？据文献记载：张说于唐玄宗在位时先后三次为相，掌文学之任三十余年，为开元年间一代文宗，品评文苑，奖掖后进，深孚众望。笔下文辞秀丽，遣思缜密，多承帝旨撰述，尤长于碑文、墓志。著文集三十卷，今通行武英殿聚珍本《张燕公集》二十五卷、《四部丛刊》影印明嘉靖丁酉本《张说之文集》二十五卷。如此硕彦文宗在河北创置书院，实为燕赵文事之幸。

棠荫书院，位于旧易州（今易县）署东召公祠，原为自修场所，始建于唐。宋代改为官办肄业学校，明永乐十三年（1415）御史张维恕在兴庆寺建书院，清雍正五年（1727）知州彭人瑛重修，后移到东大街新建，有房舍百余间，占地三十亩，并改成棠荫书院，至清光绪二十九年（1903）改为州立中学，招易州、涞水、广昌（今涞源）三县学生，近地学子，悉来投学。民国三年（1914）改为省立第八中学。

西溪书院位于今天石家庄封龙山龙首峰西面，凭依这座承载两千多年历史的文化名山而建。此山之得名，源自上古传说。相传大禹治水时，有蛟龙起水为患，遂以贤德与勇力克龙，将之封于此山，“封龙”之名由此兴焉。山上留有碑刻《封龙山之颂》，上云：“天作高山，寔惟封龙。平地特起，灵亮上通。嵯峨峭峻，高丽无双。神耀赫赫，理物含光……”文辞骏发，气韵雄浑，正如山间之钟灵毓秀与盎然古风。此山自古即为文化教育发达区域，据载汉建武十七年（41），学者伏恭迁常山太守，即于此地修筑学校，名学者李躬在此聚徒讲学。西溪书院于此兴建，自有传统所续，唐代郭震、姚敬等文士皆在此栖遁授学。西溪书院继汉之淳雅古风而来，又开宋元盛事之先河，可谓功当勒石。

宋代书院继承唐制而发扬光大，在两宋教育史上占有至关重要的位置。它的兴盛，主要因为当时官方教育体系尚未确立，书院的存在恰逢其时，暂时担当起地方官学的教育职能，正如明代李东阳所言：“书院之作，乃古庠序之遗制。宋之初，学校未立，故盛行于时。”宋代书院在普及和传播知识、提升社会整体教育水平层面发挥了伟力。就时代特征而言，宋朝统治者重文轻武，不仅扶植官学，而且充分关注私学；这个王朝政治软弱、军事退让、外交妥协，却经济发达、文教繁荣。兴建书院被看作是“偃武教、兴文事”的重要标志，以书院为代表的学校教育发展到一个全新阶段。书院在此时与官学、私学相交融并存，成就一时文教昌盛之壮貌。此外，有宋一代，理学大炽，理学士大夫们对书院教育早期各项制度的建设起到了奠基性的作用。宋代著名的应天府书院、石鼓书院、白鹿洞书院、东林书院、岳麓书院等皆为理学士人传道授学之所在。以各家理学思想为据，“自修—质疑—讨论—自省—自察—躬行”的书院教学模式也在此时初步定型。

《封龙山之颂》碑拓（局部）

宋时河北的书院首称封龙书院，又称龙山书院，在元氏县境内封龙山南麓，由宋初李昉创建。李昉为五代至宋初之间的文学家和史学家，他的重要功绩是主持编撰了《太平御览》《太平广记》《文苑英华》等类书巨著，成为累世相传的文献典籍。这位大学者选中了封龙山，似乎来此是为了完成一个经年的夙愿。封龙书院遗址尚存，原有讲堂、读书窑洞等，今已不存。院内有两眼清泉，一为蒙泉，泉水清冽甘甜，乃当时书院饮炊水源；一为墨池，又称洗笔池，传为古人洗笔之处。遥想李昉当年，主持完官修的几部大书之后，来此灵山神府治学读书，可谓胜境天然。前述西溪书院在宋代藏有“九经”，张著为山长，将前代事业更进一步。元人安熙曾为此写诗云：“世道有升降，乾坤几清磨。谁知昔年中，师生此弦歌。我来爱佳名，杖策时经过。深寻得遗经，山经信非讹。”可见西溪书院在宋代弦歌不辍。封龙山确实是河北书院史上的一段佳话，在宋代除龙山、西溪之外，尚有中溪书院在龙首峰下。它也是李昉授业之处，北宋时“山长张蟠叟诸人相继聚徒常百人”，是当时河北最大的书院，在河北教育史上具有重要意义。

在封龙山三大书院之外，安国的张子书院和邢台的龙冈书院也为宋代河北著名书院。前者因北宋知名理学家张载而得名，他是当世大儒，也是理学四大学派之一的关学学派创始人，其学术思想在中国思想史上占有重要地位，其“为天地立心，为生民立命，为往圣继绝学，为万世开太平”的“横渠四句”被广为传诵。

与宋代不同，元朝书院官学化明显，理学和书院的北进是此时文化上的一大贡献。理学与书院在这一时期互助共生：理学的北移推动了河北书院的建设及繁盛，书院的繁荣发展又成为理学传播及辐射扩散的基地。但与南方书院课程设计及教育内容相比较，河北书院教育在程朱理学思想文化传播之外，还强调科学技术知识内容的教学，培养专业技术人才，甚至出现了著名的科学家，这也反映了元代北方书院的“实学”特征。清代学者朱彝尊在《日下旧闻》中谈道：“书院之设，莫盛于元，设山长以主之，给廪饩以养之，几遍天下。”河北书院的发展恰与这一理念契合，与北方其他省份相比较，河北书院教育规模及水平处于前列，而除了南方发展较好的诸多省份之外，在书院地理分布格局中，河北也处上游位置。

从多方面来说，河北书院在这一时期保持上升趋势。在数量上，与宋代河北只记载有五所书院不同，元代河北记有十七所书院，其中十六所为新建书院，一所为重修书院。

历史往往在不经意间纠正着我们思想中某些传统而错误的观念，比如元代，很多人的意识里都认为这是一个不重视文教而信服武功征伐的朝代，其实不尽然，起码在河北书院史上，元代是一个值得记录的朝代。这十七所书院包括宣化的景贤书院、邯郸的安仁书院、蔚县的暖泉书院、霸州的益津书院等，都包含着一个以朴素和实用为旨归的元代理学北传的故事，还有太多理学学者砥砺问学、敬天守命的悲欢心事。其中最值得一提的有景县的董子书院和安新的正学书院。前者是元至正年间河间路总管王思诚奉令于广川镇汉代大儒董仲舒的乡祠修建书院，是为了纪念董氏而创办；后者是刘因讲学之地。董仲舒是西汉硕儒，刘因是元代名士，两者都是中国思想史和学术史上必须书写的人物，正是这样的文士将河北与中华民族的文化在最深处联结起来。

封龙书院在元代亦有发展。金元数学家李冶在真定路官员和名学者元好问等人支持下重振封龙书院。在他主持书院期间，元好问、张德辉等常到此讲学；白朴、王仲常等真定名士曾随学于山中。李冶在教学活动中提出一套系统的教育思想，并在史学、医学、训诂学、天文学、音律学领域取得了一系列研究成果。在他和众友人、门人的努力下，封龙书院成为元代真定路教育中心之一。

明代河北书院在数量上又进入新的上升期，总数达到九十三所之多。此时河北书院以县级书院为多，占到全部书院的一半。这种特征有助于知识的进一步普及，拉近了书院与大众的距离。明代河北经济水平有所提升，有较充足的实力支持书院投资，这就加速了河北书院的建设和发展，建构规模也不断扩大。客观地说，明代河北书院独具特色，且其综合水平尤其是教育水平可以与南方发展兴盛的书院相媲美。从书院的课程及教学特色、组织方法、经费管理等方面考察，既表现出全国书院的普遍性，又有其区域的个性化，尤其是程朱理学与陆王心学两大学派讲学的知识内容与思想观念在书院中的表现，更能反映明代学术的复杂性及流派的多样化。

明代河北书院有永年紫山书院，明正德十三年（1518）知府张羽修建于县治东。正定的崇正书院，赵南星曾在此讲学，一时书院英贤辈出，闻名遐迩。清代田易《畿辅通志》卷九十八“艺文 记”收录赵南星《重修恒阳书院记》，所记即为此地。另有蠡县有斐书院、灵寿松阳书院、宁晋洨滨书院等皆为当时声名较著者，一时间俊彦云集，燕赵南北宏论纵议，思想的光芒映照明代自由活跃的精神场域，堪为可资吟味的风雅旧事。

清代诸多文化门类在此时达到极盛，但后期由盛而衰。与文化的规律相表里，清代河北书院发展的鼎盛时期为康熙、乾隆二朝，创建书院数量达五十所，自嘉庆而后渐趋衰落。康熙帝与乾隆帝喜好汉文化，扶持书院建设，各州县数量迅速增加。如井陉皆山书院，虽创办于雍正时期，但雍正帝认为创建书院“穷极华丽，劳民伤财”，又多为“宴会游玩”之所，故即位之初便对此严加禁止。而到雍正末年，他的看法有所变化，认为目前社会官风、士风皆回归淳朴，因而对创建书院开始解禁。清代河北书院的创建者多为地方知县，他们是当地士绅领袖又是文化代言，建院资金多来自官员自捐或募捐。这种官办体制，曾推动清代书院迅速发展，但也逐渐滋生种种弊端，体现在院长的选任、生员考核与管理等诸多方面。为此，各地均制定了相关制度，分三个方面：一是选拔学行皆优的院长来院讲学；二是严惩生童课试时的舞弊行为，以维护学院良好的教学秩序；三是净化教学环境，对于行为不端的生童及书院管理者均予以清退。这些看似严格的书院章程，也反映出清代士风凋敝的现实。伴随着科举制度的日渐僵化，书院也便由论道养德之地变为争取功名之所，徇私舞弊现象屡见不鲜。清代书院经历了由盛而衰的过程，也是清代国势转衰之佐证。

这一时期最为著名的书院是保定莲池书院，清雍正十一年（1733），由时任直隶总督的李卫奉旨创办，又称直隶书院，到 1903 年停办，先后存在长达一百七十年之久。由于直隶的重要政治地位，莲池书院自开办之日即得到帝王的关注和青睐。乾隆帝曾三次驻跸书院，并赐匾题诗黾勉师生。莲池书院一时间名满天下。莲池书院以大儒硕学为师，成为“全国书院之冠，京南第一学府”。鼎盛时期的莲池书院与湖南岳麓书院南北交相辉映。汪师韩、章学诚、黄彭年、吴汝纶等众多学术名家，王发桂、孟庆荣、冯国璋、傅增湘、刘春霖等大批彪炳后世的学生，赫然记录了莲池书院的辉煌，当之无愧"中国北方最高学府"。莲池书院藏书丰富，万卷楼中最多时曾达到三万余卷。书院开设西文（英语）和东文（日语）学堂，招收外籍留学生，聘请外籍教师。张裕钊与日本留学生宫岛大八的师徒之情同样是书院一大亮点，流传着中日友好文化交流的美谈。吴汝纶应时局之变，在莲池书院所实行的一系列革新，使代表旧式教育的莲池书院显现出愈来愈浓的新式教育气象，推动了中国书院的近代化进程。

另有建于清康熙年间的邯郸漳南书院。著名学者颜元曾在此主持，他实施了体现实学精神的教育改革，赋予漳南书院在中国教育史上以划时代的意义。颜元认为，宋、明以来的书院教育有两大弊端：一是"返观打坐"和"对谭静敬"的习静教育，二是"执书伊吾，搦笔著述"的书本教育。他认为"六艺之教"，就是培养学生自己动手，在"习行"中学，从而获得六艺实学知识。如他带领学生不仅"习礼歌诗，学书计"，"讨论兵农，辩商今古"，而且还在野外操练"举石、超距、拳击"等，使书院学生文武并习，造就经世人才。漳南书院所展示的教育理念、教育方式，对中国传统教育向近代教育转型具有重要的启蒙作用，开启近代教育制度革新之先声。即使在当代，漳南书院所标举的德育、智育、体育全面发展的思想，对我国当前素质教育也不失借鉴意义。

现在，我们渐渐读懂了中国文化史上的书院这一古代独具特色的文化教育模式，它集教育、学术、藏书为一体。它的出现使中国古代教育体系出现了官学、私学和书院平行发展的和谐格局，这种鼎立之势促进了我国古代文化教育的健康发展和稳步繁荣。它倡导日常教学与学术研究的紧密结合，崇尚自由而热烈的学术争鸣。它引导学生以自修为主、教师答疑为辅，鼓励学生独立思考，培育敏锐而果断的思维品质。它鼓励学生万事躬行，重视实践在学问中的地位。这些都是中国文化中的思想精粹所在。

纵观河北的书院历史，自唐代肇兴以来，代代赓续，薪火相传。民间书院的大量诞生，实学和科学精神的世代高扬，以与时俱进和着力创新为宗的思考旨归，都在撰写着一部以书院为聚焦的燕赵思想史，它热烈而纯粹，凝重而厚博。

井陉皆山书院

井陉皆山书院内景

走进莲池

——保定莲池书院的钱与课

文 / 郑学

总督府巡更的逻士刚刚报过二更，一群士子走出考棚，慢慢地踱到水池边，
倚着洁白的桥栏，互相谦让和恭维着。
靴城保定府已经入梦，夜色轻柔地笼罩着古老的行宫，微风将淡淡荷香送到士子们面前。
几个疲倦的人走向斋舍，余者围拢到湖心小亭中，
一同品评着方才觅得的佳句，说到会心处，便相视一笑。
这幅图景就是 1900 年庚子事变之前莲池书院的日常生活。

古莲花池由元代名将张柔创建，明、清两代均有修缮，
特别是清代康熙、雍正和乾隆三代修缮，
形成了包括春午坡、花南研北草堂、高芬阁、万卷楼、
藻泳楼、篇留洞、含沧亭、笠亭、鹤柴、
蕊幢精舍、绎堂、寒绿轩的“莲池十二景”。
清乾隆年间，古莲花池扩建为行宫，
乾隆、嘉庆、光绪三朝帝、后均曾驻跸于此。

古莲花池中的君子长生馆

古莲花池君子长生馆门前的海棠

家家饭熟书还熟，羡杀承平好秀才

莲池书院是畿辅地区文化教育的中心。想当年，清政府在各省省城设立了若干所大型书院，由官方负责延聘名师、保证经费。查阅《钦定大清会典事例》，可以在礼部“书院义学”条中找到它们的名单：

> 直省省城设立书院，直隶曰莲池，山东曰泺源，山西曰晋阳，河南曰大梁，江苏曰钟山，江西曰豫章，浙江曰敷文，福建曰鳌峰，湖北曰江汉，湖南曰岳麓、曰城南，陕西曰关中……皆奉旨赐帑，赡给师生膏火……令有志向上、无力就师各生入院肄业。

这些书院高居清代教育体系顶端，全省文化资源都向它们集中。到了清朝末年，改革学制、废除科举的时候，各府、县书院都被改造成中小学，而上面列出的这些省级书院则成为“大学堂”，也就是高等院校。在各省之中，直隶省的地位又比较特殊。由于直隶总督是清代督抚之首，权势地位超过同侪，加上保定府靠近首都，便于延请入京学人，所以莲池书院办得格外兴旺发达，先后执掌讲席的都是章学诚、黄彭年、何秋涛、张裕钊、吴汝纶等著名学者。这里的园林围绕名胜古莲花池而建，精美而华丽；万卷楼藏书几经添置，丰富而齐全。李鸿章任直隶总督时延聘的山长黄彭年对书院发展贡献尤大，曾经大规模扩充书院建筑和藏书。黄彭年的妻子是位画家，她描绘的《莲池十二景图》给我们留下了珍贵的历史记忆。

书院教育的主要形式是教师坐而论道和按月举行考试。本文开头描绘的即为书院课试场面。与其他书院相同，莲池书院的正式考课分为两种：官课和斋课，二者交替举行。官课由地方政府长官组织命题和阅卷，从总督到首府，凡是科举出身的高官都要轮流担任主考。斋课也叫“师课”“馆课”，由山长自行命题。考课的内容与科举考试相同，涉及八股、诗、赋、经、策、论等等。但和正式科考不同的是，书院考课一般是开卷的，生徒可以查阅资料、相互探讨，甚至请人代笔。

古莲花池中的君子长生馆

古莲花池中的杈廊

古莲花池中的春午坡

古莲花池中的水东楼

水东楼位于古莲花池东岸，与君子长生馆隔水相望，故名“水东”。乾隆年间直隶总督方观承在《莲池行宫十二景图咏 · 含沧亭》的图注里说：“（含沧亭）北则水东楼，花光映旭，爽气宜秋。”水东楼为上下两层，二层有楼台可凭栏观景，檐下有清末直隶总督杨士骧所书牌匾，笔力雄壮。

这给阅卷者添了不少麻烦，因为总有偷懒的学生抄袭前人旧文来搪塞，需要他们凭火眼金睛识破。现在存留下来的一些试卷上可以看到“此本胡小舫作”“姚丹坡作”等批语，就是阅卷者识破抄袭对象后批写的。后来桐城吴汝纶夫子当山长时，觉得不胜其烦，索性把斋课改成闭卷考试，彻底杜绝了代笔和抄袭。吴汝纶是莲池书院历史上最重要的一位山长，他执掌书院时重视“悠游日课”，经常组织非正式的考课会文。士子们在课试中创作的佳作被汇集起来，刊刻成《莲池讲学院讲义　附课艺、肄业日记》等书籍。

谢国桢《瓜蒂庵小品》对莲池书院的考课有段介绍：

> 至于书院学制故事，桢闻之故旧云：各地书院入院考课，以本籍员生为主。每月有膏火，课业有奖金花红，所以沾润寒畯之士，以资课业之向进。应课者领卷而出，按时缴卷，一人可同时代应各人之作，亦不追究。至于通都大邑，虽属客籍，亦可入院肄业应考。如吴挚甫先生主讲保定莲池书院时，傅沅叔先生以客籍而得入莲池书院肄业。

古莲花池中的六幢亭

古莲花池中的不如亭

吴汝纶

吴挚甫就是吴汝纶；傅沅叔是大藏书家傅增湘，后来做过民国政府教育总长。谢国桢提到两个词——“膏火”和“花红”，前者指学生的生活补助，后者指奖金。除了广东地区存在极少数个别情况外，书院采用的都是“公费教育”，学生不但不交学费，还能领取养家糊口的“薪水”钱。按照清代书院的一般惯例，对考课中取得优秀成绩的生徒，是要赏给“花红”的。“花红”就是奖金，很多家庭贫困的高才生都指望着博取这笔钱来补助生活。那么，莲池书院的奖学金有多少钱呢？吴汝纶写给李鸿章的一封信告诉我们答案。信中说：

恨经费过少，不足以养育成就之。为举业者讲求未精，科第减色，缘官课各署取舍不同，而斋课每次奖银共止八两，又不足示鼓励。凡书院振兴，舍宽筹经费，盖无他法。若令斋课今古二途，每岁共增千金，在通省公款所省有限，而诸生受益无穷，人才必有起色。

每次斋课奖金总额只有八两纹银，分配到若干学生头上，每人所得其实寥寥无几，所以吴汝纶向李鸿章要钱以便提高资助额度。他的建议基本得到满足，书院每年增加了一千两考试奖金。

吴汝纶说："凡书院振兴，舍宽筹经费，盖无他法。"这些经费要花到很多地方，比如师生薪水和膏火、春秋二祭费用、生徒科举盘缠、房屋修缮、图书添置、教材印刷等等。莲池书院每年开销约在五千两纹银以上，书院收入尚有结余。营缮、刻书等开支没有定额，只好给师生薪水和膏火算一算账。

书院的首席教师和管理者称为山长，之下设有教习、助教、讲书、监院等若干教职，有时还设有经长、斋长和引赞等名目的一些工作人员。按照道光皇帝的谕旨，莲池书院山长须由直隶总督亲自聘任"品学兼优"的"绅士"来担任。山长是当时文化界最重要的职务之一，待遇相当优厚。吴汝纶就任山长时曾经写信告诉家人，他的年薪足有"一千六百金"，比之前他担任知直隶州时的工资加上办公费总额还多几百两。其他高级职员的薪金水平和幕府师爷们接近，每年总要有三四百两才算说得过去。除此之外，书院中还少不得一批服侍师生、打理杂务的仆役和工人，比如门丁、斋夫、学书之类。书院的仆人一般称作斋夫，他们要负责打扫庭院、打理图书器物、伺候山长，还要催收学田和放款的租赋、利息。

按照清代的全国平均水平，一个秀才每月在书院领到的生活费为一两银子开外。从北京的昌平书院到广州的学海堂，无论南方北方，标准都差不多。不过有的地方用银两支付，有的地方则用制钱。清末白银外流，银贵钱贱，铜钱贬值，那些用制钱结算的书院就显得比较可怜了。并不是每个生徒都能拿到这笔生活费。由于书院的经费有限，只有资历深、成绩好的生徒才能享受全额资助。比如说，书院的正式学员"正课"秀才每月能领取一两银子或一千二百文钱，"副课"则要减半，至于其他编外学员，就只好眼巴巴地看着了。

那么，这些钱从哪里来？总体上来自两个部分：学产经营所得和公益款项拨付。莲池书院创办时留下的《莲花池修建书院增置使馆碑记》说："敬以赐帑千金置常稔地，岁课租以资膏火。此后从游日众，修俸饩薪，定议公捐，以期经久。"意思是在建立书院时，就利用朝廷赐予的一千两白银购买了一些土地，收取地租作为办学经费。由于书院的土地是免税的，所以收入比较可观。经费不足部分则由政府设法以某些名目向社会征收。比如《清会典》卷十九有"直隶莲池书院经费动用营田水利银"的记载，就是在水利工程资金中挪借了一部分供书院使用。

除了投资田产，莲池书院还将部分资金存入店铺商户，以获取利息。清中叶的两江总督陶澍给朝廷的一封奏折中曾经提到，莲池书院的膏火银当时曾以小额零星借贷给商户。但每年利息催收都十分困难，常有拖欠，而且商人借贷并不积极，发放贷款很不容易。陶澍是清代最出色的督抚之一，林则徐和曾国藩都曾向他学习，他的说法相当可信。

一个成功的书院山长，首先要会想办法筹集经费。吴汝纶担任山长时，为了引入西学和外语课程，把主意打到了淮军将领和僧人、尼姑身上。他先是向李鸿章索要淮军公所的结余资金，"就存款入息中每岁提四百金以为学堂经费，教皖人子弟，令习东文"——用你们淮军的钱，教你们的孩子学日语，多好的事情！聘请西学教师费用昂贵，每年四百两远不够用，所以吴汝纶还建议向田产，特别是佛寺庙产收税："西学筹费，亩捐最为上策，其次则取之僧道庵田。"

凭着多年苦心经营，吴汝纶终于如愿筹措到大量资金，将莲池书院建设成一座宏伟的学术中心，全国各地以及东邻日本的青年学者都负笈来此。然而，就在这座书院的鼎盛时期，一个悲剧突然降临。义和团运动像燎原的烈火卷过华北地区，将这座象牙之塔付诸劫灰。由于书院开设西学课程，聘用外语教师，失去理智的团民竟悍然将之捣毁。加上八国联军的蹂躏，书院建筑破坏，生徒逃散，清丽的学府转瞬之间化为废墟……吴汝纶伤心地描述：书院"现已鸟焚其巢，窗格板片为之一空，书院已无居止之地。来年练饷局之千金，恐亦无从给发，书院会须旷废"。

古莲花池中的洒然亭

已是高龄的吴汝纶无法接受这一切，他决定不顾学生和护理总督袁世凯的慰留，黯然离去。而且，时代即将变化，古老的书院体制马上就要完结，甚至当年的八股名家吴汝纶自己也早就讲腻了八股文。在写给袁世凯的信中，他坚决地辞去教职：“十余年来，实为时文所苦，近益颓废，无此精神，书院一席，万难胜任。”

晚清诗人龚自珍曾写诗怀念清代社会那段最后的繁盛岁月：“家家饭熟书还熟，羡杀承平好秀才。”莲池书院，就属于那个落日余晖年代中的一个缩影。

东西新学，国群铸一

作为官办书院，莲池书院的教学内容必然主要是宋儒理学和科考文体，除此之外，课程里还要加上《圣谕广训》——就是皇上的教诲，那个年代的政治课。这是一门非常实用的课程。当时文化生活简单，没有电视和网络，对一般群众来说，听人讲讲《圣谕广训》，也是极好的放松。所以讲《圣谕广训》是一件很受欢迎的公共活动，甚至有人把武侠评书叫作“武场”，而把宣讲《圣谕广训》称为“文场”。同时，为了方便学生肄业后进入官场，书院还开设法律课程。

自从曾国藩担任直隶总督，并且写下一篇脍炙人口的《劝学篇示直隶士子》，莲池书院的学风就在他的引导下走向“义理、考据、辞章、经济”四者并举。义理和词章是中国固有的学术传统，考据是清儒的学术风气，而经济则是曾国藩适应时代需要提出的学以致用的新要求。曾国藩的得意弟子张裕钊执教莲池，以这四者和一手漂亮的桐城古文教育学生，效果很好。后来张裕钊回老家湖北，他的同门吴汝纶接手教职，仍然沿袭曾国藩的旧路。但是，时代在发展，西方文化的先进因素不断被介绍进来，旧式学者也会产生新的观念。虽然觉得康有为和梁启超都是少不更事的后生晚辈，吴汝纶还是同意他们的一些看法，主张“大兴西学”“遍立公司”以及“振兴民权”。

对莲池书院的弟子们来说，老师吴汝纶的变化是有征兆的。从某一天开始，大家觉得吴先生讲课似乎不一样了些，不再只是正襟危坐地讲究“人心惟危，道

嘉庆皇帝御题诗碑

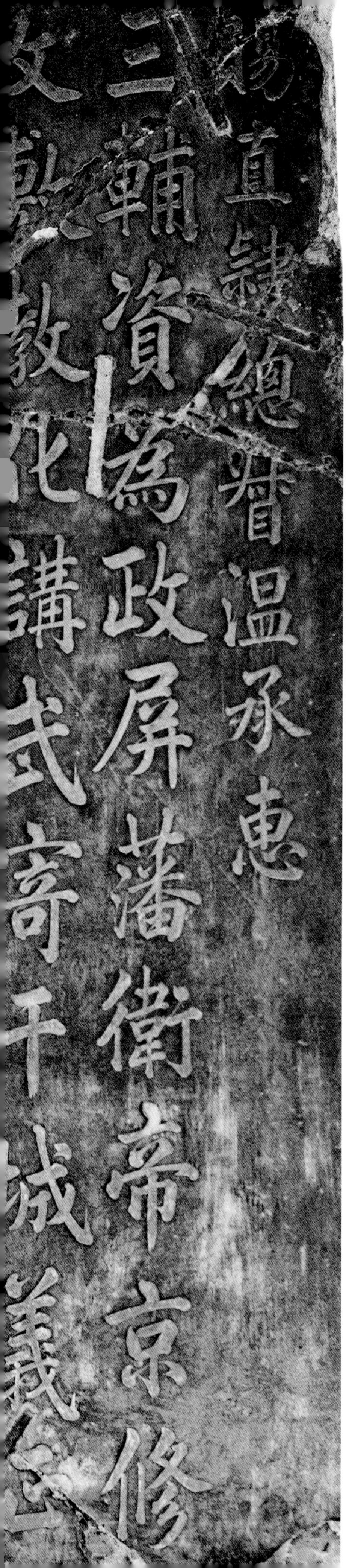

心惟微，惟精惟一，允执厥中”，而是也兴致勃勃地谈论起日本的改革了。某日，有学生问到太老师曾文正用兵的心得——这本是师门中极光荣的历史，而先生又曾亲历兵戎，是深得要领、感慨良深的，果然先生谈兴甚高，可讲的内容却和弟子们想象的不同：

> 你们只知道先师文正公治军的本领胜过孔明，用兵的办法接近羊祜，却不知他老人家的眼光见识才是天下第一。自古用兵，先据上游，建瓴而下，这本是晋、隋两代的故制，算不得新发明。唯有这安庆内军械所，却是开天辟地。后来少荃伯相主持洋务，就是遵照老师的遗教。
>
> 原来老师当年，对着洪杨水军万舸千艘，全都不以为意，知道凭彭玉麟、杨岳斌的本领，尽可以应付裕如。忽然看到洋人一只火轮船在江上电掣而过，却不由得吐出一口血来。从此老师就知道来日大难，不能不早图自强。而这自强的办法，就是学了洋人的长技，修工厂，造枪炮，造火轮船。可惜世人都不懂得他……本来大学士倭艮峰先生，乃是和老师一起讲究理学的同志好友，两人有几十年推心置腹的老交情。这时候倭公竟唱起高调，说什么“立国之道，尚礼义不尚权谋；根本之图，在人心不在技艺”……

不久，书院里便开设了东、西文课程，还请来几位英国和日本的教习。吴先生教导大家说：救国的第一条办法，就是士大夫要讲求西学。

后来，又传闻学部张百熙听了先生的议论，佩服得五体投地，要请先生出山。先生是早就说过不肯做官的，可是张大人居然跪在地上恳求，先生也就只好慨然允命，去日本考察了。

吴汝纶在莲池书院的改革特别倚重日本教师，因为日本教师需要的工资比西方人便宜。他估算过，如果全用西方教师，每年需要七千两纹银，而“欲请东人，计每岁亦不过五六百金，即可访得。缘日本俭朴，又居处饮食，与吾略同，不须自远购运，所以岁俸能廉”。如果必须使用西方人，则雇用传教士。但是，使用这两种人都是权宜之计，必须注意一些原则。首先，只能请日本教习讲日语课，不能用他们教西文——“东文若通，即能渐通西学，以西学要书，日本皆已翻译，其专门艺术，日本人皆已究通故也。请东人即学东文，不可学西文于东人，恐其源远未分，渐失故步”。其次，让传教士讲课，需要“与之言明，不学耶稣、天主教法，不用礼拜赞美教例”，专讲科学知识。

莲池书院一度毁于庚子之变，吴汝纶本欲南归安徽，张百熙以“天下苍生”的名义请他率团赴日本考察教育事业。在日本，吴汝纶重点咨询日本二十年前发展农村教育的经验，因为他觉得当时的中国就仿佛二十年前刚刚变法的日本。完成这件事，吴汝纶回到家乡筹办桐城中学，因积劳染疾，于清光绪二十九年（1903）正月与世长辞。

这所历史悠久的书院和它的山长一起走到了晚年。清光绪二十四年（1898），直隶总督荣禄的奏议就提到计划将莲池书院改为省会高等学堂，按照京师大学堂之例办理。旋因戊戌变法失败，此议告寝。清光绪三十年（1904），毁坏后重新修复的莲池书院被改为校士馆，后来又改为直隶文学馆。吴汝纶的得意弟子贺涛受聘主持文学馆，不设学堂科目，让学生自由读书写文章，也不再追求应举做官，只图传承古代文化。进入民国后，文学馆停办，莲池故地成为公园，供市民游览。

但是莲池书院的教育传统并没有就此消逝。书院弟子严修、高步瀛等人供职学部，在张百熙领导下主持了新学制的修订和中小学教科书的审订。入民国后，严修闲居不仕，专注公益事业，创办了著名的私立学府南开中学、南开大学。另一位莲池弟子傅增湘则进入北洋政府内阁，主持教育部。他是民国最有成绩的一位学务管理者，在他主持下，成立了北京图书馆（中国国家图书馆前身）和北洋女子师范学堂（今河北师范大学），河北第一、二、三、四师范等重要学校。其中河北第二师范就位于莲池书院所在的保定，有些读者可能还记得小说《红旗谱》中对这座革命策源地的描写。

高步瀛也进入了教育部，在傅增湘手下担任司长。他是吴门弟子中文章、学问最杰出的一位。民国元年（1912），高步瀛“助友人王紫珊氏创设国群铸一社”。王紫珊，名金绶，丰润人，莲池弟子。国群铸一社是这批莲池弟子专用的出版阵地，也是他们改造社会、教育群众的主要阵地。高步瀛依托教育部和出版社创办

古莲花池中的水心亭

古莲花池中的直隶图书馆

了一个“通俗教育研究会”，编写了很多通俗教育读物，推荐给教育程度一般的普通群众。这些读物包括宣传岳飞等英雄的演说词——当时叫作“演词”，以及给识字有限的妇女阅读的连环画，等等。吴汝纶的儿子吴闿生、侄女吴芝瑛都参与了这类通俗教育工作……1937 年，保定设立莲池讲学院，聘高步瀛每月到保定授课两次，他以全部热情投入了这项工作。

悠悠莲池，一代学林。新中国成立以后，古莲花池上成立了管理处，建立了公园和博物馆，园林建筑得到保护和修缮。今天的保定古莲花池已是全国重点文物保护单位，走在公园美丽的庭院中，摩挲石碑与古树，仿佛还能品味到当年的一缕书香。

古莲花池中的亭廊

古莲花池中的直隶图书馆

直

古莲花池中的宛虹桥和水心亭

水心亭又名宛虹亭、临漪亭，位于古莲花池北塘中央，
西南有宛虹桥一孔如长虹卧波，西北有九曲桥连通北岸。
乾隆皇帝的《莲池行宫十二景图咏 · 宛虹亭》写道：
“垂虹宛宛跨堤渍，一笠横空与半分。
却是清波无我见，亭桥入影总沄沄。”

千年的回响
——响堂山石窟行记

文 / 赵辉

鼓山这个名字带着神奇意味，清乾隆年间的《武安县志》记载：
“鼓山在县南三十里，一名滏山，旧传有二石如鼓，南北相当。”
又引《冀州图经》说：“邺城西有石鼓，鸣则兵起。
高齐之末，此鼓鸣而齐遂灭。
隋末，又鸣，声闻数百里而隋亡。”
当年的鼓山现在分别被称为鼓山和滏山，
又因人们在石窟中击掌挥袖都有回声而被称为响堂山。

扫码看视频
《响堂山》

北响堂山大佛洞外景旧影

北响堂山大佛洞中心柱右面佛龛旧影

北响堂山刻经洞外唐邕刻经碑旧影

鸽子与老鹰

从北响堂山脚下的常乐寺到半山腰的北响堂山石窟，是一场蜿蜒向上的崎岖山路。响堂山像蹲伏的巨兽沉默不语，一只老鹰在山顶之上高高盘旋，似乎在寻觅或等待，答案也许就在终点。

果然，当迫不及待迈进大佛洞那一刻，一只不知从哪里来的鸽子擦着我的头顶飞出，看到空中的老鹰又瞬间转向，从石壁上的明窗飞进石窟。光芒从明窗照进来，照亮我面前气势撼人的释迦牟尼佛造像，连同那头光上的忍冬纹和火焰纹都被点燃，一切在刹那间静止。

在佛教的故事里，释迦牟尼佛前世曾经是阎浮提国王，名字叫作尸毗王，治下八万四千小国和八万四千座城、六万山川、八千亿聚落，他有二万夫人采女、五百太子、一万大臣，他对众生有着博大的慈悲之心。当时天神的首领帝释天将死，不知道此心可以皈依何处。巧匠之神毗首羯摩告诉他可以去找尸毗王。帝释天让毗首羯摩化为鸽子，而自己化为老鹰，追着鸽子欲饮血吃肉。鸽子惶恐地飞到了尸毗王腋下藏着，老鹰紧随其后落在大殿前。老鹰对尸毗王说："此鸽是我的食物，请大王把鸽子还给我，我已经饿极了。"尸毗王拒绝了它，说自己发愿拯救一切生灵。老鹰说："您说自己慈悲，可我如果不吃鸽子，我就饿死了。我就不算生灵吗？"尸毗王说是否可以换做别的肉呢？老鹰说："我只吃新鲜的、热乎乎的血肉！"尸毗王想："我不能牺牲别的生命去换它的生命，只能用我自己的肉来交换这只鸽子。"于是，尸毗王拿刀从自己的大腿上割肉，

北响堂山大佛洞中心柱正面的释迦牟尼佛造像

大佛洞释迦牟尼佛的肩部与背光

送给老鹰换鸽子的命。老鹰说："我也是明理的，您要用自己的肉换鸽子的命，这肉的重量必须和鸽子相等。"尸毗王就让人拿来一个秤，鸽子站在一个秤盘中，另一边放上自己的肉。可是直到尸毗王把自己身上的肉几乎都割完了，也还是比鸽子轻，他索性拖着自己的残躯上到秤盘里……为慈悲而舍身，此心感天动地。

这个故事被称为"尸毗王割肉贸鸽"。无数岁月弹指逝去，老鹰依旧在天空盘旋，鸽子依然站在释迦牟尼佛的肩头，整个大佛洞里回响着鸽子的"咕咕"声。响堂山石窟残缺的造像，鲜活而生动，这一刻让人浑身战栗。

石窟缘起

"割肉贸鸽"的故事来自北魏太平真君六年（445）沙门慧觉等翻译的《贤愚经》，这个故事在中土传播八十九年后北魏分裂为东魏和西魏，又十六年后东魏权臣高洋建立北齐，响堂山石窟的建设就是从北齐文宣帝高洋开始。

响堂山石窟在河北省邯郸市峰峰矿区的鼓山上。鼓山这个名字带着神奇意味，清乾隆年间的《武安县志》记载："鼓山在县南三十里，一名滏山，旧传有二石如鼓，南北相当，叩之有声。又名神钲，鸣则兵起。高齐之末，此鼓常鸣而齐遂灭。

大佛洞释迦牟尼佛背光上的忍冬纹、连珠纹、火焰纹与飞龙

隋末，又鸣，声闻数百里而隋亡。”[1] 当年的鼓山现在分别被称为鼓山和滏山，又因人们在石窟中击掌、挥袖都有回声而被称为响堂山。两座山都是太行支脉，鼓山（北响堂）为南北走向，北起武安，向南与滏山（南响堂）相连，两山之间正是太行八陉第四陉“滏口陉”，是从北齐国都邺（今邯郸临漳）到别都晋阳（今山西太原）的必经之地。

北魏永熙三年（534），大丞相高欢带魏孝静帝从洛阳迁都邺城，据《洛阳伽蓝记》记载，高欢迁都也带走了慧光、菩提流支等高僧和洛阳的能工巧匠。东魏武定八年（550），高欢的次子高洋废黜东魏皇帝，开创了北齐王朝。高氏极为推崇佛教，把国家财富的三分之一用于供养僧尼，当时邺城有四千多座寺院，八万多僧尼，是当之无愧的北方佛教中心。现存于北响堂常乐寺的《鼓山常乐寺重修三世佛殿记》碑载：“文宣（高洋）常自邺都诣晋阳，往来山下……于此山腹，见数百圣僧行道，遂开三石室，刻诸尊像……”[2] 三石室即指今北响堂山石窟的大佛洞、释迦洞和刻经洞，可见响堂山石窟是由北齐皇室营建的皇家寺庙。在高洋开凿北响堂山石窟后，北齐天统元年（565），灵化寺比丘慧义在北齐大丞相、淮阴王高阿那肱资助下开凿了南响堂山石窟。南、北响堂山石窟现存大小石窟共三十余座，造像共计四千三百余尊，其中南响堂山石窟（滏山石窟）现存编号窟龛九座，北响堂山

[1] 蒋光祖修、夏北丰纂:《武安县志》卷四，台北成文出版社，1976，清乾隆四年刊本，第 144 页。

[2] 邯郸市文物保管所、峰峰矿区文物保管所:《河北邯郸鼓山常乐寺遗址清理简报》，《文物》1982 年第 10 期。

北响堂山旧影

常乐寺远景旧影

南响堂山全景旧影

北响堂山石窟大佛洞周围小龛覆钵塔的塔刹

从覆钵顶端的莲花中长出，
由三枝忍冬卷叶、莲花和摩尼宝珠组成，
中间一枝高耸直立，两侧枝呈弧形向上托起，
每枝顶端都有覆莲作托，上有摩尼宝珠光焰辉煌，
这是响堂山石窟独创。

[3] 司马光编著《资治通鉴》，胡三省音注，中华书局，1956，第 4947 页。

[4] 蒋光祖修、夏北丰纂:《武安县志》卷四，第 59 页。

[5] 颜娟英主编《北朝佛教石刻拓片百品》第 1 册，台北“中研院”历史语言研究所，2008，第 152 页。

[6] 颜娟英主编《北朝佛教石刻拓片百品》第 1 册，第 180 页。

石窟（鼓山石窟）现存编号窟龛二十二座。石窟的主体格局完成于北齐，创立了北朝造像最后的顶峰“北齐造像样式”，之后隋、唐、宋、元、明、清及至民国均有续凿。

如同帝释天要找到尸毗王作为内心的皈依，响堂山石窟是北齐文宣帝高洋为父亲高欢找到的皈依。关于北响堂山最宏伟的大佛洞，历来都有它是高欢陵墓的传说，司马光在《资治通鉴》中记载:“甲申，虚葬齐献武王于漳水之西；潜凿成安鼓山石窟佛寺之旁为穴，纳其柩而塞之，杀其群匠。及齐之亡也，一匠之子知之，发石取金而逃。”[3] 甚至在清乾隆年间《武安县志》也确凿地说:“北齐，高欢陵，在鼓山常乐寺石窟佛顶傍。”[4] 人们坚信北响堂山大佛洞中心柱顶端的洞穴藏着高欢的灵柩，而《北齐书》里所讲的高欢墓葬义平陵则是衣冠冢。如果按这个逻辑，那么北响堂山释迦洞（中洞）对应的是高欢的长子高澄，刻经洞（南洞）则对应的是高欢次子北齐文宣帝高洋。

为什么有这样的对应关系呢？这源自北齐皇室坚信自己是佛教中的“转轮圣王”。转轮圣王是佛教中人间帝王的最高境界，相当于我们传统中推崇的真命天子。当转轮王统治阎浮提八万四千座城时，未来佛弥勒佛将降临人间，像释迦牟尼一样救度世人。当年古印度的阿育王被认为是典型的转轮圣王，在各地造塔无数。北齐文宣帝高洋在即位之后就举办了一场典礼：他在皇家寺庙修定寺礼谒高僧法上法师，把自己的头发铺在地上，让法师践踏而过，以此完成了菩萨戒。依当时佛教的观念，受菩萨戒是人间帝王成为转轮圣王的必经仪式。而这种仪式本身又和三世佛的故事有关：释迦牟尼有一个前世为儒童（善慧童子），他买了五茎莲花供奉过去佛燃灯佛，又担心前面的污水弄脏燃灯佛的赤脚，就散开自己的头发铺在泥水上供燃灯佛经过，燃灯佛被他的赤诚感动，预言他未来会成为释迦牟尼佛。儒童在之后的九十一劫中，曾转生为天王和转轮圣王，最终降生在迦毗罗卫国成佛。高洋不仅自命为转轮圣王，而且要把这种身份追溯到父亲高欢，这也成为北齐皇室的共识。北齐天保八年（557），高洋族弟赵郡王高叡在修定国寺碑记中说北齐皇室“出东震、握北斗、击玉鼓、转金轮”[5]。北齐太宁二年（562），彭城王高湝修寺碑赞美北齐皇室“乘宝殿以飞空，驾金轮而傍转”[6]。高洋也因此

大佛洞小龛现状，其中的佛造像为补修

大佛洞小龛原貌全景旧影

大佛洞中心柱窟右侧，顶上小龛据说就是高欢灵柩所在

创造了一种新的石窟样式——塔形窟。在佛教传统中，塔用来埋藏佛的舍利或遗物。古印度转轮圣王——阿育王所建的塔大都是覆钵式塔。高洋把鼓山山体当作塔，雕出覆钵塔的形式，再在塔身开凿石窟，石窟内部有中心柱，四周开凿造像龛，装饰有各种纹样，中心柱的大佛与四周的小佛相互辉映，一座窟就是一个佛国世界。高欢的大佛洞、高澄的释迦洞和高洋的刻经洞，都是前无古人的覆钵塔形窟。在高洋的刻经洞中，唐邕在北齐武平三年（572）把“我大齐之君……家传天帝之尊、世祚轮王之贵”[7]与佛教经典一起，刻在了石碑之上。

从某种程度上说，响堂山石窟就是北齐王朝内心的皈依。

癫狂与超脱

关于北齐王朝，很多人了解得不多，但大家肯定很熟悉那首绝唱《敕勒歌》和兰陵王高长恭。响堂山石窟在某种程度上与北齐王朝是命运共同体，它的辉煌与衰落与北齐王朝相伴始终，见证了这个癫狂王朝的腥风血雨，也安慰着腥风血雨下每一个渴望超脱的心灵。

[7] 颜娟英主编《北朝佛教石刻拓片百品》第1册，第252页。

北响堂山释迦洞的菩萨

南响堂山千佛洞外小龛

北齐的实际缔造者，也是大佛洞的主人高欢，一名贺六浑，原籍渤海郡蓨县（今河北景县）人，出生于怀朔镇（今内蒙古固阳西南）兵户之家，是那个民族大融合时代鲜卑化的汉人。高欢早年落魄，虽然生得俊美且豪迈有才情，却穷得连一匹马都没有，直到后来被鲜卑贵族小姐娄昭君看中，才依靠娄氏的嫁妆得到人生第一匹马，开始在边镇队伍中充当队主。高欢在看到北魏朝廷已经无力掌控天下的时候，就有了"澄清天下之志"，他先后参加北方六镇杜洛周、葛荣起义军，后来归附北魏权臣尔朱荣，成为亲信都督。尔朱荣死后，高欢施展权谋收编六镇余部，实力逐渐强大。高欢在那个视人命为草芥的年代，特别注重约束队伍，历史记载他出滏口陉时，自己牵马步行，队伍对百姓秋毫无犯，获得了河北豪族的拥戴。北魏普泰元年（531）六月，高欢起兵于信都，翌年击败尔朱兆，拥立孝武帝元修。北魏永熙二年（533），彻底消灭尔朱氏残余，开始以大丞相、渤海王身份把持北魏朝政。北魏永熙三年，高欢在政治斗争中逼走孝武帝，立元善见为孝静帝，并迁都邺城，史称东魏。高欢多次攻打西魏，在潼关之战、沙苑之战中两次败于老对手宇文泰，又在河桥之战、邙山之战中惨胜。东魏武定四年（546），年过五旬的高欢率十万大军围攻玉壁，与西魏名将韦孝宽鏖战五十多天，军中病

响堂山石窟内的造像与刻经相得益彰

北响堂山释迦洞主尊后面的甬道

匠人在外墙上开了两个明窗，在门楣上开了一个明窗，
又在中心柱释迦牟尼佛所在的石壁上开了两个明窗，
光线从窟门和四个明窗照进洞窟最深处，
随着时间推移静静地变换着角度，
墙上佛像忽而灿烂忽而黯然，仿佛在演绎世间的众生。

北齐统治的人世间血雨腥风，
而作为北齐皇室心灵皈依的鼓山也鼓声隆隆，
从北响堂山石窟到南响堂山石窟不过三十里，
却是北齐从开始到结束的距离。
北齐国祚二十八年，
在漫长的历史长河中如同刹那即逝的焰火。
癫狂与超脱，也是燃烧与寂灭，
而响堂山石窟残缺的造像，
就是这一切的见证。

南响堂山千佛洞窟门上的忍冬纹与北响堂山释迦洞如出一辙

死战死七万多人，以致他忧愤成疾。军中讹传高欢已死，为了安定军心，高欢召集众将宴饮，让大将斛律金唱起《敕勒歌》[8]：

敕勒川，阴山下。天似穹庐，笼盖四野。

天苍苍，野茫茫。风吹草低见牛羊。

敕勒川草原无边无际，天地之间一片苍茫，那是少年梦开始的地方。高欢唱着歌，想起自己这一生峥嵘岁月，有感于英雄迟暮、壮志难酬，不禁潸然泪下。东魏武定五年（547），高欢逝于晋阳，时年五十二岁。司马光评价他深沉而机变，治军严肃明察，用人唯才是举，生活勤俭朴素。更难得的是，高欢少年时酒量极好，但自从担当军国大任后，每次饮酒从来不超过三爵。每次擒获为敌方尽节的将领，他都能够明白各为其主的道理，从来不予加罪。当然，相对于对酗酒的克制，他好色纵欲的毛病却肆无忌惮，从别人手里抢了许多娇妻美妾。无论如何，在那个英雄辈出的年代，高欢从一个穷小子成为一代豪杰，创造了东魏王朝，也奠定了北齐的根基。

高欢去世之后，长子高澄继续掌控东魏政权。东魏武定七年（549），高澄在谋划受禅时被膳奴兰京刺杀，时年二十九岁。高澄遇刺后，高欢年仅二十三岁的次子高洋被命运推到了时代的浪尖，他临危不乱，迅速以超人的政治才能和智慧掌控了局面。东魏武定八年，高洋逼迫东魏孝静帝禅位，登基称帝，年号“天保”，

南响堂山石窟般若洞内的《般若经》（局部）

[8] 逯钦立辑校《先秦汉魏晋南北朝诗·北齐诗》卷三，中华书局，1983，第2289页。

北响堂山文宣洞中的华严三圣，
开凿于明弘治年间

北响堂山大佛洞经过修复的释迦牟尼佛面庞

北响堂山释迦洞的主尊造像

国号“大齐”，史称北齐。高洋即位之后就受了菩萨戒，他追封父亲高欢为神武皇帝，庙号高祖，追封兄长高澄为文襄皇帝，庙号世宗，并且在鼓山开凿三大石窟，以山为塔，安放父亲、兄长与自己的灵魂。然而，北齐的命运并没有如他的想象传之久远，而是迅速陷入了杀戮与癫狂，开启这一魔咒的正是信奉转轮圣王“不杀”之心的他自己。

高洋在位之初堪称明君，对内治国励精图治、选贤任能、推崇儒学，对外征伐身先士卒、亲当矢石。《北齐书》说他“征伐四克，威振戎夏”[9]，被突厥可汗誉为“英雄天子”[10]。但仅仅几年后，高洋就以功业自矜，在邺城发三十万百姓重修三台，通宵达旦纵欲酗酒，有时裸露形体招摇过市，有时又涂脂抹粉扮作妇女游街，稍不顺意就杀人肢解。高洋宠爱薛嫔，怀疑她与人私通，就把她砍头肢解，把她的髀骨做成琵琶当众弹奏，又对之流泪说：“佳人难再得，甚可惜也。”[11]他因为酗酒经常迷失本性，误伤自己的母亲娄太后，鞭打皇后李氏的母亲，葬礼之上抢占他人妻室，与兄弟之妻乱伦……邺城三台高二十七丈，两栋相距二百余尺，工匠修建的时候都要系绳子才敢上，高洋却在屋脊上狂奔跳舞。北齐天保十年（559），高洋暴毙，时年三十四岁，谥号文宣，庙号显祖。

北响堂山释迦洞的菩萨旧影

高洋死后，他的子孙和兄弟就开始骨肉相残，先是六弟高演废杀高洋之子高殷，即皇帝位，改元皇建，是为孝昭帝。次年高演得重病，为了避免自己的儿子高百年重蹈高殷覆辙，他临死主动传位给九弟高湛。高湛即位后改元太宁，是为武成帝，他肆意虐杀高洋和高澄的儿子们，并违背约定杀死了高演的儿子高百年，又逼迫高洋的皇后李氏与之私通，四年后他传位给太子高纬，自己做了太上皇，最终也因酒色过度病死。高纬即位后改元天统，他是北齐第五位皇帝，把昏庸疯狂推到了极致，他一方面宠幸高阿那肱、穆提婆、和士开等奸佞，一方面冤杀丞相斛律光和兰陵王高长恭，每日纵欲自称“无愁天子”[12]。南响堂山石窟就是北齐天统元年高阿那肱为了取悦高纬而资助开凿的。

北齐统治的人世间血雨腥风，而作为北齐皇室心灵皈依的鼓山也鼓声隆隆，从北响堂山石窟到南响堂山石窟不过三十里，却是北齐从开始到结束的距离。自从高纬自毁长城，就在与北周的战争中一败涂地。即便如此，高纬依然荒淫如故，

[9] 李延寿：《北史》卷五十二“列传第四十”，中华书局，2000，第1247页。

[10] 李延寿：《北史》卷七“齐本纪中第七”，第168页。

[11] 李延寿：《北史》卷七“齐本纪中第七”，第169页。

[12] 李延寿：《北史》卷八“齐本纪下第八”，第195页。

北响堂山释迦洞的菩萨现状

刻经洞的门楣就是覆钵塔式龛的覆钵

南响堂山石窟岩壁上的小龛

他觉得宠妃冯小怜是绝代尤物，就经常让她裸身躺在朝堂之上供大臣欣赏。当北周步步紧逼，高纬匆忙传位给八岁的太子高恒，想带着他投奔南方的陈朝。生死关头，高阿那肱却叛降北周，导致高纬父子在逃命途中被擒，北齐至此亡国，国祚仅二十八年。不久后，北周武帝宇文邕将高氏父子赐死，他力主灭佛，作为北齐皇家石窟寺的响堂山石窟当然在毁坏之列。这一年是公元 577 年，北齐承光元年、北周建德六年，十二年后隋朝一统天下。

二十八年，在漫长的历史长河中如同刹那即逝的焰火。癫狂与超脱，也是燃烧与寂灭，而响堂山石窟残缺的造像，就是这一切的见证。

心之所归

大佛洞里，明窗倾泻下的光芒随着时间的流逝游移，鸽子飞到明窗口，影子映得大佛似真似幻。这是一个中心塔柱式的回形洞，中心柱的正面和两侧各开一个帷幕帐形龛，雕的是过去、现在、未来三世佛，即过去佛燃灯佛、现在佛释迦牟尼佛、未来佛弥勒佛。显然，高洋在为父亲高欢开凿这座洞窟时，就寄托了高氏皇族作为转轮圣王为佛护法，同时又被佛庇佑，以至无穷未来的期待。正面的释迦牟尼佛结跏趺坐在长方形覆莲须弥座上，通高 5 米有余。佛头虽然是后人所补，但整体气韵犹在，浑圆而有质感，眼睛微睁俯视众生，面带神秘安详的微笑，比前朝的造像多了一分人性。佛的身躯是正宗北齐原貌，宽肩鼓胸，体貌雄壮，这种厚重之感来自北齐匠人精妙的圆刀技法，响堂山坚硬细腻的石灰岩给了他们发挥天才的天然材料，他们得以用精微的细节来表达极致的博大，使得这里的造像足以代表中国石窟雕刻工艺的一流水准。大佛身披通肩袈裟，佛衣轻薄地覆在躯体之上，衣纹如波浪层层推开，这坚硬的岩石似乎有了丝帛的柔软与音乐的律动，每一根变化精微的线条都凝聚着超然的静气，也流露出无穷的生机。

北齐造像改变了北魏秀骨清像、褒衣博带的面貌，创造出一种饱满雄健、薄衣覆体的形制，这与高欢推崇的一位画家有关。唐代裴孝源的《贞观公私画史》中有两卷画值得注意，一卷是以高欢为主角的《齐神武临轩对武骑图》，一卷是以斛律光为主角的《斛律明月像》，它们的作者都是曹仲达。曹仲达来自中亚粟特的曹国，在北魏时就服务于朝廷并与高欢交好，北齐建立后他任朝散大夫，绘画造诣进入巅峰时期，在绘制佛像时创造出“其体稠叠，而衣服紧窄”[13]的风格：以稠密的线条表现衣纹贴身，人物似身披薄纱，宛如出水之感，人称“曹衣出水”。这种风格既能表现佛衣质地，也能表现躯体的流线变化，既带着印度笈多艺术手法的影响，也是对中国画线条造型艺术的创新，被后人称为“曹家样”，广泛地应用在北齐的佛画和造像中。

释迦牟尼佛身后有着华丽的背光，忍冬纹、连珠纹和火焰纹用镂雕呈现，七条火龙腾跃穿插其间，穿越一千五百年而颜色犹存，仿佛时刻会破壁而出。忍冬就是金银花，因为它严寒不凋、经冬不死，一方面符合佛教忍受苦难、来世超脱的观念，一方面象征佛教灵魂不灭、轮回重生的主张，所以被广泛应用在佛教艺术中。火焰代表着佛的智慧能燃尽一切恶魔、斩断一切烦恼，获得吉祥与清净。连珠纹组成的巨大圆环不仅调节着忍冬纹和火焰纹的节奏，而且本身就代表着无尽的轮回。释迦牟尼佛左面是弥勒佛龛，在大龛顶部排列四个小龛，都是一佛二菩萨的配置，右起第二龛现在是空洞，据说就是当年高欢灵柩所在。

大佛洞南、北、东三面墙壁上有十四个雕刻得极为精美的小龛，传说代表了高欢的十四个子嗣，也有人说小龛本应十六个，对应《法华经》中十六王子修成正果的典故。这些小龛都是覆钵塔的形态，龛柱下端各有一组畏兽托举。畏兽表情夸张，原型来自《山海经》，是中国传统的镇墓兽。墓葬与石窟结合，这也是高氏皇族不按常理出牌的创举。小龛的主体由束莲柱、拱额和帷幕组成，龛内的佛像都已经被盗或被毁，现有佛像皆是民国时期作品。小龛覆钵塔的塔刹是举世闻名的杰作，塔刹从覆钵顶端的莲花中长出，由三枝忍冬卷叶、莲花和摩尼宝珠组成，中间一枝高耸直立，两侧枝呈弧形向上托起，每枝顶端都有覆莲作托，上有摩尼宝珠光焰辉煌，这也是响堂山石窟的独创。摩尼宝珠也被称为神珠、如意珠，《增一阿含经》中说：“世尊告曰：‘于是，比丘！转轮圣王出现世时，是时珠宝从东方来，而有八角，四面有火光，长一尺六寸。’”[14]《长阿含经》曾讲述转轮圣王为了试宝珠，把宝珠放在高幢上，结果城中全被照亮，百姓都以为天亮了，连

[13] 郭若虚:《图画见闻志》，俞剑华注释，江苏美术出版社，2007，第 27 页。

[14] 梁踌继校注《增一阿含经》下卷第三十三，线装书局，2012，第 558 页。

南响堂山石窟外景

南响堂山华严洞旧影

忙起床劳作。转轮圣王惊喜道："今此神珠真为我瑞，我今真为转轮圣王。"[15]

释迦洞又称中洞，也是一座覆钵塔式窟，有着宽三间四柱的仿木窟檐，门楣雕刻精美绝伦的莲花、忍冬和火焰纹，中心柱正壁开龛，龛内雕释迦牟尼佛、阿难尊者、迦叶尊者、文殊菩萨和普贤菩萨等七身造像。龛的左右和背后的上部与山体相连，下部有甬道可以环绕中心柱一周，四周石壁上都是后世开凿的小佛龛，龛下刻着供养人的名字。匠人在外墙上开了两个明窗，在门楣上开了一个明窗，又在中心柱释迦牟尼佛所在的石壁上开了两个明窗，光线从窟门和四个明窗照进洞窟最深处，随着时间推移静静地变换着角度，墙上佛像忽而灿烂、忽而黯然，仿佛在演绎世间的众生。回想此窟对应的高澄，这个权倾北魏的年轻豪雄过于狂妄，先后与父亲高欢的两个妃子私通，还奸污了二弟高洋的妻子李氏。高洋在兄长的阴影下长期忍辱负重，称帝后他将兄长做的一切报复在嫂嫂元氏身上，甚至还让"高氏女妇无亲疏，皆使左右乱交之于前"[16]，种种荒唐不忍书之……戏剧性的是，高洋对他人做的所有事，又被九弟高湛一点不差地演绎在他的后妃身上，所谓的转轮圣王被自己折腾成带着血泪的笑话，父子兄弟真正演绎的，是命运的因果轮回。

刻经洞被称为南洞，同样是一座覆钵塔式窟，里面是三壁三龛式佛殿窟，面阔四柱三间，分为前廊后室，甬门左右雕踏山力士像，甬道内是精美的忍冬纹和连珠纹，主室方形平顶，顶部雕刻莲花藻井，正壁及左右壁开大龛，龛内雕一佛二弟子四胁侍七尊像。南洞最为震撼的是动辄满壁的刻经，洞北侧的《晋昌郡开国公唐邕写经碑》上记录了一切的缘起：唐邕是北齐宰相、晋昌郡公，先后辅佐六代皇帝，他从北齐天统四年到北齐武平三年（568—572）在这里刻了《维摩诘经》

[15] 恒强校注《长阿含经》卷第十八，线装书局，2012，第 392 页。

[16] 李延寿：《北史》卷十四"列传第二"，第 340 页。

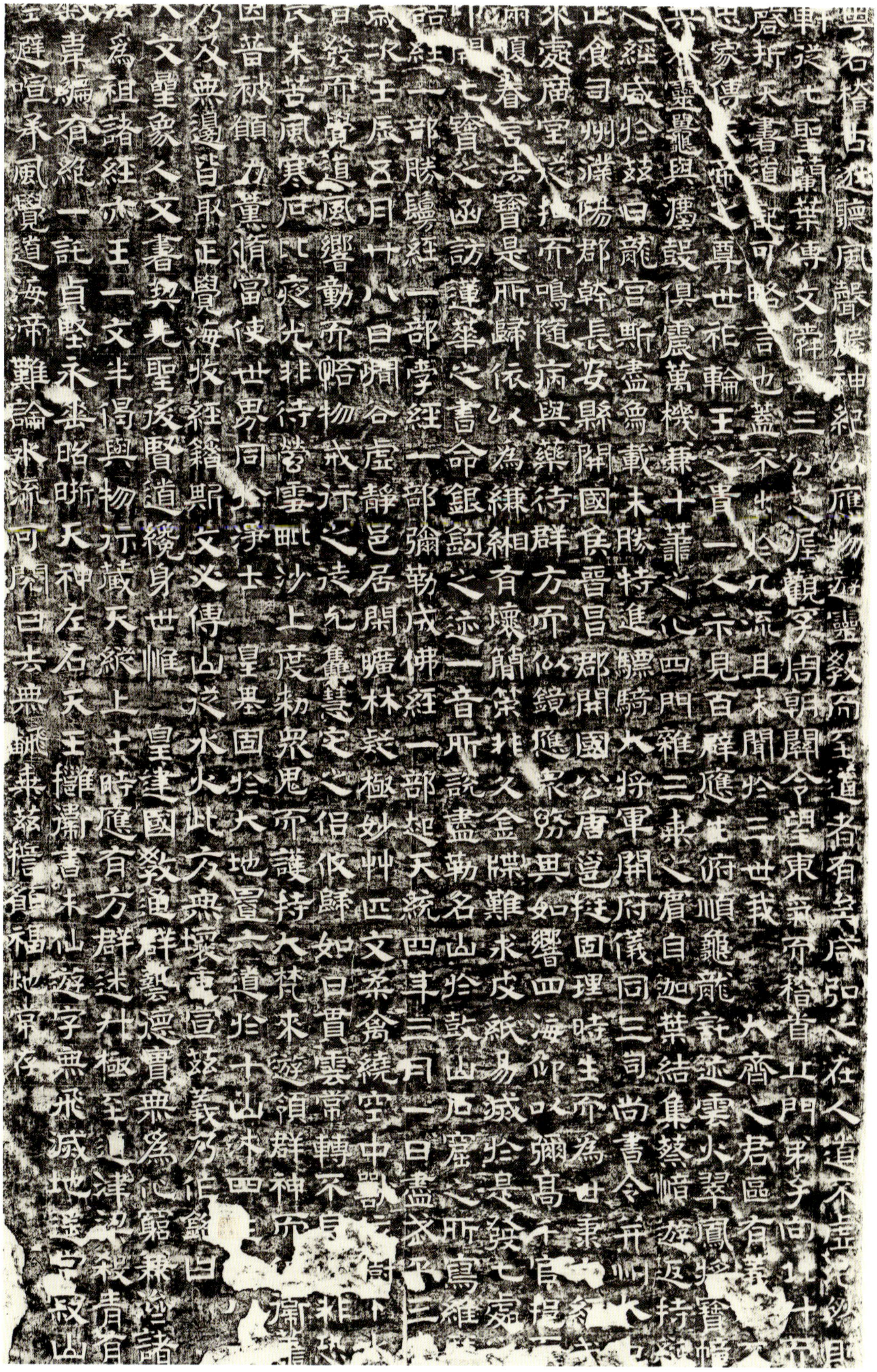

《晋昌郡开国公唐邕写经碑》 北齐武平三年（572）

南响堂山石窟千佛洞的飞天

华严洞是中心方柱式塔庙窟，
方柱正面龛内雕一佛二弟子四菩萨七身像，
主尊释迦牟尼佛的面部虽有残缺，
却堪称响堂山石窟中保存最完整的佛头，
主尊头光由忍冬纹、小佛组成，
头光之上是满壁飞天，衣带飞扬呼之欲出。

南响堂山石窟华严洞的主尊造像

南响堂山华严洞中心方柱

1-50

南响堂山华严洞方柱侧面龛上的千佛

南响堂山石窟的小像

《无量义经》等四部佛经。这座洞窟传说是高洋的灵魂皈依之所，而唐邕是高洋生前最厚爱的臣子。高洋曾牵着唐邕的手去拜见娄太后，把他座次安排在当时的丞相斛律金之上，对太后说："唐邕强干，一人当千。"[17] 又曾经把自己的青鼠皮裘赐给他，说："朕意在车马衣裘与卿共弊。"[18] 有一次，高洋登上童子佛寺，望着并州城说："这是什么样的城池？"有人说："这是金城汤池，天府之国。"高洋意味深长地说："我谓唐邕是金城，此非金城也。"[19] 唐邕开始在这里刻经的时候，高洋已经长眠近十年，联系到当时高湛对高洋妻儿所做的一切，唐邕是在无声地表达自己的思念吧。北齐的残酷现实让佛教徒感觉到"末法时代"已经来临，记录在书册之上的佛经容易毁坏，而刻在石头上的佛经则"金石难灭，托以高山，永留不绝"[20]。唐邕于是立誓"开七宝之函，访莲华之书，命银钩之迹，一音所说，尽勒名山……"[21]。这位文武双全的北齐第一才子借刻经抒怀，以楷、隶、篆融合的体势，创造出方圆兼顾、笔势稳健、笔画蕴藉的北齐刻经体，被誉为"中华第一刻经"。清代欧阳辅在《集古求真》中甚至说《晋昌郡开国公唐邕写经碑》："书兼隶笔，然圆腴遒厚，实导唐贤先路。"[22]

如今，北响堂山石窟被分为南区、中区、北区和九条洞区，从南向北包括双佛洞、大业洞、刻经洞、释迦洞、三教洞、关帝洞、宋洞、大佛洞、文官洞、隋佛龙洞等，开凿时间从北齐延续到明、清，很多佛龛背后的石壁上有残缺的前代文字，向我们展示出一种朝代叠加、时间凝固的状态，令人感慨唏嘘。

南响堂山石窟地处滏山，现存大小石窟九个，分为上下两层，自下而上分别是华严洞、般若洞、空洞、阿弥陀洞、释迦洞、力士洞、千佛洞和西方洞等。华严洞是一楼最大的洞窟，以刻有《大方广佛华严经》得名。此窟为中心方柱式塔庙窟，方柱正面龛内雕一佛二弟子四菩萨七身像，主尊释迦牟尼佛的面部虽有残缺，却堪称响堂山石窟中保存最完整的佛头，主尊头光由忍冬纹、小佛组成，头光之上是满壁飞天，衣带飞扬呼之欲出。二楼的千佛洞也以绝美的飞天著称，此窟也是塔式窟，外观为四柱三开间，窟顶既有仿木质建筑的斗拱和屋檐，也有印度式的山花蕉叶、覆钵和金翅鸟（迦楼罗），塔刹上有摩尼宝珠。窟内三壁开龛，正面龛为一佛二弟子二菩萨五身像，主尊为释迦牟尼佛，左面龛主尊为阿弥陀佛，右面龛主尊残失，洞窟四壁有大小造像一千余尊，故称千佛洞。最精彩的是窟顶正中的莲花藻井，莲花东、西、南、北四方各有一对飞天，或手弹琵琶，或吹奏笙管，或演奏箜篌，衣带飘举凌空起舞。每对飞天供奉一颗摩尼宝珠，而东、西、南、北四颗宝珠各不相同，象征四季轮回以至永恒。据一楼般若洞口的《滏山石窟之碑》记载，南响堂山石窟在北齐天统元年高阿那肱资助开凿后不久，就因为亡国而遭遇"（北周）武帝东并，扫荡塔寺"。高阿那肱凭借背叛北齐的功劳在北周做了大将军，三年后又因为背叛北周被诛杀。唐邕在北齐时经常被高阿那肱诽谤打压，北齐亡国后降北周，被授上开府仪同大将军，先后担任户部尚书、少司马、凤州刺史，封安福郡公，一直活到隋朝开皇年间。

娑婆世界，有情众生，一切从开始到消亡，就像《金刚经》里说的那样："如梦幻泡影，如露亦如电。"

[17][18][19] 李百药：《北齐书》卷四十，中华书局，1972，第 530—531 页。

[20] 赵立春编著《响堂山北朝刻经书法·唐邕刻经碑》，重庆出版社，2003，第 27—28 页。

[21] 赵立春编著《响堂山北朝刻经书法·唐邕刻经碑》，第 27—28 页。

[22] 赵立春：《响堂山石窟北朝刻经试论》，《文物春秋》2003 年第 4 期。

常乐寺的宋塔凝视着千年光阴

世事如棋

大佛洞进门的巨大石板上刻着一幅象棋棋盘，正在中心柱窟释迦牟尼佛面前，棋盘的位置有些随性，但线条刻工极为精到，绝不是等闲为之，很可能是凿刻石窟的匠人们刻出来下棋取乐的。无意之作，恰恰如天造地设，世尊低眉不语，看世事如棋。

响堂山石窟经历北周武帝毁坏之后，在隋、唐、宋、元、明、清各代均有修复或续刻，叠加了一千五百年来的岁月痕迹。20 世纪初，清帝国衰朽覆灭，民国动荡纷纭，那逢乱世就响的鼓山不知有没有动静，但响堂山石窟却又一次遭受浩劫。民国《武安县志》记载：民国二年（1913），袁世凯之子袁克文派人起去古佛六尊，当地百姓极为愤怒，慑于袁氏淫威不敢公然抵抗，就在夜间集合数百人，将石窟古佛头击毁。丢失的佛像、佛头、佛手和畏兽大多被“文物商人”卢芹斋转卖到世界各地，目前有一百多件流失在美国、英国、日本等国家和地区的十多个博物馆中。

北响堂山脚下的常乐寺也没逃过如此命运。常乐寺初建时叫石窟寺，是北齐初年与石窟同步兴建的，到北齐天统年间改为智力寺，北宋嘉祐年间又改名为常乐寺，被称为“河朔第一古刹”。常乐寺在经历了一千五百年的法难兵燹与修修补补后，又在 1947 年的一场大火中化为尘埃。以前的常乐寺据说占地几百亩，曾有天王殿、三世佛殿、大雄宝殿、地藏王殿，三世佛殿又有东西配殿，殿南有钟楼，殿北有戏台，如今除了门外的宋塔和复建的天王殿，就只剩下断石残垣。迈进山门，只见一片苍凉之中矗立着无头的三世佛造像，静对天高地远春风浩荡，瞬间被无边的空间和无穷的时间击中，当人这个渺小的、刹那的生命与永恒相逢，耳边似乎听见当年的梵呗和暮鼓晨钟。

这三世佛像是金代所造，当时的住持法号师彦，他筹集钱财重修常乐寺，并起三世佛殿，让一位名叫胡砺的老友写下了《鼓山常乐寺重修三世佛殿记》。胡砺是武安人，金太宗天会十年（1132）状元，官至刑部尚书、护军安定郡开国侯。他在文中回忆自幼听说常乐寺多有圣贤遗迹，但三十余年来没有机会拜访，直到金皇统三年（1143）冬天才有机会前来，而此时他已经三十六岁了。当天大雪纷飞，他与师彦静对龛灯，万籁俱寂，两人拥炉夜语。胡砺想到第二天就要登临石窟，竟通宵不寐。可惜第二天大雪更猛，登山无路，他只好回返。次年，胡砺与师彦再一次相见，听师彦讲述了鼓山的神奇和常乐寺的兴废故事。多年后，两人又一次相见，师彦说起了重修三世佛殿的种种。金正隆二年（1157），师彦托人送信给胡砺，邀请他写一篇记。胡砺写道：“三世佛见于浮屠氏之说者多矣，故学佛之徒，以像示人，然佛者觉之，称非色、非声，无形可拟；非名、非数，无相可观；非去、非来，不胶其用；非久、非近，不拘其时……焉知其未来者俱非过去，而过去者俱非现在耶？”[23] 佛本无相，我们凿刻的不过是自己的梦想；自性常在，过去、现在、未来的又是谁人？那一瞬间，他有些恍惚。

[23] 张林堂主编《响堂山石窟碑刻题记总录·鼓山常乐寺重修三世佛殿记》，外文出版社，2007，第 165 页。

常乐寺的宋塔全貌

常乐寺遗址里的三世佛

幽居寺

文 / 李雪萍

沿着太行山高速一路向北，
在灵寿县寨头乡砂子洞村，
群山环抱中有一座北齐时期的皇家寺院——幽居寺。
幽居寺先由僧标禅师草创寺宇，
继有赵郡王高叡扩建创新，并增筑灵塔。
抗战时期，这里作为八路军的被服厂，被日寇烧毁，
仅剩砖塔一座，是迄今为止仅剩的北齐古塔。

塔为全砖结构，密檐七层，高约23米。第一层较高，南面辟半圆形石券门。门框由整块石料雕刻而成，边框及门楣上满布线刻莲花化生童子、云龙、金翅鸟及忍冬纹饰，云气飞动，展示了高超的北齐艺术风格。在石券门两边，各有小石狮一尊，形态奇特，别具风格。第二层以上高度依次递减，外部轮廓也逐渐内缩，使塔体外形呈方锥形，优雅简朴，挺拔稳固，是北朝砖塔的典型遗存。

南北朝是中国佛教本土化的重要时期，具有时代特色的造像异常精美。北齐又是非常崇佛的政权。幽居寺遗址内共遗存二十一尊汉白玉造像，其中十八尊曾藏于塔内底层，三尊立于塔外。塔内三尊大像，为幽居寺塔供养的主佛。塑于北齐文宣帝年间（550—559），以整块汉白玉雕刻而成。三尊造像大小相近，法相精细庄严，头雕低平磨光肉髻，面相丰满，双目微启，神态安详。身着偏袒右肩袈裟，手腕戴镯，无论是姿势还是神态都反映了北齐时期的审美观。北齐透雕工艺是千古绝唱，美轮美奂。该寺中一通元代圣旨碑还将“三尊佛林院”作为祁林寺的代称，可见其影响之深远。

在塔内底层三面墙壁佛龛中，还嵌有小型石造像，菩萨像仅一尊，造型与三尊大佛相近。这些造像虽高不盈尺，但造型特点显著，人物栩栩如生。无论是选料还是雕镂都极精工，为造像中的传世之作。

精美的文物引来了盗贼的觊觎，人心的贪婪使国宝遗落他乡。2016年3月底，被盗往海外的释迦牟尼佛像佛首，经中国台湾佛光山星云大师促成，启程回归大陆。身首合璧后的大佛以及其他众大小佛像现存放于河北博物院，再次于公众面前亮相。

一千四百多年过去了，幽居寺早已废圮无存，失去当年香烟缭绕、佛声远扬的胜景。但三个佛像上留下的题记，为研究北齐佛教造像艺术提供了不可多得的实物资料，对弘扬古文化，再现古代劳动人民的智慧，具有重要的意义。

灵寿幽居寺琉璃砖

灵寿幽居寺塔

幽居寺三尊佛造像　北齐　河北博物院藏
赵郡王高叡造无量寿佛像（左）
赵郡王高叡造释迦牟尼佛像（中）
赵郡王高叡造阿闳佛像（右）

帝王守护神：北岳的崔府君

文 / 郑学

《西游记》第九回到第十一回，魏徵梦斩泾河龙，
挨刀的老龙王在地府状告唐太宗见死不救，太宗皇帝因此到地府对证。
临行前，魏徵交给太宗一封书信，言道：
臣有书一封，进与陛下，捎去到冥司，付酆都判官崔珏。
原来这崔珏，本是唐朝臣子，“先受磁州令，后升礼部侍郎”。
他如今已死，现在阴司做掌生死文簿的酆都判官，常与魏徵梦中相会。
在地府，崔府君不仅保护了唐太宗李世民，
还庇护过唐明皇、宋高宗、宋孝宗等多位帝王。

太行山脉雄大而重拙，像黝沉沉的巨大虬龙，两千年来蟠护着古老的曲阳。冬日的阳光播撒在寂寂的北方小城，山坡上蓬乱的野草、丛杂的灌木在北风中微微颤动，被日光映成一片苍黄。这是一个不凡的地方，中古时代繁华的遗迹星星散布在长林白草间。先民从城南山中开采出的美石，莹白似雪、温润如酥，最宜雕琢成精美的佛陀、菩萨、力士和狮子。博古之士贶以嘉名，曰“汉白玉”。曲阳西北面的大山，现在人们称呼它“大茂山”或“神仙山”，但清顺治十七年（1660）以前，它有一个显赫之极的名字——北岳恒山。

与恒山一样，被淡忘在时间之河中的，还有“诞生”在北岳的重要道教神灵——崔府君。

善行天下

曲阳北岳庙

从《西游记》说起

《西游记》第九回到第十一回，魏徵梦斩泾河龙，挨刀的老龙王在地府状告唐太宗见死不救，太宗皇帝因此到地府对证。临行前，魏徵交给太宗一封书信，言道：臣有书一封，进与陛下，捎去到冥司，付酆都判官崔珏。原来这崔珏，本是唐朝臣子，"先受磁州令，后升礼部侍郎"。他如今已死，现在阴司做掌生死文簿的酆都判官，常与魏徵梦中相会。

崔判官得书，满心欢喜。阎王要查阅"天下万国国王天禄总簿"，看唐皇阳寿天禄该有几何。崔判官发现簿中"大唐太宗皇帝注定贞观一十三年"，"急取浓墨大笔，将'一'字上添了两画"。于是太宗还阳，安享平添的二十年阳寿。

保护了唐太宗的判官崔珏就是崔府君，除了李世民，相传他还庇护过唐明皇、宋高宗、宋孝宗等多位帝王。

提及崔府君，最广为人知的，是他作为阴司地府之神的一面。在"太宗游冥"故事里，他给阳寿当终的唐皇轻轻松松增加了二十年天禄。为何崔府君有此大

北岳庙凌霄门

权？把神仙世界和人间相比附，天帝是至高无上的君王，诸神就是各级官长，而判官则是唐代节度使最重要的副手，地位仅在其下，可谓位高权重。当节度使因外出、病故等原因不能处理方镇事务，其职权往往由本镇判官代理。崔府君是酆都判官，也就是阎王爷底下的第一号治鬼大员。

“太宗游冥”的传说出现在唐代，伦敦大英博物馆收藏、编号“S2603”的敦煌残卷记录了这个故事。那是一篇破损的纸页，内容约略为当时流行的说唱变文底本，但首尾不全，看不到题目以及太宗还阳后的情节。民间的传说故事最终要被吸收进规条严谨的道教经典，才能成为制度化的宗教信仰。崔府君的“祀典化”主要完成于宋代，道藏中的《无上黄箓大斋立成仪》是一部宋代经卷，其中“地府大崔府君”被安置在左列第三班醮位，属于比较高级的神明，在酆都地府诸神体系中，地位高于地府诸司曹属诸大判官主者；放在五岳神明里，位次于北岳郁微洞渊无极黑帝真君。

曲阳北岳庙碑廊一角

曲阳北岳庙御香亭隔墙伫立

曲阳北岳庙朝岳门

朝

从曲阳北岳庙碑楼向外看，恍如隔世

源于北岳，生在曲阳

崔府君，俗传姓崔，名珏，字子玉，唐初在磁州滏阳县做过官，或曰系唐代某个名字失传的地方官；还有人主张崔府君即为东汉的名士崔瑗或北魏名公崔浩——前者有字“子玉”，后者是虔诚的道教徒，曾发动灭佛。

他究竟是谁？

磁州是崔府君的信仰中心，也是祖庙所系，现在河北磁县尚有一座著名的崔府君庙。向当地老乡打听，都说庙里供奉的是唐代一介县令，活着官做得不大，死后却有封神殊荣——听起来，这是一个“名宦因其声望受到崇拜”的典型例子，包公、关帝封神，都是这么回事，实在无足为奇。事情当然不会这么简单，任何将崔府君比附历史人物的说法，都是崇拜兴起以后信徒的附会。通过这种附会，可以将之纳入“聪明正直为神”的思想体系，赋予其正统意识下的合法性。

顾颉刚告诉我们，神话人物的身世细节都由世代累积而成。崔府君的出身履历，的确经过一个自唐至明逐渐添枝加叶的历程。在宋代，严肃的传记作家一般会老实地承认，崔府君从名字到里籍都是一团雾水。比如宋仁宗册封崔府君的诏书中写道：“案求世系，虽史逸其传。”《宋会要辑稿》也只说：“相传唐滏阳令，殁为神，主幽冥事。”一个“相传”，明明白白告诉你：崔府君的户口，没有档案可查，没有知情人为证。可是到了元朝，文学家元好问却居然煞有介事地介绍起他为官的善政——据说主要是降服吃人的老虎。到了明朝，更是连崔府君的祖宗三代都被虚构出来——“世为巨农”，出身殷实的乡间绅士。至于他当官爱民的事

曲阳北岳庙韩琦碑楼

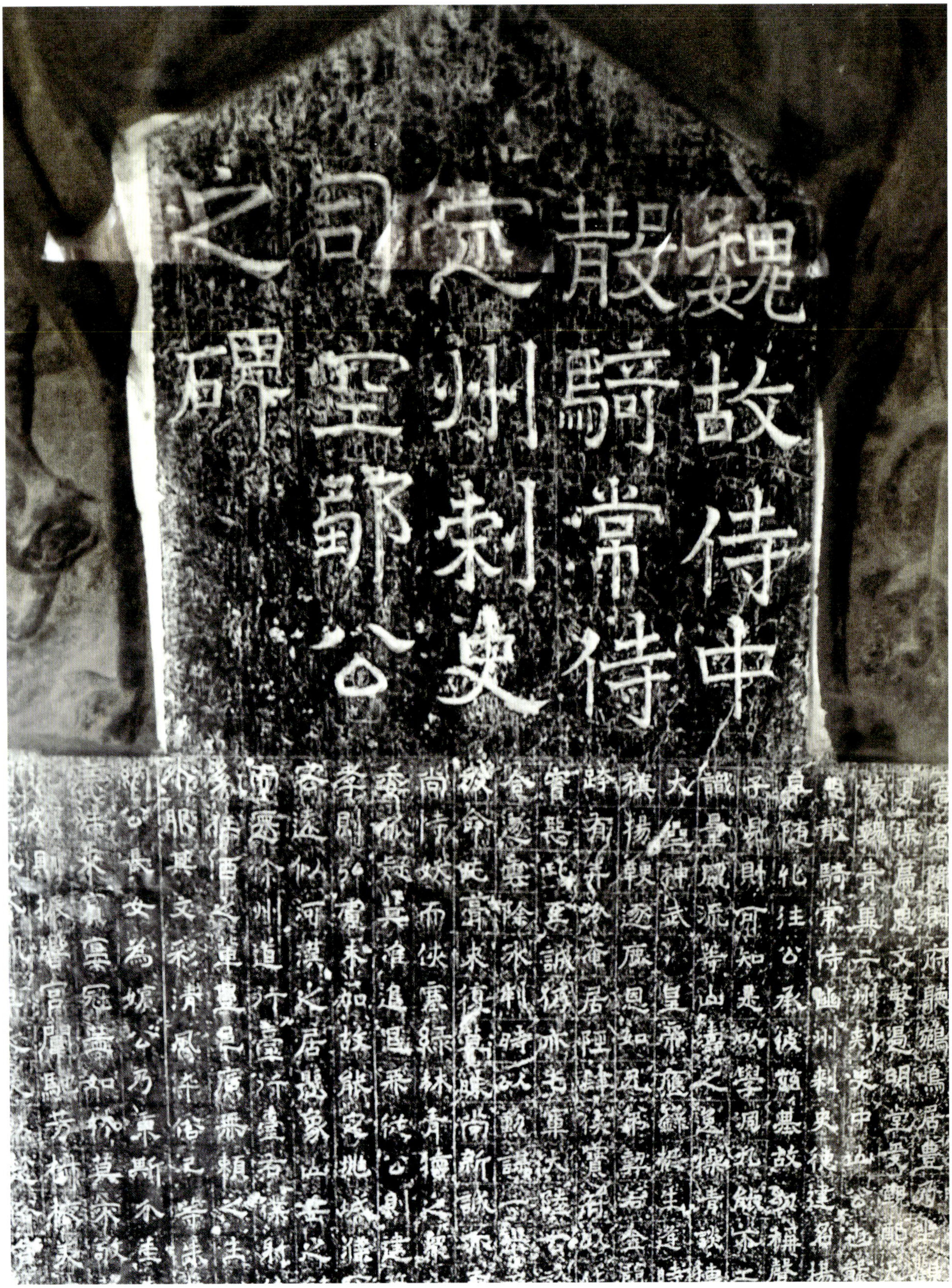

《魏故侍中散骑常侍定州刺史司空邸公之碑》（局部）

传说为吴道子所作的壁画《万国咸宁图》

迹，更是说得有眉有眼。

要追查历史的真相，崔府君的神名给了我们一条线索。

府君是对太守的尊称，按照传说，崔子玉这位昼断人夜断鬼的阴阳县令，还没有被称为府君的资格。就算按照某些传说，他后来升迁为蒲州刺史，按唐代的习惯，也没有称呼府君的道理。

谜底就在久被遗忘的北岳恒山。汉魏以来，五岳之神称为府君，意思大约是五岳和朝廷的太守一样，是分镇地方的大员。这个称呼源于汉代，在汉代镇墓砖上常常可以看到“地下二千石”的神名。“二千石”本是汉代高级官吏的名目，当时最高级的官员，工资收入是二千石小米，太守（府君）就属于这个级别。地上的太守、地下的山神职守相近、工资级别相同，所以五岳之神可以称为地下二千石或府君。

五岳是秦汉时代定型的古老信仰，所谓“国必依山川”，按照方位平均分配的五座神山，是帝王巡狩所至之地，代表王朝的大一统。因此对五岳的祭祀，是国家政治、宗教方面极其重大的事务。崔府君信仰和曲阳的北岳恒山渊源很深，在金朝他被封为“亚岳”，与五岳之神一起接受崇拜。宋金南北对峙，南岳衡山在宋，所以金朝还用崔府君代南岳，结果“南北五岳通祀府君”，崔府君享了北岳、南岳双份香火。

金元以来，传说多认为崔府君出生在祁州鼓城，也就是今天的河北晋州。鼓城原是下曲阳的一部分，后来析置出来。上、下曲阳距离接近，本来不易分清，巧得很，唐末祁州当真出过一位名叫崔珏的诗人——虽然他和崔府君的事迹截然

曲阳北岳庙内的御香亭

不同。随着传说的流转和地名的变迁，俗人但知祁州，记不起下曲阳的古称，更联想不到曲阳的北岳。三人成虎，曾参杀人，崔府君与北岳的关系一旦被淡忘，新的传说就逐渐兴起。这是人类的天性：故事传得越远，就变得越不靠谱。

事关崔府君的老家，也是越传越走形。先是曲阳被误作下曲阳，而后河北祁州又被当成同音的湖北蕲州。蕲州没有鼓城，所以鼓城又讹变为形近的彭城。到得明代书商攒凑的大杂烩《列仙全传》里，崔家就被搬迁到“蕲州彭城”这么个子虚乌有的地方。离开了曲阳，崔府君与北岳的联系自然显得莫名其妙。金元文学家元好问给他写传记时，对崔府君被称为“亚岳”十分疑惑，只好留下一句“莫知其所从来”。

传说中，崔子玉的父亲崔让向北岳祈祷，结果得到了这个神奇的儿子。传说故事是历史真实的扭曲变形，崔府君其实就是北岳神的一个分化形象。说起岳神的分化，也是很普遍的现象。原始的五岳山神都是孤身一个，到了唐朝，政府开始加封山神的夫人，并且给山神配备了一大批僚属手下，极大地扩大了五岳神谱。道教还认为五岳山神五百年轮换一次，光是传说中做过泰山府君的就有好几位：《古今图书集成・博物汇编・神异典》有泰山君秦頵、《夷坚志・丙卷》第九有泰山府君雷度、《三教源流搜神大全》卷一有泰山元帅太华真人金虹氏，最有名的是《封神演义》里黄飞虎、黄天化爷俩也被封在泰山。相形之下，北岳神只分化出一个崔府君，不足怪也。

按照人类学的观点，每一个神祇信仰，都可以划分出若干神职功能。崔府君的基本神职功能有两个：北岳之神和地府之神，后者是前者的延伸。

中国的原始宗教信仰中，素有山岳治鬼的概念。一般说来，负此责任的是泰山之神——泰山府君。清人赵翼《陔馀丛考》卷三十五谓：“泰山治鬼之说，汉、魏间已盛行。”当今主流学界则将之追溯到东汉。相传，凡人死后都要到泰山府君座前接受发落。这是一份繁杂的差事，一“神”之力恐怕不大忙得过来，贴心的信徒又给他配上了判官等一大批僚属、阴兵。

然而，治鬼之责也不是绝对固定在泰山府君身上，特别是崔府君形象出现的唐代，人们在这个问题上表现出更多的灵活性。唐朝定都长安，政治中心在关中

曲阳北岳庙御香亭的八角顶

地区，靠近西岳华山，所以华山之神地位抬高，一度取代了泰山的独尊地位，治鬼之权也旁落其手。

在北半球居民的感受中，遥远的北方是寒冷、黑暗的，酷似死后幽冥世界给人的印象。所以在远古先民看来，死后世界就掩藏在大地北方那永恒的黑暗之下。《诗经》中，对恶人的诅咒曰“投畀有北”，意义就近乎以北方幽冥世界施加恐吓。酆都地狱传说也在北方，所以叫作“北酆”。总之，北岳恒山的神灵，天然拥有治鬼的便利。

泰山地位崇高，宋代以前，祭祀泰山是天子的特权，平民百姓不方便多扰。而崔府君就低调、接地气得多了，传说他出身县令，本是亲民之官，惯管民间大事小情。有事没事，给崔府君烧烧香，向他谈谈人生理想，不亦乐乎？

所以挖到根子上，崔府君起源于地府之神——泰山府君的一个分化形象。泰山府君拥有岳神和地狱神两种神职功能。这两个神职，都在崔府君身上得到了再现。由于封建王朝封禅的传统，泰山神被赋予皇家崇拜的特殊性质。为了体现出礼制之等差，除天子外，其他人不具备祭祀天地和泰山的资格。职此之故，泰山府君虽然执掌生死，地位重要，其崇拜却不像妈祖、地藏等神祇崇拜那么普遍。但是，泰山治鬼的思想形成于东汉至魏晋，时间既长，入人也深，因此需要引入另一神祇。在人类学上，这叫作“功能替代”。

功能替代不可能绝对彻底，必然残余着某些中间过渡状态。《水浒传》里，神行太保戴宗看破红尘出家，到东岳岱宗庙侍奉崔府君。这里泰山大帝与崔府君同时出现，一主一从。其他地区如潞州等，岳庙也往往兼奉崔府君。在五岳崇拜体系中，泰山“乃天地之孙，群灵之府，为五岳祖”，地位高于其他四岳，为神系主神。因而崔府君这尊北岳神成为泰山神的从神，是顺理成章的。

曲阳北岳庙御香亭外

《宋北岳安天元圣帝碑》侧面

东汉明神护宋都

终唐之世，年轻的崔府君信仰只在民间悄悄地生存，官书国祀无从与闻。宋朝对信仰的管理，采取“从民愿”的宽松原则，通过封赠神号、赐额庙宇，承认了崔府君信仰的合法性。但仅仅如此，也不过是勉强挤进了国家祭祀“正神”的范畴。崔府君最终能跻身于道家最煊赫的主要神灵之列，还是要感谢曲阳那一座巍峨的大山。

要说起崔府君，就不能不提一提“泥马渡康王”的传说。

康王赵构出使斡离不军割地求和，途经宗泽防区磁州，宗泽劝他另作打算：

> 康王遂从宗泽之请，不果使北，将为潜归之计。且闻斡离不自遣康王归国后，心甚悔之，既闻康王再使，遣数骑倍道催行。康王单骑躲避，行路困乏，因憩于崔府君庙，不觉困倦，依阶砌假寐。少时，忽有人喝云：“速起上马，追兵将至矣！”康王道：“无马，奈何？”其人曰：“已备马矣，幸大王疾速加鞭！”康王豁然环顾，果有匹马立于傍。将身一跳上马，一昼夜行七百

《宋北岳安天元圣帝碑》碑顶

里。但见马僵立不进，下视之，则崔府君泥马也。（陈东《靖炎两朝见闻录》）

追兵将至，危急关头，康王被崔府君庙里的神秘人唤醒，骑上一匹来历古怪的好马。这匹马驮着他飞奔七百里，中途渡过某条大河，然后忽然站立不动。康王下马观瞧，原来却不是真马，而是崔府君庙里的泥马！康王惊异：泥马渡河，岂不要被水泡坏？刚想到这里，马儿便垮塌成一摊烂泥。

故事人人都听过，一般人却不容易知道，这个故事不仅是小说《说岳全传》或者京剧舞台上热闹的情节，还有严肃的史料如《使金录》《中兴小历》《靖炎两朝见闻录》《大宋宣和遗事》等记载了这段神魔传奇。

原因无他，有人希望这个故事是真的。

听故事的人没有深究，这个传奇本来是何等荒诞无稽！不说其他，且让我们勾勒一下赵构的行程：他告别宗泽从磁州出发，一路走到人困马乏，休息于磁州崔府君庙；然后乘泥马奔驰七百里，再步行一日，又回到磁州。走了两天一夜，全部行程竟只有一个地点——磁州。仿佛中了神奇的魔法，走来走去都还在原地。

康王赵构，本来是一位并不起眼的皇子。如果没有遇到天崩地陷的靖康之难，大概他的一生，不过是个闲散富贵的太平王爷，说不定还能发挥他的书法特长，留下几张精彩的法帖。然而天意弄人，金兵连续两年打到汴京，赵构只好在他哥哥手下先后干起了人质及求和使者两份大有前途的工作。宋靖康元年（1126）十一月，金军分道渡过黄河，汴京危急。宋钦宗派弟弟康王赵构到河北，向金军统帅斡离不求和，打算用割让河北土地、尊金主为皇叔等条件换取金人缓师。赵构走到磁州，被宗泽劝止。闰十一月二十七日，赵构接钦宗手诏，受命为河北兵马大元帅，督师救援京师，他接受了权力，但是没有履行救援职责，而是坐拥各路援兵迁延观望。次年三四月间，徽、钦二帝被掳，北宋灭亡。五月一日，赵构在应天府即帝位，改元建炎，是为南宋。

康王赵构就这么摇身一变，成了皇帝。

让我们还原故事发生的情景：宗泽战斗在抗击金兵的最前线，熟知金兵虚实。他看得很清楚：康王此去，得不到和约，只能得到一纸卖身契——不久前，赵构的五哥肃王赵枢前去执行相同的任务，就再也没能回来。问题是赵构此行毕竟身负王命，怎能半途而止？

赵构一到磁州，宗泽就邀请他顺路拜谒城北的崔府君庙——这座庙恰好建在通往邢州、铭州的驿道旁。磁州是崔府君信仰的大本营，老百姓家有大事小情，都喜欢来庙里问个吉凶，又值兵灾年月，庙里烧香求护佑的信众成群结队，是个极热闹的去处。听说康王来了，众百姓纷纷过来围观，一时“民如山拥”。

宗泽怎么煽动的围观者，细节我们不得而知。总之，人们都得到消息——康王正在踏上没有归路的使途。人群围拢着、号呼着，车马填塞了庙前的道路，北去交通被阻断。激动的人们杀死了坚持北上的使团副使刑部尚书王云。由庙祝带头，大家抬起崔府君的神像，拥护着赵构回到馆舍。

事情的真相分别记载在《宋史》高宗、王云诸人纪传和《三朝北盟汇编》里。赵构在事件中得到巨大利益：他不仅摆脱了危险的使命，还借机滞留在河北。由于汴京被围困，脱身在外的赵构很容易地掌握了各路勤王大军的兵权，从而拥兵自重。随着汴京城破，二帝、诸王被掳，赵构坐上了皇位。

《大宋重修北岳庙之记碑》侧面

不管怎么说，崔府君和宋高宗赵构算是结下了善缘。

河北军事地位重要，连带崔府君这位神仙老乡也大大沾光。包括恒山在内的太行诸山是汴京最后一道门户。俗话说，女真不满万，满万不可敌。面对汹汹而至的强大骑兵，军民承受的心理压力非常可怕。这一带恰好是崔府君的信仰区，宗泽因势利导，神道设教，巧妙利用了神仙。

赵构对宗泽推崇崔府君信仰的做法，本来颇不以为然。宋建炎元年（1127），赵构在南京登上皇位。在那个风雨飘摇的时刻，他需要强有力的支持者来为他稳定局面。只有两个人可以拯救他，以及赵宋王朝的命运：李纲、宗泽。

按照一般人的猜想，王者天生应当具备某种性格：强硬、骄傲、自尊自大。然而徽宗赵佶的第九个儿子，却不像一个生为皇子、继承大统的君王，他更像一个农民的儿子：节俭，却又喜欢排场，有一点狡猾，胆子小得可怜。本能地，赵构想从枪林箭雨中逃走，逃不掉，就索性匍匐在强者脚下，祈求一点哀悯。面对坚定刚强的李纲和宗泽，他觉得很不舒服，更谈不上信任。

赵构质问李纲：宗泽在磁州，完全依靠崔府君的神意发布指令，这可靠吗？

曲阳北岳庙的德宁之殿

李纲回答：这是危急局面下的权宜举措。依靠神灵的号召力来推行命令，本是古人的故智，当年战国时田单的火牛阵就是这套手段。宗泽镇守的北方前线刚刚遭到战火蹂躏，人心不稳。若不加以安抚，难免生变。

一问一答，赵构领会了个中奥妙。

赵构的宝座坐得不稳。宋建炎三年（1129），金兵渡江南下。赵构像只秋天的兔子，被撵得一路飞跑。扈从将士看不惯他的窝囊德行，索性逼他退位。虽然很快得以复位，经此一难，痛定思痛的赵构决定请出崔府君大驾帮他聚拢人气。

君权神授，这里面大有讲究：崔府君曾经主动出现护卫我，可见我的地位得到天地神明认可，神圣不可动摇！于是崔府君再次得到加封，最终封为“护国显应兴福普佑真君”。很长是吧？对了，越长就越尊荣。按规矩，宋朝给神仙的封号最多六个字，崔府君则有“护国显应兴福普佑”八字，终宋之世，独此一份。“真君”是宋朝对神仙的最高封号，封到这里，算是封到了头，再往上大约只有“齐天大圣”可以略胜一筹了。如此这般，高宗皇帝正了名分，崔府君享了香火，真是一好两好，皆大欢喜。

北宋灭亡，原本位于东京汴梁城北十五里的宏大庙宇当然也换了金朝人去烧香，可是崔府君不必担心信众寥落。宋朝政府带着神仙一起南渡，给这尊北岳神明招徕许多南方信徒。在南宋的都城临安，也建起了崔府君的庙宇。高宗皇帝为了“报答崔府君的大恩”，慷慨地掏出私房钱，把他恭恭敬敬供奉在西湖边。南宋费衮《梁溪漫志》卷十记载：“中兴驻跸临安，加封真君，筑祠西湖上，像设尤严。”

南宋王朝既然把崔府君视为皇室的保护神，崔府君的工作范围自然相应扩大。他的贴心服务甚至包括照顾君王们生儿育女的人生大事。南宋董嗣杲《西湖百咏》卷下谓：“建炎初，秀王夫人梦府君拥一羊，曰：以此为识。遂毓阜陵。”崔府君入梦，给皇室亲王秀王送子。当然啦，有崔府君的保佑，他送来的这个男孩自是顺顺当当继承了皇位，就是南宋的有道明君宋孝宗赵昚。

话说回来，崔府君送子的神迹仍然是有心的政客在捣鬼。宋高宗没有儿子，他的皇位由谁继承便大有讲究。高宗传位给宋太祖后人，实是有德之举，不仅稳

曲阳北岳庙德宁之殿的天花板、藻井和斗拱

定了人心，还给他赚了不少身后美名。可是，一个远支亲王的儿子入继大统，毕竟有一点名不正言不顺，所以不得不再玩弄一把“君权神授”的把戏。既然宋高宗的正统性是通过崔府君的神权得以确认，那么孝宗最好也烦劳崔大仙出马一遭。此乃一招妙棋，巧妙利用了宋朝的政治传统。

宋孝宗取名赵瑗，因为很多人相信崔府君是东汉的崔瑗。南宋人董嗣杲咏西湖《崔府君庙》的诗中写道：“引马拥羊昭景贶。”可见那时的宣传口径，的确是通过崔府君把宋高宗、宋孝宗联系起来的。

因为和政治的关涉太过紧密，崔府君大红大紫的同时，也不免招来许多无妄之灾。秦桧就撮弄着他立身不牢，搬家回避。事情记载在黎靖德《朱子语类》里，理学大儒们兴致勃勃地谈论过一则政坛花边：秦桧晚年，事事都要和宋高宗作对，争个高低。赵构本来把崔府君祠建在玉津园路口，那是杭州城南包家山一带的黄金路段。秦桧见了，故意引着金朝使节从玉津园路口走过，然后装模作样地询问赵构：崔府君祠是怎么回事？赵构不知是计，讲了一番报答神灵恩德的鬼话。谁料秦桧厉声接口：你能当上皇帝，是金朝人的功劳！现在你归功于神，金朝使者会生气的！于是不由分说，拆毁祠庙，皇帝的脸面被削个干净。这件事情，内里

曲阳北岳庙德宁之殿的石栏

北岳庙的碑廊

波诡云谲，杀气腾腾，所以朱熹等人印象很深。在谁说了算的问题上，高宗君相掰过很多次手腕。赵构虽是皇帝，却招架不住秦桧身后的女真主子，所以经常吃亏。待到秦桧病死，宋高宗居然长出一口大气，说："终于没有了芒刺在背的感觉……"皇帝做到这个份上，煞是可怜。

无可奈何，崔府君只能在秦桧的淫威下迁往西湖边。那里的佛寺灵芝寺被划出一半，取名"显应观"，供奉这位帝王的护佑者。

为了忘却的纪念

宋朝时，崔府君信仰深入人心，他的"生日"是全民狂欢的嘉年华。陈元靓《岁时广记》卷二十四载："世传府君以六月六日生，倾城具香楮往献之。本庙在磁州，是日尤盛，事具碑记。"孟元老《东京梦华录》卷八也说："六月六日，州北崔府君生日，多有献送，无盛如此。"周密《武林旧事》卷三中则记载了夏天游人往崔府君庙烧香、避暑的盛况：

> 六月六日，显应观崔府君诞辰，自东都时庙食已盛。是日，都人士女，骈集炷香，已而登舟泛湖，为避暑之游。时物则新荔枝、军庭李（二果产闽），奉化项里之杨梅，聚景园之秀莲新藕，蜜筒甜瓜，椒核枇杷，紫菱、碧芡，来檎、金桃，蜜渍昌元梅，木瓜豆儿，水荔枝膏，金橘、水团，麻饮芥辣，白醪凉水，冰雪爽口之物……而茉莉为最盛，初出之时，其价甚穹，妇人簇带，多至七插，所直数十券，不过供一饷之娱耳。盖入夏则游船不复入里湖，多占蒲深柳密宽凉之地，披襟钓水，月上始还。或好事者则敞大舫、设蕲簟，高枕取凉栉发快浴，惟取适意。或留宿湖心，竟夕而归。

吴自牧《梦粱录》说，皇家也参与进崔府君生日的娱乐：

> 此日内廷差天使降香设醮，贵戚士庶多有献香化纸。是日，湖中画舫俱

曲阳北岳庙德宁之殿

舣堤边纳凉避暑，恣眠柳影，饱挹荷香；散发披襟，浮瓜沉李。或酌酒以狂歌，或围棋而垂钓，游情寓意，不一而足。盖此时烁石流金，无可为玩，姑借此以行乐。

西湖歌舞，游人皆醉。胜国风流，动人情思。然而崔府君庙不仅承担了这些欢乐，也承担了深深的家国之思。南宋派往金国的使者，行前都到临安显应观致祭，归来也要再往显应观还报。使金途中凡路经磁州者，亦必拜望崔府君祠。国家统一的向往，北还故乡的期待，都凝聚在神像上。

可惜残梦毕竟成空，宋室终归倾灭。元朝一统，海内混一，南宋王朝寄托在崔府君身上的愿景彻底云散烟消，北方政权代承南岳的政治需要也不复存在。从曲阳到磁州，昔日信仰中心的诸多文化遗迹在蒙金战争中被打成一片狼藉。如同一切事物，崔府君也迎来盛极而衰的秋天。

元朝没有边患之苦，太行不再是军事要地，河北的战略地位有所降低。这个时代背景下，受战争摧残较轻，经济、文化保存相对完整的山西地区，开始争夺起崔府君的“所有权”。太行之西，山西长子县，官员、士绅们执着地要求隔着太行山攀这么一门神仙亲戚。元、明以来，崔府君的出身事迹增添了新的内容，人们传说崔府君在担任滏阳令之前或之后，还做过一任长子令。

不仅仅是崔府君，北岳恒山也从曲阳向山西浑源迁移。一开始，是宋金鏖兵曲阳，北岳古迹、庙宇大受损伤。恒山上的道士为了躲避战乱，纷纷翻过太行，奔逃到浑源。道家讲究财、侣、法、地，恒山的仙山福地是当地道士们修炼成仙

匠人们在修复塑像

德宁之殿前的栏杆

的指望。他们不舍旧居，虽说搬到浑源，却仍以恒山道士自居。可时光容易把人抛，后辈渐渐遗忘了祖庭所在，把所居之山当成了北岳正宗。如此这般，“洞天”居然跟着道士一起搬了家。

到了明朝建立，故元北遁沙漠，山西北部取代宋朝的河北地区，成为战争前线。明朝将领和当年的宗泽一样，也需要借助神仙之力振奋人心、凝聚士气，是以有明一代北边疆臣曾几度上疏建议北岳改祀浑源。不过假的毕竟做不得真，朝中总有懂得历史、又爱较真钻牛角尖的大臣引经据典，以无可辩驳的史料记载论证北岳位于曲阳。

忽然一天，李自成进了北京；崇祯皇帝光着一只脚，吊死煤山；满洲铁骑占了中原……

新朝定鼎，总要搞点“文化建设”。五岳象征着王朝正统，还有什么比重定五岳更能说明革命之彻底？清顺治十七年（1660），政府下达一道诏命，大意是曲阳北岳位于首都北京以南，不成体统；山西浑源位于北京以北，可当北岳大任。

宋室南渡让崔府君信仰向南方传播扩大，崔府君由地方性崇拜发展为全国性信仰。

可是，他的根毕竟还在曲阳。曲阳地位下降，崔府君难免受到牵连。从元朝开始，崔府君走了下坡路。元杂剧里有一则故事：某人盗窃牲口，并栽赃他人，负责审案的著名清官观音奴令嫌犯到崔府君庙祈祷，希望神明辨别是非，不料狡猾的真凶贿赂巫师，嘱使崔府君徇私舞弊……最终真相大白，观音奴因此下令拆毁崔府君神庙。

在故事中，崔府君扮演了很不光彩的角色。他的尴尬处境来自两个方面：一来，崔府君贵为南宋皇室的保护神，易代之后在战胜者眼中难免不受待见；二来，元代全真派道士成为道教主流，全真教自有八仙等一系列神明，崔府君不在其列。全真教讲究内丹修炼，在它的改造下，崔府君面目全非，变成一个需要经过一番修炼方能成仙的普通仙人。经此打击，崔府君信仰一蹶不振。在清代，关圣帝君晋为新的皇权卫士，而崔府君则化作寻常小神，残存于个别地区。

曲阳没有了北岳恒山，也没有了崔府君，只有一些模糊的历史记忆，还顽强地存留在民俗活动中。

在河北中南部与河南北部，有一种名为“送羊”的习俗，即外祖、舅父向外甥馈赠面蒸的羊形食品。该习俗亦称为“送羊节”，流行区域与崔府君信仰起源区高度重合，北抵河北中部的灵寿、晋州等山区县市，南达河南辉县、卫辉等南太行县市，其中以河北磁县最为知名。“送羊节”的时间，各地有所不同，早至农历五月十三晚至农历七月十五，大抵为当地夏季麦收之后，是一个“荐新”性质的农业节日。而在临近北宋都城开封的卫辉等地，“送羊节”为农历六月初六，也就是《东京梦华录》《武林旧事》记载的“崔府君生日”。昔年寄托了宋室中兴希望的崔府君“拥羊之符”，今已化为寻常百姓的幸福祝愿。

《大明诏旨》碑

曲阳北岳庙飞石殿遗址

古定州的石与瓷
——曲阳艺术观察记

文 / 千亩园主人

曲阳石雕大概有两千多年的历史，
当年石器时代的原始人也许就在这里凿制了粗陋的石器，
但那还不能算真正的石雕，
这两千多年应该是指石雕以成熟的艺术形式呈现的历史。

燕赵地处中原沃土，自古就是兵家必争之地。政权的频繁更迭，带来的当然是生灵涂炭，“白骨露于野，千里无鸡鸣”，但也正因动荡而引发了文化的交融与发展。京畿之地，自然曾名贤群集，加之经济繁荣，这块中华文明发源的沃土，经过漫长的历史变迁，便积淀了许多闻名中外的艺术精品。曲阳，就是其中一块凝聚了丰富历史文化遗存的神奇之地。说到曲阳，就必须提到石雕和定瓷。曲阳石雕见证了华夏的历史，商王武丁墓和妇好墓出土的石雕石料均出自曲阳黄山，到了汉代这里就已经成为公认的石雕之乡，到了北朝又因为造像的兴起而达到艺术巅峰。曲阳的定窑，与邢窑、磁州窑、井陉窑一起，作为河北的四大古窑，为中国陶瓷史书写了精彩绝伦的篇章。

这片有着两千年的历史，以石雕和瓷器广为人知的地域，而今有着怎样的文化面貌与文化延续？曲阳石雕和定窑瓷器在经历了曾经的辉煌之后，今天又呈现了怎样的文化状态？如同大量已经接近凋零的文化遗产面临的困境一样，它们是否在为保有鲜明的艺术特色和较高的艺术水平而挣扎？不断地叩问，带来的是对传统艺术现状的深思，也是对如何保护传统艺术的探究。尽管尊重与挖掘传统文化已是共识，但现实局面似乎并不容乐观，曲阳的石雕如此，定窑的瓷器如此，中国的许多传统艺术恐怕也是如此。

曲阳黄山老石坑

曲阳石雕

在古代，说起中国北方的造像，最有名的一处是山东青州，另一处就是河北定州；定州造像的工艺流传最广。曲阳石雕大概有两千多年的历史，当年石器时代的原始人也许就在这里凿制了粗陋的石器，但那还不能算真正的石雕，这两千多年应该是指石雕以成熟的艺术形式呈现的历史。

曲阳的石雕起源据说跟刘秀有关。当年，刘秀被王莽追到了现今曲阳县王台北村南一带的山上被困，王莽打算用火烧死刘秀，不想刘秀的狗撒了泡尿，浇灭了火苗，救了刘秀。刘秀感念狗恩，于是就请工匠给狗雕了石像放在这里，直到现在曲阳县城南还有座“狗塔”。这也许是真有其事，但十有八九是民间传说，因为各地都想把自己的产品跟皇帝连上点关系。不过若说曲阳石雕和皇帝有关系，那还真不算夸口，这石狗也许不可信，但还有相当多可信的东西实实在在地摆在那里任人观瞻——明故宫里的石廊，清朝北海玉带桥的栏杆……细数北京的宫殿、府第、寺庙、道观，很多都是曲阳石雕。由于元代的匠籍制，匠人后代不得改行，所以临近北京的很多匠人都落籍北京，无奈之下，竟也为北京城的修建留下了浓墨重彩的一笔。距离现在比较近的，是新中国成立后所建的人民英雄纪念碑，其下部展现中国人民革命斗争画卷的八幅浮雕，也是曲阳加工的。曲阳石雕的历史，可见一斑。

还有个说法，是与鬼谷子齐名的曲阳人黄石公，婴儿时被弃于曲阳的黄山，故后人称其为黄石公。他隐居黄山著书立说，留下了《太公兵法》和《雕刻天书》两部奇书。他把前者传给张良，《雕刻天书》则传给了同乡的宋天昊、杨艺源，从此曲阳人学会了石雕。刘秀的传说固不可信，曲阳石雕得之于黄石公的说法似乎也只是人们津津乐道的神奇故事，然而出土的汉代的墓葬石雕，北魏、唐、宋、元、明的造像、罗汉、石兽，明清时期北京城皇家建筑的丹陛、栏杆，各类作品都极有说服力地证明了曲阳石雕在历史上曾经达到的艺术极致。

如今走进曲阳，不难看到一些现代的艺术工作室，然而其作品却与传统样式大不相同。曲阳因昔日盛名而云集了雕塑产业的众多工作室，却给人这样一种感

曲阳石雕厂

石雕工作者

觉，它似乎与往日的旧工艺没有太大联系，只是在用曲阳的白石头做自己的东西，曲阳为它们提供的也只是个氛围和相对集中的市场。

曲阳的石雕名扬天下，也许首先要归功于上天的恩赐，因为这里地处华北平原与太行山交界地，富藏上好的汉白玉矿。有好石料，又因经济的繁荣而聚集了一群好艺人和一些订货商，就慢慢形成了市场。手艺人留下的是子子孙孙相传的手艺，订货的人则会随时提出新要求，张三来了要订石栏杆，李四来了要订造像，渐渐地，市场的需求开阔了艺人的创作。手艺人有种一以贯之的精神，订货的人则会有一种发展的态度，正是因为有这两方面的结合，才促进了历史上曲阳石雕业的健康发展。

如今市场仍在，石雕却发生了改变。下高速后从曲阳县城到石料老坑的路上，可以见到不少石像、亭台、石碑、栏杆……内容五花八门，似乎折射了当今人们的心灵世界。但糟糕的是，无论内容怎样变化，有一点是共同的，那就是看不到一丝曲阳传统石雕的气息。曲阳传统石雕的造像会让人感受到肃穆中带有扑面而来的生机，有一种强烈的亲和力，这种神韵在今天的石雕中荡然无存，生涩、僵硬、粗糙的作品反而俯拾皆是。巨大的雕像比比皆是，追求形体的硕大，似乎成了一种时尚。相比之下，过去石匠做造像可能也是个不小的工程，但作者带着虔诚之心，在他们看来，做好造像便是完成一件功德。今日巨大的石像真的仅仅只是做个工程，与修一条高速公路、建一座大桥没有什么不同。乐山大佛也许没有今天的大佛大，但却经历了漫长的时间，除去机械现代化造成的工程进度差距，似乎过去人们更有耐性去选材、设计和打磨。古代造像，仅仅选材可能就得选一两年，因为看哪一块石材更适合造像，估计到石质、纹理等可能出现的各种问题并不是一件简单的事情，就像大厨烹制佳肴，煎、炒、烹、炸先放在一边，选好食材是关键，更何况石雕是要千秋万代留存下去的，比穿肠而过的一顿饭更要慎重。

古人似乎比我们有耐性，汉代时匠人磨一块玉需要几年甚至几十年，这块玉就是他的生命，现在的作品中缺少了这种生命的东西，制作雕像只是时间的投入，不是生命的投入，作品当然也就缺少灵魂。优秀的作品一定需要锤炼的过程，如

曲阳石雕石材材料厂

今人们脑子里占第一位的似乎是工期；过去的艺术品凝结着几代人的智慧，今天的“惊世之作”不少来自外行人的决定。时过境迁，石头也许还是白石头，曲阳石雕的精神内核却已经与昔日有了天差地别。

即便是石头，似乎也与往日不同了。距曲阳城半个小时车程的老坑，今天已是一副荒凉的景象。山坡上许多“三马子”（三轮车）和挖掘机，在一堆堆杂乱的碎石间劳作。老坑已挖得很深，里面存着一汪蓝水，裸露的白花花的石面，与远处灰蒙蒙的山、山上黄秃秃的草，仿佛共同组成一幅抽象作品，诉说的是石雕业疯狂发展又缺少规划的现状。实际上，经久不衰的开采早已让石矿变得贫乏，老坑终究不是故事里取之不竭的聚宝盆。今日的老坑已没有了当年那样质高量大的石料，现在的很多石料也是从山东、房山、涞源等地买进来。老坑附近的广场上，各色的石头，五花八门，跟曲阳的石头完全不同，可它们被雕凿后也会冠以“曲阳石雕”之名。

从材料上说曲阳这地方的越来越少了，更关键的是，从手艺上说也在弱化，因为在这个世俗世界里，心无旁骛地坚守传统几乎是不可能的事情。如果一个种地的农民辛辛苦苦忙碌一年的收入不及到城里打工一个月，那他一定会放弃种地，尽管他需要粮食，也对土地有感情。在现实面前，石雕业也难逃生存困境，石雕艺人无力坚持也不会坚守祖祖辈辈传承的东西，客户也失去了良好的判断力，石雕作品产生变化也就成为必然。

河北博物院里珍藏的20世纪六七十年代修德寺出土的造像，应该是曲阳石雕最清晰、最精彩的呈现。艺术的发展也如其他事物一样有高峰和低谷，高峰是几代人的劳动精华累积的，低谷恐怕也是几代人的消磨造成的。现在每一个手工艺行当都面临着危机，传统的东西社会价值在逐渐减弱，令人担心的是，在时代的大潮冲击下，传统的东西能保住多少？这是一个无情的现状。相比之下，曲阳的另一个举世闻名的文化遗存——定窑，又会是怎样一种处境？

力士像　唐　河北博物院藏

定窑瓷器

“定州花磁瓯，颜色天下白。”这是元代刘祁在《归潜志》中对定瓷的高度赞美。几乎没有什么器皿能像瓷器这般为历代藏家珍爱，又与上至宫廷官府下至寻常百姓关系都如此紧密。贵为天子，贱为草民，总要有只吃饭的碗，总要有个喝水的杯，瓷器连着千家万户的日用生活，也是皇室不可缺的生活必需。精美的瓷器似乎倾注了帝王太多的心血。宋徽宗赵佶连做梦都沉迷于寻找最美的瓷器色彩，所以才有了如梦似幻的天青色汝瓷；仅仅在位十几年的明宣宗朱瞻基像所有爱玩又会玩的皇帝一样，喜欢在艺术上费心思，因而有了鼎鼎大名的宣德瓷；为烧制珐琅彩，勤勉于政务的雍正帝延续了康熙帝在皇宫中设瓷窑的传统，亲自督看，为某个瓷器样式、某种花纹念念于怀，屡下诏书。曾几何时，声名远播的中国瓷是世界各国求之不得的珍贵用品，其热度不亚于今天某些中国人对限量版的名牌的追逐。瓷器的事关乎民生，也关乎皇室贵族的生活品质与尊贵程度。现今拍卖会上经常创下令人咋舌天价纪录的往往也是瓷器，那些博物馆中的珍贵器皿更是“万千宠爱在一身”，不知沾满了多少帝王将相和历代藏家关注甚至贪婪的眼神，瓷器当之无愧是中国的世界性符号，而宋瓷又是瓷器中引人注目的精品。宋代五大名窑名震四海，定窑是其中独有风貌的一个。

定窑窑址的找寻与发现也是个传奇。因众多文献记载均言“古定器俱出北直隶定州”，所以众人的目光一直聚焦在昔日定州，也就是今保定、正定、平定一带，但遍寻各地均未发现窑址残留，直至叶麟趾循乡人之说偶于曲阳剪子村发现古窑遗迹，并拾得白瓷碎片，才恍然大悟，距离定县四十里的曲阳，也就是唐代的恒阳县，按当时的大地名来看，系定州所辖，就此为寻找定窑的窑址找到了正确的方向。其实，叶麟趾不知道，只要他翻一翻清光绪《重修曲阳县志・卷六・山川古迹考》就可以找到这样的记载：“涧磁岭，在县北六十里（按：岭在龙泉镇之北）。西去灵山镇十里，上多煤井，下为涧磁村，宋以上有磁窑，今废。”定州东汉时叫安喜县，传说刘备在这里做过知县，唐末、五代以来更是成为一个地区的政治中心，是义武节军度使的驻地。定窑遗址虽然在曲阳，历史上来说有相当长

白釉鹦鹉形杯（邢窑） 隋代 河北博物院藏

的时间属于定州管辖，所以被称为定窑。

说到定窑，不能不提到邢窑。相距两百公里外的内丘，就是邢窑的遗址。地域上的相近，工艺上的延续，使得定窑与邢窑有牵扯不断的联系。邢窑被称为“白瓷鼻祖”，始于北朝，衰于五代，终于元朝，是北方最早烧制白瓷的窑口，它创造的白瓷烧制工艺为唐以后白瓷的崛起奠定了基础。魏晋南北朝时期是青瓷一统天下的时代，直到邢窑开始尝试白瓷的烧制，才逐步结束了这一格局。隋代，邢窑开始从粗胎白瓷过渡为细瓷。到了唐代，邢窑的精细白瓷已经成为天下追捧的名品。唐人李肇在《唐国史补》中说：“凡货贿之物，侈于用者，不可胜纪。丝布为衣，麻布为囊，毡帽为盖，革皮为带，内丘白瓷瓯，端溪紫石砚，天下无贵贱通用之。”唐代邢窑的器物包括杯、壶、瓶、碗、罐、盘、托和注子等多种类型，其中的精品则直供皇室和翰林院。在传世和出土的邢窑瓷器中，有不少带着“盈”或“翰林”的铭文，“盈”指的是唐朝皇宫大明宫内的百宝大盈库，“翰林”则指的是翰林院，所以贵妃醉酒和李白赋诗时，手中的酒杯极有可能都是邢窑的白瓷。邢窑鼎盛时与越窑齐名，被称为“南青北白”，代表了当时制瓷的最高水准。由于当时邢窑白瓷声浪过高，陆羽还曾经专门在《茶经》里对邢瓷和越瓷进行对比，留下了“邢瓷类银，越瓷类玉”和“邢瓷类雪，越瓷类冰”的佳评。陆羽认为从衬托茶色的角度越瓷更胜一筹，诗人皮日休则认为两者难分伯仲，他在《茶瓯》诗里说：“邢客与越人，皆能造兹器。圆似月魂堕，轻如云魄起。”邢窑自北朝经隋唐至五代经历了几百年的发展，积累了制胎、上釉、装饰、烧造等各方面的经验，这些当然不会随着邢窑的衰落而烟尘散尽，因为在邢窑尚属盛期的晚唐时期起，定窑就已经开始仿制邢窑的瓷器。

始于唐代早期的定窑，到晚唐、五代时期，经历了初创时的釉质粗劣、施釉不匀，技术不断改进，质量明显提高。经过淘洗处理的胎体杂质减少，洁白的胎质不再需要化妆土遮掩，而且胎质坚硬，瓷化程度很高。这一时期，定窑有仿制邢窑的器形，也不乏像海棠杯、盏托、唾盂、凤首壶这类仿制金银器的器形。此时，精细程度甚至超过邢窑的定窑瓷器已经是远近闻名。

据《天工开物》记载，“凡白土曰垩土，为陶家精美器用。中国出惟五六处，北则真定定州、平凉华亭、太原平定、开封禹州”。定州这个地方具备烧制瓷器的重要条件——瓷土，又因为在唐初一直是北方重镇，是突出的政治文化中心，经济发达，艺人云集，因而成就了定窑的兴盛。晚唐五代时朝廷甚至设置专门的瓷商税务官来收税，而有实力的瓷商更是常驻定窑，甚至参与当地的社会公共事务管理，足见其制瓷业的兴盛。

北宋时，定窑已是当之无愧的北方名窑。赵匡胤当了皇帝，定都在开封，开封与现今的河北本就相距不远，都属中原，河北、河南间经济上的往来也就很多，定窑的瓷器进入开封被达官显贵乃至皇家使用就颇有可能。北宋时期，定窑形成了自己独特的艺术风格，胎质致密坚硬，胎体轻薄，釉面润泽，器形丰富，在装饰纹样上更是别于宋五大名窑中其他窑口，独具特色。正是在北宋时，定窑开始为宫廷烧贡瓷，其中就包括按形制要求烧制的仿古风器皿，如仿制汉代青铜酒樽的白釉三足樽。

定窑在众多瓷器中是最具文人气息的一种。也许我们不能确切列举文人直接作用于定瓷发展的具体文献，但在以文治国、崇文成风的宋代，文人、士大夫的审美情趣当然可能会对人们的审美造成某种潜移默化的影响，从而使定窑瓷器发生某种自发的变化。大文人苏轼曾被“赐紫金鱼袋任定州知州”，在定州为官一任。以苏轼的风雅，日日离不开酒与茶，在定州时，那酒杯瓷杯恐怕正如他的名作《试院煎茶》诗那样，少不得就是“定州花瓷琢红玉”的定瓷。按照当时政权对文人的尊重程度，文人在许多场合的无心之谈都会发挥作用，若是文人有意为之，那还有谁能争得过权倾朝野的文官呢？就是在定州，辽宋战事胶着，几经波折，终于以“澶渊之盟”结束，本来武将认为疆土的划定就是要靠武力解决因而

青釉仰覆莲花尊　北齐　河北博物院藏

白釉凤首壶（定窑）晚唐　河北博物院藏

主战，但文官则认为单靠武力不行，必须通过经济上的相互来往、土地的重新划定来迂回解决，这也许不失为一种构建新型和谐边境关系的方式。在今天怎么看都有卖国之嫌，很难想象时局就真被文人的三寸不烂之舌搅动了。疆土这样的大事都是文人说了算，可见文人的主张在当时是相当有影响力的。按照这个逻辑，苏轼对于定窑有没有影响？恐怕很难否认。但有一点是今天可以看到的，那就是到北宋后期，定窑进一步发展，形成了秀丽、雅致的器形特征，相较之前的作品，这一时期的瓷器更显现出文雅娴静的气息。

定窑的瓷器如同其他的手工艺一样，在各个历史时期会有变化，但中国的手工艺历朝历代都讲究传承。传承不是简单的沿袭，而是对前人创造的经验或教训的尊重，避免许多错误，就如同站在巨人的肩膀上，容易达到更高境界。定窑瓷器模仿邢窑、越窑等其他窑口的某些技法，但成就了自己的特色。它甚至超越了瓷器的界限，更加广收博览，将其他工艺种类的成熟技术如金属、丝织中的技术与瓷器制造相结合。

邢窑的器形多是碗、杯、盘等，定窑在此基础上更加丰富，除碗、杯、盘之外，盒、枕、炉等器物造型颇多，而仿生造型艺术更是定窑中独特的艺术表现形式。故宫博物院藏的孩儿枕已经无人不晓，还有数量众多的如鹦鹉、法螺、寿桃、狮子等仿生器形，却未必广为人知。定窑的器形多样，其中不乏受游牧民族或异域民族影响而产生的新器形。唐代定窑的白釉海棠碗，与波斯萨珊鎏金花鸟纹杯形象非常相近，而白釉凤首壶与萨珊银壶也如出一辙。大唐开阔的国际交流让工匠丰富了视野，地处草原与游牧交界地的定州也使定窑极有可能接受少数民族工艺。其实自邢窑开始，就已经有模仿金器工艺制作瓷器的先例，而定窑更是吸收了金银铜器、缂丝等多种手工艺里的精华，大胆创新，创造了拙朴又不失雅致的新造型。

邢窑重釉色之美，基本上以白釉为主，定窑里则出现了黄、绿、黑釉，这些釉彩与异域民族对色彩的审美有关系，就如同服装和其他装饰物一样，少数民族喜欢夸张的色彩，这夸张源于民族性格和民族生活习惯。民族文化的交流丰富了定窑瓷器的样式，造就了定窑不拘一格的艺术特色。虽然形、色在变，但定窑还是定窑，如何解决传承与创新，在那时似乎轻而易举又顺理成章地解决了。其实，传承应当是文化气息的传承，而不只是器形或工艺上的模仿，这一点，古人比我们更清楚。

今天定窑的恢复与延续似乎也在经历与曲阳石雕类似的困境。虽然还叫定瓷，但如今展厅里展示并出售的所谓定窑精品瓷器，在文化气息上却全然不同于以往的定瓷。定窑最大的特点是有中国文化的风骨，“润”“透”“薄”只是表象特征。论“润”，定窑也许不如汝窑和建窑，要论“透”，又不如景德镇，怎么能以为有了“润”“透”“薄”就是定窑呢？ 20 世纪 70 年代定窑做过发掘，但似乎只流于表面形式，仅仅试图模仿旧方法烧制一种瓷器，而没能把定窑的文化气质延续下来，距离真正意义上的发掘和传承还有相当远的距离。从器形、划花、装饰到气息神韵，能做到与古定窑一脉相承，相当不易，更不要说创新。定窑现在要做的事情还很多，要使作品达到更高的水准，从大环境的改变到从业者个人的综合文化素养的提升都是关键，这恐怕不是几个“工艺美术大师”就能够承担的。

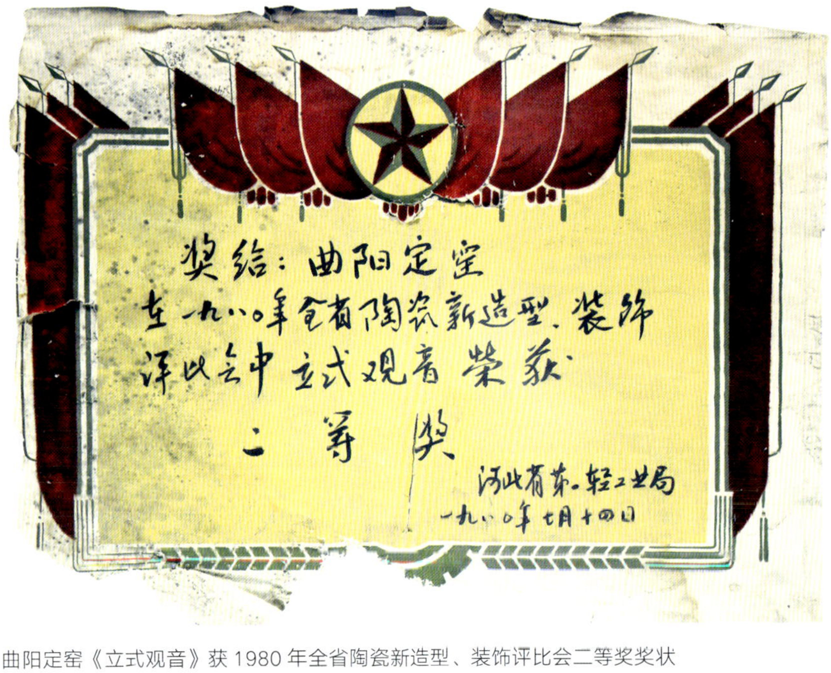

曲阳定窑《立式观音》获 1980 年全省陶瓷新造型、装饰评比会二等奖奖状

1989 年，河北省工艺美术定瓷厂研究人员作产品分析

观察后记

石雕也好，瓷器也好，说白了都是手艺。手艺的生死在匠人手里。古代的艺人、匠人的创作态度决定了他们做的东西能够积淀下来，成为精华。过去的学徒，虽然也要考虑赚钱，为了安身立命而斤斤计较，但是在学徒的过程中遵守着严格的规范，师父也必须对学生负责，学不好艺是不能出师的，未能学成就离开，便不能说是师父的徒弟。正是这师承血脉的延续，使中国的许多手艺延续千古，遍地开花。今天的手艺是否还能够以这样的准则延续？

经过这么多年的发展，经济发达到一定程度之后，开始用文化来说事儿了。停留在文字上或是表面上的文化宣教的东西是很肤浅的，真正的文化应当是骨子里所传唱的。文化在历朝历代都是很虚的东西，但因为它的“虚”，恰要对之以“实”。往往一说到文化，我们就认为它是展现时代风貌的，但它更应该体现的是相对恒久的民族精神。现在提到文化艺术常讲创新，创新比继承要提得更多。创新当然有必要，但绝对不能没有继承。文化所体现的东西并不一定是标新立异，而是应当怎样把持住自己。就好比一个人走路，好好走路就是了，不要故作姿态弄得古怪异常。对待艺术故作姿态，太把艺术当回事，也就太肆意放纵，甚至做出哗众取宠的事来，其实这已经跟真正的文化艺术不沾边，背离了艺术的本质。有些作品，似乎是在进行创新，似乎用更高的艺术价值去衡量，其实是种更“高级”的媚俗。

传统艺人是在历史大背景上创作，艺术的精品常是在历史大环境下因几代人的精心追求而水到渠成，在处理传承、吸纳与创新的关系上总能很协调。现在的

定窑龙首净瓶刻胎过程

艺术家更多是在追求“小我”的创新，缺少对文化和历史的虔诚之心，艺术也就谈不上高度，因为在打造“小我”的心理作祟时，艺术也就变得猥琐了。艺术上常讲“法度”，“法”就是标准。秦朝统一六国之后先统一度量衡，因为先要确定一种原则和标准。艺术不同于度量衡，也不同于法律对人的约束，但艺术有艺术的标准。无论我们谈振兴传统文化，还是谈艺术创新，都应该清楚艺术的标准是什么，摆正心态才可能做好艺术。艺术应当是释放愉悦的感受，这种内心的愉悦和表面的夸张是截然不同的。表面上的夸张是一种讨好，内心的愉悦是自己内心的感觉与别人达到共鸣。抛却名利虚荣，是艺术创作的基础。

有人认为，某类文化淡出历史的趋势是不可阻挡的，如今的文化乱象与文化危机是因为文化生态出现了问题。也有人甚至断言，中国的文化在宋代就已经达到极致了，往后的历史延长一天，文化就消减一点。其实，积极些也简单点来看，抛开沉重的历史责任先不说，只要每个环节、每个人都能做得踏踏实实，对待艺术更真挚、更认真，情形总会更好些。今天，我们应该做的是少唱赞歌，“无情”地多说说现今艺术的“坏”，少说它的“好”，这并非故意为难或诋毁，而是因为如果创作者真能理解我们所说的“坏”，就能发展出自己真正的“好”，这才是对艺术负责的态度。无论是曲阳的石雕还是定窑的瓷器，保护与延续的最好方式都是不要把它神秘化，而是以平常心对待，真正陶醉于艺术本身，让自己融入传统，才能触摸到艺术的灵魂。

定窑制母模过程

涧磁村定窑遗址上的瓷片堆

定窑造型艺术

文 / 陈文增

历史上定窑的出现可说是个奇迹。
不是说它创造了多少经济价值，
而是它出落得如此雅致、旷达、俊秀，
让人百品不厌，无限回味。

白釉狮托印花如意形枕
北宋　定州博物馆藏

一方名窑定窑，最初是以民窑为基础而形成。早期的民窑是一种无目标性的、为生计而从事的劳动，并没有、也不可能有明确的文化方向引导其发展。当时的造型和装饰，只是在不自觉的前提下进行尝试，有成功也有失败。官窑的介入大大地提高了民窑在造型装饰上的创作能力，自定窑为朝廷重视而开始实行官办以来，定窑技艺日渐精良，花色、品种逐日增多。官窑各窑场在“出新”方面，起了很好的带头作用。经过唐至五代的嬗变，宋代定官窑已出现清丽俊健之体态，小底高足的盘、碗及刚健俊逸的瓶、罐造型尤其令人大呼快哉。

民窑则在原有基础上进行了有益的吸收。它虽然不能与规模庞大、实力深厚的官窑相比拟，但凭借自己的产品结构，同样占有一定的市场，这个市场就是广大的平民阶层。作为官窑文化的补充，民窑给定官窑的华贵精美烘托了一个热烈红火的氛围，如众星捧月。在定窑的整个历史发展中，它起到了承上启下、推波助澜的作用。

无论官、民，定窑丰富的造型及装饰艺术自有其内在规律。在若干基本原则的基础上，按照一形多变的原则，一而三、三而百、百而千，如此循环，形至无穷。

定官窑的盘和碗

盘、碗是宋代定窑中一大类产品。其形式多样，高矮不同，高足浅足、宽唇窄唇、薄器厚器，不一而足，难以尽说。明代高濂认为宋代定窑的碟子规格有上万种之多。此说绝非臆断，明代上距宋元年代较近，或口传，或文载，均有所据。从唐至元，定窑六百余年生产时间，能有逾万种碟子（盘子）面世，本在情理之中。定窑有规格如此之多的盘子，归纳起来也不过是一式多变，按照陶瓷设计理论分析，均离不开两条线的曲直结合，无论盘、碗均入此规范。

阴阳合一

盘、碗造型属卧状器物，线条设计作横向外斜延伸处理。这种设计方法，常常限制在一定高度之内，其用线规则和线形形式基本上变化不大，但器物个性却能体现得淋漓尽致。根据对这种器物变化和线形的理解，笔者概括为“阴阳合一，曲直有道”。器物设计中的两条线分为阴阳两线：正面为阳，反面为阴，内为阳，外为阴；上为阳，下为阴。说它合一，指的是在具体驾驭中离合并行之时的宽窄，两条线只能并行对接，永远不能交叉。阴与阳是对立的，又是统一的。器物的薄厚程度，取决于双线的离合远近。阴阳二线并行是其属性，而间或错落则是其秉性，二者之间，“属性”统揽全局。比如盘子设计中阳线（上面）按照器物弧度变化从底至口，基本上属于一条圆弧线；下面阴线则大体上与上线平行，但在底部处理上要着重强调转折、错落，以加强器物在高温中的承受能力和抑变作用，这便是其秉性。此类器物的设计在线形使用上已成基本不变的规律，从盘过渡到碗都不例外。在具体设计中，阴阳二线要注意变化，尤其并行线不能用得过长，应注意在器物设计要求允许的情况下及时打破并行，以保证设计目的的实现。

一波三折

纵观古来之器物，盘、碗的线形设计有一条规律：弧线定要“一波三折”。前

定州静志寺、净众院地宫出土的文物

白釉刻“易定”铭碗（定窑） 五代 上海博物馆藏

面提到的阴阳二线同样超不出这个理论。简言之，器物离开“一波三折”之规范则不美，没有“一波三折”之结合则烧不成。第一，“一波三折”属于美的范畴。符合这个线形的器物无形中就出现丰富多姿之感，会更多地增加美的因素；没有“一波三折”的线条，器物则过于直白和索然无味。第二，陶瓷设计中“一波三折”的目的还在于利用设计中的线形转折保证器物烧造。在1300℃高温中，一个线形或线形变化太少的器物往往容易变形，而略加进一些不同的线形则可起到抑变作用。设计必须学会用转折线、用变化线，一味地用圆弧、一味地用直线，是不行的。一个方向的延伸线是不能保证器物成功的，也是陶瓷设计所忌讳的。定窑出品的碗，往往口部的线从底部延伸过来后反势向外，然后裹束。这样用线建立和强调了器物在高温中的自我保护机制，是设计关键，不可疏忽。

“波”为顺势，“折”为抑势，顺极而反，即以抑之，抑后再顺。陶瓷设计之道，概莫能外。

底方口圆

定窑盘、碗在六七百年的生产历史中形成了一种造型艺术规范，特别体现在盘、碗器皿的口与底上。首先是口大底小（当然也有大底的），这样的器皿占大部分。对这些盘、碗底或口的处理则多为“底方口圆”，即底的内外足墙比较直立，足底一刀平过，形成带棱角的方直底足，口部则为圆状、唇圆状。不妨说这是定窑创立和保持的一个基本范式，虽然偶尔也有一些不伦不类的例外，但丝毫不影响定窑“底方口圆”定论的成立。在上海博物馆收藏的五代定窑白釉刻“易定”铭碗上面，该设计已经出现。将它与北宋前期的定窑“新官”款莲瓣口碗比较可以发现，北宋时期作品的底比五代时期更为方直，而口沿很薄，呈圆状。

可以理解，盘、碗的口沿为圆状是适应使用的需要，因为与口直接打交道的器皿宜圆而不宜方，这从早期青铜器及一些玉器器物也可以看出。但底足呈方状，

白釉葵口“新官”款碗　五代　定州博物馆藏

而且强调方直，却是定窑独到的发明。正是因为这个方直底足，定窑盘、碗显得更加俊俏健美。盘、碗之底足如人之双足、双靴，在人的形象装扮上起着很重要的作用，当年的定窑人能发现这个奥秘，是对制瓷艺术的一种开拓性认识。这种认识，开始是探索性的，久而久之随着生产的沿用和市场的需求，便确定下来。

定官窑的瓶和罐造型

古代定窑瓶、罐类产品数量占第二位，而且式样繁多，难以胜数。每个时期所生产的某一品种器物，造型也不尽相同，但不论何种造型，都基本体现着那个时期定窑艺术的风貌。

刚健俊逸

瓶、罐造型在宋代定窑中已经形成了自家特色，与汉唐时期的瓶、罐器物有本质区别。汉唐时期，陶瓷正处于变革发展中，器物的造型多笨拙、粗厚，缺乏灵动秀健的姿态。到了北宋，造型观念改变，逐渐脱离了汉唐的影子，开始向美观、实用方面靠拢。“刚健俊逸”是北宋瓶、罐造型的一个特征。如著名的宋代梅瓶，这件作品是北宋定窑典型的瓶类佳作，现藏于故宫博物院，人们经常在各类陶瓷刊物上见到。其造型为小口外翻，短颈，肩部稍耸，形成自然弧线，至腹部渐敛，到底部时由内弧线变外弧线，使底部直中稍带有外翻之状。这件经典之作，不知倾倒过多少收藏家，难倒过多少仿制者。只底部一段直中外翻的弧线，委实不好操纵，太直则显僵硬，外翻太重则显柔媚，刚柔之间、劲秀之外，正是艺术之奥妙，故曰“刚健俊逸”。正是这种艺术、这种大美，使定窑享誉数百年。再看定州博物馆那件国宝龙首净瓶，净瓶原为佛教用品，意为跪拜祭祀和供奉时先净手，因瓶内盛圣水，故又称“圣水瓶”或“净手瓶”。此件净瓶上端有一段直口，然后是伞帽，伞帽下为把手处（瓶颈）有几道弦纹，龙首置于瓶身上端，其瓶身与上述梅瓶身大同小异。由此而知，在宋代，瓶子身段已经融入这种“刚健俊逸”的思维方式。综观北宋定窑的瓶子，不论哪一种，潜移默化间都不可思议地体现了这种风尚。

简洁舒宕

“简洁舒宕”，是形容宋代定窑器物（瓶、罐类）的造型意象。如定窑玉壶春瓶，玉壶春在历代各窑口都不乏其造型，而造型风格、形象特点却大相径庭。定窑玉壶春瓶从开张的口部线条开始，通过颈部然后以柔和的线形而下至瓶腹，遂出现饱满灵巧、舒放开阔的感觉。就是这一条“S”形线的起止轨迹，不言而喻地给人以“简洁舒宕”之美。

历史上，定窑的出现可说是个奇迹。不是说它创造了多少经济价值，而是它出落得如此雅致、旷达、俊秀，让人百品不厌，无限回味。宋代的定窑人是非常聪明的，其造型用线往往非常大胆、彻底，例如一件定窑莲瓣纹罐作品，已经舍弃了底足形式，继而替代的是一个与罐身相连的平底，看起来别致而有趣味，令人尽情体会这“简洁舒宕”之美的真意。

自然淳朴

论述定窑造型艺术美，有一点必须弄清楚：它到底属于哪一种美，是雄浑，是秀丽，是雕琢，还是妩媚？可以说都不是。定窑的器物造型从盘、碗到瓶、罐，都着重展示着一种大朴不琢的“自然淳朴”之美。这种美是在宋代那个历史条件下逐渐演变而成的，是受到当时文风影响而卓然独立的定窑自家风韵，是历史上其他任何一家窑场所不具备的。

宋代定窑瓶、罐类的作品有一种现象，即瓶身如一，只在口上作改动。一件镇江博物馆收藏的北宋中期洗口瓶，瓶身与梅瓶出入不大，只是上部口为洗状，短颈。若将上部掩住，只看下部形式，尤其是底足外翻的线势，绝似梅瓶。这种不做诸多花巧的“自然淳朴”是大美之精华，与雕琢妩媚之美有天壤之别。“自然淳朴”，如诗如画，耐人品味，引人入胜。

白釉刻花缠枝莲纹梅瓶（定窑） 北宋 故宫博物院藏

白釉塔式罐　五代　河北博物院藏

定窑白釉刻花龙首净瓶　北宋　定州博物馆藏

定民窑的造型艺术

定窑民窑出现早于官窑，在最初的探索时期，其产量低下，风格模糊，经济效益差，没有足够的影响力引起社会重视，这一时期的产品在造型方面并不可能体现后来的艺术风范。

粗胎笨厚开民窑之先。最初定窑是以粗胎出现，且器壁厚拙，形式上没有设计技巧，线条使用简单。这一时期的产品是一种尝试，对于刚刚起步的地方手工业来说，能把泥土捏成器物，搁在火上烧成瓷器，已是莫大的喜悦。关于材质方面，早期定窑并不限于某一种泥土，而是种类比较杂而多，有呈青灰色的，有呈青白色的，有呈红褐色的，等等。当时的制瓷理念是以烧成器物为标准，以好把握、能成型为目的，这自然形成了定窑初创时期泥料的混乱现象。

早期定窑的厚拙造型设计与当时的生产手段是分不开的，由于受到泥料、工艺的制约，唐代定窑只能在当时的工艺基础上扬长避短地发挥设计功能。尽管缺乏造型艺术的思维与风格，没有后来超凡的线形美感，但作为开山之作，它自有一种别样的震撼力。

五代以后官窑出现，定窑的面貌有了新的转机。由于官方介入，定窑制造业受到国家重视，厂房、设备与日俱增，更与日俱新，尤其在产品造型设计上较之前单调的品种形式简直脱胎换骨。五代时期是定窑历史上的孕育期、过渡期，基础实力得到长足的发展。

官窑出现以后，花色、品种、造型观念皆以新面目出现，市场也为之活跃，龙泉镇、涧磁村一带出现了唐以来最为繁荣的瓷器市场。据曲阳县定窑遗址文物保管所保存的珍贵史料《奉象国令公修王子山院之记》碑记载，当时朝廷已开始在这里设瓷窑商税务使，专门管理陶瓷赋税，可以想见五代时期定窑发展的盛况。五代官窑在产品造型设计上的改观和出新，受到了市场的追捧，反过来又促进产品品种的增加，如此良性循环，便像滚雪球一样，定官窑、民窑一起越滚越大。

五代时期官窑场虽不及民窑多，但官窑产品精良、造型意识强、艺术品位高，为当时定窑的发展方向打下了基础。民窑实力差，但窑场众多，一些生活用品市场还是靠这些民窑供给。在官窑的影响下，民窑大踏步前进，举凡原料拣选、工艺制备、产品形式等各个方面，凡能及者皆仿之，虽精良程度不够，但大体形式近似。如此繁衍下来，民窑也独立于市场一面，成为定窑不可或缺的部分。

当然，论定某一时期的造型特色和设计理念，只是相对的，而不是绝对的。一个时代到下个时代，造型和烧造技术上并没有什么大的区别，尤其唐及五代早期的产品和技术，几乎处在一个水平线上，五代民窑制品可能尚不及唐代质量精湛。但一个时代早期与下一个时代晚期的作品，不论造型手法还是烧制技术，都将出现很大的区别和变化。

宋代民窑是定窑生产之主体，在与官窑并行发展中逐渐树立起了自己的地位。整个北宋时期的民窑技术水平、产品结构是不能划一的，工艺程度、造型观念都良莠不齐。所谓“官窑器物一看便知，民窑器物一看不知”，意思是说官窑做的东西精良独到，明眼人一看就知道其来处；民窑的东西由于烧造得好，让人看了却不知是官窑还是民窑。由此说明，宋代个别民窑已出现尖端技术，一些带有自家名号的窑场开始享有市场地位，一些名师傅也开始被重视起来。

在宋代民窑中，造型特点取决于这个窑场的人才，当时叫“师傅”或称“把式”。一个把式能设计出新花样，要能请到这个把式，窑场就开始红火了。拉坯师傅是按样制作，造型出花样的把式是最高级而备受推崇的，可以说这个人正是窑场生存的基础。

一个产品推出，若是造型漂亮、烧制规范，并带有某窑场的特点，便会像一种标记，为商家认可。行家只要在某地某处看到这东西，便能不假思索地说出它的出处，而且半点儿不错，说“看器问窑”正是这个道理。定窑民间之作，气质难以尽美，形式难以尽善，但那种家传艺匠、民风朴茂的工艺气息却是别样浓烈淳厚。民窑器物最抓人的一点，便是这种土生土长的人做出来的无拘无束的器物，薄厚不计、

赵佶（传）《文会图》（局部） 宋 台北故宫博物院藏
图中宴会使用的餐茶器皿皆为定窑烧造

工拙不计、大小不计，这才是民间性和民间窑造型艺术的根本面貌。

以一只平底盘子的线形而论，这种盘子底较大，芒口覆烧，底部造型除底足外还有两处转折。转折很关键，处理不好就会失去格调和精神。同是一样规格，出于宋官窑的线形准确、顺畅，弧线与转折处交代清晰，线的深浅、宽窄均见要领，整个器物做下来精到提神。民窑的做法则不同：首先，拉坯较厚，速度求快，辘轳车起止间已经下轮；修坯也不能到位，该厚的地方厚不起来，该薄的地方薄不下去，工匠不理解器物成型的要求和条件，只是依样画葫芦，画得像就卖掉，画不像就放着。民窑，即民间意识下形成的一种窑风。器物造型的民间性，根本在于缺乏系统的技艺规范，只凭想当然去做，差不多、还可以、八九不离十、接近、相仿等多为民间工艺家口头禅。其次，文化制约太大。民窑工匠多无文化，即使有也不高，不可能站在文化的高度去认识和评价艺术。没有艺术鉴赏和艺术批评，艺术本身便无法超越。

总的说来，官窑体面、堂而皇之、场地宏大、人才聚集，享有特殊的生产地位，但它总离不开一种规矩和樊篱的拘守，严谨有余、灵活不足；与此相反，民窑没有任何框框，除不侵犯皇室尊严、远远避开皇家独尊的龙、凤及一些特定的纹样图案以外，在器物造型上尽情尝试、任意出新，尽管有时是失败的。这个情况到了宋金时期，在各得优势、各按市场目标规范的运作中，民窑出现了大的进步，在传统弱势领域发起了攻势。

20 世纪 70 年代于曲阳北镇村（宋龙泉镇）出土的四件金代印花陶范，现存曲阳县文物保管所，分别为夔龙纹盘、莲鸭双鱼纹碗、折枝花果纹碗、花卉碗。四件陶范皆为民窑器物，然而陶范形式及所刻纹饰已是十分精美，装饰题材和造型运用皆见成熟，在技术要求和工艺规范上紧逼官窑。由此而知，定窑除官窑成就外，民窑工艺技术的成熟和成功同样不容忽视。

永远的乌托邦
——晏阳初的定州岁月

文 / 安期生

我是怎样的一个人呢？
我是中华文化与西方民主科学思想相结合的一个产儿。
我确是有使命感和救世观；
我是一个传教士，传的是平民教育，
出发点是仁和爱。
——晏阳初《九十自述》

定州贡院的魁星阁

清雍正二年（1724），定州从隶属真定府改为直隶省直辖，于是修建一个本州的科举考场被提上日程。到了清乾隆三年（1738），定州的父母官王大年筹资建起了定州贡院，从此以后，定州的文、武考生可以在自己的家乡参加科举考试了。到了清道光十四年（1834），州牧王仲槐又筹资扩建了贡院，形成了现在的规模。定州贡院是目前北方保存最完好的科举考场之一，整个贡院坐北朝南，西面是文考场，东面是武考场，可以举办文、武两科的童试和乡试。其中，文考场规模更大，整体呈中轴式布局，从南门外的巨大影壁开始，向北依次是大门、魁阁号舍、大堂和后楼。魁阁号舍是贡院的主体建筑，是科举考试的考场，最多可容纳上百人。南面的魁阁正中是攒尖顶，两侧屋檐依次降低，翘起的翼角形似飞鸟振翅，魁阁的二层供奉“魁星”，寄托着对考生们的美好祝福。影壁，是起点也是终点：每一位考生来到贡院门口，先看到的就是它；而当考试结束，放榜也是张贴在这面影壁上。相信，在很多考生眼里，这面影壁藏着命运的密码，这些出身不同的读书人，都将在这里揭晓自己的人生。

纵观整个教育史，文化是不断从上向下浸润的。从最早的世袭制，到后来的察举制，再到九品中正制，最后到科举制，更多的普通人获得了受教育的机会，

定州贡院揽胜楼

晏阳初像

也能够凭借自己的学问和见识进入国家的管理层，这在整个古代社会很长的历史时期内，都是公平而有效的。但是，随着鸦片战争爆发，清王朝的国门被迫打开，开眼看世界的人们看到，世界又进入了一个新的时代。近代社会的主题被五四一代先行者们总结为民主和科学，而这两者都必须通过教育来实现：民主，要求人民不再是封建社会被压迫的牛马，而是有人格、有知识、有理想的新民；科学，要形成一个分学科、分层级的教学体系，向更多的民众去传播。当年，孔子高举“有教无类”的大旗，开启了普通人也能接受教育的时代；如今，历史需要一个人，让社会最底层的穷苦人也能读书识字，发出自己的声音，这事业是艰苦事业，也是圣人事业。

定州迎来了那个人，他的名字叫晏阳初。很遗憾，这位当年与爱因斯坦一起上台领奖的先生，虽然他的故居和定州贡院遥遥相对，但现在已经很少有人知道了。晏阳初（1890—1990），四川巴中人，幼年跟随身为塾师兼乡医的父亲，研读了纯正的儒家孔孟之道，少年时先后就读阆中天道学堂和成都华美学堂，由于这两所现代学堂离自己的家很远，在上学路上他经常与挑夫（当地称“背二哥”）为伍，深刻体会到底层百姓的辛苦，立志救民于水火。后来，他考入香港大学前身香港圣保罗书院，又带着报国之志考取了美国耶鲁大学攻读政治经济专业，毕业后进入美国普林斯顿大学攻读历史学硕士，这样的资历在20世纪初足以让他回国实现“阶层跨越”，可他却立下了很多人无法理解的志愿：一不图做官，二不想发财，他将把毕生的聪明与智慧献给祖国需要他的劳苦同胞，为推动平民教育事业，终其一生，无怨无悔。

事实上，晏阳初在1918年从耶鲁大学毕业的次日，就奔赴了第一次世界大战的战场。当时，英、法两国在中国招募了二十万华工到战场，负责挖战壕、送弹药、修工事，他们干着最辛苦的工作，却被称为“苦力”。晏阳初到欧洲为这些华工当翻译，替他们写家信，教他们识字读报，甚至创办了《华工周报》。晏阳初说：“表面上是我在教育他们，实际上是他们教育了我。中国的劳动人民有智慧、有能力，只是因为没有读书的机会，使他们的才智不得发挥。”[1]就是在这时，他立下“不当官，不发财，一辈子为劳苦大众服务”[2]的誓言，走上平民教育这条漫漫长路。

晏阳初说，他自幼心好高强，具有治国平天下的豪志。平民教育、乡村改造，都是放眼世界的运动，和他小时候的理想可说是殊途同归。1920年，他完成普林斯顿大学的硕士学位，回到了阔别多年的祖国，先后在长沙、烟台等地开展平民教育的实验。

1923年，晏阳初与陶行知等人在北平成立“中华平民教育促进总会”（简称“平教会”），晏阳初任总干事长，先后在华北、华中、华东、华西、华南等地开展义务扫盲活动。晏阳初深切认同《尚书》里“民为邦本，本固邦宁”的古训，认为“实有至理，人民委实是国家的根本”。当时，中国四万万人民百分之八十以上是文盲，这些文盲大多数都是农村的穷苦农民，所以平民教育在很大程度上说是农民教育。于是，1926年10月，晏阳初带着平教会的同事到了河北定县，开始了后来闻名世界的“定县实验”。晏阳初说：“我们对农村建设事业要知其‘所以然’。我们知道自己不了解农村，才到乡间来求知道。我们不愿安居太师椅上，空作误民的计划，才到农民生活里去找问题，去解决问题，抛下东洋眼镜、西洋眼镜、都市眼镜，换上一副农夫眼镜。换句话说，我们欲‘化农民’，我们须先‘农民化’。”

1929年，晏阳初不仅把全家都搬到了定县，而且把平教会总会迁到定县，要在这里真正扎下根。晏阳初认为“贫、愚、弱、私”是旧中国的四大病症，针对这四个问题，他提出了“文艺、生计、卫生、公民”四大解决方案。他以识字教育为基础，通过学校教育、家庭教育、社会教育三结合，以“文艺”教育攻“愚”，培育农民的“智识力”；以“生计”教育攻“穷”，培育农民的“生产力”；以“卫生”教育攻“弱”，培育农民的“强健力”；以“公民”教育攻“私”，培育农民的“团结力”。十年间，平教会先后有五百多人在定县从事乡村建设试验，其中许多是留洋归来的硕士与博士，所以农民把他们称为“博士下乡”。这些人中有《松花江上》的作者张寒晖，有美国哈佛大学博士、中国话剧奠基人熊佛西，有“副刊大王”孙伏园，有哈佛大学教育学博士瞿菊农，有美国康奈尔大学农业

[1][2] 宋恩荣主编《晏阳初全集》第二卷，湖南教育出版社，1992，第532页。

平教会的课堂

定州贡院影壁上写着“除文盲、作新民”六个大字

晏阳初旧居

经济学博士冯锐，有哈佛大学医学院硕士陈志潜……他们或辞去大学校长、或教授职务，或放弃了政府里的要职，使得定县这个小县城，配备了能装备一个顶级高校的文化力量。

晏阳初总结出“乡村改造运动的十大信条”：第一是深入民间；第二是与平民共同生活，向平民诚心学习；第三是共同计划，共同工作；第四是从他们所知开始，用他们已有来改造；第五是以表证来教学，从实干来学习；第六不是装饰陈列，而是示范模型；第七不是零零碎碎，而是整个体系；第八不是枝枝节节，而是统盘筹划；第九不迁就社会，应改造社会；第十不是救济，而是发扬。[3] 他们以此为原则，开展了“文艺、生计、卫生、公民”四方面的工作。在文艺教育方面，他们编写教材，开办学校，教农民读书识字，编辑出版农民读物，创作农民喜闻乐见的歌曲和话剧；他们还设立了中国第一座应用于教育的县级无线电广

[3] 宋恩荣编《晏阳初文集》，教育科学出版社，1989，第 322 页。

播电台，用来传播消息和普及知识。在生计教育方面，他们改良农业技术，普及科学种田，培育出抗虫害的小麦和棉花良种，改良出增产增收的白菜和梨树，引进品种优良的猪和鸡，并且组织农民经营信用合作社和运销合作社，使定县农民收入普遍增加。在卫生教育方面，他们建立村、区、县三级医疗体系，培养保健员掌握免疫接种、改良水井和运用保健药箱，做到“小病不出村，大病到县城”。1934 年，华北发生霍乱，但定县无一人死亡。1936 年，定县天花零发病，这在当时全国绝无仅有。在公民教育方面，他们创建了平民学校毕业同学会、家庭会和公民服务团，同学会负责大家的持续学习、文化活动和禁毒戒赌教育，家庭会侧重对妇女进行知识普及，公民服务团负责训练农民的公民意识和储备建设新农村社会的进步力量，在这个基础上他们建立村民自治组织，改组县乡议会，改造县乡政府。

在 20 世纪二三十年代，定州贡院门口的影壁上写着“除文盲、作新民”六个大字，它面前聚集的也不再是当年的读书人，而是走向新时代的农民。1933 年，美国记者埃德加・斯诺（Edgar Snow）到定县采访，在通讯中写道：“黄土之中，一个年轻的农民用锄头写出：在中国扫除文盲；而旁边一位姑娘则写道：为国家塑造新公民。”他称赞晏阳初说：“你领导的这一项伟大的乡村改革运动，不光在贫穷的中国有巨大的功效，放到世界上任何一个国家，这一运动都是行之有效的。”[4]

1936 年，日本侵略军在华北步步紧逼，晏阳初和平教会不得不离开定县。在定县的十年多，晏阳初和平教会留下了太多的财富，据 20 世纪 80 年代统计，定州（定县）是河北唯一一个无文盲县，晏阳初引进和改良的棉花、梨、苹果等作物依然广受欢迎。晏阳初创造的“定县经验”，不仅推动了中国的平民教育和乡村建设，而且成为第三世界国家乡村改造运动的蓝本。离开定县以后，晏阳初又在湖南、四川、重庆等地开展乡村建设的实验，1950 年以后，他又在全世界的版图上行走，把平民教育和乡村改造推广到菲律宾、泰国、印度、加纳、古巴、危地马拉、哥伦比亚等国家和地区。他作为“世界平民教育之父”被联合国聘为终生特别顾问，并在 1943 年和爱因斯坦（Albert Einstein）、杜威（John Dewey）等人一起被评选为“现代世界最具革命性贡献的十大伟人”。

20 世纪 80 年代，应时任全国人大常委会副委员长周谷城邀请，晏阳初回到祖国访问。他来到已经改名为定州的定县，看到阔别五十多年的故居，也看到故土上无数陌生的年轻面孔，他恍惚间回到了五十多年前。人生中那段黄金时代啊，他在这里造过一个乌托邦之梦。虽然出走半个世纪，初心却从未改变，他颤抖着对着高音喇叭喊：“兄弟姐妹们，我回来了！”[5] 说罢，泪落如雨。

1990 年，晏阳初病逝于美国，享年一百周岁。

[4] 王辉：《平民先生：晏阳初（实验篇）》，《中国民族报》2013 年 1 月 25 日第 007 版。

[5] 张以瑾：《平民教育的“传教士”》，《基础教育论坛》2013 年第 8 期。

晏阳初旧居的院子

河间府里说西河

文 / 李秋河

说书讲扣子，唱戏讲轴子。
说大书的西河大鼓艺人，说到关键处，
往往来一句“要知后事如何，且听下回分解”，
把人们的胃口吊起来，
让人们听完了今天想明天，听完了明天想后天，
满脑子都是书里的故事，惦记得一宿宿睡不着觉。

西河大鼓老艺人正在授徒

上

河间是座古城，有二千七百多年历史，因地处九河（徒骇河、太史河、马颊河、覆釜河、胡苏河、简河、絜河、钩盘河、鬲津河）之间而得名，战国时期属赵国，西汉置河间国，东汉时或称国、或称郡，由魏、晋、隋、唐至宋、元、明、清，或置瀛州，或置路、府，都是北方重镇。其中置府时间最长，从宋大观元年（1107）改瀛州为河间府，到元代改府为路，再到明洪武元年（1368）又改路为府，一直沿袭到民国二年（1913），是与保定、济南、开封齐名的京南四大名府之一。明清时期，南北大运河流贯境内，又扼京都南下驿路，所以，河间又有“京南第一府”的美誉，是帝王南巡、将相往来、文士驻车的必经之地。

一提河间，有些人往往会想到驴肉火烧。不错，驴肉火烧确实好，驴肉肉质细嫩，“天上龙肉，地下驴肉”；火烧“色如金、酥如雪、形如书、薄如纸”，外皮焦脆，内层松软，咬一口，满嘴生香。但是，河间的特产可不仅仅是驴肉火烧，它还是三个“发祥地”，这“三个发祥地”才是河间给世界最大的贡献。

河北省有个河间县，汉朝封了一个王叫河间献王。班固在《汉书·河间献王传》中说他实事求是，这句话一直流传到现在。这就是“实事求是”的出处。

河间还是“毛诗”也就是现传《诗经》的发祥地。我们现在读的《诗经》，是由毛亨、毛苌叔侄二人传下来的。秦始皇焚书坑儒，毛亨一家为避难，从鲁地（山东）一路逃亡到河间。在河间，毛亨将《诗经》传给了其侄子毛苌，世人称为“毛诗”。西汉之后，儒学复兴，当时的河间献王刘德

“修学好古”“广求天下善书”，听说毛苌能讲《诗经》，便聘为博士，在河间设君子馆公开讲授，使得我国第一部诗歌总集得以流传。

河间还是我们今天要说的西河大鼓的发祥地。

20 世纪 80 年代以前，村子里基本上没有电视，农村很少有文化活动。晚上，在一个大场里或一个大院子里，众星捧月似的围着两个人，一站一坐。站着的那个人左手持两片铜质月牙板，磕打有声，右手以鼓键子击打架在前面的扁鼓，一边敲打鼓板一边唱；坐着的那个人手弹三弦，为演唱者伴奏。两个人配合得天衣无缝，周围的人听得如醉如痴，随着主人公一起悲一起喜，时哭时笑。这一听就是半个多月，有时甚至长达一个月。这，就是西河大鼓。

所以，到了河间，最主要的不是吃驴肉火烧，而是品味河间文化，感受河间历史，是吃着驴肉火烧听西河大鼓。听谁的？听张书英的、张领娣的、张凤五的、任纺芹的、李雪的……河间唱西河大鼓的多了去了，想听谁的听谁的，听谁的都好听！

月牙板和鼓

河间古城三种宝，源远流长到今朝。
“实事求是”发祥地，“毛诗”“西河”分外娇。
“西河”别名“犁铧片”，细说起来有根苗。
流传到今二百载，步步发展步步高。
一把弦子一面鼓，一对铜板随情敲。
三弦弹奏沧桑曲，鼓板打唱悲欢谣。
忠孝礼义全唱到，唱尽历史各个朝。
什么《呼杨合兵》《包公案》《封神演义》《斩白袍》
抑恶扬善合民意，
只听得那父老乡亲回味无穷乐陶陶。

据不完全统计，我国大约有八十多种说唱形式，它们都拥有独立的音乐唱腔体系、特殊的唱词押韵方法、不拘一格的表演手法，其中西河大鼓是我国北方比较典范的鼓书即鼓曲形式，也是河北省民间广为流传的一个地方曲种。

西河大鼓也叫犁铧片、河间大鼓、梅花调或大鼓书、说书，是在冀中木板大鼓的基础上孕育而成的，距今约有二百年历史，经历了孕育、成型、发展三个阶段。

早在清朝康、雍、乾时期，冀中河间、保定一带就流行着许多说唱艺术，最常见的是单鼓板的木板大鼓和弦子书，这两种演出形式都是一个人表演。单鼓板的木板大鼓是演员自击书鼓和木板演唱，没有其他乐器；弦子书是演员以小三弦自弹自唱。到清乾隆中期，有些艺人将弦子书和单鼓板合在一起，两个人搭伴演出，一个人敲击鼓板并演唱，另一个人弹小三弦伴奏，这就有点西河大鼓的样子了。这种新型的木板大鼓形成后，比一个人表演显得活泼生动，于是拥有了更多的听众。

因为方言声韵的差异，在冀中一带，人们将这种木板大鼓分成了河间木板大鼓和保定木板大鼓。这两种木板大鼓，就是西河大鼓的母体曲种（西河大鼓也叫“河间大鼓”，就是因为在演变过程中，铁板代替了木板，去掉了“木板”二字）。在此基础上，民间艺人们又吸收当地小调、民歌，唱出了一种新调子，并用犁铧片击拍（伴奏）。这个犁铧片，就是庄稼人耕地犁上的一个物件，俗称“犁铧子”，打下两片来，圆不圆、扁不扁的，就用这两个破片一边敲一边唱，这就是西河大鼓的雏形。西河大鼓之所以也叫“犁铧片”就是这么来的。这种说唱形式被一些艺人所采用，慢慢在冀中一带流行开来。

到了 19 世纪晚期，在诸多说唱艺人努力下，西河大鼓无论是表演形式还是唱腔音乐、伴奏乐器，都基本定型了。在这个过程中，不能不提到西河大鼓发展史上一个关键的里程碑式的人物，这就是高阳县艺人马三峰。马三峰，原名马大河，生于高阳县教台村，生卒年不详，主要艺术活动年代大约在 1840 年至 1880 年之间。他生性爱说爱唱，看戏学唱戏，听书学说书，天资聪颖，一学就会，会了之后就当众说唱。本村的新闻事件和道听途说的趣闻轶事都能现编现唱，村里人都非常爱听。他小的时候为村里一家开面铺的富户当童工，常常是一边蹬罗床一边唱，但凡听到他唱的人，都说他是个天生的说书料。

村里人看马大河是个说书的料，就建议他的母亲让他去学说书。不久，马大河就拜当时河北知名的说书艺人、祖籍河间的田东文为师学习木板大鼓，学成后与师兄马瑞林搭档说书。此时的马大河已经改名叫马瑞河，他的演唱泼辣奔放、妙趣横生，唱起来不要命，如疯似癫，相当投入，人们送他绰号“马三疯子”，慢慢地，这一绰号就成了他的说书艺名。而他的师兄马瑞林恰恰相反，表演稳重保守，一字一板，人送绰号“马大傻子”。这“三疯大傻”联袂演出，相得益彰，轰动当地。后来，在长期的演出实践中，马三峰对已经改进了的木板大鼓又进行了一系列的创新，总结前人经验，集中群众智慧，将木板改成了犁铧片，又将犁铧片改成了铁片月牙板，小三弦改成了大三弦，将戏曲、冀中民歌和民间叫卖声统统吸收进来，创造了“一马三跳涧”“紧五句”“双高”等花腔唱法，规范了唱腔板式结构，初步完成了西河大鼓这一曲种从表演形式到唱腔、音乐的一场大改革，开创了西河大鼓的第一次高峰。

马三峰对西河大鼓的贡献，一直受到后人的推崇和赞誉。到现在，河北、北京、天津曲艺界和民间还流传着“南有何老凤，北有马三峰”之说。他的弟子有朱化麟、王振元、王再堂等，这几个人都是西河大鼓的名家。后文我们说到西河大鼓流派的时候，还要提到他们。马三峰对西河大鼓这一演唱形式进行创新、完善之后，许多艺人纷纷效仿。从此，西河大鼓有如百川汇海、百舸争流，进入了一个新的发展阶段。

不过，这时候，西河大鼓还并不叫西河大鼓，还是叫犁铧片、河间大鼓、梅花调或大鼓书，没有一个统一的名称。

那么，西河大鼓什么时候开始叫西河大鼓？西河大鼓这个名称又是怎么来的？说到这里插一句，当时艺人们说书，经过了一个从农村到城市的过程。先是在农村，赶集上庙、唱灯节、说“乡档子”（指农户约请），或者在田间地头随处撂地卖艺，是那种三朝五日的、短暂的、流动式的演出方式。那时候，西河大鼓名称杂乱，叫什么的都有，但在所有的名称中，并没有叫“西河”这两个字的。到了1900年，义和团运动爆发，冀中地区遭受了帝国主义军队的一次空前浩劫，加之当时自然灾害频繁，贫苦农民陷于水深火热之中，随着城市工商业的发展，混不下去的农民纷纷流入城市谋生。散在农村的说书艺人，历来是为衣食奔波的无产者，“南京收了南京去，北京收了北京游”，在这种形势下，自然也随之大量进入城市。当时大致是以河间一带为一系、保定一带为一系，分别沿大清河、子牙河进入天津。为什么进入天津呢？因为天津是当时的水陆码头，交通便利，是民间艺人们集居的地方。能够在这里站住脚更好，一旦在这里站不住脚，还可以由此流向东北或由此上北京，经北京流向西北各地。

这些艺人进城后的演出方式，先是随地“划锅”，再是季节性“明地”。随地“划锅”就是打地摊卖艺，用白沙或瓦茬在空地上画个圆圈，作为观众和演员的界线，观众站在外面看玩意儿，演员在这个“锅”里卖艺挣钱，以此求饭，听来透着艰辛，但也颇为形象。季节性“明地”也是地摊，不过因季节而稍有固定性。相比较农村来说，城市里的人们文化水平、欣赏水平更高一些，并且要求艺人们说唱时避开方言。为了满足观众需要，促使艺人们不断提高演艺水平，西河大鼓艺术因之有了很大的发展和升华。

历尽种种艰难困苦，一些艺人终于在城市里站稳了脚跟，茶楼、酒肆为了招揽生意，也开始邀请一些有名气的艺人前去说唱表演，逐渐发展到常年的暖棚、茶社、书馆，开辟了一批批固定的演出场所。那时常占城市、较有影响的西河艺人，有张双来、焦永泉、焦永顺、张士德、张士全、白文生、白文朋等，他们可以说是西河大鼓城市阵地的开拓者。说书艺人撂地（打地摊）卖艺时，当然不需要写牌子、报子，即便是进入茶社说书了，人们也不太关注曲种，只写能够招徕听众的演员名字和书目。所以，西河大鼓进城后很长一段时间仍未定名，艺人们只在需要时各自沿用在农村流行的那些称谓，像梅花调、河间大鼓等。但对天津的听众来说，鉴于当时唱西河大鼓的艺人大多来自大清河、子牙河流域，天津人对这两条河统称“西河”（当时的粮食商情广告，就称来自冀中的米为“西河米”），因此，人们开始将这一说唱形式叫“西河调”。一直到1924年以前，西河大鼓由于更多地进入书馆、戏园，经常与其他曲种同书场演出或同台演出，人家在海报上都标明了梅花大鼓、天津时调、奉天大鼓，等等，到西河大鼓这儿，因为没有一个统一、规范的名字，在一定程度上限制了这个曲种的发展，曲种的名称问题成了摆在艺人们面前的一个大问题。1924年，女艺人王凤咏在天津“四海升平”戏园演出，本来想把曲种名称报为“梅花调”，因天津已有金万昌演唱的梅花大鼓，也叫“梅花调”，容易混淆。为区别起见，王凤咏和在场的京韵大鼓宗师刘宝全、西河大鼓赵派创始人赵玉峰斟酌商定，在书写海报时定名为“西河大鼓”。虽然这是在一种偶然情况下起的名，但由于它符合曲种的实际情况，很快得到了同行的认可和响应。尽管这一称谓当时并未完全统一，但“西河大鼓”毕竟有了自己正式的名字。从此，这个名称便逐步享誉华北、西北、东北乃至全国，一直沿用到今天。这就是西河大鼓名称的由来，听来真够难产的。但难产归难产，河间一带广大农村，尤其是上了岁数的人，还不“买账”，直到现在，有的人还不习惯叫它“西河大鼓”，依然叫“说书”或“大鼓书”。这就像一个人叫熟了小名不愿叫大号。不过，到了老家，在乡里乡亲面前，小名叫起来还是蛮亲切的。

西河大鼓的演出书目，有长篇书、中篇书、短篇鼓词、书帽。长篇书，通常称“大书”或“长篇大书”，行内叫“蔓子活儿”，白唱兼用，讲述人物众多、情节复杂的故事，可演十场、百场以上，有时一演就是一个月或者几个月。中篇书，艺人称之为“巴棍儿”，也是白唱兼用，故事结构紧凑，人物事件较集中，可演三五场或十来场。据不完全统计，我国中长篇鼓书有一百五十多部，人们比较熟悉的有《封神演义》《杨家将》《呼家将》《白蛇传》《响马传》《刘公案》，以及反映现代题材的《新儿女英雄传》《白毛女》《烈火金钢》《林海雪原》等。短篇鼓词，又称作“小段”“唱篇”，有的段子有少量白话，一般都是唱或主要是唱，大多叙述一个短小的故事，通常每段二百行左右，多的不过三四百行。书帽，艺人们叫作“小巴掌”，基本上都是唱，多是趣语、小笑话，每段大约几行、十余行或数十行。一般用在每次大书开场之前，就像电影放映正片之前的夹片，不占用多长时间，艺人们张嘴就来，目的是引起人们注意或者活跃一下气氛，或者是等候听书的人们到齐。在西河大鼓的演出书目中，小段、书帽大约有三百七十余篇，经典的有《绕口令》《闹天宫》《小姑贤》《吹大话》《锉大嫂》《顶灯台》等。

西河大鼓演出的书目，除长篇书、中篇书、短篇鼓词、书帽外，还有诗、赞、赋。诗、赞、赋是为适应说书内容需要，随时嵌进书中使用的。比如开场之后的定场诗。说书艺人把惊堂木一拍，说句“《西江月》一首”或者“《满江红》一首”，说完了，便展开故事。再如“白袍赞”“刀枪赞”“春景”“街景”“山景”“江景”等，这些虽有一定的文学性，但一般不作为演唱节目单独使用，艺人们无论说到哪部书，需要哪段了，抻过来就用，用起来还挺顺溜儿，听着还很合适。

刚才说过，西河大鼓的发展经过了一个从农村到城市的过程，西河大鼓的发展史中也就很自然地分成了前后两个重要阶段。最先在农村流行的时候，因为演出时间短，场所不固定，所演出的书目以中篇、小段和书帽为主；进入城市之后，有了书场、茶社等长期固定的演出场所，原来适合在农村演唱的中篇、小段，到这时就不够用了，广大艺人纷纷采取或扩充原有中篇书目内容，或用“后续”名义增设书目，或移植其他曲种书目，或改编小说，或现攒书道子（故事情节）等创作方式，创作了大批长篇书目，由此构成了西河大鼓历经百年书目曲目的发展史。长篇书出现之后，很快以其生动、曲折的故事情节，吸引了大量听众和观众，风行于城乡西河大鼓市场。

大书出现之后，西河大鼓的主流就一直是说大书。说唱最多的有《薛家将》《呼家将》《杨家将》，人们称之为西河大鼓传统书目“三大将”。这是当时每一个西河大鼓艺人必须掌握的东西，即便是后来以说小段见长的马增芬，早年也曾说唱过《薛家将》。而现在的年轻演员基本上都不会说大书了，就是有会的也不精，一说说大书，好像成了评书演员的事，现在电台、电视台播出、播放的也大都是长篇评书，很少有长篇大鼓书，这可以说是西河大鼓的悲哀。

说书讲扣子，唱戏讲轴子。说大书的西河大鼓艺人，说到关键处，往往来一句“要知后事如何，且听下回分解”，把人们的胃口吊起来，让人们听完了今天想明天，听完了明天想后天，满脑子都是书里的故事，惦记得一宿宿睡不着觉。西河大鼓赵派创始人赵玉峰的胞兄赵双印也是位名震一方的西河大鼓艺人，他在肃宁县韩村说书的时候，留下了“赵双印的书——说不完”这样一个故事。他在韩村说了一个冬天，到了腊月二十几了，一部《三侠五义》还没说完，赵双印要回家过年了，听书的人说不行，你说完了才能走，赵双印说“说不完”，书迷们不信，赵双印只得接着说下去。一直说到了年三十，一部书还没有完的迹象，而且越说越热闹，村民们没法了，说：“赵师傅，你还是走吧，看来你这书真是说不完了，这人都上刑场好几天了，还没斩得了。我们也得回家包饺子，过了年你惦记着早些过来吧。”赵双印狡黠地一笑，说：“要是斩了，你们还听什么？”当地人都说听赵双印的书上瘾，说：“只要你听上，无论家里多忙，就不想动了。有时家里人来找，也不愿走，连找人的也坐下听开了。”情节曲折，环环相扣，引人入胜，这就是长篇西河大鼓的魅力。

西河大鼓除了说，还有唱，是说唱相间，叙述故事。这是西河大鼓和评书的区别。西河大鼓的唱腔音乐是在河间语音和民歌、民间叫卖调的基础上逐步发展而成的。正因为这样，河间一带的老百姓才听着亲切、入耳、舒服，这正是乡音在行腔中的反映，而且许多地方还保存着明显的咏诵成分。所以，西河大鼓有着似说似唱、说唱结合的特点。同时，在其唱腔音乐由简而繁的发展进程中，确立了自己特殊的旋律走向，并随之产生了有特色的曲调。在音乐结构形式上，西河大鼓有较完整的板腔体结构，将乐曲、乐句及变化唱法分别归属在三种不同节奏的板式里，即一板三眼的头板、一板一眼的二板和有板无眼的三板，形成了我国民族民间说唱音乐的典型风格。在三种板式中，还创作了许多牌子曲，如头板中有慢四句、紧五句、一马三跳涧、蚍蜉上山；二板中有梆子穗、反腔、十三咳、哭相思、双高、海底捞月、溜腔；三板中有窜板、尾腔等。这些板式和牌子曲掺合到一起，就有说不出来的好听了。

有说有唱西河调，
祖国瑰宝不一般。
西河的发展不容易，
一个名称就起了多少年。
名不正来言不顺，
艺人们为此受熬煎。
为西河吃了多少苦，
为西河作了多少难，
为了西河有发展，
艺人们锲而不舍苦研钻。
精益求精西河史，
下一回我们接着谈。

下

西河走过二百年，
流派纷呈人喜欢。
粗喉大嗓的王振元，
吐字清脆的朱大官，
马派增芬唱小段，
重意轻形有李德全，
南口一派多刚劲，
还有那演唱、念白、表演别开生面的赵派玉峰他出生在河间。

我们在上一回说了西河大鼓的来历和书目分类，这一回，我们重点说说西河大鼓的流派和传承。

西河大鼓和其他艺术一样，经历了一个发展、改革、充实、提高的漫长过程，最终形成了三个支系、六个流派。三个支系为北口、南口、小北口，北口代表艺人马三峰，南口代表艺人袁宗凯，小北口代表艺人马瑞林。在此基础上又产生了六个流派，即朱（大官）派、王（振元）派、李（德全）派、赵（玉峰）派、马（连登、增芬）派和南口（路英贵、郝英吉）。

马三峰为什么在西河界有着这么大的影响？通过这些也能看出来。先说这六个流派，就有朱化麟、王振元也就是朱派和王派两个流派的创始人都是他的弟子，六个流派当中他一下子就占了三分之一。三个支系就更甭提了，北口以他为代表，南口袁宗凯是他师弟，小北口马瑞林是他师兄，也是他的搭档，就是上回提到的“三疯大傻”中的“大傻”。总起来说，都和马三峰有关系，马三峰在西河界确实了不得。

这六个流派的创始人表演风格各有各的特点。王派创始人王振元粗喉大嗓，擅说武书，说《呼家将》最拿手。李派创始人李德全，咬字准、吐字狠、板槽瓷实，在表演上重意轻形，大动作很少，讲究用口、眼、手来传情达意。马派创始人马连登和女儿马增芬，以说唱小段为主，行腔秀美，激情洋溢，格调清新。南口既是一个支系，也是一个流派，相比其他流派更多刚劲火炽的成分，演员也多以泼辣奔放见长，很受听众喜爱，大家熟悉的西河大鼓名家郝英吉、郝艳霞都是这个流派的代表人物。

这里，我们重点说说和河间关系密切的朱派和赵派。

朱派是西河大鼓的一个主要流派，朱派的唱出神入化，最让人着迷。朱派创始人是朱化麟（1866—1941），说朱化麟可能有些人不知道，一提朱大官，稍微上点岁数的就都知道了。朱化麟艺名朱大官，说到艺名的来历，有这样一个故事。清朝光绪年间，永清县刘翰林家中办寿宴，方圆百里的说书名家全请了。其中有一位俊朗精干的中年艺人，他就是来自文安县小齐观村的鼓书艺人朱化麟。按照当时的规矩，凡是说书的都要在府门以外、站在大街上表演。朱化麟也不例外，把鼓支好，开口唱了起来。打完头板没多久，府中管家过来询问姓氏后说：“请朱先生院内去说。”朱化麟环视院内，尽是女眷，随口唱了一段《小姑贤》，唱到妙处，大家哄堂大笑，博得众彩；紧接着一段《丁香割肉》，满院啜泣，无不泪下。管家又来到面前说：“请朱先生屋内唱。”朱化麟依言进屋，刘翰林起身相迎，对朱化麟的唱腔赞不绝口：“先生在《丁香割肉》里有一句‘把做好的面撂在了京南柳条编的簸箕上……’，改得妙啊！”两人相视大笑，遂成八拜之交。朱化麟洒脱大气、气宇轩昂，和刘翰林谈笑风生，不卑不亢。旁边的翰林因年龄稍轻，为盟弟，处处恭敬谦让，旁边不知情的人议论纷纷：“这位先生，恐怕是个大官？”从此，“朱大官”三个字享誉京南。

朱化麟

朱化麟从小喜爱民间音乐和传统小调，也精通河北梆子、老调、京剧等戏曲艺术，曾是剧团有名的司鼓和弦师，这就奠定了他改进和创造西河大鼓的音乐基础。朱化麟嗓子很好，音域宽、音质美，吐字清脆，云遮月的嗓音，善于白、唱兼用，穿插得当，灵活自然，有行云流水之妙。在长期的艺术实践中，朱化麟不断对原来的腔调和演唱技巧进行改革、提高，并从地方戏曲、民族小调中汲取营养，取其精华，大胆移植到西河中来。为加强这一曲种的生活气息，他还学习拳击，参加诗赋弦花会，到寺院击鼓敲磬，习诵经文，博采众艺之长，为西河大鼓增饰润色，演化出不少新的唱法和优美的过门、鼓套，适当消减了反复拖沓的间奏，使整个说唱、表演、伴奏更为严谨细致。朱化麟的成就，不仅仅在于始创一个艺术流派，还在于他对西河大鼓进一步的发展、成熟起到了很大的促进作用，所以他一直为西河界后人宗法、推崇。刘跃山、王艳芬、王书祥、艳桂蓉都是他的传人，河间唱西河大鼓的艺人十有八九也都是朱派弟子，其中张金贵就是朱派第三代传人。朱派偏重唱功，张金贵的唱也最拿手，人们说他的嗓子是钢嗓，在河间一带很有声望。

说完了朱派，我们再说说赵派。赵派产生于 20 世纪 30 年代，是西河大鼓进城后兴起的一个旗帜性艺术流派。赵派的兴起，使西河大鼓这门乡土艺术又获得了一次大发展。赵派在京津两地、东北各省到处生根发芽、开花结果。到 20 世纪 50 年代，赵派（也被称为“东派”）与朱派（也被称为“北派”）成为旗鼓相当、各领风骚的两大艺术体系，一派代表乡间，一派代表城市。赵派创始人赵玉峰（1894—1971），是河间北皇亲庄人，他十一岁随哥哥赵双印学唱西河大鼓，并随之四处卖艺。在演出实践中，赵玉峰对唱腔、表演、伴奏作了一系列改革，使演唱、念白、表演别开生面。赵派艺术的突出特点，是成功地将戏曲的刀马、袍带等身段功架移植在说书当中，注重表演，讲究手、眼、身、法、步，通过表情、表演塑造人物形象，刻画人物性格，使说、唱、做紧密结合，为表达书情服务。其中最经典的是他说《淤泥河薛礼救驾》，在说到薛礼为救圣驾往山下扑时，为了表现当时山势险峻、情况紧急和薛礼不顾个人安危、赛似下山猛虎的勇武形象，他随念白使了一个大身段——踢腿、翻身之后，静止为左脚独立、右腿向后拳举、上身前倾眼俯视、手做持枪斜向下指的姿势。这样一来，将此情此景表现得形象逼真，达到了很好的艺术效果。赵玉峰有一次在抚顺说到这里时，观众深为这一情节、这一身段所震撼，感觉薛礼真要从山上冲下来了，呼啦一下子全都站起来往上看。在说上，赵玉峰大都以普通话为基础发音念字，口风效法评书，使用戏韵念白很少，只是有时在人物对话中适当用上一两句。在唱法上，赵派也有自己的特色，赵玉峰常说是自己嗓子没条件，所以改了改唱法，不爱走腔。赵玉峰的音域确实不宽，是个低音嗓门儿，但他扬长避短，通过在唱法上的改革，形成了沉雄浑厚、字硬韵圆、腔短的独特风格。赵玉峰在北京、天津、沈阳、抚顺、鞍山等地名气很大，在天津，他被称为津门西河“五虎上将”（指程福田、张起荣、赵玉峰、马连登、黄福才五人）之一。他最擅长袍带、短打书目，尤其他说的长篇书《隋唐》，闻名遐迩，齐声叫绝。赵玉峰的弟子很多，享有盛誉的有刘兰芳、田荫亭、赵书棋等。刘兰芳就是我国著名评书演员、曾任中国曲艺家协会主席。1989 年 3 月，刘兰芳和丈夫王印权率艺术团来河间，在河间电影院进行了为期五天的演出，她当时称这次演出为“探亲演出”。

下面，我们重点介绍一下河间的赵派传人田荫亭、田连章、张领娣。

田荫亭（1915—1997）是赵玉峰的亲传弟子、得意门生，是赵派西河大鼓的继承人之一。他一生酷爱曲艺，从艺六十多年，创作演出了很多优秀曲目，给观众留下了深刻印象，在曲艺界颇孚众望。他有一条上起无天、下落无地、高似行云、低为流水的金嗓子，且至老不衰。在鼓书方面，他的说、唱、弹、击都达到了会、通、精、化的地步，尤其演唱更是炉火纯青，他的演唱声音圆润、细腻、优美，很有书卷气。1957 年，天津第一届曲艺杂技会演，制定了很多奖项，高于一等奖者定为优秀奖，当时马三立为相声优秀奖，骆玉笙为京韵大鼓优秀奖，石慧儒为单弦优秀奖，田荫亭为西河大鼓优秀奖，从中可以看出他在曲艺界的地位。他一生培养了很多曲艺人才，共收下十九名徒弟，比较著名的有赵连甲、段少舫、刘少斌、韩素芬、陈凤云。

赵玉峰（右）向弟子田荫亭传授西河大鼓演唱技艺

田连章（1937—2013）出生在一个曲艺世家，他是田荫亭的侄子，他的父亲田起山也是赵玉峰的弟子。田氏一家大都集弹、唱、说、演、写、编于一身，站起来能说唱表演，坐下去会伴奏弹拉，伏案上出散韵文本，琴鼓下成六律声腔。昆仲之间兄弹弟唱、弟弹兄唱，两代之间父弹子唱、子弹父唱或侄弹叔伯唱，都配合默契，名段迭出。田连章也不例外，他八岁开始学习琴鼓，十岁登台伴奏，在 1962 年天津市第一届“津门曲荟”中荣获伴奏一等奖，田荫亭早期的电台录音都是他伴奏。十五岁时，他开始独立说唱演出，还能创编词曲。他创作的中篇八回《白蛇传》，首演成功，轰动津门鼓坛；自编自演的《十五万》《扎根》《万吨水压机》《孙桂珍》等均由中央人民广播电台和天津人民广播电台录制播放，受到了广大听众及同行的高度评价。

刘兰芳在首届“中国·河间西河书会”上表演

张领娣是国家级非物质文化遗产西河大鼓代表性传承人，她也是出生在西河大鼓世家，父亲就是上面刚刚提到的张金贵，她一开始跟父亲学的是朱派，1991 年正式拜赵派名家田蕴章（1944—2024）为师。田蕴章是田荫亭的长子，田氏一家唱西河大鼓的都是赵派传人，张领娣于是成为赵派第四代传人，并将朱派、赵派唱腔结合，各取所长，使她的唱腔兼具了朱派、赵派两种风格。她以说唱小段为主，声音甜美俏丽，字正腔圆，韵味醇厚，多次在演出中荣获国家、省、市大奖。在全国第十三届群星奖大赛中，她主唱的西河大鼓《俺村的新事实在多》获得了金奖。

张金贵夫妇

张领娣拜师田蕴章

河间除了田荫亭、田连章、张领娣这些赵派传人，西河大鼓名家还有袁全印、刘世广等。袁全印功力很深，他能说唱、能伴奏、能教授，特别是三弦伴奏很是高超。早年在北京，他曾为著名西河大鼓演员王艳芬伴奏；回乡后，开始在家里授徒，教授了二十多名弟子。刘世广是河间卓有成就的鼓词作家，他根据马本斋及其母亲抗日的动人事迹，创作出中篇鼓词《母子两代英雄》，被河北省曲艺工作室和上海文化出版社印发、出版，被誉为优秀曲目，在各地大力推广。他还根据长篇小说《烈火金钢》创作了中篇鼓词《桥头镇》，根据古庄头烈士墓创作了鼓词《红石榴》……一生中，刘世广创作中长篇鼓词十余部、小段上百篇，达八十多万字。所有这些人，都在河间西河发展史上留下了光辉灿烂的一页。

说西河来道西河，
西河的发展道路曲折。
想当初，
西河在河间是多么样地火，
大街小巷、田间地头、时时处处哼西河。
学唱西河成风尚，

学西河的志当皓月灿若星罗。
电视普及冲击大，
河间西河在滑坡。
人民看在眼里急心上，
政府抢救保护认真负责。
张领娣授徒在文化馆，
李雪出师再传播。
为了西河不断代，
艺人们勇往直前前赴后继奋力拼搏。

1982 年，河间县文化馆“书曲之家”成立大合影

西河大鼓风风雨雨走过了两百年，以它丰富完美、灵活多变的板式唱腔和鲜明的地方特色，流传在中国北方，影响了几代人，在各个历史时期都发挥了强大作用。

河间是西河大鼓的故乡，河间人对西河大鼓有着割舍不断的情缘，西河大鼓从一诞生，就在河间扎根生长，薪火相传，生生不息。

新中国成立前，西河大鼓在没有管理机构、没有组织的情况下，艺人们自由结合，四处演出。进入抗日战争和解放战争时期，曲艺艺人生计艰难，但在冀中根据地，河间曲艺艺术尤其是西河大鼓颇受重视，成为宣传群众、打击敌人的有力武器。新中国成立后，艺人们的社会地位得到了极大提高，河间在 20 世纪 50 年代就成立了曲艺队、曲艺团和曲艺工作者协会，其中主要是西河大鼓，当时有五十七名会员，他们大都活跃在农村。1979 年，在全国第四次“文代会”（中华全国文学艺术工作者代表大会）、中国曲艺家协会第二次全国代表大会精神的鼓舞下，河间成立了曲艺领导小组，并随之召开了全县曲艺工作会议，重新成立了河间曲艺工作者协会，当时的县文化馆充分发挥自身作用，成了西河大鼓发展及活动的载体，并设立了曲艺组，配备了三名专职业务干部，使西河大鼓步入了一个辉煌的时期，西河大鼓演员达到了二百余名。在这些人的感召下，河间城乡学西河唱西河蔚然成风，成为当时河间群众文化的一道亮丽的风景。在农村，还出现了许多一手拿着鼓板、一手拿着锄头的业余演员。为此，中国曲艺家协会把河间定为曲艺重点联系县。为了使西河大鼓这一曲种健康发展，西河大鼓艺人刘玉海、臧朝相、袁相满、王清桥、刘世广分头就《杨家将》《隋唐演义》《黄巢起义》等一些传统大书进行了有计划的整理。同时，刘世广、孙铁宝、沈英、刘子敬、白根义还创作了现当代西河大鼓大书和小段一千余部（篇）。为了使西河大鼓有一块阵地，有一个良好的演出场所，河间县文化馆于 1982 年投资四万元建起了“书曲之家”小礼堂。“书曲之家”四个字由原中国曲艺家协会主席陶钝题写，里边设有五百零八个座位。落成后，西河大鼓演员杨雅琴、郝秀洁和河北省曲艺团多次来这里演出，对河间的西河大鼓起到了极大的促进作用。

对于西河大鼓的发展传承，河间各级领导极为重视，相关部门也采取了一些措施，比如举办各种培训班培养新人、组织业务骨干去外地观摩等。1978 年，举办了为期三个月的西河大鼓培训班，招收学员二十七名，并聘请西河大鼓名家李国春、王艳芬、段少舫等前来讲学。培训班结束后，文化馆把二十七名学员有计划地分成二十五个演出组下乡演出，这些学员由老艺人带领，边学习边实践，收到了很好的效果，也涌现出一批西河大鼓优秀表演人才，如张领娣、高书经、王维青、马兰、金桂莲、牛清杰、任纺芹等。同时，文化馆还鼓励老艺人向曲艺文化户发展，支持他们收徒和举办培训班。在这方面，袁全印、张金贵、王庆贞、张润南做了大量工作，为河间西河大鼓的繁荣和传承做出了贡献。

进入 20 世纪 80 年代，随着一批老艺人相继谢艺、谢世，部分中青年艺人弃艺从商，加之电视的普及，西河大鼓观众减少，特别是相当部分青少年误认为西河大鼓是“陈年老调”，不感兴趣，对西河大鼓冲击很大，演员队伍越来越小，这一珍贵曲种濒临灭绝。

面对这种情况，河间县委、县政府（当时河间建置是县）和相关部门心急如焚，想尽千方百计抢救和保护这一珍贵的文化遗产。1988 年 9 月，文化馆组织召开了西河大鼓老艺人座谈会，与会者十一人，会议开了三天，除对西河大鼓的现状进行了研讨外，还录制了二十个西河大鼓小段。现在，这些老艺人大部分故去，这些音响成了珍贵的资料。

对历史负责，对人民负责，挖掘抢救西河大鼓这一曲种迫在眉睫。2006 年 5 月 20 日，经国务院批准，西河大鼓列入第一批国家级非物质文化遗产名录。从 2009 年开始，每逢暑假，河间市都在文化馆举办西河大鼓培训班，为传承西河大鼓培养演唱人才；文化部门还组织人员编写、印刷出版了《河间西河大鼓书萃》《当代河间西河大鼓作品选》等书籍，成立了河间西河大鼓研习所。党的十八大以来，按照习近平总书记对中华优秀传统文化保护传承工作作出的一系列战略性部署和多次对文化遗产保护作出的重要指示批示，为提高西河大鼓在全国曲艺界的影响力，从 2014 年开始，河间市每年都和中国艺术研究院曲艺研究所、河北省群众艺术馆、河北省曲艺家协会、河北省非遗保护中心联合举办“中国·河间西河大鼓书会”，有力地宣传了河间西河大鼓。为加快西河大鼓人才培养，河间市全面启动了西河大鼓进校园活动，联合市职业教育中心、市第一实验小学、市第三实验小学等中小学开设了曲艺教育特色课。此外，还在学校和农村以及街道建立了二十五处西河大鼓传承基地和传习点，聘请非物质文化遗产传承人为辅导老师，精心编写印制传承教材，购买培训器材，对青少年进行免费教学，培养出了大批西河大鼓新秀。仅西九吉乡北张村的张书英，就培养出能够登台演出的西河大鼓小演员二十余人，她指导的西九吉乡第三中心小学孩子演唱的西河大鼓《画蛋糕》，获得了“第九届河北省少儿曲艺比赛”一等奖和“2020 北京少儿曲艺比赛”三等奖。

这里最值得一提的是李雪，1986 年出生的她任河北省曲艺家协会副主席，是现在河间西河大鼓的生力军、西河大鼓省级传承人。李雪的母亲是张领娣，她的演唱有着母亲声

全国西河大鼓艺术研讨会在河间召开

李雪在 2023 年河北卫视曲艺元宵晚会上演出

河间市第一实验小学广场西河演练

音甜美、字正腔圆、韵味醇厚的特点，一开嗓就能吸引住观众，并且台风稳健，声情并茂，让观众耳目一新。更为难能可贵的是，在守正的前提下，李雪将传统的西河大鼓艺术融入现代元素，让古韵传新意，古曲唱新声，创作了一大批精品节目，适应了时代的发展和现代人的需要。比如，她和母亲张领娣共同参与的西河大鼓情景剧《柳柱子改名》，受到了年轻人的追捧。2022 年 6 月，她演唱的《幸福的记忆》融合了北京琴书、天津时调、西河大鼓三个京津冀代表性曲艺形式，中间用歌曲串联，兼具艺术性、观赏性和时代性，这一作品入围了第十九届“群星奖”决赛。在积极探索西河大鼓创新与发展、不断提升自己的同时，李雪深知“一花独放不是春，百花齐放春满园”，自 2008 年以来，她和母亲一道，不计报酬，不辞辛苦，带徒弟，做培训，进校园，利用一切机会传播和传授西河大鼓。如今，她培养的西河大鼓学员已有千余人，比较著名的有第一实验小学学生马梓晴，因为西河大鼓唱得好，又品学兼优，被评为河北省新时代好少年。在李雪的影响和带动下，儿子钟一玮也成为了一名鼓书少年，小小年龄就展露出超乎寻常的艺术天赋，八岁登台演出，十岁在“鱼龙百戏杯全国曲艺人才电视擂台赛”中获得了优秀表演奖。李雪信心满满地说：“我们赶上了一个好时代，也赶上了一个好机会，党和国家这样重视传统文化，网络给我们提供了更多展示和传播的平台。我们要抓住这些有利条件，齐心协力，让西河大鼓好声音传播得更广、更深、更远！”

河间所有爱好西河大鼓的年轻人正在为西河大鼓这一民族瑰宝的传承和发展苦苦探索，孜孜以求，所有这些，为西河大鼓的发展注入了新的活力。

铜板响，鼓声鸣，西河大鼓在传承。
七十二行皆有道，条条大道通明星。
台上一曲时间短，
台下要苦练多年的基本功。
用心学用心听，心有灵犀一点通。
德艺双馨为榜样，当好文艺轻骑兵。
为我家乡添风采，为给祖国争光荣。
我们把中华真善美，唱到东西南北中。
为了西河大发展，
为了中国传统文化大繁荣，
一棒接着一棒跑，咬定青山不放松，我们攀登再攀登！

记忆中“稾儿”

文 / 千亩园主人

定兴县城正中间有一老阁楼，考据为元代僧人宝德所建。当年是县城最高的建筑，也是最古老的建筑，我们这些当地人叫它：稾儿。稾儿还有个学名：慈云阁。只是本地人叫慈云阁的没几个，还是叫它“稾儿”。

稾儿坐北朝南，砖木结构，呈四方形，二层阁楼，深灰色瓦顶，暗红色墙体，斗拱和横梁上画有五颜六色的图案，通高十几米，里面供有大悲佛铜像，故也称大悲阁。历史上多次修葺，明万历年间，御史李荩笃信佛教：“心慈为贵，贵慈如云”，故更名为慈云阁。当年慈云阁只是整个建筑群的一部分，分前、中、后三部，前后山门、廊榭、东西配殿，整个建筑为一船形。殿宇经年失修加上战火连年，主要是 1957 年的人为拆除，已经不复存在。

历史上的文人墨客对它没有什么描述，却有些好事者，把它联想到大禹治水什么的，还算增加一点传奇色彩。

在我儿时记忆里，县城就是大城市。整个县城被时断时续的灰砖墙包裹，城墙是元代的，谁也不在意它的历史悠久，只是觉得它破烂不堪。稾儿是县城的中心，以稾儿为坐标放射出东、西、南、北四条街，街道的各个尽头分设南关、北关、西关、东关。四条街里分布着各种百货店、杂货店、食品店以及一些机关单位。从稾儿沿南街行二百米，街中间矗立一大石牌楼，可惜早年被拆，从来没有见过，只是听老人说气派得不得了。石牌楼虽然不在，一些老人还把那个地方称作石牌楼。

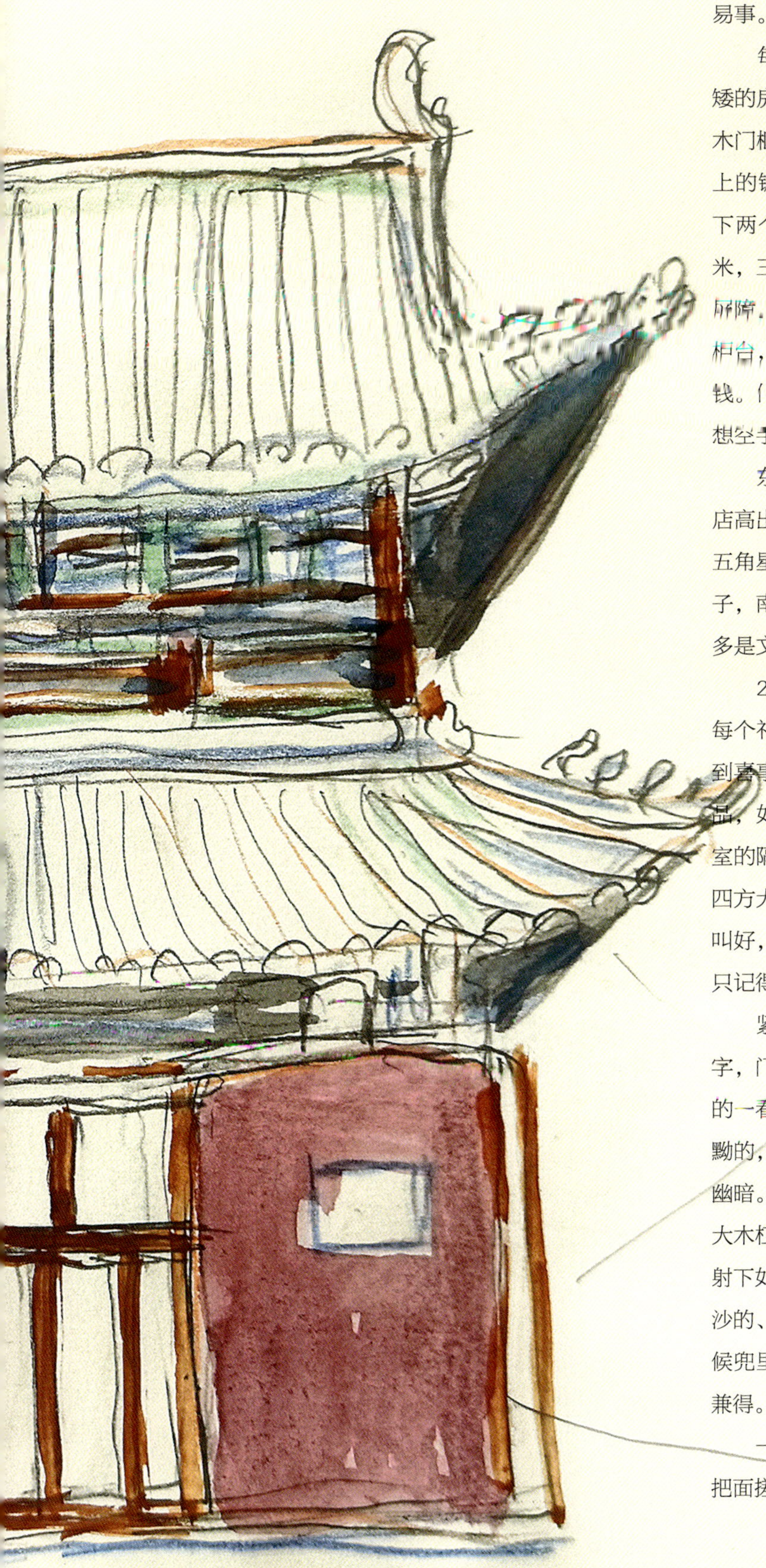

我住的村子离县城十二里，十来里的路程，搁到今天开车是举步之遥，靠两腿步行的年代，去县城不是一件容易事。

每次进城，最吸引我的是藁儿西南角的新华书店，矮矮的房子，外墙是条块状的灰色水刷石，水泥台阶，宽厚的木门框刷有黄色油漆，中间镶有透明玻璃，大铁合页，门框上的镀锌铁管拉手由于常年推拉，中间泛出铁锈，只有上下两个端头还有镀锌的痕迹。走进屋子，也就四五十平方米，三五个玻璃柜如同一堵矮墙，成为顾客与售货员的隔离屏障。玻璃柜里放满书籍，左看右看还会把眼睛盯在小人书柜台，心里揣摩如何花掉临出门时从父亲那里讨来的一两毛钱。什么《鸡毛信》《敌后武工队》《雁翎队》……每次都不想空手出来。

东南角是县文化馆，也是水磨石的墙面，只是建筑比书店高出许多，圆拱铁栅栏门，拱形上端用水泥塑出一个红色五角星分外显眼，老远就能看到。门里是一个不大不小的院子，南北两排房，应该是办公的区域。文化馆出来进去的大多是文化人，梦想着能够有一天在这里行走多好。

20世纪70年代末，文化馆曾经开辟出一个图书阅览室，每个礼拜开放几天。进县城若赶上图书阅览室开门，仿佛撞到喜事一般。当时就有《书法》杂志，从中看到一些书法作品，如饥似渴地默记，回家就在报纸上练习。有一次，阅览室的隔壁房间密不透风地围了一大圈人，隔着人缝看，一位四方大脸的老先生在里面讲评书，绘声绘色，时不常还有人叫好，我是听了个稀里糊涂，根本不知道讲的是什么，好像只记得一个人物叫陶三春。

紧邻文化馆的南侧是一间副食店，从不晓得它叫什么名字，门口有几棵古槐树，低檐大瓦房，上板门窗，古香古色的一看就老有年代。屋子里放满乱七八糟的货物，墙面黑黝黝的，微弱的灯光不仅没有使屋子明亮，反而觉得屋子更加幽暗。一到秋后，副食店门口总戳着一根顶部用麦秸包裹的大木杠子，麦秸上面插满了大大小小的糖葫芦，在太阳的照射下如同一大块红宝石，发着金灿灿的光泽。有山楂的、豆沙的、山药芝麻的、核桃的，看着就眼馋，可惜的是大多时候兜里揣的那一两毛钱在书店已经消费。鱼与熊掌，不可兼得。

一卖吊炉烧饼的铺子紧邻副食店，吊炉烧饼是空心的，把面搓成烧饼模样，表皮蘸上芝麻，贴在炉子顶部，用慢火烧制，十几分钟后一出锅热气腾腾，烧饼形状也由进炉前瘪瘪的变成鼓鼓的，老远就闻到烧烤出的麦香味。老板把烧饼往案板上一扔，表皮的芝麻会抖落下来，一些嘴馋的孩子，先用吐沫把手沾湿，看老板心不在焉时，沾上一些填到嘴里，嚼起来又脆又香，当然被老板发现免不了被白瞪几眼。当时县城有一个精神不大好的人叫二山，三四十岁的年纪，高高的个子，蓬头垢面地弯着腰整日在街头流浪，一年四季躺在櫜儿的门洞里过夜。早晨起来，二山就开始踅摸各个铺子的吃食，当然也包括吊炉烧饼铺，每次二山溜达到烧饼前老板千小心万小心，总归有打盹的时候，二山抄起烧饼就跑，老板一边骂一边追，二山是一边跑一边吃，追得特别紧的时候，他也有办法，往烧饼上吐吐沫，老板一看即便追上烧饼也不能卖了，也就骂几句不了了之。在县城，二山是个笑柄，大人教训不争气的孩子都拿他做例子，可是在那个缺吃少穿的时代，烧饼是稀罕物件，谁不想如二山一般抄起来就吃，内心禁不住又多出几分羡慕。

櫜儿北行五十米路西，是县城最大的饭庄——五一饭店。据村里的大人说，站在饭店门口闻闻味道，服务员都会瞪你几眼，似乎你占了饭店的便宜，闻味儿也应该付费。

五一饭店往北是照相馆，门脸不大，好像是个二层楼，楼下收费，楼上拍照，我在此唯一的照相是相约两个中学同学，黑白二寸，个个稚气未脱也装出人模狗样，可惜几十年过去，照片已经不知去处，留下的只是回忆。

人流汇聚最多的地方，是櫜儿东北角的百货商店。值逢年过节，每个柜台前都人头攒动，售货员爱搭不理的，顾客只能给售货员赔着笑脸，用商量的口吻来挑选中意商品。物资紧缺的时代，售货员是非常吃香的职业，员工大部分是俊俏女子，尤其在县城中心的百货商店工作，如明星一般荣耀。倒也有个例外，二十七八的姑娘，龅牙凸眼，头发泛黄，好在皮肤还算白嫩。别看长相一般，却打扮得花枝招展，看到不顺眼的顾客，龅牙越发清晰。

村子里凡是进过百货商店的人，几乎都挨过她的呲嘚。当面又不敢回怼，回到村里就开始嚼舌头：

她为什么能够站柜台？听说："她是商业局长的妹子。"

“不对，是局长的小姨子。”

“不可能！局长的老婆假如像她妹妹，怎么能般配局长？”

“你们别瞎猜了，局长今年都五十了，哪有这么年轻的小姨子，据说是局长的干女儿，属于‘小心肝’的那种，嘻嘻！”

逢五逢十是县城的大集，年前的集市最热闹。

有条件的讲究人，大清早就赶到五一饭店门口的小吃摊，要碗儿豆腐脑，崩勺韭菜花和蒜汁，再来两个驴肉火烧，吃得那叫体面。

我的记忆里，最奢侈的吃食也不过是蒸小虾米和锅爆鱼，卖家一般都是安新人，骑二八加重自行车，后座上分挎两个竹篓，一个装虾，一个装鱼。虾米很小，红红的颜色，没有扎嘴的须子，吃起来软软的，越嚼越香。锅爆鱼用炭火熏制，不去鱼鳃也不收拾肚子里的东西，估计滋味就靠这些物件，大的两三寸，小的半寸不到，在熏香的味道中有微苦的滋味。无论是虾米还是锅爆鱼，最佳吃法是裹在棒子面饼里。棒子面饼是定兴县的专属美食，不仅其他地市没有，就相邻的几个县也没有。

上午八九点钟，赶集的人逐渐增多，推车的、担担的、喊吃的、叫卖的、摆摊的、找孩子的、骂街的，本就狭窄的街道被熙熙攘攘的人群拥挤得水泄不通。街毗邻右的一块赶集难免走散，大家相约的地点就是橐儿，橐儿在人们心里的标志性是其他地方不能代替的。

下午三四点钟，赶集的人逐渐散去，橐儿的周边也恢复平静，一天的喧嚣和它似乎没有发生任何关系，它一如既往地默守在这个“大定兴盛”的县城。但它无时无刻不和生活在这块热土上的人们一同经历沧桑岁月，见证定兴县的兴衰，它是每个定兴人的精神寄托，也是定兴的守护神。

我已离开家乡几十个年头，听人描述某个场景马上联想到橐儿和它的周边。看到《水浒传》中的郑屠户，就会闲暇东关那个肉铺。武松醉打蒋门神处，应该就是北大街的那些小酒馆。“海市蜃楼”中的如宫室、台观、城堞、人物、车马、冠盖，历历可见，谓之海市。或曰：“蛟蜃之气所为”，疑不然也。

对于我的“海市”和“疑不然”就是“橐儿”。

我的且知且行

文 / 王建喜

前些年流行手腕上戴佛珠，也不知道是谁给起了个很文气的名称：文玩，大概意思是文化人玩儿的，或者是有文化的玩意儿。佛珠的质地有很多种，蜜蜡、琥珀、白玉、翡翠、黄花梨、紫檀等等，不管是啥质地、值不值钱，戴上之后自己还真感觉沾了那么一点“佛气”，我自然也加入了这个时髦的行列。一开始，戴佛珠完全是为了好玩儿，在把玩的过程中才知道，这里面有很多讲究。于是，自己就慢慢认了真，对佛教文化产生了浓厚的兴趣。

后来，经过到处请教和学习，我才知道大河北佛教的历史极为悠久，可以说是佛教早期传播的重要区域。河北最早的佛教活动是建寺和译经，早在佛法东来初期的东汉明帝永平十年（67），天竺高僧摄摩腾和竺法兰就在河北邢台的南宫主持修建了普彤寺，这比洛阳白马寺还早一年，堪称中国最早的佛教建筑。汉末建安年间，现在柏林寺的前身观音院也已经建成。

东晋时期，河北出现了很多著名的高僧参与译经。早期翻译经书是用中国传统文化中的现有概念去解释佛经，这个办法叫“格义”。东晋时期，河间（今沧州河间）高僧竺法雅、中山（今河北定州）高僧康法朗、冀州（今河北冀州）僧人释僧先是其中的代表。《高僧传》中记载：“雅乃与康法朗等，以经中事数，拟配外书，为生解之例，谓之格义。及毗浮、昙相等，亦辩格义，以训门徒。雅风采洒落，善于枢机，外典、佛经，递互讲说。与道安、法汰，每披释凑疑，共尽经要。”[1] 文中提到的道安是常山扶柳（今衡水冀州）人，他在格义的基础上更进一步，开始用佛教概念解释佛教教义，开创了“义理佛教”，佛教开始摆脱儒家和道家的影响，走上独立发展的道路，道安也因此被称为“东方圣人”。东晋末年的巨鹿（今河北平乡）人竺道生也非常了不起，他在《大般涅槃经》后半部还没传入的时候就提出“一阐提皆得成佛”，也因此被尊为“涅槃圣人”。

南北朝时期，佛教得到了皇室贵族的支持，河北佛教迎来了第一个兴盛期。这一时期，佛教寺院数量迅速增加，僧侣队伍不断壮大，佛教艺术和建筑也开始呈现出独特的风格。其中影响最大的是石窟寺和刻经，比如位于河北邯郸峰峰矿区的响堂山石窟，就是北齐皇室和贵族开凿的大型石窟群，与举世闻名的龙门石窟、云冈石窟并称“中国三大皇家石窟”，其中的唐邕刻经是中国最早的刻写石

[1] 释慧皎：《高僧传》，汤用彤校注，中华书局，1982，第 152 页。

正定隆兴寺摩尼殿

经。受唐邕刻经的启发，隋代幽州智泉寺沙门静琬开始在幽州大房山刻经，这才有了闻名世界的“房山石经”。北齐时期，河北昌黎的僧稠禅师是北方禅学的领袖之一，《续高僧传》中记载少林寺祖师三藏佛陀跋陀称赞他：“葱岭以东，禅学之最，汝其人矣。”

唐代，祖籍范阳（今河北涿州）的六祖慧能创立了禅宗“顿悟成佛”的法门，禅宗逐渐成为中国佛教的主流，到了晚唐发展出临济义玄的“临济宗”和赵州从谂的“赵州禅”。临济义玄在镇州（今河北正定）临济寺创立临济宗，赵州从谂则在不远处赵州的观音院开法，他们二位就是禅宗四大门风“德山棒、临济喝、云门饼、赵州茶”中的“临济喝”和“赵州茶”。日本佛学家阿部正雄认为，临济义玄代表了智慧，赵州从谂代表了慈悲，而智慧和慈悲正是佛教的两翼。临济禅和赵州禅都是直指人心的顿悟法门，到了当代的净慧法师这里，他传承禅宗法脉提出人间佛教的理念，创立了“生活禅”。他说：“临济禅、赵州禅和生活禅是一脉相承的，它们之间是一个统一的关系。”生活禅主张“觉悟人生、奉献人生”，在生活中修行，在修行中生活，所以对于我来说，戴手串也是修行。

我家在石家庄市的东北方向，离正定县城很近，我经常去临济寺、隆兴寺、开元寺等寺院，有时候待到寺院关门，总是最后一个出来。自古以来，除了皇家各种建筑，就数佛教的建筑宏伟壮观了。皇家建筑倾国之力暂且不说，我认为佛教的建筑在设计上更加文气和庄重。有时候，自己在欣赏佛教建筑的同时，常常想象当年建设时的情景：那时的社会生产总值不会比现在高吧，规划和建筑的艺术水准能达到如此境界，说明那会儿的功德主及善男信女捐银捐物、礼佛烧香应该比现在的人虔诚得多，更因有高人规划设计、能工巧匠施工，才有了我们现在能够欣赏到的一座座每个时代的历史文化遗产。这些遗留建筑从设计到美感到难度，都是我们现在的一些设计者和工匠望尘莫及的。但是也不能说离我们越近越不好，距我们最近的承德外八庙，就是清朝皇室修建的气势辉煌、宏伟壮观的皇家寺院群落。这些庙宇把汉传佛教和藏传佛教特点有机结合，绝妙之处是融合了我国汉、藏、蒙等民族的建筑特点，大量使用了鎏金铜瓦和琉璃瓦，色彩对比大胆而又统一和谐，给人以崇高神圣的感受。承德外八庙寺院群的修建，清朝投入了大量的金银及工匠，艺术价值自不待言。但在另一方面，这些寺庙对清朝团结各民族关系、维护国家安定统一，曾经发挥过不可估量的作用。

佛教作为宗教文化的发展，给我们燕赵大地留下了太多的历史故事，也留下了太多的历史遗迹。寺庙和生活，都是佛教文化的载体。比起寺庙建筑，我们这

[2] 净慧:《生活禅钥》，生活・读书・新知三联书店，2008，第 164—165 页。

个时代更关注生活中个人的成长，传统的禅宗文化演化出现在的生活禅，就是时代的产物。净慧法师说:“从自然现象来说，满目青山是禅，茫茫大地是禅；浩浩长江是禅，潺潺流水是禅；青青翠竹是禅，郁郁黄花是禅；满天星斗是禅，皓月当空是禅；骄阳似火是禅，好风徐来是禅；皑皑白雪是禅，细雨无声是禅。从社会生活来说，信任是禅，关怀是禅，平衡是禅，适度是禅。从心理状态来说，安详是禅，睿智是禅，无求是禅，无伪是禅。从做人来说，善意的微笑是禅，热情的帮助是禅，无私的奉献是禅，诚实的劳动是禅，正确的进取是禅，正当的追求是禅。从审美意识来说，空灵是禅，含蓄是禅，淡雅是禅，向上是禅，向善是禅，超越是禅。当然，还可以举出更多现象来说明禅的普遍性，但仅此我们就可以发现禅作为真、善、美的完整体现，它确实是无处不在的。”[2] 一小串佛珠，带我走进佛教文化的大门，不仅丰富了我的见闻，也指引着我的人生，这也许就是人间佛教生活禅的启示吧。

承德普乐寺山门

河北大事年表（一）

前 2070 年　夏朝建立。

前 1600 年　商汤灭夏，商朝建立。

前 1300 年　商王盘庚迁都殷。

前 1046 年　周武王灭商，西周建立。

伯夷、叔齐，商末孤竹国（今河北卢龙县西）国君的两个儿子。因为互相推让王位，哥俩双双离家出走，听闻西伯姬昌敬养老人，便决定去投奔。然而，等他们到达时，西伯已经死了。西伯死后，武王东征伐纣，他们“叩马而谏”。商朝灭亡后，哥俩逃到首阳山，不食周粟，守节饿死。有人觉得他俩愚蠢，可是孔子教育我们，伯夷叔齐“求仁而得仁”，“不降其志，不辱其身”，是大家应该学习的道德榜样。

约前 11 世纪　周公旦东征，追杀武庚于今邢台之北。周广封王室，周公旦庶子封于邢（今邢台）。

前 841 年　“国人”起义，周厉王出奔。中国历史开始有确切纪年。

前 771 年　犬戎陷镐京，西周灭亡。

前 770 年　周平王迁都雒邑，东周建立。

前 697 年　燕桓王即位，受山戎侵袭，迁都临易（今雄县）。

前 664 年　山戎侵燕，燕求救于齐。齐桓公伐山戎，至孤竹，灭令之而还。

齐桓公攻打山戎，被诈降的敌将黄花元帅引入歧途迷了路，军队没有水喝，十分危急。幸亏管仲出主意说：老马识途。

楼阙形镂空铜饰件（局部）
战国　河北博物院藏

前 602 年　黄河第一次改道，由沧州黄骅入海。

前 539 年　燕惠公欲立宠姬宋之父兄为执政，诸大夫诛姬宋，燕惠公惧而奔齐。燕人立悼公。

前 536 年　齐、晋伐燕，送惠公归燕。惠公卒于军，齐受燕重贿承认悼公。

前 498 年　晋赵鞅伐卫，得卫贡五百家，置于赵氏旁支赵午封地邯郸。

前 497 年　赵鞅索卫贡五百家，赵午推托。赵鞅捕杀赵午，午子赵稷联合范氏、中行氏，以齐、郑之兵伐赵鞅。

赵鞅、赵午哥俩内讧，把晋国六卿全都卷了进来。赵午是中行氏的外甥，中行氏又和范家结亲，三方一起对付赵鞅。赵鞅和韩、魏、智三家联盟消灭了中行氏和范氏，紧接着赵、魏、韩又联手干掉智家，最后这剩下的三家分赃，晋国一分为三。

前 491 年　赵鞅克邯郸，赵稷奔临（今赵县北），中行寅奔鲜虞（即中山国）。

前 491 至前 489 年　赵鞅两度伐鲜虞，以报前事。

前 475 年　赵襄子灭代（今蔚县）。

赵襄子是个狠心人，刚接过父亲的班，就假意邀请姐夫代王吃饭，席上用勺柄刺死了姐夫。他姐姐得到消息，悲愤绝望地用金钗自刺而死。但另一方面，并吞代国的行动给后来赵国的强大打下了最关键的基础。

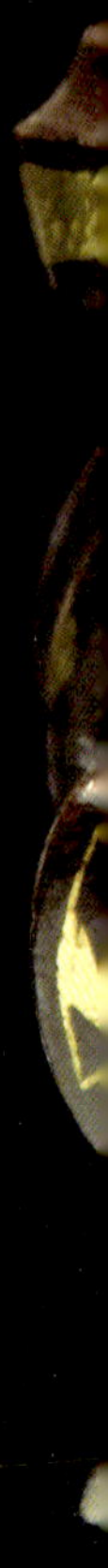

约前 453 年　赵襄子灭中山。

在春秋战国间，中山国至少曾被灭国三次。头一次，中山国插手晋国内乱，被杀红了眼的赵氏和智氏狠狠教训。第二次在前 407 年，魏国派乐羊灭中山，《吕氏春秋》说这次中山灭亡是因为那里夜生活过于丰富。至于最后一次，中山本也励精图治、兴旺发达，可惜遇上了雄才大略的赵武灵王，终于不敌赵国，彻底消失。

前 420 年前后　扁鹊开创切脉诊断法。

扁鹊本名秦越人，渤海郡鄚（今河北任丘）人，奠定了中医学的切脉诊断方法。因为医术太好，大家都用神话

错金银虎噬鹿铜屏风座（局部）
战国　河北博物院藏

络绳纹铜扁壶（局部） 战国 河北博物院藏

中黄帝时的神医“扁鹊”给他起外号，并且说他长着透视眼，能看见人肚里的器官。相传是他所写的《黄帝八十一难经》（又称《难经》），至今还被中医学生放在枕边。

前 406 年　魏遣乐羊、吴起灭中山，封太子击于其地。

前 403 年　周命赵、魏、韩为诸侯。魏西门豹治邺（今临漳）。

漳河水泛滥曾是困扰邺地的头等大患，西门豹揭破当地三老和巫婆“河伯娶妇”的把戏，又领导开掘了十二条灌渠，那是中国最早的多首制引水工程，一直使用到汉代以后。

前 386 年　赵迁都邯郸。

这次迁都造就了邯郸。在赵国君臣的苦心经营下，这里经济发达、文化繁荣，就连街上行人走路的步态，都比别处来得潇洒。庄子说燕国寿陵地方有位少年专程来邯郸学流行范儿，结果被千姿百态的步伐晃花了眼，新的学不会，旧的也忘了，最后只好爬回家。有人统计邯郸的成语多达一千五百条，在邯郸行走，空气中仿佛都浸润着浓浓的文化味。

前 381 年　中山桓公复国。

前 354 年　魏惠王遣庞涓围赵，次年攻克邯郸。

前 353 年　中山桓公复国。齐遣田忌、孙膑围魏救赵。

日本内阁文库收藏着一套中国国宝：包括《三国志平话》在内的五种元代“全相平话”。其中的《乐毅图齐七国春秋后集》对“孙庞斗智”有一段衍述，说他们都是鬼谷子仙师的徒弟。庞涓嫉妒师弟孙膑的才能，把他骗到魏国打成残废。墨子的徒弟禽滑釐把孙膑营救到齐国田忌家里。孙膑在齐国首先成为历史上最有名的赛马“经纪人”，后来作为田忌的军师统兵。继桂陵之战利用“围魏救赵”击败庞涓之后，马陵之战中他又利用“因势利导”“减灶添兵”的计策，最终擒杀庞涓，报了大仇。1972 年，银雀山汉墓出土了他的著作《孙膑兵法》。

前 351 年　魏归还邯郸于赵。

前 323 年 燕、赵、中山、魏、韩，“五国相王”联合抗秦，驱逐秦国张仪。

公孙龙（约前 320—前 250），著名哲学家，战国时期赵国人，主要著作为《公孙龙子》。公孙龙提出“离坚白”“白马非马”等命题，把中国人的逻辑思辨能力推到一个新的高度。他还是战国著名的和平主义者。

前 316 年 燕王哙让位于相国子之，引发内乱。

前 311 年 燕昭王即位，筑黄金台，招贤纳士，矢志报齐复仇。

前 307 年 赵武灵王令胡服骑射。

赵武灵王（？—前 295），名雍，曾推行“胡服骑射”政策，消灭了中山国，还从林胡、楼烦两个游牧民族手里抢到云中、雁门、代三郡的地盘，扩大了中原版图。他战无不胜，为了专心带兵，生前就把王位传给儿子。赵雍胆子极大，曾经亲自到秦国化装侦察。可惜这么一位绝代英雄，最后居然死在亲生儿子手里。

前 296 年 赵灭中山。

前 288 年 齐、秦互帝，约伐赵。

前 284 年 燕、赵、秦、韩、魏五国伐齐。

乐毅，燕国名将。他的祖先是魏国大将乐羊。当年乐羊攻打中山，对手把乐羊的儿子煮成肉羹报复，乐羊吃下肉羹，加紧进攻，灭掉了中山国。乐家从此迁居河北。乐毅花六个月替燕昭王打下齐国七十多座城池，只留下莒和即墨围而不攻。他为燕国收买齐国人心，准备彻底征服，谁想糊涂的燕惠王中了齐国的离间计，居然炒了他的鱿鱼。乐毅出走到赵国，赵人对他十分尊敬。

苏秦和他的老对手张仪都是纵横家的代表。他没当官时苦读兵书，“锥刺股”的故事简直是学生的噩梦。后来他受燕昭王密令到各诸侯国推销“合纵”策略，当上了六国客卿。过去吉祥戏《六国大封相》就是演他的故事，特别讨观众喜欢。苏秦死得很惨，齐国最终发现了他是燕国间谍，将他处以车裂之刑。

前 283 年 蔺相如使秦，完璧归赵。

鸟柱铜盆　战国　河北博物院藏

前279年 秦、赵会于渑池。齐将田单以“火牛阵”击败燕军，收复失地。

蔺相如（前329—前259），今河北曲阳人，杰出政治家。出身不高，做过宦官的门客。能言善辩，勇敢果断，在外交场合叫秦国吃过两次大亏。慷慨大度，感动得老将廉颇与他誓同生死。关于他的成语有“完璧归赵”“血溅五步”“负荆请罪”等。

渑池之会，在秦王和蔺相如的坚持下，两国王者鼓瑟击缶，开了一场别开生面的音乐会。击缶就是敲瓦盆，李斯《谏逐客书》说，秦国音乐的特色就是敲着瓦盆、大瓮，弹着筝，拍着大腿，歌呼呜呜。

田单在战场上抵挡不了乐毅，行反间计却很成功。替代乐毅的骑劫凶狠轻敌，田单趁机放出一群角扎尖刀、尾拴火把的奔牛，打得燕军大败。据说民国有军阀学习他摆了一座“火羊阵”，结果下场很是狼狈。

前262年 秦将白起攻韩，韩献上党郡于赵，秦、赵长平之战爆发。

前260年 赵括代廉颇统军，秦将白起坑杀赵兵四十万。

赵括兵书学得很好，理论水平比他老爸——名将赵奢还高；他也很勇敢，亲自上阵搏战。可惜他不知道对手是秦国的武安君白起。长平之战，赵国伤亡四十五万人，秦军也损失惨重，“死者过半”，可以说是中国历史上杀人最多的一战。强大的赵国从此大伤元气，以致灭亡。

前257年 毛遂使楚，楚、赵合纵。

毛遂，赵人（今河北鸡泽人），平原君赵胜门客，曾自荐出使楚国，促成赵、楚联合，从此以“三寸之舌，强于百万之师”的美誉闻名遐迩，可谓“三年囊中无人问，一朝脱颖天下知”。可惜第二年赵军在与燕军的昌都大战中全军覆没，毛遂只好拔剑自刎。

前232年 被质于秦的燕太子丹逃归。

前228年 秦将王翦攻克邯郸，俘赵王迁，赵亡。秦置邯郸郡。赵公子嘉逃至代地，自立为代王。

前227年 秦屯军易水，燕势危。燕使荆轲借献督亢地图之机行刺

铜甗　战国　河北博物院藏

秦王嬴政，大怒，遣王翦攻燕。

燕太子丹，虽然名为太子，却没能在自己国内享福，而是被送到秦国做人质。燕太子丹是中国最早的小说主角。小说《燕丹子》讲，秦王难为他，说只要乌鸦变成白头，马脑袋上长出犄角，就放他回国。不料燕太子丹居然感天动地，回到了家乡。

荆轲是司马迁最佩服的大侠，燕国贤才田光用生命为“背书”把他推荐给燕太子丹。可惜荆轲在搏斗中没打赢秦王嬴政，所以后来陶渊明叹息他武功不高，剑术稀松。

前 222 年　秦将王贲俘燕王喜，燕亡，回师俘代王嘉。秦置辽东郡、代郡。

前 221 年　秦统一。

荀况（约前 313—前 238），战国最后一位儒学大师。曾在当时的学术中心“稷下学宫”三为祭酒，培养了很多学生，比如李斯、韩非。他认为人性本恶，强调礼的作用。荀况是儒学史上重要的一环，现在我们读到的儒家经典，往往是他传下来的。他还是位作家，是文体“赋”的祖师。

前 215 年　秦始皇东巡碣石（今昌黎），遣卢生、韩公等入海求仙。卢生还奏图书“亡秦者胡”，秦始皇因使蒙恬击匈奴，并筑长城。

前 209 年　陈胜、吴广起义爆发。

前 207 年　项羽击溃秦军主力于巨鹿。

前 206 年　刘邦攻入咸阳，秦朝灭亡。

前 204 年　赵佗建南越。

赵佗（？—前 137），秦朝恒山郡真定县（今河北正定）人。他带领秦兵统一岭南，秦朝末中原大乱时，封锁交通自立为王。赵佗引进中原文化和技术，鼓励汉、越通婚，加速了岭南地区的开化进程。

前 140 年　汉武帝召贤良方正，董仲舒应诏对策。

董仲舒（前 179—前 104），西汉广川（今河北景县）人，儒学大师，著有《春秋繁露》。据说他读书太过专心，

长信宫灯（局部） 战国 河北博物院藏

凤首流铜匜（尾部） 战国 河北博物院藏

好几年没到自家园子里看过一眼。他提出“罢黜百家，独尊儒术”，结束了百家争鸣局面，又借“天人感应，君权神授”为君权罩上了神圣的光环。董仲舒当官喜欢用“天人感应”的理论求雨，用《春秋》来审理案件。

前 134 年　汉武帝采纳董仲舒建议，令郡、国举荐孝、廉各一人。

前 133 年　西汉开始大规模向匈奴用兵。

前 130 年　河间王刘德入朝，献雅乐。

刘邦虽是个流氓，家里的文化人可不少。他弟弟楚元王刘交就是荀况的再传弟子，后来的河间王刘德、淮南王刘安也都是大学问家，当然还有最出名的刘向、刘歆父子。

前 127 年　汉武帝颁布“推恩令”。

前 118 年　铸五铢钱。

前 109 年　黄河决口于馆陶。

前 106 年　分天下为十三刺史部，河北属幽州、益州。

前 29 年　黄河决口于馆陶。

8 年　西汉灭亡。

25 年　东汉建立。

39 年　张堪击破匈奴，拜渔阳太守。

张堪治理渔阳非常成功，老百姓唱着歌谣称赞他：“桑无附枝，麦穗两岐，张君为政，乐不可支。”于是后来就有无耻的地方官满地搜刮变种的麦穗，骗皇帝开心。

69 年　王景治黄河，十里置一水门。

115 年　修西门豹渠（又称“引漳十二渠”），以灌民田。

184 年　黄巾起义爆发。

张角（？—184），巨鹿（今河北巨鹿）人。他创立太平道，借口行医，发展教徒，足迹遍布大江南北，信众遍布全国各地。张角自号“天公将军”，宣称“苍天已死，黄天当立，岁在甲子，天下大吉”，在甲子年发动“黄巾起义”。苟延残喘的汉王朝受了沉重一击，耗尽元气，各路军阀借着镇压起义纷纷拥兵自重。

199 年　袁绍败杀公孙瓒。

221年 曹操统一河北。刘备建蜀汉。

刘备（161—223），字玄德，涿郡涿县（今河北涿州）人。刘备从以“织席贩履”为生做到“有高祖之风”“雄才盖世”的昭烈皇帝，生下的儿子却是“乐不思蜀”“扶不起的阿斗”。刘备曾与关羽、张飞桃园结义，又曾三顾茅庐礼遇诸葛孔明。身为蜀汉皇帝，刘备却不摆帝王的架子，他教导刘禅“勿以恶小而为之，勿以善小而不为”“惟贤惟德，能服于人”的话也都成了千古良言。刘备留下的成语有“如鱼得水”“髀肉复生”等。

张飞（？—221），字益德，幽州涿郡（今河北涿州）人，三国时期蜀汉名将，死后被追封为桓侯。他勇猛过人，民间传说他在长坂坡一声大吼把一座桥震塌。由于传说太不靠谱，《三国演义》把情节改为张飞吓跑曹军之后命人拆毁桥梁。史书称赞他有国士之风，可惜刻薄寡恩，常鞭打士卒又不加体恤，以致惹祸上身，命丧黄泉。

赵云（？—229），字子龙，常山真定（今河北正定）人，人称“常胜将军”，谥号顺平侯。小说和戏曲把他塑造成能征善战、“一身是胆”的“白袍小将”。《三国演义》中刘备兵败长坂坡，赵云在八十多万曹军中七进七出搭救夫人和幼主，感动得刘备摔了刘禅以示爱惜良将，所以有了俗话“刘备摔孩子——收买人心”。

220年 曹丕称帝于邺。

265年 司马炎禅代曹奂称帝，晋朝建立。

393年 后燕慕容垂发中山卒七万，分道出井陉、滏口攻西晋，次年二月灭西晋。

慕容垂是《天龙八部》里姑苏慕容氏的祖先。他不会“斗转星移”的神功，可统兵打仗的本事却名震一时。他是前燕王慕容皝的第五个儿子，从小就号称将才。桓温北伐，慕容一家手足无措，打算逃奔老家和龙，这时慕容垂挺身而出，在枋头大败桓温，力挽狂澜。因为功劳太大，慕容垂被权臣慕容评嫉恨，只好逃往前秦，投奔苻坚。前燕被前秦灭亡后，许多慕容鲜卑的贵族都被苻坚迁到长安，并委以要职，这些人聚拢在慕容垂身边，结成一股势力。等到苻坚在淝水之战中惨败，慕容垂趁机逐渐收拢旧部，终于恢复了慕容政权，史称后燕。

慕容垂一世英雄，只可惜后继无人。在他生前，夫人段皇后认为太子慕容宝不堪继承大业，曾劝说慕容垂易储。慕容宝怀恨在心，慕容垂一死，就逼迫段皇后自杀。此后，慕容氏的帝王们走马灯一般登基和被杀，最终在409年的一场内乱中亡国。

396年 四月，燕主慕容垂病故军中，慕容宝于中山即位；十月，北魏拓跋珪出井陉攻后燕，克常山。

《天龙八部》里的绝技“参合指”得名于一座古战场。慕容宝领兵伐魏，大败于参合陂，死伤惨重，于是他劝说老父亲替自己报仇。果然“老将出马，一个顶俩”，慕容垂出兵魏都平城，生俘二万人而归。胜利的队伍路过参合陂时，慕容垂见到前番战死者的累累尸骸，禁不住悲从中来，从此一病不起，死在还师途中。

拓跋珪建北魏。

崔浩（381—450），字伯渊，小名桃简，清河郡（今河北清河，一说山东武城）人。北魏杰出的政治家、军事家，对北魏统一北方贡献重大。相传魏帝拓跋珪晚年为人苛刻，左右官员稍有小过就可能被治罪，于是群臣千方百计躲避他，唯独崔浩忠心耿耿、始终如一。拓跋珪知道后，赏了他一碗粥。

祖冲之（429—500），字文远，祖籍范阳郡遒县（今河北涞水），南北朝时杰出的数学家、天文学家、文学家，同时也是地质学家、地理学家和科学家。祖冲之生于乱世，却勤于钻研科学，既不盲目崇拜古人，又积极汲取古人著作中的精华，重造了指南车，发明了千里船、水碓磨等。他把圆周率推算到小数点后第七位，比西方国家领先了十个世纪。

郦道元（466或472？—527），字善长，范阳涿县（今河北涿州）人，北魏地理学家和文学家。郦道元的《水经注》不仅详细介绍了一千多条河流和它们流经的郡县，还把沿途物产、名胜、民俗、民歌全都囊括其中。

397年 拓跋珪攻破中山，后燕由邺迁都滑台。

慕容垂是拓跋珪的外祖父，年轻的拓跋珪是在他的支持下消灭塞外诸部，建立了北魏基业。可是渐渐强大起来的拓跋珪不愿听从慕容氏指挥，双方渐渐交恶。拓跋珪在参合陂打败慕容宝，巩固了政权，此后将精力逐渐转移到国家建设上来。他积极吸收汉族文化，按照汉族政治传统建立王朝。这一举措奠定了北魏到唐代五百多年里中国政治环境的基础，并且让鲜卑族成为掌握政权以后汉化最快、最彻底的一个北方少数民族。

拓跋珪晚年变得暴躁易怒，不可理喻。现代学者分析，他是吃了太多的“五石散”，结果药物中毒，得了精神分裂症。按照道家服石派的理论，食用云母、朱砂等矿物质，就能成仙。所以晋代和南北朝的有钱人，都要嗑点儿药，以示时髦。拓跋珪贵为皇帝，当然更是药来张口。吃得多了，脑子也就出了问题。北魏天赐六年（409），拓跋珪死于一场宫廷政变。

他留下的政治遗产深刻地影响着历史进程。北魏继续扫除十六国分裂局面，开启了北朝统治时期；鲜卑族成为中国北方的主人，后来的隋唐皇族身上都流着鲜卑族的血液。

398 年　北魏发万人修直道，自望都出倒马关至代，并徙吏民十余万口赴代。

400 年　北魏改安州为定州，领中山、常山、巨鹿、博陵、北平、河间、高阳、赵郡。

414 年　北燕褚匡从临渝港出海，迁徙长乐居民五千户至和龙。

436 年　北魏发定州七郡民一万二千开莎泉道。

462 年　祖冲之修成《大明历》。

485 年　北魏施行均田制。

486 年　北魏分置州郡。

496 年　北魏孝文帝定族姓流品，清河崔氏、河北范阳卢氏、赵郡李氏与荥阳郑氏、太原王氏为天下之冠。

山东士族中，崔、卢、郑、王、李五姓称为高门。自5世纪以来，他们享有崇高的社会声望和政治地位。五姓高高在上，不和一般家族联姻。待到唐王朝建立，李世民令大臣修编《氏族谱》，臣子们居然把河北清河的崔家列为一等，而把皇族李家列为三等，叫李世民大动肝火。皇室一方面对五大家族的特殊地位愤愤不平，一方面也不能免俗，

熊形金饰件（局部）
战国　河北博物院藏

想方设法和五家联姻，以便改良自家血统。

终唐之世，五大高门始终兴旺发达。直到宋朝，这种讲究门第的风气才渐渐消散。通行的儿童教材《百家姓》是最后一本氏族谱，那里面把赵姓列在第一位，因为宋朝皇帝姓赵。

500年 曲阳北岳庙兴建。

525年 高欢起兵。

高欢的祖上是汉族人，因为犯法被发配到北边六镇中的怀朔镇（今内蒙古自治区固阳县）。由于在怀朔长期和鲜卑杂居，高欢身上已经和鲜卑人看不出多大差别了。《北齐书》对高欢的记载，很有些神异。传说他在街上走过，就有云雾和雷声随行；又说他曾梦见自己脚踩群星在天上行走……后来他掌握了北魏大权，甚至逼得北魏孝武帝离家出走。

高欢晚年统率大军攻打西魏，却被一代将星韦孝宽用弱势兵力阻击，寸步不前，愤恚而死。他死后葬在鼓山石窟寺，就是现在鼎鼎大名的北响堂石窟中。

528年 尔朱荣击败葛荣，活跃于华北的六镇兵变被相继镇压。

534年 高欢立元善见为帝，即东魏孝静帝，并迁都邺城。

550年 高洋称帝，北齐建立。

556年 高洋于鼓山开凿石窟，建南北响堂寺。

580年 北周相州总管尉迟迥由邺城起兵讨伐杨坚，杨命韦孝宽等击迥。

尉迟迥是北周的忠臣。杨坚杀了他，却爱上了他的孙女。韦孝宽战后焚毁了尉迟迥的根据地邺城，这座曹魏以来的古都从此繁华不再。

行走

溯源燕赵历史
锤拓京畿文化

——< 中 >——

丁 伟 · 主 编

河北出版传媒集团
河北教育出版社

避暑山庄的“万壑松风”

文 / 见月山人

清康熙六十一年（1722）秋天的一个黄昏，
在“万壑松风”大殿前，十二岁的弘历静静坐于石阶上，
他先是从脚下的湖水舒目远望，接着把目光停留在西边坡谷的茂密松林。
由于松针太茂盛，阳光仅仅透过几条细细的线，随着松树在风中摇曳。
那北方的长风吹过松林，如同大海的波涛，遮盖了世间一切烦乱繁杂，
这种声如波涛的寂静让人能忘记一切，连时间似乎都能停驻。

管念慈《热河行宫全图》 清　美国国会图书馆藏

避暑山庄丽正门

万壑松风振海潮

从丽正门进承德避暑山庄，穿门过户到正宫区东北角，是松林环抱、高高在上的“万壑松风”建筑群。清康熙六十一年（1722）秋天的一个黄昏，在这“万壑松风”大殿前，十二岁的弘历静静坐于石阶上，他先是从脚下的湖水舒目远望，接着把目光停留在西边坡谷的茂密松林。由于松针太茂盛，阳光仅仅透过几条细细的线，随着松树在风中摇曳。那北方的长风吹过松林，如同大海的波涛，遮盖了世间一切烦乱繁杂，这种声如波涛的寂静让人能忘记一切，连时间似乎都能停驻。

六十九岁的康熙皇帝处理完政事，静静走出大殿，看着夕阳的光线在弘历脸上闪烁，祖孙两人在松涛声中默默不语。这一刻，他们卸去皇帝与皇孙的身份与担子，仅仅是夕阳中听风的祖孙，如同古往今来所有平常的祖孙。

“万壑松风”是康熙在避暑山庄兴建最早的建筑之一，松林与丘壑的设计显然来自宋代画家李唐的《万壑松风图》。康熙把这里列为三十六景第六，是他读书、批阅奏章和召见大臣的地方。他喜欢把皇孙弘历带来避暑山庄，并将其安置在静佳室读书，还经常让其陪同自己接见大臣，这种偏爱是别的皇孙未曾得到过的，

避暑山庄内午门

而康熙对弘历在政事方面的刻意培养，也透露出他传递皇位的意图。弘历的父亲四皇子胤禛也因此得到很多加分。

康熙为自己打造的避暑山庄三十六景都逐一题了诗，给“万壑松风”的题诗是：

偃盖龙鳞万壑青，逶迤芳甸杂云汀。
白华朱萼勉人事，爱敬南陔乐正经。[1]

他在本诗序文里说：“（万壑松风）在无暑清凉之南，据高阜，临深流，长松环翠，壑虚风度，如笙镛迭奏声，不数西湖万松岭也。”[2]诗中前两句是描绘景致，后两句则是自律和自勉：句中的《白华》《南陔》都是《诗经》中仅有篇名而无文辞的作品，被称为“逸诗”或“亡诗”。“白华朱萼”来自西晋束皙《补亡诗》中的《白华》，原文是“白华朱萼，被于幽薄”[3]。指的是兄弟就像被朱色花萼托起的白花，在草丛中圣洁绽放，寓意孝子应该洁净自己的心灵，像白花一样不被恶行玷污。而束皙《补亡诗》中《南陔》的前两句是：“循彼南陔，言采其兰。眷恋庭闱，心不遑安。”[4]则是说孝子之间彼此亲善，一起采摘香草供养父母，心中时刻

[1][2] 爱新觉罗・玄烨：《圣祖仁皇帝御制文集・第三集》卷五十《万壑松风并序》，收入《影印文渊阁四库全书》，台湾商务印书馆，1986，第 4 页。
[3] 逯钦立辑校《先秦汉魏晋南北朝诗・西晋诗》卷四，中华书局，1983，第 640 页。
[4] 逯钦立辑校《先秦汉魏晋南北朝诗・西晋诗》卷四，第 639 页。

避暑山庄永佑寺雪景

眷顾父母的安宁。康熙写这首诗时，看着这些挺拔的松树，想起了他那些了不起的儿子们，他们正在为储君之位争得不可开交，让他的心中不得宁静。而如今看着弘历，他的心仿佛静下来了，答案就在眼前浮现。

早前在这一年的木兰秋狝时，弘历就在康熙身边随行。康熙举枪打中一头黑熊，他让弘历在侍卫陪同下去再补一箭。弘历刚上马，黑熊猛然暴起，身边人吓得大惊失色，他却控马自若毫不惊慌，旁边的康熙举枪击毙了这头熊。康熙对弘历的从容甚为震惊，“入武帐，顾语温惠皇太妃曰：‘是命贵重，福将过予。’”[5] 还能有谁比皇帝的命更贵重、更有福？只能是未来的皇帝。

就在这一年冬天，康熙病逝，他能掌控众皇子和清王朝的命运，却无法掌控自己的命运。而从更广大的视野来看，清王朝也是世界“万壑松风”中的一棵树，全球化的长风已经吹起，长风万里，松涛如海，心动如潮。

智者筑桥

《周易》中说：“刚柔交错，天文也；文明以止，人文也。观乎天文，以察时变；观乎人文，以化成天下。”[6] 华夏农耕文明的特点是可以形成天、地、人之间自洽的循环，在这基础上构建起贯通天道与人事的秩序。由于这种自洽，因而我们热爱和平，不需要像游牧或航海文明一样去攻击和掠夺，而是很容易生出一种满足感，为了保护这种满足感，统治者就在自己的领土与游牧文明之间建筑起围墙，这就是长城。当我们在去承德的途中，看到金山岭长城在一座座峰顶绵延，会由衷升起一种感动，眼前壮美如画，使人备受震撼。但同时，我们也必须承认，所

[5] 赵尔巽等：《清史稿》卷十《高宗本纪一》，中华书局，1976，第 343 页。

[6] 黄寿祺、张善文：《周易译注》，上海古籍出版社，2004，第 174 页。

普佑寺山门

有的围墙都带着难以回避的被动性，当那些封建王朝把自己保护在围墙之内，听不到长风呼啸、看不到松涛翻滚，便以为整个世界都是平静的，这种自洽就变成了自欺，所以就有人说“愚者筑墙，智者筑桥”。桥是对波涛的主动跨越，是对不同声音和不同面孔的接纳，是一种开放性的连接。很多朋友喜欢把避暑山庄和外八庙比喻成“长城”，我却更愿意把它们比作康熙筑起的桥梁，桥的两端是友朋。

清朝统治者是来自北方草原的游牧民族，平定天下后又主动吸纳汉文化，力求把自己打造成融汇农耕和游牧两种文化的真正领袖，这突出体现在康熙的身上。康熙没有享受过像弘历那样被偏爱的童年，他的母亲佟佳氏并不受顺治恩宠，八岁时他就失去了父亲，仅仅因为患天花没有死，而被幸运地选为继承人，成为清王朝定都北京后的第二个皇帝。两年后，他仅仅二十四岁的母亲也离世，只剩下他和祖母孝庄皇太后相依为命。直到晚年，他依旧遗憾自己从没享受过父母的天伦之爱。其实，他不仅没享受过父母之爱，也几乎没有享受过童年，从八岁继位到六十九岁崩逝，他的一生都献给了自己的王朝。他从八岁开始读四书，然后上溯《尚书》和《周易》，从前者之中体会古代圣王的智慧和苦心，从后者中研习阴阳消息的义理，他在写给孩子们的《庭训格言》中说自己：“及至十七八，更笃于学，逐日未理事前，五更即起诵读；日暮理事稍暇，复讲论琢磨，竟至过劳，痰中带血，亦未少辍。”[7]他知道，要成为这个大一统王朝真正的主人，就必须一刻不停地努力，让自己成为跨越两种文化的桥梁。

康熙的努力没有白费，他先后挫败鳌拜、索额图等权臣势力集团，终结了满洲贵族内部斗争，建立了皇权中心的政治秩序，又平定三藩、收复台湾、驱逐沙俄侵略者并收复雅克萨，逐步实现了国家的统一。权力和疆土毕竟有形，短短

[7] 康熙：《庭训格言》，陈生玺、贾乃谦注译，中州古籍出版社，2010，第15—16页。

避暑山庄万壑松风的游廊

铜鎏金掐丝珐琅坛城　清　避暑山庄博物馆藏

数十年就能收拾清楚，而无形的人心则需要用几代人去经营。对于康熙而言，一方面，他明白必须用汉文化构建国家秩序，去约束满洲游牧文化与生俱来的野性，所以他特别重视对子孙的儒学教育，他在《庭训格言》里说：“天人之蕴奥在《易》，帝王之政事在《书》，性情之理在《诗》，节文之详在《礼》，圣人之褒贬在《春秋》。”[8] 又说：“圣贤之书所载皆天地、古今、万事万物之理，能因书以知理，则理有实用。”[9] 他祭拜明孝陵，开博学宏词科，禁绝满洲贵族掠夺汉人土地的圈地，力求实现“满汉一家”。另一方面，他也知道游牧民族的野性是清王朝夺得天下的重要原因，必须在自己的权力框架内得以传承，用野性去保持王朝的活力，避免每一个中原王朝都在重复地盛衰循环。其实，顺治早就警惕这一问题，他曾下谕：“我朝原以武功开国，历年征讨不臣，所至克捷，皆资骑射。今仰荷天庥，得成大业。虽天下一统，勿以太平而忘武备。尚其益习弓马，务造精良。嗣后满洲官民，不得沉湎嬉戏，耽娱丝竹，违者即拿送法司治罪。”[10] 他在北京南苑设置围场，定期带八旗围猎。康熙也是基于这个理念，决定在比京城更为凉爽的热河设置木兰围场，而木兰秋狝就是避暑山庄作为行宫修建的最初渊源。文明与血性，被康熙作为清王朝的两大基因，仿佛一阴一阳在动态中巧妙平衡，他自己则既是统一两者的人间帝王，也是连接两者的文化桥梁。这种设定有着合理性，促成了“康雍乾盛世”的诞生，也为王朝埋下了危机的种子——当后代皇帝没有达到他的理想设定，认知和能力不足以承担重任，桥梁就会轰然崩塌。这是封建王朝难以摆脱的循环，即便英明智慧如康熙，也不可能在这个框架内给出更好的设定。

康熙对内的桥梁是“满汉一家”，对外的桥梁是“中外一体”，这里的外并非指外国，而是王朝外围的蒙古族、藏族和维吾尔族等兄弟民族，这些民族在之前的王朝都被视为竞争对手，而康熙则凭借清王朝游牧民族的基因，换位思考去理解这些兄弟民族的需求，努力打造一个彼此尊重和认同的共同体。正因如此，康熙反对修长城，他认为治天下的根本在民心，当年太祖从关外长驱直入，长城也没有守得天下太平。修筑长城不仅劳民伤财，分兵守卫更是消耗巨大。如今，长城内外都是我朝疆土，当然不需要用围墙阻隔，他只需要建起更为广大的桥梁，让当年的隐患成为一体的同胞。文化的桥梁需要场地和仪式呈现在人间，避暑山庄和外八庙，就是建在农耕文明与游牧文明过渡地带的桥梁，避暑山庄这座本来用作木兰秋狝途中休息的行宫，也因此被苦心经营，成为其他行宫难以企及的集大成之作。

清康熙四十二年（1703），康熙皇帝建避暑山庄。其实，木兰秋狝早在清康熙二十年（1681）就已经开始，之所以到二十二年后才建避暑山庄，显然并非纯粹为了在秋狝途中休整，而是与时事密切相关。清康熙二十九年（1690），康熙大军在乌兰布统击败蒙古准噶尔部噶尔丹的叛乱。清康熙三十年（1691），康熙在多伦诺尔（今内蒙古自治区多伦县）与喀尔喀蒙古（漠北蒙古）三大部、内蒙古四十九旗王公贵族举行会盟，史称“多伦会盟”。多伦会盟正式代表喀尔喀蒙古归属清王朝，康熙对与会蒙古各部进行了大规模的赏赐、编旗和册封，把蒙古各部纳入清王朝封爵和法律制度内。会盟之后举行了大规模阅兵，康熙亲自戎装骑射，

[8] 康熙:《庭训格言》，第 109 页。
[9] 康熙:《庭训格言》，第 110 页。
[10]《清实录・世祖章皇帝实录》第三册，中华书局，1985，影印本，第 385 页。

掐丝珐琅带盖三足炉（局部） 清乾隆 避暑山庄博物馆藏

[11] 河北省政协文史资料委员会编《河北文史资料全书·承德卷》(下),中国文史出版社,2012,第 1270 页。
[12] 爱新觉罗·玄烨:《圣祖仁皇帝御制文集·第三集》卷二十二《避暑山庄记》,收入《影印文渊阁四库全书》,台湾商务印书馆,1986,第 11 页。
[13] 爱新觉罗·玄烨:《圣祖仁皇帝御制文集·第三集》卷二十二《避暑山庄记》,第 12 页。

现场步骑结合、枪炮轰鸣,令血性尚武的蒙古各部深为佩服。康熙又应蒙古各部王公的请求,在这里建立汇宗寺。清康熙三十五年(1696)、三十六年(1697)又两次亲征噶尔丹,噶尔丹死后,漠北喀尔喀蒙古才真正恢复了稳定。清康熙四十年(1701),汇宗寺初步建成,康熙委任章嘉活佛住持该寺,总管内蒙古藏传佛教。两年后,康熙在热河建避暑山庄,显然与这些时事环环相扣。

避暑山庄最初被称为“热河行宫”,康熙在上谕中说:“今习武木兰已历二十载,柔远抚民,朕所惟念,然尚无从容驻跸之所。今从臣工之请,宜于热河肇基行宫,俾得北疆之安绥……着工部、内务府参酌南北名园,供奉画稿,构设烫样,以呈御览。”[11] 热河行宫从清康熙四十二年兴建,到清康熙四十七年(1708)初具规模。清康熙五十年(1711),康熙亲自题写“避暑山庄”匾额,他在《避暑山庄记》中说热河:“金山发脉,暖溜分泉;云壑渟泓,石潭青霭。川广草肥,无伤田庐之害;风清夏爽,宜人调养之功。自天地之生成,归造化之品汇。”[12] 除了自然形胜,康熙选择热河的另一个原因是其距离京城很近,在这里避暑不会耽误国事。康熙的造园理念是依托自然地形地貌,而在景观的寓意中,又带着深厚的儒家印记。他在《避暑山庄记》中说:

> 因而度高平远近之差,开自然峰岚之势。依松为斋,则窍崖润色;引水在亭,则榛烟出谷。皆非人力之所能。借芳甸而为助,无刻桷丹楹之费,喜泉林抱素之怀。静观万物,俯察庶类,文禽戏绿水而不避,麀鹿映夕阳而成群。鸢飞鱼跃,从天性之高下;远色紫氛,开韶景之低昂。一游一豫,罔非稼穑之休戚;或旰或宵,不忘经史之安危。劝耕南亩,望丰稔筐筥之盈;茂止西成,乐时若雨旸之庆。此居避暑山庄之概也。[13]

以往,蒙古王公都因为害怕得天花而不愿到北京朝觐;现在,避暑山庄搭建起了安全的桥梁。清康熙五十二年(1713),康熙六十大寿,蒙古各部王公前来朝贺,共同奏请修建寺庙。康熙答应了这个请求,就在避暑山庄正东、武烈河左岸,仿照汇宗寺规制修建了溥仁寺和溥善寺,并亲自题写了匾额、匾联和碑文。这样,

錾胎珐琅乳丁纹鼎式炉
清 避暑山庄博物馆藏

[14] 海忠修、林从炯等纂《承德府志》卷首六，台北成文出版社，1968，第100页。

[15] 清华大学思想文化研究所编《世界名人论中国文化》，湖北人民出版社，1991，第139—140页。

[16] 陈其伟、赵璐:《孔子为何在西方“圈粉”400年》,《法人》2021年第1期。

[17] 朱谦之:《中国哲学对欧洲的影响》，上海人民出版社，2006，第293页。

康熙就把木兰秋狝、避暑山庄朝觐和建庙的模式定型。康熙的《塞上宴诸藩》就是描写秋狝朝觐的场景：

龙沙张宴塞云收，帐外连营散酒筹。
万里车书皆属国，一时剑佩列通侯。
天高大漠围青嶂，日午微风动彩斿。
声教无私疆域远，省方随处示怀柔。[14]

正是因为康熙把围墙变成了桥梁，他听到了世界的万壑松风。在避暑山庄初步建成后，康熙就让意大利传教士马国贤（Matteo Ripa）带学生到避暑山庄，参照内阁侍读学士沈嵛创作的《御制避暑山庄三十六景诗图》，制作出铜版画《避暑山庄三十六景》。清康熙五十二年，马国贤把这套铜版画带回意大利，在欧洲掀起仿造中国式园林的热潮。18世纪是全球长风席卷、万松涛鸣的时代，在欧洲，伏尔泰（Voltaire）、莱布尼茨（Gottfried Wilhelm Leibniz）等贤哲从孔子的言论中看到除了宗教神学的权威之外，还有一种源自内心良知良能的理性[15]，美国学者赖克韦恩（Adolf Reichwein）说：“孔夫子是18世纪启蒙运动的守护神，他的教导是整个启蒙运动朴实无华的福音，把东方时尚带到西方。”[16]而来自西方的传教士，也以传播“福音”的名义把西方的宗教和科学技术带到中国。康熙皇帝任用比利时人南怀仁（Ferdinand Verbiest）制定历法，制造天文仪器和火炮，派遣法国人白晋（Joachim Bouvet）、意大利人闵明我（Claudio Filippo Grimaldi）等人出使欧洲。白晋写的《康熙皇帝传》在欧洲广为流传，莱布尼兹称之为“这是一本受到普遍欢迎的关于一个无可比拟的统治者的书”。伏尔泰认为中国的开明君主制度是欧洲的榜样[17]。白晋帮助康熙与法国国王路易十四建立了联系，并且受命招来了雷孝思（Jean Baptiste Regis）、巴多明（Dominique Parrenin）等人才。值得注意的是，康熙主动派人到欧洲招募人才，改变了以往中西往来的被动局面，他试图在世界的格局下修筑更为广大的桥梁，来为清王朝的强盛服务。从清康熙四十七年开始，康熙派遣白晋、雷孝思等人对全国进行精

金山岛，清康熙四十二年仿江苏镇江金山寺而建。岛上堆山筑殿，康熙御题“镜水云岑”，向上又有殿名“天宇咸畅”，山顶有三层木塔，乃祭祀真武大帝和玉皇大帝的所在，题名“上帝阁”

避暑山庄城关门

密测绘，到清康熙五十六年（1717）绘制成《皇舆全览图》，并经由马国贤刻印成书，被公认为当时世界地理学的最高成就。康熙以极大的热情学习西方数学、几何学、天文学和医学知识，对西洋音乐、绘画、钟表有着广泛的兴趣。他不仅命人翻译西方经典，而且支持把中国经典翻译成西文，他的学习笔记《康熙几暇格物编》对各地风土、物产和自然现象进行考察和分析，堪称中国最早的博物学著作。康熙还鼓励皇子和大臣学习西学，他在畅春园开设蒙养斋馆，由皇三子胤祉主持，讲授算法、律吕和天文知识。在康熙的指导下，胤祉组织中西方学者编成集数学、历法和音乐知识大成的巨著《律历渊源》。满洲贵族和汉人重臣中也不乏对西学钻研深入者，比如年羹尧的兄长年希尧，他不仅有数学著作《测算刀圭》《面体比例便览》等，而且在郎世宁（Giuseppe Castiglione）的协助下创作了画法几何学开山之作《视学》，比“画法几何学奠基人”法国数学家蒙日（Gaspard Monge）的《画法几何学》要早六十余年。

康熙对西方文化的接纳源自他开放性的文化身份，相比起当时抵触西学的大部分汉臣来说，他知道夷狄的文化并非全无用处，甚至在很多方面值得效法。但是从整个清王朝的角度看，农耕文明内在秩序的自洽性必然会导致对不确定性的抵制，这不仅体现在对外贸易政策谨慎，更体现在中西的“礼仪之争”。其实，在无伤大雅的原则下，清王朝在很大程度上以灵活的方式处理了西方使团朝见礼仪方面的争议，但对于罗马教廷禁止中国信徒祭孔和祭祖的原则性问题，清王朝和罗马教廷都坚决不让步，这本质上是文化内核和文化结构的差异。清康熙末年，

避暑山庄卷阿胜境旁的梅花鹿

烟雨楼建于清乾隆四十五年（1780），
坐落于如意洲之北的青莲岛上，
是模仿嘉兴南湖（鸳鸯湖）烟雨楼而建。
烟雨楼檐下悬挂乾隆御题“烟雨楼”云龙金匾，
两楹上有联：“百尺起空濛，碧涵莲岛；八窗临渺弥，澄印鸳湖。”

避暑山庄烟雨楼之春

避暑山庄春色

礼仪之争最终白热化，康熙收回“容教令”，下旨驱逐不尊重中国礼仪和习俗的传教士，双方最大的桥梁至此断绝。

在康熙与弘历一起听万壑松风的那个冬天，康熙的生命到了尽头。清康熙六十一年十一月，康熙让弘历的父亲——四皇子胤禛代替他祭天。五天后，康熙崩逝，胤禛即位，年号雍正。

康、雍、乾三代，雍正更像一个文人皇帝，敏感、内敛、关注细节。康熙像历来的雄主一样，虽然完成了王朝的开拓和奠基，但不可避免粗略，特别是晚年精力衰落，再加上皇子争储，导致朋党林立、吏治不清、国库松弛和朝政混乱。雍正很清晰地认识到这一点，他把更多精力放在国家内部治理的细节上。因此，他虽然把热河改名为“承德”，但即位后却没举行过木兰秋狝，也从没去过避暑山庄，他对儿子弘历解释说：“予之不往避暑山庄及木兰行围者，盖因日不暇给，而性好逸、恶杀生，是予之过。后世子孙，当遵皇考所行，习武木兰，毋忘家法，煌煌圣训。”[18]雍正有足够的自知，他对朝政进行深度的改革和整饬，通过设置军机处把军政大权牢牢把握在手中，实行改土归流加强对西南地区的统治，用摊丁入亩的方式减轻了底层百姓的负担。鉴于康熙当年皇子争储的教训，雍正创立了“秘密立储”制度，提前把储君姓名写好，一份自己密藏宝匣，一份藏在乾清宫“正大光明”匾后，解决了这一难题。

不过，终其一生，雍正似乎时刻处在一种焦虑情绪之中，他没有康熙搭建桥梁的自信和松弛感，而是急于运用权力统一认知，特别是他最为重视的满汉关系，这就导致了“文字狱”的频繁出现，也产生了前无古人、后无来者的《大义觉迷录》。曾静出于“华夷之辨”和种种传说，列出雍正十大罪状，刺激了以自虐般的

[18]《清实录·高宗纯皇帝实录》，中华书局，1985，影印本，第600页。

勤奋寻求认同的雍正。这就像如今某人被网友寻衅叫骂，宽心如康熙会置之不理，赏他一个砍头了事。而敏感的雍正却颇为激动，偏要从程朱理学的角度，去为自己的私德辩护，像极了被误解时急于自证的我们。对于人们对王朝正统的质疑，他说：“在逆贼等之意，徒谓本朝以满洲之君，入为中国之主，妄生此疆彼界之私，遂故为讪谤诋讥之说耳。不知本朝之为满洲，犹中国之有籍贯。舜为东夷之人，文王为西夷之人，曾何损于圣德乎？”[19] 他说孔子认为华夏与夷狄之分不在地域和血统，而在对礼乐教化的文化认同，而对对方提出的谋父、弑兄、屠弟、贪财、好杀、酗酒、淫色、怀疑、好谀等罪状，他也逐一辩解，像极了一个委屈的孩子说：“我明明呕心沥血地努力了，你们为什么还质疑我？”雍正是一位勤奋有为的皇帝，但他把每一根弦都拉得太紧，他也似乎没有理解木兰秋狝和避暑山庄在围猎之外的意义，康熙筑起的桥并没有被他传承，他也自然无法听到那世界的长风松涛。清雍正十三年（1735），年仅五十八岁的雍正崩逝，皇四子弘历即位，年号乾隆。

那个和爷爷一起听万壑松风的孩子，站到了最高处。

松风与晚照

乾隆是一个幸福的皇帝，清王朝经历了顺治、康熙和雍正三代的积累，进入一个运转顺畅的阶段。雍正在即位之初就已经确定了他是自己的继承人，这个自幼就独得皇祖恩宠的孩子接受了完美的教育，带着与生俱来的骄傲和迷之自信。正因如此，他清晰地看到雍正《大义觉迷录》是把自己降到与反对者一样的身份，即位之后马上下令收缴、禁绝所有《大义觉迷录》，并且违背了雍正不许为

[19] 爱新觉罗・胤禛:《大义觉迷录》，载中国社会科学院历史研究所清史研究室编《清史资料（第四辑）》卷一，中华书局，1983，第 4 页。

避暑山庄摆渡船

难曾静和张熙的遗命，毫不犹豫地将二人处死。乾隆把祖父康熙作为自己的榜样，从清乾隆六年（1741）开始就恢复了木兰秋狝，在位六十年，驻跸避暑山庄达四十九次，有四十个生日"万寿节"都在避暑山庄度过。不仅如此，从清乾隆十年（1745）到清乾隆五十七年（1792），他一直对避暑山庄进行扩建，并且在清乾隆十九年（1754）亲自题写了"乾隆三十六景"，与祖父康熙的三十六景相匹配。乾隆从没忘记在万壑松风的时光，他在清乾隆十七年（1752）听着松涛，写下《万壑松风》诗：

苍翠郁氤氲，岩端细径分。
四时无改色，众木有超群。
盖影晴仍暗，涛声静不纷。
髫年读书处，终是愧尊闻。[20]

[20] 和珅、梁国治奉敕纂《钦定热河志》卷二十六，收入《影印文渊阁四库全书》，台湾商务印书馆，1986，第26页。

避暑山庄灵泽龙王庙雪景

他把自己当年住过的后殿命名为“鉴始斋”，清乾隆十九年，他在《题万壑松风旧书屋》诗里写：“昔日恩承仁祖处，今来又作抱孙人”[21]，当年的孙儿成了祖父，抱着他的孙儿来听万壑松风，人生代代无穷已，松风却百年如旧时。清乾隆三十八年（1773），乾隆为了纪念康熙，把万壑松风的大堂命名为“纪恩堂”，他在《避暑山庄纪恩堂记》中说：“及从皇祖来避暑山庄，乃赐居斯堂之侧堂，即三十六景中所谓万壑松风者。夙兴夜寐，日觐天颜。”[22]这一年他六十二岁，距离祖孙俩听万壑松风已经过去了半个世纪。晚年，他总是想起十二岁时，他在万壑松风读书，听到祖父在下面的晴碧亭呼唤他，他匆匆忙忙往下跑。万壑松风下山的路是不规则的石阶，成年人走的时候都如履薄冰，康熙怕他摔跤，不停地叮嘱：“别着急，别摔跤！”这种温暖让他即使在老年回忆的时候依然面带微笑，眼噙泪水。

乾隆严格遵循康熙的教诲，继续着“满汉一家”“天下一体”的构建，他修筑“丽正门”作为避暑山庄的正门。丽正门是“乾隆三十六景”第一景，它的名字出自《周易·离卦》：“离，丽也；日月丽乎天，百谷草木丽乎土，重明以丽乎正，乃化成天下。”[23]日月附丽于天宇，百谷草木附丽于大地，双重的光明遵循正道，就能以文化成就天下。丽正门正中央门洞上方镶有乾隆用汉、满、蒙、维、藏等五种文字题写的“丽正门”匾额，体现了五族一体的精神，各兄弟民族都是到丽正门来朝会乾隆，以示天下一统。

明末清初，蒙古族按活动地域分为漠南蒙古（内蒙古）、漠北蒙古（喀尔喀蒙古）和漠西蒙古（又称厄鲁特蒙古、卫拉特蒙古），漠西蒙古又分为准噶尔、杜尔伯特、和硕特、土尔扈特四部，由于土尔扈特部早在明末就西迁，所以乾隆早期漠西蒙古四部一般指的是准噶尔、杜尔伯特、和硕特和辉特四部。漠南蒙古一直是清王朝的坚定拥护者，漠北蒙古在清康熙时期也平息内乱归属清王朝，只有漠西蒙古中的准噶尔部始终试图掌控四部，或降或叛，变乱无常。清乾隆十九年，杜尔伯特部首领策凌、策凌乌巴什和策凌孟克来避暑山庄朝觐，乾隆在澹泊敬诚殿接待了三策凌，并为三人册封爵位。这一年的年底，乾隆又接见了厄鲁特蒙古辉特部台吉阿睦尔撒纳。清乾隆二十年（1755），在厄鲁特蒙古各部的支持下，清王朝平定准噶

[21] 和珅、梁国治奉敕纂《钦定热河志》卷二十六，第27页。

[22] 爱新觉罗·弘历：《圣祖仁皇帝御制文集·第二集》卷十二，收入《影印文渊阁四库全书》，台湾商务印书馆，1986，第5—6页。

[23] 黄寿祺、张善文：《周易译注》，第231—232页。

避暑山庄北部山区城墙

这种温暖让他即使在老年
回忆的时候依然面带微笑，眼噙泪水。

避暑山庄——从烟雨楼看金山岛

尔部达瓦齐的叛乱。同年冬十月，乾隆在避暑山庄万树园宴请厄鲁特蒙古准噶尔、杜尔伯特、和硕特、辉特四部王公贵族。为纪念这次会盟，乾隆追溯康熙与喀尔喀蒙古多伦会盟建汇宗寺的先例，仿西藏桑耶寺修建普宁寺。

其中还有插曲，由于阿睦尔撒纳本意是借清军之力消灭达瓦齐，事后自己掌控厄鲁特蒙古四部，并不满足于乾隆封他为双亲王。所以，阿睦尔撒纳在达瓦齐兵败后反叛，准噶尔部再次陷入混乱，次年大小和卓也乘机叛乱。清乾隆二十二年（1757），清军在厄鲁特蒙古各部的支持下平定阿睦尔撒纳。两年后，平定大小和卓，这一年，厄鲁特蒙古达什达瓦部经乾隆批准迁居承德。为了尊重他们的宗教信仰，乾隆下旨在避暑山庄北部，仿照战乱中被烧毁的新疆伊犁固尔扎庙修建安远庙，厄鲁特蒙古各部首领每年都会来这里朝拜。在达瓦齐、阿睦尔撒纳和大小和卓叛乱相继被平定之后，西北地区结束了多年的割据混战，巴尔喀什湖附近的左、右哈萨克族和葱岭（今帕米尔高原）以北的东、西布鲁特族相继归顺，由于他们每年都要到避暑山庄朝觐，因此乾隆又修建了普乐寺。

清乾隆三十五年（1770），乾隆六十寿辰，次年是其母八十寿辰，乾隆为了接待到承德贺寿的各族王公，下旨仿照拉萨布达拉宫修建普陀宗乘之庙，俗称“小布达拉宫”。清乾隆三十六年（1771），自明末就西迁到伏尔加河流域的厄鲁特蒙古土尔扈特部，在首领渥巴锡的带领下万里东归。同年九月初，乾隆在木兰围场的伊绵峪和避暑山庄的澹泊敬

普陀宗乘之庙权衡三界内供铜吉祥天母金镤像

普陀宗乘之庙护法像

诚殿多次接见渥巴锡等首领，封渥巴锡为卓哩克图汗，对土尔扈特部人民给予妥善安置，亲撰《土尔扈特全部归顺记》和《优恤土尔扈特部众记》，并用汉、满、蒙、藏等四种文字刻石，立碑于普陀宗乘之庙内。

清乾隆四十五年，乾隆七十寿辰之际，后藏政教首领六世班禅额尔德尼亲自来承德贺寿。乾隆下旨仿照日喀则札什伦布寺建须弥福寿之庙，供班禅讲经和下榻。乾隆与班禅的这次见面体现出了兄弟民族之间的尊重与温暖，七十岁的乾隆用藏语和班禅交谈，班禅则破例对乾隆行跪拜礼。同年八月己未，乾隆七旬万寿节，他在澹泊敬诚殿接见了贺寿的王公大臣和兄弟民族中的王公贵族，这是统一的多民族大家庭的缩影，乾隆实现了康熙当年“天下一家”的愿景，祖孙历经百年搭建的桥梁将整个王朝凝聚在一起。

十年后，乾隆的八十大寿规模更大，这次不仅有王公大臣和兄弟民族，还有安南（今越南）、朝鲜、缅甸等国的国王或使者来贺，这位从童年就被宠在蜜罐中的皇帝陷入一种人生圆满的愉悦里。大概从这时他就在琢磨为自己的人生做一个满意的总结，而当时除了他自己，谁的总结能到位呢？清乾隆五十六年（1791），乾隆带着十岁的皇孙绵宁围猎，绵宁射中了一头鹿。乾隆非常高兴，仿佛看到了当年的康熙和自己。清乾隆五十七年，清军击败侵扰西藏的廓尔喀，廓尔喀在十月遣使朝觐，乾隆的灵感爆发，写下《御制十全记》，总结了自己一生

普陀宗乘之庙琉璃牌坊

中的十次重大军事行动，定义为“十全武功”，自己则号称“十全老人”[24]。当年，康熙的避暑山庄诗中都是以自省结尾，而乾隆此时的诗里却全都是自得。相比少年即位后在斗争中成长的康熙，还有在兄弟争储中磨砺的雍正，乾隆的一生太过顺遂，以至于他把这一切的成就都归结到自己身上。可是，唯有磨砺，才能让我们认清自己，也才能让我们看到别人，缺少了这一课，终究要交学费。

智者之所以筑桥，是因为看得到波涛的对面，那里也有一样的世界和无穷的人。而如果我们只把眼光放到自己身上，那就只能看到脚下。当时清王朝和世界的桥梁有两个，一个是传教士，一个是通商。前者在康熙晚年因为礼仪之争被禁，后者则随着对外关系的变化断断续续限制颇多。所以，乾隆对世界的了解从一开始就没有康熙丰富，特别是到了晚年陷入唯我独尊的大梦中，完全不可能像康熙一样主动与路易十四那样的西方国王建立平等友谊。从更为广大的世界来看，当年康熙被公认为是与法国国王路易十四、俄国彼得大帝并称的英主，而乾隆时期的清王朝已经被评价为封闭、落后、自大的庞然大物。

清乾隆五十八年（1793），乾隆在自己八十三岁生日的前两日，在避暑山庄万树园接见了英国的使者马戛尔尼（George Macartney）。当时的英国已经完成了第一次工业革命，并通过火炮和贸易在世界各地侵略和殖民，特别是英国对印度的殖民和东印度公司的扩张，直接威胁到清王朝的边疆。马戛尔尼此次来华名义上是为乾隆祝寿，但核心目的是让乾隆答应在广州一口通商的基础上，开放天津、宁波等更多口岸。历史上把这一次见面遇到的礼仪之争描绘成清王朝盲目自大的笑话，但越来越多的研究资料证明，乾隆并没有那么迂腐可笑。清王朝从自己的立场要求英国使者行三跪九叩大礼，而马戛尔尼从英国的立场拒绝，这是国家尊严之争，无可厚非，双方最终达成共识，免去马戛尔尼三跪九叩大礼，允许他像朝见英王一样单膝跪地，可见乾隆是有让步和变通的，所以礼仪之争显然不是马戛尔尼此次出使无功而返的原因。

真正让乾隆拒绝马戛尔尼的是英国提出的通商要求，这些要求除了多开口岸

[24] 爱新觉罗·弘历:《圣祖仁皇帝御制文集·第三集》卷四，收入《影印文渊阁四库全书》，台湾商务印书馆，1986，第12—13页。

普陀宗乘之庙权衡三界殿金顶

避暑山庄正宫区澹泊敬诚殿

之外，还有各种连带的贸易优待甚至免税，其中一些涉及划定某些小岛供英商使用。这些要求对于乾隆来说，触及了底线，联系到东印度公司在清王朝周边的活动，他看到了这些贸易要求之外的战略意图。同时，马戛尔尼带来的礼物也让乾隆警觉，特别是其中的武器——一艘当时英国最先进的炮舰“狮子号”模型，马戛尔尼解释说英国是西方最强大的海上霸主，这艘作为特使乘坐的“狮子号”具有超群的战斗力。乾隆看着那些欠妥的要求和这些近似威胁的礼物，顺遂一生的他肯定非常不适，所以他拒绝了英国人的请求，并且马上在沿海布置军事防御，同时严令广东口岸严守法律法规，不要提高税率或敲诈英国商船，以免给英国挑起战争的借口。

马戛尔尼使团无功而返，为了给自己找到失败的借口，他们刻意强调清王朝的愚昧自大，不肯和别国平等相处，并且肯定地说这种封闭和愚昧最终必然导致落后，言下之意，我们有朝一日发动战争是有道理的，并且由于它的落后就应该

挨打。他们从来没有觉得自己的要求有什么不妥，也并不觉得贩卖鸦片的贸易有违人道。马戛尔尼使团这次回到欧洲之后，清王朝愚昧落后的论断彻底占据了主流，完全改变了当年传教士们带去的美好印象。

乾隆晚年的自大非常危险，但这并不是导致清王朝闭关锁国的主因。真正耐人寻味的是，乾隆一方面认为自己十全武功几乎天下无敌，一方面却又非常警惕与英国人开战，难道他隐约感觉这种战争自己未必稳操胜券？他似乎堵住了耳朵，却又似乎听到了世界的长风呼啸，只是这次的风并不是来自他经营一生的边疆，而是来自无边的大海。他已经老了，没有足够的精力来应对这完全陌生的威胁，更不知道如何在保证王朝安全的情况下建筑这样的桥梁，这种源自内心深处的无力感，应该是拒绝马戛尔尼的根本原因。

万树园的那个黄昏，落日的余晖洒在金灿灿的秋草上，树丛的影子被拉得很长，乾隆和马戛尔尼都有些落寞。

同年八月己未，乾隆七旬万寿节，
他在澹泊敬诚殿接见了贺寿的王公大臣和兄弟民族中的王公贵族，
这是统一的多民族大家庭的缩影，
乾隆实现了康熙当年“中外一家”的愿景，
祖孙历经百年搭建的桥梁将整个王朝凝聚在一起。

避暑山庄正宫区澹泊敬诚殿

溥仁寺天王殿旁古松

断桥立尽残阳

清乾隆六十年（1795），乾隆在八十五岁归政，立皇十五子爱新觉罗·颙琰为太子，自称太上皇帝。乾隆之所以在此时归政，据说是因为康熙当年在位六十一年，他出于对祖父的尊重，不敢超越祖父在位的年头。不过，乾隆做了太上皇之后，依然掌控着朝政，在清嘉庆二年（1797），父子两个皇帝还到避暑山庄歇脚，直到嘉庆四年（1799）乾隆崩逝，嘉庆才真正亲政。嘉庆面对着乾隆晚年留下的混乱局面，像他的祖父雍正一样试图整饬朝廷，他称之为“咸与维新”。他先处理掉和珅，严厉打击贪污受贿，整顿官场歪风邪气，起复前朝因为直言获罪的官员，崇尚节俭以抑制清乾隆末年的奢侈之风。不过，前朝积累的矛盾还是爆发，各地起义频仍，波及川、陕、楚、浙、闽、豫、鲁以及直隶大部分地区，清王朝在镇压起义的过程中大伤元气。嘉庆依旧保持着去木兰秋狝和避暑山庄的习惯，在位的二十五年里，驻跸避暑山庄达十九次。相比边疆兄弟民族，让他颇为头痛的则是海上的威胁。英国一方面通过使团继续请求通商（鸦片是大宗），另一方面则在一口通商的广东周边制造事端，贸易要求往往伴随着殖民侵蚀和鸦片输入，这就导致嘉庆索性一股脑地拒绝了英国所有的请求，并且反复严令禁绝鸦片。清嘉庆时期，也延续了清乾隆时期禁止天主教传播的政策，这样一来，传教士和贸易这两条联系世界的桥梁几乎都断了。跟康、雍、乾三代相比，嘉庆就像个平庸的孩子，被命运推上了历史的舞台，外面长风呼啸，他双手紧紧关住大门，妄想抵抗时代的洪流。

随着海上的威胁越来越大，作为边疆桥梁的木兰秋狝和避暑山庄慢慢隐入尘烟。清嘉庆二十五年（1820），嘉庆在木兰秋狝后病重，最终在避暑山庄烟波致爽殿崩逝，伴驾的嫡长子绵宁被立为皇太子，护送嘉庆灵柩回京。同年八月，当年陪同乾隆皇帝打猎获鹿的绵宁即位，改名旻宁，年号道光。让所有人诧异的是，道光在即位的第四年，发布上谕取消木兰秋狝，并且允许百姓进入垦荒。这其实意味着木兰围场已经不再是皇家猎场，事实上，从这一年开始，道光再也没恢复木兰秋狝。道光这个从童年就随着祖父和父亲到承德打猎避暑的皇帝，即位后再也没去过避暑山庄，避暑山庄的陈设被大量运回北京，康熙建筑起的桥彻底成为断桥。道光的无力感更甚于嘉庆，清王朝紧闭的大门最终被英国人的炮火打开。清道光二十年（1840），鸦片战争爆发，割地、赔款、五口通商……乾隆终究不及康熙，康熙的皇孙看到了盛世，乾隆那射鹿的皇孙看到的却是破碎的残阳。

避暑山庄沉寂了四十年，烟波致爽殿在送走了嘉庆之后，又准备送走他的孙子。说实话，咸丰比祖父和父亲都要振作，他以坚定手段整肃官场，任用改革派除弊立新，敢于重用曾国藩、李鸿章、左宗棠等汉族大臣，可是毕竟大势已去，国内太平天国运动席卷南北，海上列强环伺步步紧逼。清咸丰十年（1860），英、法联军进逼北京，咸丰以“木兰秋狝”之名带着皇后（即后来的慈安太后）和懿贵妃（即后来的慈禧太后）逃往避暑山庄，在烟波致爽殿西暖阁的炕几上，签署了中英、中法、中俄《北京条约》。同年十月，英、法联军洗劫并焚烧圆明园。咸丰最初心中焦急，一度想回京，但避暑山庄的安逸让他有了一种岁月静好的错觉，他开始沉溺在这种错觉中，痴迷于戏曲中的情节不能自拔，大概如同我们遭遇挫折之后“躺平”追剧，仿佛独立于时空之外。清咸丰十一年（1861）七月，“躺平”的咸丰病重，他立六岁的皇长子载淳为太子，他大概预感到恭亲王奕䜣和懿贵妃是隐患，专门委任载垣、端华、景寿、肃顺等八人辅政，史称“顾命八大臣”。次日，咸丰崩逝于烟波致爽殿，载淳遵遗诏继承大统，皇后和懿贵妃也就成了皇太后。不久，两宫太后联合恭亲王奕䜣发动“辛酉政变”，打倒了顾命八大臣，开始垂帘听政。慈禧太后至此登上历史舞台，从同治、光绪两朝到立末帝宣统，掌控了清王朝最后的命运。

清同治元年（1862），朝廷下令停止避暑山庄的一切未竟工程。避暑山庄接待的最后的皇帝祖孙，竟然都是以死亡告终。烟波致爽殿东北方就是万壑松风，可如今残阳如血之下，哭声盖过了松涛，并从此渐行渐远。

避暑山庄水心榭

从承德避暑山庄到外八庙
——熠熠生辉的“无形的长城”

文 / 张晏华

清雍正元年（1723）设立了热河厅，
清雍正十一年（1733），雍正皇帝为取“承受先祖德泽”之意，
赐字“皇承天德”，释义先皇秉承天地化育万物的恩德，
设承德直隶州，才开始有了“承德”。

普乐寺的春天

普乐寺喇嘛塔

承德的名字总是与避暑山庄和外八庙同时出现，不管是因为有了避暑山庄和外八庙才有了承德，还是因为避暑山庄和外八庙让承德真正成为“承德”，哪怕是当地人也有点说不清楚——到底哪一个才算是这座城市最为远近闻名的定语。

作家余秋雨在他的散文《一个王朝的背影》中，是这样定义承德的避暑山庄和外八庙的：

> 康熙希望能筑起一座无形的长城……把复杂的政治目的和军事意义转化为一片幽静闲适的园林，一圈香火缭绕的寺庙。

一片清王朝的夏宫，一圈皇家的寺庙，幻化为无形却又坚韧的“长城”，这一切都要从避暑山庄开始说起。

避暑山庄始建于清康熙四十二年（1703），历经八年到清康熙五十年（1711）初具规模，康熙御笔题写“避暑山庄”云龙陡匾悬挂在正宫内午门中门上方，是所有来承德旅游人的留影打卡之地。1994 年 12 月，承德避暑山庄及周围寺庙被联合国教科文组织列为世界文化遗产，2007

普宁寺航拍

年被评为国家 5A 级景区。它与北京的颐和园、苏州的拙政园、留园合称为中国四大名园。

在兴建避暑山庄的初期，“承德”尚不存在。这片土地最初在清王朝历史上亮相的时候，是以“热河厅”的身份出现的。清雍正元年（1723）设立了热河厅，清雍正十一年（1733），雍正帝为取“承受先祖德泽”之意，赐字“皇承天德”，释义先皇秉承天地化育万物的恩德，设承德直隶州，才开始有了“承德”。

承德地处河北省东北部，与辽宁、内蒙古接壤，南部与北京、天津为邻，东西与秦皇岛、唐山、张家口相连，是华北和东北两个地区的连接过渡地带。在距离京城超过二百公里的地方修建一座规模如此之大的皇家夏宫，不仅是因为承德的人杰地灵，也缘起于满族这个“马背”上的民族。

入关之后，为了保持“骑射”的传统以及训练军队，康熙帝在平定了三藩之乱以后，把注意力转向北方，加强对蒙古地区的管理与巩固边防，在距离京城三百五十公里的蒙古克什克腾、巴林、翁牛特、敖汉、喀喇沁等地建立了木兰围场，于每年的七八月间举行木兰秋狝。“木兰”，是满语的音译，意为“哨鹿”，是模仿公鹿的鸣叫来引诱鹿群。而“秋狝”则是帝王在金秋季节打猎活动的专属称呼。

普陀宗乘之庙

清朝自康熙二十年（1681）首次开始了木兰秋狝，狩猎习武、训练部队，一度是清代加强武备、安定边境、绥服蒙古的重要政治策略。最初，在前往木兰围场的过程中总要经历遥远的路途，到达任何一个目的地都需要好几天，所以自然就有了在沿途修建行宫驿站的计划。作为热河行宫的避暑山庄，就是沿途中众多的行宫之一。

由于热河的地理位置和自然环境独特，又是在京城与围猎场地的中间地段，康熙皇帝将这里作为重点开始扩建，素有“夏宫”之称。有了避暑山庄，每当夏季暑伏来临之前，康熙皇帝都要带上家属和朝廷大臣来到承德住上一段时间，接待访者、处理国事，最后形成了清朝第二个行政中心。但雍正皇帝在位执政的十三年间，却从未来过避暑山庄，也没有举行过木兰秋狝。雍正解释说：

> 予之不往避暑山庄及木兰行围者，盖因日不暇给，而性好逸、恶杀生，是予之过。后世子孙，当遵皇考所行，习武木兰，毋忘家法，煌煌圣训。

按照雍正的意旨，后世子孙要效法先皇康熙所行，所以乾隆皇帝又继续沿袭了祖父留下的传统——盛夏到避暑山庄，秋季赴木兰围场，几十年坚持不懈。

避暑山庄规模宏大，园内涵盖了宫殿、亭、台、楼、阁、轩、榭以及佛道寺院等一百二十余座建筑景观，这些景观并不是康熙一朝而建，是历经康熙、雍正、乾隆三朝八十九年时间落成。时至今日已有三百多年的春秋，园内有史称“避暑山庄七十二景”的园林建筑景观，这七十二景分别由康熙皇帝以四字名御笔题额的三十六景和乾隆皇帝以三字名御笔题额的三十六景组成。

康熙三十六景

烟波致爽	芝径云堤	无暑清凉	延薰山馆	水芳岩秀	万壑松风
松鹤清越	云山胜地	四面云山	北枕双峰	西岭晨霞	锤峰落照
南山积雪	梨花伴月	曲水荷香	风泉清听	濠濮间想	天宇咸畅
暖流暄波	泉源石壁	青枫绿屿	莺啭乔木	香远益清	金莲映日
远近泉声	云帆月舫	芳渚临流	云容水态	澄泉绕石	澄波叠翠
石矶观鱼	镜水云岑	双湖夹镜	长虹饮练	甫田丛樾	水流云在

乾隆三十六景

丽正门	勤政殿	松鹤斋	如意湖	青雀舫	绮望楼
驯鹿坡	水心榭	颐志堂	畅远台	静好堂	冷香亭
采菱渡	观莲所	清晖亭	般若相	沧浪屿	一片云
萍香沜	万树园	试马埭	嘉树轩	乐成阁	宿云檐
澄观斋	翠云岩	罨画窗	凌太虚	千尺雪	宁静斋
玉琴轩	临芳墅	知鱼矶	涌翠岩	素尚斋	永恬居

最初，康熙帝选了其中部分建筑来题额命名；后来，乾隆皇帝照仿康熙皇帝，同时又要表达对祖父的尊重，所有数量上都不能超过康熙，所以沿用了三十六景的先例，但仅用三个字题额。虽然“七十二景”是避暑山庄里最常被提及的标志性景观，但绝不是全部，园内还有很多著名的代表性建筑，如仿苏州狮子林而建的文园狮子林、仿浙江嘉兴南湖烟雨楼而建的烟雨楼，还有清代四大藏书楼之一的文津阁，以及山区的十几座园林景观和佛道寺院等，都堪称园林建筑典范之作。

普陀宗乘之庙大红台主殿万法归一殿藻井

普陀宗乘之庙御座楼

须弥福寿之庙

避暑山庄占地面积五百六十四万平方米，主要由宫殿区、湖泊区、平原区和山区四部分组成，是集宫殿、园林、寺院为一体的综合性皇家别院。避暑山庄作为皇帝的行宫，自然要依照天子九门的规格而建，在长达十公里的虎皮宫墙上设有九座宫门，九座宫门中丽正门是九门之首，是皇帝后妃、皇亲国戚以及四品官员以上人员才可以走的门。从丽正门向东沿宫墙依次还有城关门、德汇门、流杯亭门、惠迪吉门、西北门、碧峰门、坦坦荡荡门和仓门。现在九座门只开放四座，丽正门和德汇门是进入景区的门，城关门还有一座后来开辟的万树园门，都是出景区的门。

从丽正门进入避暑山庄，正对着的院落就是正宫区。正宫区由正宫、东宫（1945 年失火被毁，现仅存基址）、松鹤斋、万壑松风四组院落组成。正宫区与

小布达拉宫碉楼

松鹤斋现在开辟为避暑山庄博物馆，馆内陈列由两部分组成，一部分是复原陈列，保持着清代帝后居住、办公、读书场所的原貌；另外一部分则为专题陈列，展出馆藏的精品文物。

正宫区共有九进院落，以表现皇帝“身居九重”的含义。以万岁照房为界，正宫分作前朝和寝宫两部分。这个区域是清代皇帝驻跸避暑山庄期间居住和处理朝政的居所，皇帝在这里召见王公大臣及少数民族政教首领，举行各类庆典活动，接见外国使臣。

从正宫区的第一道门——丽正门开始，随后由南向北依次是外午门、内午门。避暑山庄的匾额就悬挂在内午门中门之上。而沿中轴线继续向北，依次就是澹泊敬诚殿、四知书屋、十九间照房、烟波致爽殿、云山胜地楼。

清乾隆四十五年（1780），六世班禅从西藏来热河朝见乾隆皇帝，就是在正宫的澹泊敬诚殿接见的。而烟波致爽殿更是见证了清王朝两位帝王的陨落：一位是嘉庆皇帝，他在位的二十五年里，曾驻跸避暑山庄十九次。清嘉庆二十五年（1820）秋，按照皇家惯例又一次举行了木兰秋狝大典，而返回的途中嘉庆突发疾病，驾崩于避暑山庄烟波致爽殿。另外一位则是咸丰皇帝，清咸丰十年（1860）第二次鸦片战争期间，英、法联军攻占北京，咸丰听从大臣的建议，以北狩木兰之名逃往承德避暑山庄，令人没想到的是他也在烟波致爽殿中去世，随后慈禧就在避暑山庄发动了“辛酉政变”。

从正宫区的后门岫云门走出，才能体会到什么是视觉上的豁然开朗。湖光山色的自然景致中，穿插着高低错落的亭台楼阁，皇家园林的精致与宏大在这里尽收眼底。出岫云门就是通往山区与湖区的路。中轴线东、西两侧还有东所、西所、朝房、回廊、照房、松鹤斋、万壑松风等建筑，供皇帝及家属和朝廷大臣居住办公。

万壑松风是一组独立院落，建于清康熙四十七年（1708），位于正宫区的东北角，北侧临湖，由于地势高，可以在这里俯瞰湖区景色，康熙皇帝就在这里搭配着美景批阅奏章、召见官员。后来，万壑松风也成了儿时的乾隆随康熙到避暑山庄读书的地方。乾隆继位后，将院内大殿题名为纪恩堂，来纪念祖父康熙对他的眷顾和养育之恩。同样为了表达尊敬，就在万壑松风不远处，乾隆皇帝为母后修建了松鹤斋，松鹤斋与正宫区并列，建筑布局和正宫相似，只是规模缩小，只有八进院落，题名“松鹤斋”以示松鹤延年长寿。

避暑山庄湖区以桥、亭、榭、洲、岛划分，由澄湖、如意湖、上湖、下湖、内湖、半月湖、银湖和镜湖等八个湖区组成。湖区选址是武烈河河谷的沼泽地带，水源引自武烈河，筑堤围水后形成湖泊。园内的水系与武烈河联通，湖水经过水心榭后流出园外，会再次并入武烈河，水源引入与输出的体系，让避暑山庄湖区的水量得以保持丰满充盈状态，雨水多的季节也不会泛水。

普乐寺旭光阁的木制曼陀罗

普宁寺木雕千手千眼观世音菩萨像

湖区景观主要有：环碧岛、芝径云堤、远近泉声、长虹饮练、双湖夹镜、知鱼矶、文津阁、如意洲、观莲所、法林寺、沧浪屿、青莲岛、烟雨楼、金山上帝阁、热河泉、依绿斋、戒得堂、新所、月色江声、文园狮子林、水心榭。

湖区的西、北部沿湖岸距离不等，建有风格各异的六座亭子，从西向北依次是：如意亭、芳渚临流、水流云在、濠濮间想、莺啭乔木、甫田丛樾。

湖区的景观色彩以灰、白、褐色为主，有少量的彩绘，视觉清新自然，朴素中带着高雅。避暑山庄的造园艺术继承和发展了中国古典园林“以人为之美入自然，符合自然而又超越自然”的构思理念，根据地理环境特征进行总体规划设计，因地制宜、尊重自然造化，所以才能借山借水，融入其中。

园中造景多仿建江南名园景观，园林建筑多有较大体量，使江南园林的秀美身姿与北方雄壮的山水风貌完美融合，营造了南秀北雄的环境艺术氛围，也是中国造园史上南北园林特征符号融合应用最完美的典范之作。

初春，冰雪融化，花红柳绿，百鸟鸣唱；盛夏，气候宜人，荷叶层层叠叠，荷花亭亭玉立；秋日，秋高气爽，蓝天白云，色彩斑斓，五彩缤纷；入冬，白雪皑皑，银装素裹，静谧幽雅。尤其是到了冬季，避暑山庄湖面结冰后成为当地人滑冰、玩雪的传统去处，大人、小孩无不快乐。近几年，这种当地的传统也吸引了不少游客，开辟的很多冰上娱乐活动颇受欢迎。

穿过湖区，去往避暑山庄的东北角，就来到了平原区。避暑山庄平原区主要由试马埭和万树园组成，占地面积近千亩，北靠山麓，地域开阔，绿草如茵。平原区的东边自然生长着一片森林，乾隆御笔题名的“万树园”石碣就立于树林丛中，周边还有永佑寺、春好轩、萍香泮、泉源石壁等建筑景观，如今都开放供游人参观。西边则是一片平坦的草原，当年是皇帝进行小型围猎的场地，草原上还有二十多座蒙古包，其中一座御用大幄是供皇帝休息之所。有许多著名的历史事件在这里发生：清乾隆十九年（1754），三策凌、阿睦尔撒纳归顺，乾隆七十寿诞六世班禅的到来，以及清乾隆五十七年（1792）英国马戛尔尼使团访华，都在万树园的蒙古包大幄举行了筵宴。

避暑山庄的西部和北部是山区，也是避暑山庄最大的区域，占总面积的五分

普陀宗乘之庙大红台主殿万法归一殿

普陀宗乘之庙大红台主殿万法归一殿金顶

大乘妙峯

普陀宗乘之庙大红台主殿
万法归一殿金顶（局部）

之四。山峦之间林木繁茂、古树参天，气候十分荫凉，进入盛夏后，山区气候比园内其他地方要低 5℃左右，“避暑”之名当之无愧。

这里也是徒步登峰、观赏整个避暑山庄的绝好去处。每个建有亭子的山峰，是早在清代就被认证过的“最佳观景点”，不同位置的亭子能看到不同角度的风景：在锤峰落照、南山积雪处，可看山庄湖区和平原区景观；在古俱亭上，能看到山庄外部金碧辉煌的皇家寺庙；在四面云山上，则能纵览周边绵延起伏的山群和承德市区。现在为了方便参观山区，避暑山庄景区也给游客提供了乘坐观光电瓶车的选项。

走进山区，有着别样的静谧悠然，时而听到的流水潺潺是藏匿的清泉，偶尔注意到林间的响动，可能是成群的野鹿。在这里，建造者利用山峰、山崖、山洞、山麓等自然地形，修建了很多山间庭院、佛道寺庙、亭、桥等建筑。现存的景观建筑有：南山积雪、北枕双峰、青枫绿屿、锤峰落照、四面云山、风泉清听、恒河普渡、德水通津、古俱亭、广元宫、宜照斋、碧峰寺。

山区里有一座珠源寺，在松林峪和梨树峪之间的山阜上，现仅存山门、大铜钟和一些残垣遗址。虽然只留下了历史遗迹，但站在这里依旧能看到一片独特别致的景观，仍然是非常值得一去的地方。珠源寺的宗镜阁，是中国建筑史上具有独特代表性的范例，之所以说它独特，是因为这座平面呈方形的佛阁从每一个建筑构件到匾额、楹联，全部是用青铜铸造而成，所有构件也都可拆卸。它与北京颐和园的宝云阁一样，都是中国建筑史上具有极高艺术价值的存在，堪称稀世珍宝。

1943 年，日军占领承德，将宗镜阁拆卸后运往奉天（今辽宁沈阳）兵工厂，融化后做了弹药，铜匾及铜抱柱楹联则被运到了沈阳故宫。新中国成立后，仅存下的匾额与楹联又从沈阳运回承德，现陈列于避暑山庄博物馆的“万岁照房”通道内。

余秋雨提到的“无形长城”，除了避暑山庄，当然还有散落在其周围的皇家寺庙群——承德外八庙。

“外八庙”是指围绕在避暑山庄园外东、北山峦上依照西藏、新疆藏传佛教寺

十二座寺庙分布在避暑山庄外东、北向，
以避暑山庄为中心呈放射状坐落于山岗之上。
俯瞰避暑山庄及周围寺庙，
它们犹如散落在避暑山庄周边的瑰宝，
金碧的色彩在群山峻岭中映衬生辉。

须弥福寿之庙妙高庄严殿金顶

庙及汉式寺庙的样式，仿建的皇家十二座藏传佛教寺庙群。那为什么有十二座寺庙却被称为外八庙呢？

在清朝时期，中央政府有个部门叫理藩院，主要负责管理边疆少数民族和部分外交事务。其职责范围包括管理蒙古、青海、西藏、新疆以及四川等地区的少数民族事务，另外，还负责管理藏传佛教事务，包括活佛的登记、转世、度牒等。所以十二座藏传佛教寺庙理应隶属理藩院管理，但是由于这十二座寺庙是皇家御用寺庙，它的特殊性就决定了它的功能性，其中只有溥仁寺、溥善寺、普宁寺、安远庙、普陀宗乘之庙、殊像寺、须弥福寿之庙、广缘寺等八座寺庙由理藩院管理，于北京喇嘛印务处注册，并在北京设有常驻喇嘛的办事处，这八座寺庙又是在京城的古北口之外，故被称为“口外八庙”，后来就去掉“口”直接称呼外八庙了，久而久之，慢慢地“外八庙”便成为这十二座寺庙的代称。

外八庙的兴建因避暑山庄而起，更是皇家园林的重要组成部分。当避暑山庄集政治、起居、休闲于一体，发展规模宏大并成为清中央政府第二个政治中心的时候，清朝皇帝为了能在承德避暑山庄进行宗教活动，满足接待蒙古、新疆、西藏等地区王公贵族的政治活动需要，同时顺应当时蒙、藏地区少数民族信奉藏传佛教的习俗，于是开始在避暑山庄周围修建皇家寺庙。外八庙便应运而生。

从清康熙五十二年（1713）第一座溥仁寺始建，到清乾隆四十五年最后一座广源寺建成，正值清朝康、乾最鼎盛的时期。历时六十七年，建成了享誉中外的这十二座藏传佛教寺庙。该寺庙群占地面积约四十七公顷，建筑面积六万多平方米，是中国现存最大的皇家寺庙群。十二座寺庙分布在避暑山庄外东、北向，以避暑山庄为中心呈放射状坐落于山岗之上。俯瞰避暑山庄及周围寺庙，它们犹如散落在避暑山庄周边的瑰宝，金碧的色彩在群山峻岭中映衬生辉。

鼎盛之势不仅在寺庙群的规模，外八庙建筑艺术的多元和超前，更透露着当时中华民族团结融合、国家统一的内核。外八庙内汇聚了满、汉、蒙、藏等多民族文化艺术，建筑的整体形式、主体色彩多以藏式为主，而诸多细节又结合了汉式建筑。这种相互融合衬托的风格，达到了浑然一体的艺术效果。

清王朝通过“深仁厚泽”来联络少数民族中王公贵族的感情，恩威并用，以

殊像寺山门

诸法空相与滚滚红尘

怀柔之策略，来实现“合内外之心，成巩固之业”的目标。如果说最初的热河行宫还只是木兰秋狝途中的行宫驿站，那么随着避暑山庄的不断扩建与功能的完善，康熙皇帝就开始了以避暑山庄为原点修筑他心中“长城”的构思了。有了这样的治国理念，“边疆”变得不再危险，而“长城”也变换成了“精神长城”。清王朝的多元的民族文化、宗教信仰、治国理念，都得以在承德既柔和又宏大地融合为华丽迎宾的归处。现在再看外八庙的“仿建”，就会更加理解了避暑山庄及周围寺庙不仅是单纯的皇家园林和寺庙，更是让来访承德的藏、疆、蒙少数民族首领及王公贵族们感到宾至如归的一种尊敬。康熙、乾隆二帝以“一座喇嘛庙，胜抵十万兵”的远见卓识，实现了“天下一家”的美好愿景，体现了清王朝民族政策的先进理念。

天长地久
——走读天长镇

文 / 赵辉

老子说：“天长地久，天地所以能长且久者，以其不自生，故能长生。”[1]

天有日月升沉、四季轮回，地有厚德载物、滋养群生，天地的广大无私成就了天长地久。

在太行群山中穿梭许久之后，经过跨越绵河的清代大石桥，沿绵河蜿蜒西行，一座石砌古城赫然入目——天长镇到了，它带着像天一样长久的期待，在井陉绵延如波涛的山峦中静静矗立了上千年。

[1] 王弼:《老子道德经注》，楼宇烈校释，中华书局，2011，第 21 页。

秀 覽

天长镇古城南门瓮城

三个门的城

天长镇位于井陉县西南，向西约三十公里即山西娘子关。天长之名据说得自汉代，唐代在此设天长军并筑城，五代后晋改为天威军，北宋熙宁八年（1075）成为井陉县治所在，在唐天长军城的基础上建了井陉县城，所以人称“天长宋古城”。一般来说，正常的城有东、西、南、北四个主门，但天长宋古城却只有东、南、西三个主城门，这与它“村墟多近水，城郭半依山”[2]的山河形胜有关。

万山，指的是天长镇周边的太行山脉，天长镇所在的井陉是以险峻著称的太行八陉之第五陉、天下九塞之第六塞，而天长镇正扼守井陉西口，是晋冀之交的咽喉，也是秦始皇驰道的重要节点。当年，秦始皇在沙丘崩逝，就是由此路运回咸阳。北宋名臣韩琦经过设在此地的天威驿时，曾作《离天威驿》赞叹：“龙蛇盘道路，波浪卷峰峦。”[3]清末董恂《度陇记》称天长镇：“绵水潆洄于前，陉山踞于后，固关之险，控带西南；抱犊之雄，绵亘东北……盖古岩邑也。”[4]岩邑，就是依山之城，天长古城北墙筑在北岭之上，所以未建北门，整个城北高南低，被称为“簸箕城”。

[2] 常善修、赵文濂纂《井陉县志》卷三十六，台北成文出版社，1968，光绪元年刊本影印，第 273 页。

[3] 韩琦：《安阳集》卷七，收入《影印文渊阁四库全书》，台湾商务印书馆，1986，第 2 页。

[4] 董恂：《度陇记》卷一，清咸丰元年刻本，第十六页。

天长镇古城小南门

近水，指的是从东、南、西三面环抱天长镇的绵河。绵河又称绵蔓河，如果这个名字还有些陌生，那么我们可以翻开《史记》卷九十二韩信背水一战的故事，张守节注曰：“绵蔓水，一名阜将，一名回星，自并州流入井陉界，即信背水阵陷之死地，即此水也。”[5]绵河水声湍急，仿佛当年金戈之声犹在。如果说天长古城北面是借山之利，那么东、南、北三面则是在与绵河的较量中体现了天长人的坚韧。

据雍正年间《井陉县志》载，天长古城本来是夯土为墙，周围凡三里二十步，高三丈五尺。明嘉靖九年（1530），天长古城南城被暴涨的绵河水冲坏，当时知县刘汝弼对其进行修复。明隆庆三年（1569）夏天，绵河又淹没西关，并冲毁南关，知县钟遐龄索性改筑石城，取绵河中鹅卵石筑于原来的土墙表面，后又于南、西二门外增建瓮城各一座，并在城墙上增加弩台十九座，瓮城之门东曰“东聚”、南曰“会源”、西曰“镇武”。其中，南门是古城正门，除瓮城外门“会源”之外，东南角门名“宁河”，内门名“文明”，正门上有迭檐圆顶览秀楼，瓮城内有龙王庙守护城池。为了防备水患，天长古城东南角又设小南门，上嵌“燕晋通衢”，下嵌“山环水抱”，小南门上有明万历年始建的廊柱重檐式观音阁，双层阁楼上供奉

[5] 司马迁：《史记正义》卷九十二，张守节注，收入《影印文渊阁四库全书》，台湾商务印书馆，1986，第6页。

观音像，楼下供奉三官（天官、地官、水官），中为香坛亭，供奉财神爷、送子娘娘等。

天长古城东西、南北街道呈“丁”字形布局，东、南、西三座城门构成了城内相应的东街、南街和西街，城外又有东、西、南、北四关：东门外是东关，东关东头的北面是北关，西门外是西关，在城南与城隔河相望的是南关。大概是南门和小南门有了神仙护佑，西门后来成了绵河主要的冲击对象，民国《井陉县志》记载，大水先是在清乾隆五十九年（1794）冲去西关阁，又在清道光十三年（1833）冲去西关街一半，所剩民居不过两三家……在漫长的岁月里，天长镇留下了古城楼、古城墙、文庙、显圣寺、城隍庙、井陉古瓷窑遗址、井陉古驿道、皆山书院、王家大院等古迹。天长古城，在与水患的斗争中修修补补，真正让这座古城历经岁月考验的，是生活在这片土地上的天长人。

旧时，天长古城南的绵河两岸种着桃林，北洋儒商言敦源早年因父亲言家驹做井陉知县生长于斯，他在《兟庄诗存》中回忆说城南绵水环抱，夹岸有十里桃林。每到春天桃花怒放，或者秋天绵河涛鸣，都让人流连忘返，恋恋至不忍去。沧海桑田，桃林已然不见，但仍有大姐在河边洗衣。传说绵河水是温的，冬天也不结冰，现在是乍暖还寒的春分，我上前问大姐冷不冷，她笑着说一点也不冷。

三座桥

河流，在舒缓的时候滋养万物，也在狂暴的时节吞噬众生，天长人在与绵河爱恨交织的千年纠缠里，建了三座桥。

第一座桥是三座桥中最古老的、被命名为“通济桥”的天威军石桥，桥边的石碑上刻有《大宋成德军天威军石桥记》，详细记载了建桥的原因和经过：绵河有一条支流名叫七里涧，每当夏秋之交雨水甚多时，这条小河就变得“涛奔浪突，岳耸山峙，湍猛汹涌，势若急箭”[6]。远远听去，波涛声就像百万鼍鼓齐鸣，方圆数十里间行人车马都难通行，因为涉水被淹的人不计其数。所以，当地人李宣找到化缘至此的太原栖息院女头陀善慈，跟她说起自己在七里涧上建桥“以济万众

[6] 王用舟修《井陉县志料》第十四编“金石”，天津义利印刷局铅印，1934，第8页。

古城门里时光停驻

天长镇城隍庙大门

廟

之不通”的想法，得到了她的支持。李宣又找到刚到任的天威军使兼井陉知县葛颐，葛颐听了这个提议，认为这件事是“兴民之利，除民之害，本民之情，同民之乐”[7]，自己义不容辞。于是，在天长镇百姓、女头陀善慈、知县葛颐和群僚的共同努力下，石桥开始兴建，并于北宋元丰八年（1085）竣工。石桥由辽阳石匠张安以青石砌筑，为单拱敞肩石桥，桥身长 24.30 米，桥面宽 5.30 米，跨径 10 米，矢高 3 米。更可贵的是张安匠心独运，“雕镂禽兽，曲尽飞走之状”，即使已历经千年，拱券上雕刻的镇水兽蚣蝮依然神采雄壮，两侧拱券石上浮雕的麒麟、狮子、天马等瑞兽也灵动如飞。到了明朝，此桥已经是井陉驿路上的必经之地，《大明国直隶真定府井陉县重建通济桥记》说当时它“东连燕赵，西通秦晋，巴蜀之人或仕宦，或朝贡，或商贾以至京师者，奚经于此”。不过由于河水泛滥，此桥曾被冲坏，明成化年间又有当地善士捐资进行了修复。今日，明代驿路早已改道，七里涧也已断流，但桥还在，那些美好的人和故事也在。

第二座桥本名大石桥，位于天长古城东侧，横跨于绵河之上，此桥建成于清

[7] 王用舟修《井陉县志料》第十四编“金石”，第 9 页。

天威军石桥

[8] 钟文英纂修《井陉县志》卷一“山川”，清雍正八年刊本，第 9 页。

乾隆四十五年（1780），是一座青石砌成的连拱桥。大石桥本有十二孔，桥身长 109 米，桥面宽 6.4 米，高 8 米，但建成后不久即在清乾隆五十九年和清嘉庆六年（1801）两次遇绵河大水，东部六孔桥墩被洪水冲垮，直至民国十八年（1929）才进行了修复，竣工时当地士绅为纪念孙中山曾驻留此地，遂命名为“逸仙桥”。到了 1966 年 8 月，绵河大水又将东部五孔冲垮，1967 年修复时将冲毁五孔改为四孔，新修的四孔加上清代原建的六孔与民国复建的一孔，现存共十一孔，一桥存有三个时代的印记。逸仙桥二百多年来一直是天长镇联通绵河两岸的主道，桥上车水马龙一如当年，桥下绵河依旧春水鸣响。缓步桥上，桥东西两端的石狮默默蹲守，桥两侧望柱上雕刻的形态各异的狮子、猕猴或苍鹰保持着原有的模样，向我们诠释着世间变化与永恒的秘密。

第三座桥名为乏驴岭铁桥，位于天长镇乏驴岭村，是远在万里之外的法国埃菲尔铁塔的中国兄弟。乏驴岭自古以险峻著称，清雍正年间的《井陉县志》记载：“乏驴岭在县西十里，百花山东。”[8] 又引《列仙传》说当年张果老骑驴困乏于

逸仙桥

乏驴岭铁桥全景

此，如今石上还有蹄痕。作为一个连神仙都犯愁的险处，乏驴岭在唐、宋时期就是连接天威军城（天长镇）与承天军城（娘子关）古道的兵家必争之地，自古就有“欲取娘子关，必占乏驴岭”之言，村里古道上依然保留着宋仁宗明道二年（1033）的摩崖石刻，距今已有近千年的历史。乏驴岭铁桥始建于 1905 年，由建造埃菲尔铁塔的法国 DAYDE&PILLE 公司承建，二者使用的材料和工艺完全相同，铁桥所有构件全部由铆钉固定，全桥无一处焊接。铁桥全长 75.5 米，桥面宽 5.5 米，高 7.5 米，桥身距河面 30 米，仅靠两端单跨飞架于绵河之上，是当年专门为正太铁路跨越绵河建设的窄轨铁路桥。今天，正太铁路早已改线，这座桥成了村民日常出行的必经之路，可在锈迹斑斑的桥身上，却依然保留着旧时的弹痕，向我们诉说当年的铁血峥嵘。最可歌可泣的一次战役发生在 1937 年 10 月，侵华日军第一军司令官香月清司部川岸文三郎第 20 师团近万人，在飞机和炮火支援下，沿正太铁路线西进，直逼娘子关，试图一个月拿下山西，实现三个月灭亡中国的图谋。娘子关外受命在第一线正面布防的是赵寿山将军率领的国民革命军 38 军（原西北军杨虎城部）第 17 师官兵一万三千余人，指挥部就设在乏驴岭，前沿阵地部署在井陉旧城（天长古城）西南的雪花山。从 10 月 11 日至 19 日，中国官兵手持“汉阳造”和土手榴弹，顶住日军飞机和炮火的轮番攻击，与装备精良的日军血战九天九夜，为保卫太原赢得了时间，也付出了惨重代价。这一战，17

走上乏驴岭铁桥

井陉县第二中学大门，文庙学校院子里

师一万三千余官兵仅剩二千七百余人，师长赵寿山一夜白头。站在铁桥上，望着四周绵延相连的百花山、雪花山……风声和水声中似乎依旧带着炮火隆隆与厮杀之声，这座诞生于清末民族苦难中的铁桥，默默见证这一切，它用身上的弹痕让我们铭记，让山河长久的，是那从不屈服的人。

弯的渠

天长镇的村落都是依山而建，房屋的建筑风格受晋派影响，大都是石砌窑洞，而由于村落随山势蜿蜒而下，排水就成了必需的安全保障，所以每家每户都精心设计了自己房屋和院落的排水沟渠。这些沟渠都是石头凿刻而成，除了我们日常见到的笔直水渠，竟还有用石头凿刻出的弯渠。弯渠一般安置在院子大门边，显然是让院子里出来的水流转个弯，沿着自己院墙边流走。弯的渠，既减缓了排出的水势，也避免了自家水直接冲到院外，方便自己的同时也对邻居有着最大的温

河应村古村落的立体交通

漂亮的石砌拱券

河应村的老巷

鸟鸣楼屋顶的波浪起伏

古村落用砖石砌成生活

柔，仁义这个抽象概念居然在这些偏远的山村得到具象的呈现。我们这些已经被包豪斯简洁直接的设计固化了审美的人，在弯的渠面前竟有些自惭形秽。石头的硬是天生我材，石渠的弯是文以化之，一刚一柔间，自然的造化与人的智慧在这个小小细节上交汇，《周易・贲卦・彖传》说："刚柔交错，天文也；文明以止，人文也。观乎天文，以察时变；观乎人文，以化成天下。"[9] 在自然与人文的滋养下，刚柔相济似乎也成为天长人的特质，天长镇自古以来的人杰都是性情豪宕、文武双全。

天长镇河东村曾有清嘉庆年间会稽人金青藤立的"西汉丞相田叔、田仁先生故里碑"。田叔是秦末汉初人，是齐国田氏的后裔，当时井陉叫"陉城"或"五陉城"，属于赵国。田叔喜欢剑术，并且追随乐巨公学习黄老之术，他为人廉洁正直，行事充满侠义之风。汉初，赵国丞相赵午把他推荐给赵王张敖，赵王任用他为郎中。后来，赵午和贯高等人谋刺汉高祖被发觉，汉高祖逮捕赵王和谋反的群臣，下诏书说敢追随赵王的夷三族。众人皆避之不及，只有田叔和孟舒等十余人穿着赭衣，自己髡了头，用铁圈束颈，号称赵王家奴，随着赵王到了长安。赵王的冤案平反后，汉高祖召见了田叔等人，交谈后非常惊喜，认为汉室诸臣都不及

[9] 黄寿祺、张善文:《周易译注》，上海古籍出版社，2004，第 174 页。

老宅的瓦花墙

他们，田叔便被任命为汉中郡守。汉文帝即位，田叔曾经为遭受不公正待遇的孟舒申辩，使孟舒重新担任云中郡守。汉景帝即位后，令田叔负责调查弟弟梁孝王刺杀大臣袁盎案。田叔调查清楚后建议景帝不要追究，他说如果陛下问清事实，而梁孝王不能伏法，那就是弃置国法；如果依法治他死罪，太后就会因为失去爱子而食不甘味、卧不安席，陛下也会因为有亏孝道而忧虑。景帝认为田叔很贤能，任他为鲁国丞相。田叔任鲁相之初，百姓都来告鲁王夺取他们财物。田叔抓住为首者鞭打惩戒，发怒说："鲁王不是你们主人吗？你们怎么敢告自己的主人呢！"鲁王又囧又惭愧，从库中取出钱让田叔偿还百姓。田叔说："您夺了百姓财物，却让我偿还，会让人觉得您是坏人而我是好人，您亲自来偿还才合适。"鲁王喜欢去苑囿打猎，田叔就坐在露天里等候。鲁王让他进屋舍休息，他说："我的王都在露天里，我怎么能独自在房舍里呢？"鲁王于是逐渐学会了管理自己，不经常出外游猎了。田叔正直但不迂腐，行为处事很有智慧，所以司马迁称赞说："孔子称曰'居是国必闻其政'，田叔之谓乎！义不忘贤，明主之美以救过。"[10]

世居天长古城西关的霍鹏也是一位传奇人物。霍鹏字抟南，别号璜谿子、三明居士、蓬莱第一洞散人等。霍家本是军籍，霍鹏的弟弟就是以武举得官，霍鹏

[10] 司马迁：《史记（评注本）》，韩兆琦评注，岳麓书社，2012，第 1392 页。

乏驴岭村的老宅

梁家村的老巷子

老宅在等故人归来

天长镇文庙的第二道门

天长镇的老巷子

在漫长的岁月里，天长镇留下了
古城楼、古城墙、文庙、显圣寺、城隍庙、
井陉古瓷窑遗址、井陉古驿道、皆山书院、王家大院等古迹。
天长古城，在与水患的斗争中修修补补，
真正让这座古城历经岁月考验的，是生活在这片土地上的天长人。

城隍庙穿心戏楼的背面

穿心戏楼的藻井

穿心戏楼侧面线条错落

则文武双全，年仅二十四岁即在明万历五年（1577）考中进士，先后担任山西潞城县（今长治市潞城区）知县、南京大理寺评事、河南卫辉府知府、大同巡抚等，邑人称之“霍都堂”。霍鹏虽出身科举，但在陕西、甘肃、大同一带却都负责边防重任，特别是以都察院右佥都御史巡抚大同时，对于安抚蒙古各部起到了重要作用。霍鹏在明万历二十九年（1601）夏游井陉凤凰岭龙岗寺，对龙岗寺三代住持施茶济客颇有感触，写下《凤凰岭龙岗寺施茶碑记》，提出茶可演法的妙论：“施茶以财，施法以心。故煎茶供客，终日执瓯杓而俟于山门者，结缘者也；假天地以为茶，而施于不可必得之人者，骛虚者也。结缘者沓，骛虚者妄，均之乎，于正道远矣！故禅家以四大为炉，以三昧为火，以四智为水，以释迦、弥勒诸佛为茶，明慧心于铛鼎，见真性于盆盂。煎茶尽，亦无煎茶尽；施众生尽，亦无施众生尽。然后揭日星而倒河汉，挹北斗而吞南海，此所谓举慧能之衣钵，传达摩之心印，而可与入不二法门哉！故曰：予今而后，知茶之可以演法也。”[11] 于茶之道

[11] 常善修、赵文濂纂《井陉县志》卷三十六，第193—194页。

穿心戏楼的正面

有如此伟论者，此前从未得见。

由于天长镇自古为百战之地，故而尚武精神延续至今，比如古称“鹦垴山庄”的梁家村。梁家村一村一姓一拳传承数百年，村里的乡贤梁怀玉老先生是梁氏鹦垴拳的传人，他把村子的历史和人物都用文字记录下来，是一位文武兼修的奇人。梁怀玉老先生说村子本来叫鹦垴村，元末明初，梁家始祖梁士忠从山西平定迁居此地，三世祖梁稷于明初任凤阳县训导，并开宗立派自创家拳。梁家十世祖梁效曾学艺少林寺，把少林功夫与自家拳法结合，遂成十三路鹦垴拳。据梁怀玉老先生所列，徒手拳路有功夫拳、小生拳、小红拳、大红拳、二郎拳、梅花拳、少林策、八策锤、十二腿、岳云锤、搕锤、尬三腿等，兵器有花枪、牛枪、大刀、双剑、双刀、流星、子义棍等，还有阵法称“九锁连环阵”。与众不同的是，鹦垴拳还有《打少林》《三英战吕布》《打擂》《打五虎》《三打韩通》等七个故事回子，这种故事回子如今已演变成了正月十五的社火花会，演员们画上脸谱，身穿戏曲服饰，演出前先到关帝庙祭拜，表演《三英战吕布》，然后到梁氏宗祠祭祀祖先，表演功夫拳，到了演出地后先表演九锁连环阵，然后进行拳术和回子表演。梁家村的社火把真武艺与故事情节相结合，配合随着情节自由发挥的锣鼓，让人身临其境、血脉偾张，直接影响到大龙窝、谭洞、南张村、郝家坡等周边村的社火形式，让井陉古村落的社火成为如今难得的传统文化遗存。心怀敬畏、秉承忠义，允文允武、不忘祖宗，这就是文化的传承。

静静守候岁月

天长镇社火演出

小姐的梯

梁家村除了社火，还以具有传奇色彩的古建筑出名。最著名的是清光绪年间梁家十六世孙、昭武都尉梁成元建的鸟鸣楼，这座大宅院保存完好，以站在楼上击掌会有鸟鸣著称。而最能打动人心的是“画楼”，据梁怀玉老先生说，画楼是由村里的财主梁显于清康熙六十一年（1722）所建。画楼建造时正值当地闹灾荒，村民大都无以为生，甚至以树皮、树叶为食。梁显宅心仁厚，就索性借修建画楼之名赈灾，百姓只要以盖房的名义前来，就能三顿管饭，村民以此度过灾荒之年。画楼位于全村中心，是标准的四合院，主房坐北朝南，后墙山墙为砖石结构，前面从地面到二楼均为木质结构，两根露明柱直通二楼，楼顶雕梁画栋，故被称为“画楼”，精湛的工艺显然是匠人们对梁家的真情倾注。不过，由于赈灾消耗过大，几年后梁显家道萧条，以雕梁画栋著称的正房二楼据说被“大仙儿”占据，梁显一家日子难以为继。村民们为报答梁显的救饥之恩，家家户户借着给“大仙儿”烧香上供的名义，纷纷带着“供品”前来，并把“供品”留给梁显一家。梁显曾经给到大家的尊严，被大家以同样的方式回报。花无百日红，世上没有永远的豪门，但可以有永远的情义。

画楼正房的两边是小姐的绣楼，一般来说旧时女孩十三岁上楼，从此与世隔绝，每日在闺中学习三从四德、礼仪持家，闲暇时写字、读书、做女红，直到十五岁及笄成年，就会被安排亲事出嫁。当年，梁家小姐就居住在这绣楼的二楼，楼下石板上现存一块矩形槽，据说是用来安放梯子供小姐上下楼的。显然，梯子不会经常出现，甚至没有梯子才是常态。一把木梯，对于梁显是立身世间为人处世的规矩，对于梁家小姐是封闭与希望并存，在那漫长的岁月里，不知有多少梁小姐，被一把梯子困在绣楼上，守望着自己的人生。

小姐的绣楼

小姐的绣楼

天长镇的老盐库

天长镇的老钱庄

对弈

漫长岁月中的幸福

民国时期修的《井陉县志料》记录了一首有趣的当地情歌，讲的是一个定了亲的小伙子去偷看自己绣楼上的准新娘，歌曰："杜梨树，开白花，我上南边去放马。解了缰，跑了马，一跑跑到丈人家。丈人丈母都不在，大姨子小姨子往家拉，把我拉到楼底下。风吹门帘看见她，鲜红的嘴唇雪白的牙，白白的脸蛋黑丝头发。回家对我爹娘说：看个日期快娶过来吧。"[12] 聪明的男孩养识趣的马，带他去看心中的姑娘。歌中轻描淡写地说风吹起帘子，背后却可能是男孩站了半天等风来。楼上的小姐就像被恶龙囚禁的公主，楼下焦躁的男孩就成了她唯一的救星，这种感觉可能只有当事人才能体会。

旧时婚姻最重要的一项仪式是拜天地，天长镇家家户户进门的影壁上都砌着精美的天地神龛，供奉着天地爷牌位"天地三界十方万灵真宰"，"天地"指的是天上地下，"三界"指的是天界、地界和人界，"十方"指的是正东、正西、正南、正北、偏东、偏西、偏南、偏北以及上、下这十个方向，"万灵"指的是世间所有生灵，"真宰"就是真正的主宰。拜天地，就是对天地间所有神明起誓，也许正因为有这种郑重的仪式，才有白首不相离的坚守。孔子说："天何言哉？四时行焉，百物生焉，天何言哉？"[13] 苍天从来一言不发，看着这世间发生的一切。而人，则带着这份深情，一代代人传承下来，直到天长地久。

天地又一春，绵河清流激湍，雪花山的花又开了。

[12] 王用舟修《井陉县志料》第十编"风土"，第 50 页。

[13] 朱熹:《四书章句集注》，中华书局，2011，第 168 页。

村民家中的土地神龛

历代先贤写天长镇

离天威驿[14]

[北宋] 韩琦

早发天威驿，深春尚薄寒。
龙蛇盘道路，波浪卷峰峦。
古木萌常晚，新流势未湍。
忠臣方叱驭，更险不辞难。

韩琦（1008—1075），字稚圭，号赣叟，相州安阳（今河南安阳）人。宋仁宗天圣五年（1027）进士，历任开封府推官、三司度支判官、陕西安抚使等，与范仲淹共同防御西夏，时称“韩范”。北宋嘉祐年间迭任枢密使、宰相。宋神宗立，拜司空兼侍中，出知大名府、相州等地。封魏国公。北宋熙宁八年卒，年六十八，谥忠献。

[14] 韩琦:《安阳集》卷七，第 2 页。

次井陉县[15]

［清］王士禛

千嶂通关路，双溪绕县门。
乱流争浦溆，水碓聒朝昏。
夕照鱼虾市，寒烟桑柘村。
当年穆天子，雨雪猎高原。

王士禛（1634—1711），字子真，号阮亭、渔洋山人。雍正时避帝讳，被改称士正；乾隆时，又改称士祯。新城（今山东桓台）人。清文学家。清顺治十五年（1658）进士，官至刑部尚书。清康熙五十年（1711）卒于里第，享年七十八岁，谥文简。王士禛博学好古，诗与朱彝尊齐名，书法上追晋人，著有《池北偶谈》《带经堂集》《香祖笔记》等。

[15] 常善修、赵文濂纂《井陉县志》卷三十六，第269页。

俯瞰天长镇

天长镇之驴岭村

井陉山村

文 / 周启南

作为石家庄人，没有近距离触摸过大山似乎是耻辱。我想，或许石家庄的“90 后”在童年都拥有过一段关于山的记忆，少年时代的我长期与沙尘和雾霾为伴，每当遇到天朗气清的日子，我就站在屋顶向西眺望——这是唯一不被钢筋水泥包围的方向，目光越过城市街道，顺着湛蓝天空的指引，落在西边太行山厚重的黑色之上。那团神秘的黑色群山，偶尔显露在天际尽头，大多数人在不同的季节抵达过它的脚下——城区路网的边缘——以郊游为目的，踏春、避暑或滑雪，止步于那几处尽人皆知的著名景点。太行八陉之一的井陉是太原直达石家庄的必经之路，即群山环伺的山西核心腹地与一马平川的华北平原之间的快速通道。如果向井陉的山中走去，公路就变得越来越艰难，山路曲折，并不平坦，卡车横冲直撞，急匆匆地翻山越岭，溅起尘土碎石，沿途绕过一座又一座粗犷的无言山丘。与大山同样沉默的是村落，比起轰鸣奔涌的公路，山村仿佛凝固在时光里，正如万青（中国摇滚乐队万能青年旅店）在歌曲《采石》中所言：“山脚的村庄还运转着古老仁慈的秩序，而对面山腰，炸药歌舞团的表演拉开大幕。”它不疾不徐地面对时代巨浪，纵使万物变幻，仍泰然自若，而它越是如此，就越让人感到神秘。

自从文明在井陉诞生之日起，山民便对岩石形成了一种依赖，他们用最原始的方法，凿山采石，把石材垒成坚实的庇护所，千百年的光阴，聚沙成塔，井陉山谷中形成了星罗棋布的石头村。有别于木质装饰物的精巧，经过传统工艺加工，石制品抱朴守拙，雅得极为克制，而石头作为难以被时间腐蚀的材料，在人与大自然的合力创作之下，呈现出文明与永恒的暧昧关系，耐人寻味。放眼未来，在刘慈欣的科幻故事《流浪地球》里，井陉耸立着一座巨型地球发动机，太行山脉的岩石则被当作燃料投入其中燃烧殆尽。而在今天，群山表层的石料与埋藏在地底的煤炭，经过公路与铁轨，汇入天长镇、微水镇、石家庄以及更广阔的工业城市，年轻人也随着一辆辆满载水泥、石材和煤炭的重卡走出大山，而口述历史的留守者们与上百年的老槐树为伴，放慢脚步，渐渐老去。

河应村的大槐树

生活在天长镇的人们

山民离开后，人的气息便逐渐淡出山谷。前往天长古镇的路上，寺庙、石桥、果园与集市分布在两侧，我们随机造访沿途的某座山村，无人指引，探险似的深入其中，除了村口色彩分明的戏台之外，村中大部分房屋无人打理，显得暗淡无光。年久失修的山村石屋逐渐破损坍塌，印着 20 世纪宣传标语的墙皮脱落，土砖裸露。与此同时，大自然重新接管这片土地，开启自己的新陈代谢，落叶在无人的院落里堆积为肥料，滋养树木肆意伸展，野草钻出石缝，河水也恢复清澈。徒步乏驴岭，据村委会主任介绍，辛亥革命期间，阎锡山巡视防务曾于戏台发表演说；抗日战争时期，在法国人于清光绪年间修建的钢架桥梁上，八路军全歼日寇。途经梁家村，走街串巷，年迈的老伯为我们表演自明代流传至今的鹦堖拳法，展示其手抄记录的一整本家族兴衰史。诸多历史事件交汇于此，而丰富的史实细节仅仅与山川擦身而过，除了些许涟漪、几个弹孔，没有留下太多痕迹。大多数时候，山村生活都是相似的，老汉打扫落叶，老妪晾晒手工打制的煤球，避开外界纷扰，日复一日，周而复始。

再次启程，我们又路过不少村落，慢慢领悟出一些颇为有趣的规律，井陉的山村多以堖、沟、峪、岭为名，善用石料，古树繁茂，沿着山体开辟窑洞，层层叠叠，这些典型特征与平原截然不同。山村始终给予外来者们一种诗意的滤镜，暂住三两日，耕读抒情，回望时间齿轮留在土地上的印记，思考自己的来源与归宿，质朴的浪漫景观满足了我们的猎奇和怀古之心，缓解了对自然的向往，也充实了脑海中的乡愁。但它并非桃花源，它只能是都市空乏虚无生活的调味剂，疗愈大家的精神饥渴，我们无法久留，被城市改造过的人难以真正重返原始山野，只得重新上路。当略带凉意的粗粝空气被我吸入肺中，我仿佛见到了两千年前坚韧的北国先民，冬季大雪封山、草木枯绝，溪流凝结为一层坚硬的冰面，巍巍太行，万籁俱寂，这是属于北方山村的魅力，一种残酷的、肃杀的、不屈的、绝处逢生的完全异于南国温柔隽永小桥流水的独特气质——如此孤寂苍茫，如此静穆，如此俊美。

西陵故事

文 / 邢宏伟

走进它，触目可见的亭台殿宇威严错落，
红墙玉栏交相辉映，雕梁画栋令人惊羡，
无不显露着这里曾经的肃穆庄严、典雅凝重；
走近它，处处苍松翠柏掩映，山川密林叠匝；
在这里，人文与自然交融得如此和谐，
历史与文化结合得如此完美，
它是清代帝王苦心经营的另一个世界，
是写在山水之间的历史，是承载着历史的山水。

保护单位
陵
国国务院
四日公布
员会立

泰陵的石五供与二柱门

这是一块乾坤聚秀的全美之地，自然神韵得天独厚，历史遗存博大精深；这是一个扑朔迷离的历史秘境，历史传说发人幽思，宫廷故事引人入胜；这是一处古代帝王的魂归之所，昔日王气萦绕飞檐，爱恨情仇早赋苍松；这是一个多彩多姿的艺术殿堂，宫殿建筑恢宏壮丽，雕栏玉砌细腻温存；这是一座典型的文化大观，触摸其历史撼人心魄，探究其艺术沁人心脾……

这处位于古易州（今河北易县）胸侧的胜地就是世界文化遗产地——清西陵。

清西陵于“康乾盛世”中期（1730）开始营建，从首陵泰陵选址定穴，到最后一座陵墓崇陵闭门封宫，其间相继建成了四座皇帝陵，三座皇后陵，三座妃园寝，四座王爷、公主、阿哥园寝，形成了以十四座陵寝为主，行宫、永福寺、营房、衙署为辅的八百平方公里的庞大陵区。历经一百八十五年文化与艺术的浸染，无论是建筑规模、典礼规制，还是艺术成就，清西陵终于走上了生命的顶峰。走进它，触目可见的亭台殿宇威严错落，红墙玉栏交相辉映，雕梁画栋令人惊羡，无不显露着这里曾经的肃穆庄严、典雅凝重；走近它，处处苍松翠柏掩映，山川密林叠匝；在这里，人文与自然交融得如此和谐，历史与文化结合得如此完美，它是清代帝王苦心经营的另一个世界，是写在山水之间的历史，是承载着历史的山水，散发着无与伦比的魅力。

慕陵神道

道光皇帝慕陵隆恩殿

一个王朝的历史倒影

清西陵不仅仅是一处皇家陵寝。走进清西陵，当人们在徜徉的脚步中欣赏它高超的建筑艺术和优美的自然景色时，在导游小姐的讲述中品味一个一个故事和一段一段传说时，仿佛轻轻地拉开了清王朝历史大幕的一角，让人看到清朝由盛至衰的演变，又仿佛是历史长河中的一处倒影，或隐约或清晰地映射出一个王朝的兴衰更迭、政治纷争与是是非非。正所谓“一座清西陵，半部清朝史”。

雍正的泰陵是清西陵的首开之陵。在清朝的皇帝中，雍正是遭受议论较多的一位。除了他的继位和死亡，还有他的独辟蹊径——别建陵寝。雍正的父亲康熙和祖父顺治都葬在河北遵化，后世称清东陵，但雍正却远离父祖另辟陵区，这不仅违背了古代以孝治天下的基本准则，更引发了后世诸多的猜想：有人说因为他居功自傲，好大喜功；有人说是他篡改遗诏，做了亏心事，无颜面对列祖列宗……其中的玄机暂且不论，但无论怎样，对于这位承载着康乾盛世的勤政皇帝来说，敢于违背祖制另建陵墓，足以说明他是一位果敢有为、敢于创新的皇帝。然而，雍正此举也是有备而来，稳定的政治环境、强大的经济实力，为他的这种别出心裁提供了有力的支撑。作为清西陵的首陵，泰陵当仁不让地占据着陵区中心最为尊贵的位置。七十四座单体建筑组成的庞大建筑群也是清西陵气势最磅礴的陵墓。唯我独尊的气势和恢宏壮丽的建筑，无处不张扬着雍正王朝的霸气与辉煌。而隐藏在泰陵最让人关切的莫过于关于雍正的死因了，有说是正常死亡；有说是服食金丹而亡；最江湖的说法是他被吕四娘削去了脑袋，至今棺椁里安放的是一颗金头。所有的谜团都封闭在泰陵那至今仍未打开的地宫中，任人评说。

无独有偶，随后即位的乾隆皇帝也不肯随父栖身西陵，而是在东陵胜水峪为自己选定了万年吉地。不过，用心良苦的乾隆并不希望后世子孙纷纷自择陵地，乱了规矩。于是，他专门下诏，要求后世皇帝要父子分葬东、西两陵。于是对他亦步亦趋的儿皇帝嘉庆严格遵照太上皇乾隆的安排，在西陵的太平峪，于雍正泰陵之西修建了自己的万年寝地——昌陵。当康乾盛世的辉煌和威风八面的太上皇乾隆一道驾鹤西去，嘉庆皇帝终于登上了本就属于自己的宝座。虽然他惩治和珅、整顿纲纪，但此时，西方新兴资本主义正在蓬勃发展，腐朽没落的大清王朝即将被历史所抛弃，而嘉庆依然延续祖制，不能与时俱进，只能任凭大清江河日下，回天乏术。但嘉庆仍旧可以凭借祖上的余荫把他的陵寝经营得有声有色，使昌陵成为清西陵唯一一座可以和泰陵相媲美的皇陵，仿佛一段华彩乐章的结束符号，在低回的氛围里兀自张扬着。

此后，道光皇帝虽然遵从祖制在东陵宝华峪建陵，但因地宫浸水不得不拆掉，然后在西陵龙泉峪建慕陵。历史的车轮滚滚向前，到道光朝，清王朝已经是步履维艰、积重难返。国土沦失、主权沦丧，鸦片战争使中国深陷半殖民地的泥沼，也使这位“神勇的二阿哥”永远背上了昏庸败国的恶名。道光是历史上著名的节俭皇帝，他大幅缩减陵墓建筑规模，营建了清代规模最小的皇帝陵——慕陵。小巧的慕陵位于西陵的最西端，就像慕陵的名称一样，面对着祖先的丰功伟绩，永

光绪皇帝的崇陵地宫

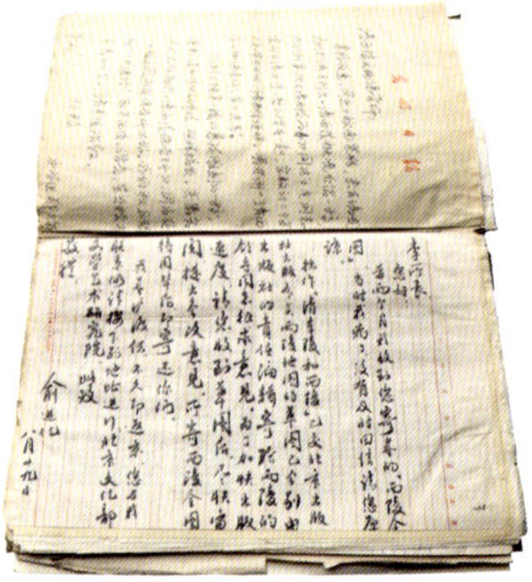

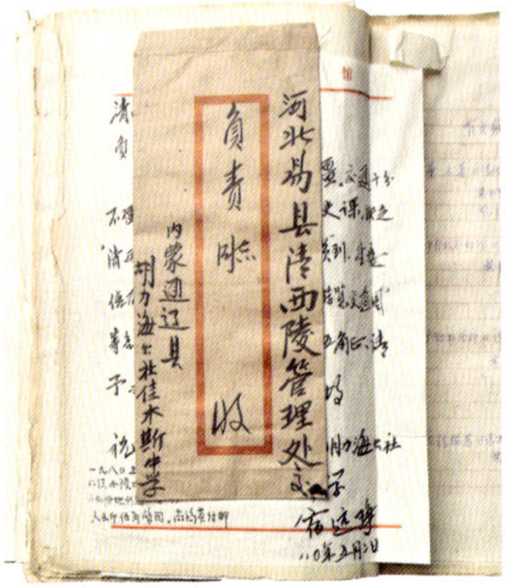

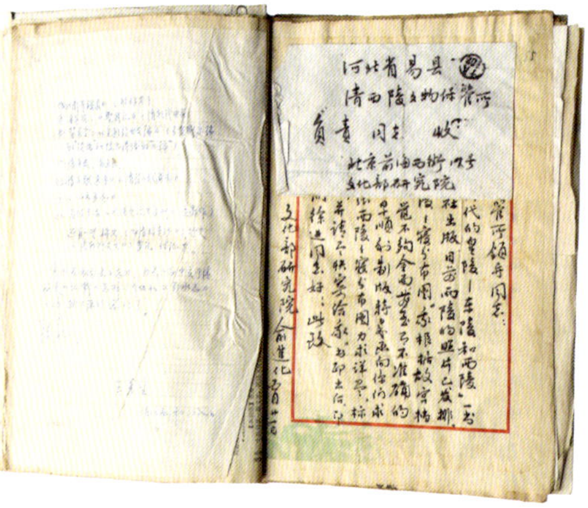

河北易县清西陵管理处的老文献

远地定格成了一个盛世的仰慕者。

1908 年，三十八岁的光绪皇帝结束了他坎坷的一生。在位三十四年间，清王朝面临内忧外患、国库空虚、外债累累，大厦将倾。他虽有救国图强之心，但慈禧太后大权独揽，令这位傀儡皇帝壮志难酬。失意的政治角斗、悲凉的爱情生活，使他落了一个囚徒天子的名号。甚至他的陵墓也是在他死后才匆忙开工，最后在民国政府的帮助下完成。历经时代更迭，光绪崇陵成为中国古代帝王陵墓的最后绝唱，一个时代在此终结。而参加崇陵工程的数千民工、兴隆木厂等二十余家厂号，加上消防队这样的机构，使得崇陵的建造已多少带有一点现代文明的味道。至于 1913 年隆裕太后和珍妃移柩西陵所乘的火车，更是那些显赫的前辈们所无法想象的。

太多张扬的权力争斗，太多隐匿的爱恨哀愁，使清西陵的一砖一瓦都有故事、一草一木都是传说。清西陵以自己的方式记录着清代中晚期二百年的风云际会，历史变迁，令人追慕、回味和评说。

碑亭老照片

明弘治年间（1488—1505）的《易州志》中就有关于泰宁山地形、地势的详细记载。到了清代，雍正经过考察，发现泰宁山下太平峪是“万年吉地”，这才有了后来的清西陵

王者理想的希冀与寄托

清西陵共建有四座帝陵，除慕陵与其他三座陵墓有明显不同外，似乎都是刻板的复制与继承，虽有变化也在细微之处。然而，正是在这不变与变化之中，寄托了一代代帝工的大理想与小期望。

皇帝虽贵为“天子”，但也不能摆脱生老病死的轮回，因此，他们寄希望于陵寝，希冀皇权的光环能够通过陵墓成为永恒，于是皇权至上的意向被最大限度地融入了山水之间，森严的封建礼制被复制到供后世子孙瞻仰、敬祀以及缅怀其功德的圣地——皇陵。清西陵的古建筑是典型的清宫式建筑，严格按照封建等级制度建造。依照尊卑秩序分为帝陵、后陵和妃园寝，其制度各有不同。其中，最鲜明的等级标志莫过于屋顶的颜色了，清西陵的四座帝陵、三座后陵和永福寺主体建筑的屋顶全部为最高等级的黄色琉璃瓦，王爷、公主和妃园寝则采用稍逊一级的绿色琉璃瓦，而阿哥园寝、行宫、衙署、营房的屋顶则全部为平民均能享用的灰色布瓦覆盖。

不同等级的陵寝配置不同规模、数量以及不同性质的建筑物；至于同一等级的陵寝，则根据建筑的功用按照严格的空间序列加以排列。相对而言，帝陵规模宏大，几十座建筑由一条神道贯穿，按照从南至北的顺序和前朝后寝制度，依次排列着门、坊、碑亭、殿宇、地宫。而后妃园寝则建在皇帝陵附近，规模较小。

然而，就在这皇皇礼制之下，封建帝王们也在不断地努力把个人的一些期望融入自己的陵寝建设中，使清西陵的各座陵寝又别具千秋，处处体现着创造的灵性与活泼的亮色。

从康乾盛世到民国初年，清西陵伴随着皇权光环的逐渐消退而渐入尾声。正如雍正皇帝违背祖制另建陵寝一样，和同时代的其他陵墓群相比，清西陵从一开始就充满着变数和异样，每座陵寝的建造虽遵循封建礼制，但又不拘泥于典制，具有很强的创造性，使得西陵具备了更多独特的魅力和风采。泰陵大红门前的三架石牌坊突破了其他陵墓群只设一架的规制，高大巍峨、挺拔俊秀、撼人心魄，与北面的大红门组成一个宽阔的四合院，其大气磅礴之势已经成为泰陵乃至整个西陵的象征。

泰陵是清西陵最完美的一座陵寝，开创了清西陵帝陵陵寝规制，但随后修建的三座帝陵，在遵循礼制的同时，又各具千秋。昌陵的地面建筑和泰陵几乎一模一样，但一向以循规蹈矩著称的乖孩子嘉庆，却也仍在陵墓的细微处做了手脚。也许是出于对盛世的留恋和向往，昌陵隆恩殿地面采用紫色的花斑石铺墁。花斑石出自天然，平整光滑、色彩斑斓，阳光折射下，似满堂宝石洒落地面，一派繁花似锦。

道光的慕陵是清代陵寝中规制最特殊的一座。一拆两建的创意加上一贯“俱从简约”的节约精神，道光对自己的陵墓进行了大刀阔斧的改革。他在裁撤了石像生、二柱门、方城明楼等大型建筑的同时，还将非建不可的隆恩殿由重檐改为单檐，由五间改为三间，甚至自己死后安身的地下宫殿也缩小了一半。也许，道光不愿意人们在他死后诵读他的功德的时候，更清晰地看到鸦片战争失败、丧权

三孔桥下荒草丛生

正如雍正皇帝违背祖制另建陵寝一样，
和同时代的其他陵墓群相比，清西陵从一开始就充满着变数和异样，
每座陵寝的建造虽遵循封建礼制，但又不拘泥于典制，
具有很强的创造性，使得西陵具备了更多独特的魅力和风采。

光绪皇帝崇陵牌楼门

泰陵石牌坊旧照之一

石像生与龙凤门旧照

辱国的屈辱，去世前，以自己御朝时期乏善可陈、文德武功愧对祖先为由，下令裁撤了圣德神功碑楼。经过一番改造，慕陵形成了一种独有的小巧玲珑的格局，并对后世产生了极大的影响。但是，慕陵细节的铺张和奢华却无处不在。慕陵木构架均由珍贵的金丝楠木制成，楠木的表面不施彩绘，在原木色上以蜡涂烫，并用上千条楠木雕龙进行装饰，工艺卓绝，令人惊叹，成为古代建筑中难得一见的艺术珍品。慕陵虽不施彩绘、素面朝天，但在其清淡素雅的面孔下，却是无与伦比的精巧与别致。

历经一波三折才建造完成的光绪崇陵，其规模简约可想而知。但崇陵规制并未伤及大雅，而且施工中采用的上等木料铁力木被誉为“铜梁铁柱”，加上近代文明的浸染与科技的进步，排水、通风设施皆有大的改进，也使崇陵有了些许自身的特点与优势。

还有昌西陵的回音石与回音壁、依山而建的皇家陵寝御用寺庙永福寺、幽雅宁静的乾隆行宫、高碑店到西陵行宫的谒陵专用铁路……这许许多多的唯一，不仅寄托了王者的理想，更包含着许多耐人寻味的故事，融会了高超的建筑技艺与艺术，从而构成了清西陵与众不同的面貌，同时也为中国古代陵寝制度史保留了许多弥足珍贵的实物见证。

泰陵石牌坊旧照之二

圣德神功碑楼四角的华表

西陵神道旧照

西陵旧照

陵石五供与琉璃花门

泰陵隆恩殿与配殿

民族与民俗文化的史诗

帝王陵墓是中国丧葬礼仪的最高艺术表现形式，凝聚着各历史时期的社会思想、伦理道德和宗教信仰观念，以及满族特有的文化与习俗，是一部凝固的文化史诗。二百七十多年过去了，清西陵林林总总的宫殿、郁郁苍苍的松林，都在以自己特有的建筑艺术方式传递着一种深层次的文化信息，处处闪耀着中华民族的智慧之光。

清西陵“事死如生”的选址和建设理念，是我国古代敬天法祖哲学思想的产物；群山环护，自有洞天，形成远离凡尘的世外桃源，以山川为设计主体的理念，不仅是道家天道自然、返璞归真和“道法自然”理论的真实写照，更是儒家“仁者乐山，知者乐水”这种“比德山水”思想的象征。

四周山峦与建筑布局呈现出明显的中轴对称形式，即主山—陵寝—朝山为纵轴、左右砂山为对景、建筑对称排列，这是儒家中庸之道及礼教观念中以大为威、居中为尊、礼制至上、长次有序的深刻体现；清西陵天人合一的美好境界是孔子“礼之用，和为贵。先王之道，斯为美”，追求“天下有道”美好社会的缩影；前朝后寝的建筑序列则与儒家“先天下之忧而忧，后天下之乐而乐”的观点一致。清西陵以实物的形式将中国古代深奥精妙的哲学思想表达得充分、具体而又淋漓尽致。

皇帝虽贵为天子，但也如普通人一样怀着美好的期盼。清西陵的建造者将这种期盼以形形色色的建筑装饰布满了殿宇亭台、石雕木刻。这些雕饰之精美，不仅是古代劳动人民勤劳智慧的结晶，更融会了色彩多样的民族和民俗文化内涵。漫步陵区，触目所及的龙凤图案，体现的是皇权至上、君权神授；横九纵九的门钉，期盼的是江山永固、万古长青；每座殿宇的梅花形窗棂，标示的是帝王品格的高尚纯洁；矗立在飞檐边缘的仙人骑凤，预示着帝王政治清明、礼贤下士，贤者来朝；而形态各异的殿脊兽，是为了驱魔避邪、永保平安；驮瓶的大象，象征着天下太平、百姓安居乐业……

泰陵地宫上的月牙城和照壁

清代的皇帝多有强烈的宗教信仰，而雍正本人更崇信佛教，而且他主张儒、佛、道三教同源、三教同根，提出了“以儒治世，以佛治心，以道治身”的主张，将宗教文化弘扬到了极致。雍正开辟的清西陵自然也少不了宗教文化的身影。从道教暗八仙法器到八卦、太极图，从佛教的八宝到“卍”（音：wàn）字符，从儒家礼器、乐器到琴、棋、书、画四艺，种种雕饰图案随处可见。而从泰陵和昌陵建筑上代表萨满教的神鼓、神刀、神杆、腰铃、神鞋等雕饰图案，到乾隆朝藏传佛教寺院永福寺的建造，尤其清晰地映射出满族统治者特有的宗教文化信仰习俗的发展和变化，不仅具有鲜明的民族特征，更是中国多民族融合发展的实物见证。

吉祥是一个永恒的话题，祈求国富民强、吉祥如意的民俗文化内容，成为清西陵众多雕饰图案中的主体。这些“祥瑞”图案借助谐音，将动、植物或器物赋予吉祥祝福的美好意境，常见的有如意、宝相花、菱镜、金钱、银锭、文房四宝，等等。为表达更深切的期盼，还有很多器物组合，如寓意“连升三级”的莲花、笙、戟组合，寓意“生活如意”的烟斗、如意组合，以及“事事如意”“平平安安”“吉庆有余”……

而今，清西陵诸多的民族文化习俗也被延续下来，以一种崭新的面貌流淌着。这包括被列入《国家级非物质文化遗产名录》的“易县摆字龙灯”和“东韩村拾幡古乐”，以及品种多样的满族特色菜肴……清西陵，就在动与静之间，交错传承着特有的文化和习俗。

泰陵地宫入口

人与自然融合的典范

英国著名科学史家李约瑟（Joseph Needham）说："皇陵在中国建筑形制上是一个重大的成就……它整个图案的内容也许就是整个建筑部分与风景艺术相结合的最伟大的例子。"刻意追求山川自然形式的完美，细心探究自然景观和人文景观的有机结合，正是中国古代陵寝建筑艺术成就最突出的特点。清西陵作为历史上营建年代最晚的皇陵，更是集历代皇陵建筑之大成。纵观清西陵的环境格局，当今许多建筑学家都盛赞它是"天人合一"思想最伟大的实践，是人与自然完美结合的典范之作。清西陵，山川秀美、景物天成、钟灵毓秀、风水独好。清雍正八年（1730），怡亲王允祥和总督高其倬踏遍京畿山水，终于寻到了易州太平峪这块风水宝地。这里万峰拱卫、众水朝宗。永宁山横卧于陵寝背后，巍峨峻秀，如巨帐横展，雄霸一方；元宝山端庄秀美，如持笏朝揖；左右砂山层层环抱，相依相拥；易水河逶迤贯穿，似玉带轻纱缓缓流淌，顾盼回环；灵山秀水簇拥着一块福厚之地，雍容不迫。这是一处"龙穴砂水无美不收，形势理气诸吉咸备"的上善吉壤，堪称"乾坤聚秀之区，阴阳合汇之所"。欣喜若狂的怡亲王允祥和总督高其倬为眼前的美景折服，数月的劳顿霎时烟消云散，感叹此乃"天心眷佑，非人力之相度偶遇也"！这种天造地设、自然成趣的山川形胜，果然征服了孤傲自负的天子，在群臣"地脉之呈瑞，关乎天运之发祥"的进谏声中，雍正皇帝不惜背负不孝的恶名，废弃了原本已经动土备料的东陵九凤朝阳山陵址，远离父祖到易州建陵。

“陵寝以风水为重，荫护以树木为先”，草木郁茂，吉气才能相随。在西陵营建过程中，树木栽种始终备受重视，曾先后栽植松柏二十余万株。据说，为了保证树木成活，每个树坑中都要施以一斗黄米作肥料。严厉的惩罚手段，更使这些古树成为不容冒犯的“御物”。历经百余年的岁月沧桑，至今仍有一万六千余株古松生存下来。苍茫的古松，随山起伏、顺道蜿蜒，弥漫在气势恢宏的古建群周围，苍苍翠翠、层层落落，形成一望无际的“翠海”。清光绪二十六年（1900），一位来到西陵的法国军官曾这样描述：“西陵围墙环绕的实则是一座真正的花园。……陵区内，高大挺拔的乔林整齐地排列着，景致之秀丽宏伟，让人联想到凡尔赛花园；在有些人眼中，那高低不平的绿色波涛更像枫丹白露的森林。”松林美化了西陵的环境，装点了西陵的秀色，景色之清幽典雅，是堪与凡尔赛花园相媲美的世界顶级皇家园林。大自然把西陵周围的山川都赋予了一种特殊的灵气，清末泰宁镇总兵陈增荣雅爱山川秀丽，定出了“西陵八景”：“荆关紫气”“华盖烟岚”“云蒙叠翠”……生动怡人的自然美景将这里装扮成一幅色彩丰富、意感强烈的山水画卷。

如果说西陵的舆地山川形胜均为天造地设、自然成趣，那么历经一百八十五年的持续营建，清西陵又形成了人文景观与自然景观巧妙结合的文化景观。西陵的设计者，秉承山陵艺术的设计思想，以自然山川为创作主题，用宏大的手笔，借助界桩、官山的形式，将方圆八百平方公里范围内的广大山川纳入自己的环抱，将秀美的山川当成设计的主题和建筑艺术的材料，而各种不同形式、规模的陵寝建筑则“遵照典礼之规制，配合山川之胜势”，被以准确的尺度灵活而巧妙地进行配置和空间组合，取景自然，又高于自然，寓情于景、情景交融，步移景异，人工建筑与自然山水有机结合。清西陵，无论从哪个角度看都精美绝伦。

远望时，一座座殿宇、门坊、城垣、桥涵、神路、仪树，流溢着斑斓的色彩，或金黄，或碧绿，或朱红，或雪白，疏密相间、错落有致而又井然有序，似龙宫凤阙掩映于苍穹之下，气势恢宏壮丽而又深沉。近观时，凡雕栏玉阶、雕梁画栋，其质地、肌理、纹饰、式样，无不美轮美奂，华丽庄严中又透露出细腻亲切之情，以一种无与伦比的建筑工艺散发着皇家园林独有的建筑艺术之美和一种人性化的光辉。清人孙鼎烈在《永宁山扈从纪程》中这样描述：“山势自太行来，巍峨

石五供、琉璃花门与隆恩殿

气势恢宏的泰陵

泰陵的龙凤门

耸拔，脉秀力丰，峻岭崇冈，远拱于外，灵岩翠岫，环卫其间”，“迤下冈阜无数，如手之有指，每两冈间平坦开拓处，诸陵寝在焉，花之瓣，笋之箨，层层包护”，“龙蟠凤翥，源远流长，左右回环，前后拱卫，实如金城玉笋”。清西陵就是这样一处得天地自然之灵气、汇人类智慧之精华的全美之地，是人类改变自然的产物，是“天人合一”的典范之作。在第二十四届联合国教科文组织世界遗产委员会会议上，清西陵作为明清皇家陵寝的重要组成部分被列入《世界文化遗产名录》。会上，世界遗产委员会评价道，明清皇家陵寝依照风水理论精心选址，将数量众多的建筑物巧妙地安置于地下，它是人类改变自然的产物，体现了传统的建筑和装饰思想，阐释了封建中国持续数百余年的世界观与权力观。它的山水形胜、建筑布局、石雕木刻乃至郁郁林木和萋萋芳草，都在诠释着古人那些神秘而又深奥的思想观念，诉说着往日那些充满传奇色彩的悲情故事，延续着数百年的文化习俗，这也正是清西陵充满魅力的原因所在。

华表上的望天吼

清西陵大事记

清雍正八年（1730），泰陵动工，墓主为清世宗雍正皇帝。设泰宁协驻防。

清雍正十一年（1733），直隶总督李卫奏准，改保定府易县为易州直隶州，辖涞水、广昌（今河北涞源）两县。

清雍正十三年（1735），改泰宁协为泰宁镇。端亲王园寝、怀亲王园寝、阿哥园寝动工，墓主均为雍正帝皇子。

清乾隆二年（1737），泰陵完工。泰东陵动工，墓主为孝圣宪皇后。泰陵妃园寝主体完工，墓主为醇懿皇贵妃以下雍正妃嫔二十一人。端亲王园寝、怀亲王园寝、阿哥园寝完工。

清乾隆八年（1743），泰东陵完工。

清乾隆十三年（1748），梁各庄行宫动工并落成。

清乾隆五十二年（1787），永福寺动工。

清乾隆五十三年（1788），永福寺完工。

清嘉庆元年（1796），昌陵动工，墓主为清仁宗嘉庆皇帝及孝淑睿皇后。昌陵妃园寝动工，墓主为恭顺皇贵妃以下嘉庆妃嫔十七人。

清嘉庆八年（1803），昌陵完工。昌陵妃园寝主体完工。公主园寝动工，墓主为嘉庆皇帝第五女慧安和硕公主、第九女慧愍固伦公主。

清嘉庆十年（1805），公主园寝完工。

清道光十一年（1831），慕陵动工，墓主为清宣宗道光皇帝、孝穆成皇后、孝慎成皇后、孝全成皇后。

灵殿琉璃底座

清道光十二年（1832），慕东陵动工，墓主为孝静成皇后以下道光妃嫔十七人。

清道光十六年（1836），慕陵、慕东陵完工。

清咸丰元年（1851），昌西陵动工，墓主为孝和睿皇后。

清咸丰三年（1853），昌西陵完工。

清光绪二十六年，八国联军法军占领西陵，屯驻数月。

清光绪二十八年（1902），卢汉铁路高碑店至西陵行宫支线新易铁路动工。

清光绪二十九年（1903），新易铁路完工。

清宣统元年（1909），崇陵动工，墓主为清德宗光绪皇帝及隆裕皇后。崇陵妃园寝动工，墓主为珍妃、瑾妃。

1915 年，崇陵完工。崇陵妃园寝完工。

1928 年，民国河北省政府设河北省第二林垦局开垦陵区。

1929 年，民国政府与逊清皇室共设清西陵陵寝古迹保管委员会。

1938 年，崇陵被盗。崇陵妃园寝被盗。

1954 年，清西陵文物保管所成立。

1961 年，清西陵文物保管所被国务院列为第一批国家级重点文物保护单位。

1987 年，清西陵文物保管所升格为清西陵文物管理处。

2000 年，清西陵被联合国教科文组织列入《世界文化遗产名录》。

泰陵里的秘密：雍正剑侠传奇小识

文 / 歇后

皇帝的死法，
本来只能是寒冬长夜里婆娘耳边的低声悄语，
密友酒酣时小心翼翼交换的一个眼神。
清朝末年，秩序崩坏，种种秘闻不胫而走……

易县城西永宁山下遮天古松林深处，雍正泰陵的金瓦红墙下掩藏着一个秘密。

1980 年春天，清西陵文物保管所的陈宝蓉在泰陵月牙城照壁前方右下角发现了一个盗洞，洞内填满烂砖、碎瓦和垃圾。陈宝蓉既觉得惋惜，又隐隐有丝惊喜：看样子，泰陵地宫需要抢救挖掘了，那个困扰了人们两个半世纪的秘密即将揭开。国家文物局对此非常重视，批示河北省文化局文物处破解谜题。发掘工作在驻军协助下进展很快，只三天，就循着盗洞挖到了金刚墙。地宫和它的秘密就在墙后。可是，坚固的金刚墙挡住了盗墓者的贪婪，地宫内部封闭良好，按文物保护原则，不宜进一步发掘。距离惊天秘密的谜底只有一步之遥，挖，还是不挖？正在此时，同年 4 月 8 日《北京晚报》的一篇《雍正泰陵没有被盗》的短讯轰动了全国。消息发表次日，中国科学院考古研究所所长夏鼐带着专家们来了，时任国家文物局局长任质斌、副局长孙仙逸也来了。夏鼐事忙，留下“不准”两个大字便匆匆出访英国，西陵方面误以为夏鼐是被气得甩袖而走，大为紧张……总之，泰陵马上回填保护，悻悻然的发掘队伍转身清理了破坏严重的光绪墓室——就是现在开放游览的崇陵地宫。泰陵的秘密，还在重重迷雾中……

传说，雍正帝的遗体没有脑袋。他的头被剑侠吕四娘割了去，泰陵里掩埋的是一颗金头。

这是真的吗？

皇帝的死法，本来只能是寒冬长夜里婆娘耳边的低声悄语，密友酒酣时小心翼翼交换的一个眼神。清朝末年，秩序崩坏，种种秘闻不胫而走。据说，北京秘魔崖山洞中的一具老僧干尸乃是顺治帝的遗蜕，雍正泰陵里安葬的是无头残尸……到了民国，这些故事就笔之于书。前者见于大学问家刘文典的笔记，后者的说法可就多了：

《清宫遗闻·雍正外传》载，雍正乃是武林高手，打算千秋万世，一统江湖。大侠甘凤池武艺高强，却不为雍正所用，出家为僧，于是雍正派自己的三个结义兄弟带大军擒捉。和尚难敌众手，伏剑自杀，临死前预言："一个月后，有人为我复仇！"果然，一个月后雍正被和尚的弟子吕四娘刺杀。

雍正好武之事野史多见。陈怀的《清史要略》载，雍正即位前爱好武功，曾和剑侠力士结为十三兄弟。至于吕四娘刺杀雍正，则被民国武侠小说家描写得活灵活现。话说某一天，雍正迷上了新选入宫的宫女蕙仙，在深夜召幸。蕙仙沐浴梳妆，赤身裹上红斗篷，由小太监扛着送入寝宫。吕四娘相中机会，半路绊倒小太监，然后迅速打晕精赤的蕙仙扔到树后，自己把红斗篷一裹，施了调包计。雍正等来的不是温香软玉，而是三尺无情铁……臣工觉得此事太过丢人，只得秘而不宣，用金子铸了一颗头颅为雍正下葬。上面说的是故事最惊悚香艳的一个版本。许啸天《清宫十三朝演义》、还珠楼主《血滴子大侠甘凤池》、王度庐《雍正与年羹尧》、多福主人《莹娘复仇记》、姜侠魂《吕四娘外传》、李蝶庄《雍正剑侠传》、顾明道《剑侠吕四娘演义》、梁羽生《江湖三女侠》等，两代民国小说家各有不同演绎。英国人濮兰德（John Otway Percy Bland）和白克好司（Edmund Backhouse）分不清读音，在《清室外纪》里把吕四娘当成了卢夫人。而作品数量最多、当时影响最大的，还要算陆士谔的《雍正游侠传》《八大剑侠传》《血滴子》。

陆士谔因为在百年前预言了上海世界博览会而一度大红大紫，不过要说他的

侧拍泰陵全景

圣德神功碑楼

泰陵神道

最大成就，还得数创造了血滴子和吕四娘等雍正剑侠形象。血滴子是他的首创，在港台影视里炒得很火，近年还在《甄嬛传》里面又现过一回魅影。那是一种古怪的暗器，简单说，就是一个内部缀满利刃的皮囊，抛出去罩在人头上，就能无声无息地摘走人头。它是雍正秘密武装“粘杆处”的独门手艺，只此一家，别无分号。后来“粘杆处”功高遭主忌，被雍正全数毒死，从此就断了传承。之所以叫“血滴子”，一来渲染其阴森可怖，二来形容“粘杆处”的高手们“高来高去”、杀人无形。血滴子之名来自飞行时没有声响、阴森诡秘的猫头鹰类猛禽。

传说中，岭南地区有一种凶恶不祥的鸟，这鸟本有十个脑袋，却被狗咬下去一个，断了的脖子滴血不止。它的血滴到谁家，谁家就要倒大霉。晋朝那位精通风水学的半仙郭璞最早在《江赋》中提到此物。宋代的《太平广记・禽鸟卷》引唐代刘恂《岭表录异》云：“鸺鹠乃鬼车之属，或云九首，曾为犬啮其一，常滴血，血滴之家则有凶咎。”唐代陈藏器的药书《本草拾遗》所云略同，并说可以用狗叫把它吓跑。明代邝露专记岭南风物的奇书《赤雅》则说它的脑袋是周公嫌它叫得难听，命人射掉的。“鸺鹠”和“鬼车”都是猫头鹰的别名。岭南多产猫头鹰，我寓居广州时常闻其哀鸣之声。在《西游记》里这东西叫“九头虫”，乃是碧波潭万圣龙王的女婿、奔波儿灞和灞波儿奔的老板。

雍正断头的传闻真伪难辨，血滴子取人头颅的传说透露出某种不祥的因果宿命意味。更巧合的是，清雍正四年（1726）的一桩文字狱提前作了谶语。那年江西乡试考官查嗣庭出的题目是“维民所止”，结果被人告发：这题目首尾二字，正是“雍正”无头！查案见于《清稗类钞》，“维民所止”是《诗经》里的话。《清代文字狱档》中记载的另一版本是查嗣庭出题“妇子宁止”，“止”字触了忌讳。又法式善《清秘述闻》载，查嗣庭有本书叫《维止录》。这些细节究竟如何，其实无关紧要。雍正的本意大概不过是要收拾一下与隆科多关系太深的查嗣庭，所以随便找了借口。君不见乎，雍正厌恶年羹尧的幕僚汪景祺，摘出汪景祺的“荤段子”集《读书堂西征随笔》里把“正”字解作“一止”的错误，抄家灭门。他说查嗣庭“日记所载狂妄悖逆之语，与汪景祺相为表里”，明明白白表露了真实心意。

谶语恶兆在前，雍正那扑朔迷离的死亡就越发令人生疑。《雍正起居注册》记载，清雍正十三年（1735）八月二十一日白天，他还在圆明园离宫批阅奏章，不见任何异状，二十三日却突然传出了死讯。据说，臣子是从“正大光明”匾后取出遗诏：“宝亲王皇四子弘历，秉性仁慈，居心孝友，圣祖皇考于诸孙之中，最为钟爱，抚养宫中……今既遭大事，着继朕登极，即皇帝位……”次年，继位者改元乾隆。

民间相传，雍正帝得国不正，死后怕见祖宗，所以舍东陵不葬，另卜吉地于西陵。吊诡的是，乾隆也没有随着父亲长眠西陵，反而定下父子不相见的昭穆祧葬制度。好事者引为口实，揣想万端……

传说中的刺客吕四娘究竟何许人也？清朝历史上有若隐若现的八位大侠：僧了因、吕四娘、曹仁父、路民瞻、周浔、吕元、白泰官、甘凤池。其中，据说了因和尚因为“淫恶”，被其他七人联手做掉；白泰官据《清代述异》记载擅长轻功，所以在某些后起的故事里也被说成采花贼。其他几人都以反清复明著称。

这几人并不纯是传说里的人物。路民瞻和周浔都是著名画家，路民瞻擅长画鹰，每逢得意之作，就在上面题字“英雄得路”；周浔字昆来，擅长画龙，堪称一代大手笔，他的画作收入张庚《国朝画徵录》，并曾得到徐珂、高凤翰、黄宾虹等大家高度评价。甘凤池甚至在正史《清史稿》中有传。

据《雍正朱批谕旨》记载，清雍正七年（1729）十二月初二日，浙江总督管巡抚事在任守制臣李卫奏：“奏为拿获奸匪情形，请旨差审结案事：‘窃臣前因江宁省城正月间，屡有盗劫之事，曾差千总韩景琦前往访缉。……又遵旨留心根究于连，始据开出甘凤池、周昆来等十余人姓名……询其各犯行径，则称甘凤池练气粗劲，武艺高强，各处闻名，声气颇广。……而凤池颇晓天文、兵法，因其自负本领，人人欲得以为将帅，无不与之邀结往来。奈凤池苍猾异常，止皆虚诺，彼此通声，总未实在插入。’”可见他们几人是惊动雍正腹心的江湖魁首、反清领袖。清雍正八年（1730）正月十七日，李卫又奏：“各犯所藏书籍，多系练兵讲武要术，除有旧本传行者不论外，即搜出甘凤池随身密带之二本，将各

泰陵明楼的朱砂碑

泰陵全景

省山川关隘险要形势，攻守机宜，备悉登记；并于身所到处，将方隅远近，逐一增注……”显然，甘凤池又是一位高明的军事家。金庸小说出现以前，甘凤池在中国人心中就是王重阳那天下第一高手的身份。据说他精通气功，能把铅锡器皿捏成铅水；又说他力量其实和一般人无异，只是擅长借力打力的上乘功夫。钱锺书的父亲钱基博评价：“当爱新觉罗之世，在康熙间，天下言武术者，无不知有甘凤池矣。”

无敌天下的甘凤池是八侠的老幺，吕四娘则是二姐。除去负面人物淫僧了因，这位侠女可称“江湖一姐”。要问她的身世，原来却是大家闺秀、千金小姐出身——她是大儒吕留良的孙女（一说为女儿，然年龄差距过大）。

吕留良，世称晚村先生，清初大儒。雍正的时代，读书人可以不知道学问无双的顾炎武、诗笔盖世的钱谦益，当然更不用知道隐居深山的王夫之、傅青主，僻处岭南的屈大均、陈独漉，但他一定要知道吕晚村。吕留良的主要职业是出版科举考试教材，这工作最容易出名，《儒林外史》里选八股文的匡超人得意扬扬地吹嘘：“此五省读书的人，家家隆重的是小弟，都在书案上，香火蜡烛，供着‘先儒匡子之神位’。”《百家讲坛》上大谈《史记》的王立群也是编写自学考试教材出身，吕留良比匡超人和王立群还成功得多，同时代的读书人大多学习他的课本。

编教材不仅扬名，而且赚钱。吕留良最初就是因穷“下海”。他的大儒朋友们看不下去了：“我大明”亡于八股，你吕某为了这几个臭钱，居然还在教人写八股文，害人不浅，罪该万死！吕留良却说：“非也，非也。”他的课本里都暗中灌输着民族主义思想，将来读书人都受了影响，就可以驱除鞑虏，恢复中华！

吕留良的幸运是，他的目的达到了。一个刚直的湖南书生曾静接受了他的思想，准备策反大帅岳钟琪。吕留良的不幸是，雍正帝找他秋后算账，把逝世将近

半个世纪的他“开棺戮尸”，把吕家子孙、亲戚、弟子杀的杀、流徙为奴的流徙为奴，一个不留，为祸之惨烈清代无双。传说中，吕四娘是唯一逃脱大难的孽根火种，她要报仇！

插几句题外话，吕四娘即使真是大学问家吕留良的孙女，也不足为奇。那时候的读书人并不是个个杀鸡无胆、缚鸡无力。有记载称镖局行业乃是顾炎武、傅青主、屈大均等人为了秘密练兵而创造，山西地区至今还流传着傅青主创造的“傅山太极”拳法。甘凤池是著名作家吴敬梓的朋友，《儒林外史》里的凤鸣岐就是以他为原型。无独有偶，一些学者认为《聊斋志异》里的《侠女》一篇不是蒲松龄所作，而是吕四娘小传！八侠里的曹仁父擅长诗文，人们疑心他其实就是曹顾庵。周玙学问尤其出众，数学家梅文鼎、大儒程廷祚、李恕谷都是他的学友。前面说到李卫查办甘凤池、周玙，同案人犯几乎尽是文武双全的秀才。其中有个叫陆同庵的“学者型造反家”，最推崇吕留良的学问。

没人知道吕四娘到底有没有扮成宫女来到雍正身边，巍巍泰陵一如既往坚守着它的秘密。但是，八侠的身边人的确近距离接触过雍正。周玙的女婿戴瀚，乃是清雍正元年（1723）的榜眼，他一向喜欢这个女婿，把他从小带在身边，教给他峨眉枪术，还训练他双手开弓射箭，百发百中。周玙的结局是因为喝醉了酒，被清廷侦吏捕获杀害。戴瀚在雍正死前不久被撤掉官职，杖责一百，流放三年。

雍正长眠在永宁山下，而八侠们除了早死的了因和被捕的周玙，余人晚年皆行踪成谜。《清代述异》中说，侦吏发现甘凤池和爱妾住在旅店，就纵火想把他们烧死，却不知他们“早从黑焰中双双飞去矣”。吕四娘、甘凤池这班传奇的剑侠，就是用这样一种翩然的姿态，也从世人的眼中悠悠飞去。

泰陵铜鼎底座（局部）

夕阳下的散落陵墓

泰陵宝顶

雍正长眠在永宁山下，而八侠们除了早死的了因和被捕的周璕，
余人晚年皆行踪成谜。《清代述异》中说，侦吏发现甘凤池和爱妾住在旅店，
就纵火想把他们烧死，却不知他们“早从黑焰中双双飞去矣”。
吕四娘、甘凤池这班传奇的剑侠，
就是用这样一种翩然的姿态，也从世人的眼中悠悠飞去。

泰陵的侧面

梁清标的仕途与雅好

文 / 王文丽

梁清标在鉴藏史上的卓越贡献，
被家乡人津津乐道。
通过传世名作，无数观众与这位乡贤隔空对话，
正如宋荦所言：“棠村座上见闻新，好古应知自有真。
一语殷勤忘不得，别来长叹巷无人。”

梁清标故居

引言

中国古代绘画经历代战争和人为破坏，留存至今殊为不易，在公私庋藏的历史长河中形成了深厚的鉴藏传统。自汉代以来，官府收藏和私人收藏此消彼长，为古代绘画提供了避难所。至明朝末年，政权涣散，大量传世名画散佚民间，私人鉴藏风气愈来愈盛。在江浙地区形成了以董其昌、项元汴、李日华等鉴藏家为主的鉴藏中心。入清后，书画鉴藏中心逐渐北移，在畿辅地区形成了以米万钟、孙承泽、梁清标等人为主的北方鉴藏圈。其中，以梁清标的收藏最为丰富、鉴赏水平最高、对后世影响最为广泛。

梁清标其人

梁清标（1620—1691），字玉立，号苍岩，一号蕉林，又号棠村，别号冶溪渔隐，斋号蕉林书屋，直隶真定府（今河北正定）人。明崇祯十六年（1643）进士，清顺治元年（1644）补翰林院庶吉士，历任宏文院编修、国史院侍讲学士、詹事府詹事、礼部侍郎、保和殿大学士及兵部、礼部、刑部、户部四部尚书。梁清标文学修养甚高，一生诗作无数，著有《蕉林诗集》《棠村诗》《棠村随笔》《棠村乐府》《棠村奏草》等。

梁清标不仅在诗词领域才华横溢，在书画鉴藏方面也显现出卓越的能力。曾在真定城内建造蕉林书屋以保存古籍、鼎彝、法书、绘画。古籍与鼎彝现已无从查考，唯有法书与绘画流传于世，如今散见于海内外，成为各大博物馆的镇馆之宝。比如现藏故宫博物院的陆机的《平复帖》、顾恺之的《洛神赋图》、展子虔的

阎立本《步辇图》 唐 故宫博物院藏

《游春图》、杜牧的《张好好诗》、阎立本的《步辇图》、周文矩的《重屏会棋图》、王希孟的《千里江山图》等，现藏台北故宫博物院的褚遂良的《倪宽传赞》、荆浩的《匡庐图》、范宽的《溪山行旅图》、孙过庭的《草书书谱序》、苏轼的《前赤壁赋》等，现藏美国大都会艺术博物馆的顾恺之的《洛神赋图》，现藏美国克利夫兰艺术博物馆的巨然的《溪山兰若图》，现藏美国纳尔逊－阿特金斯艺术博物馆的李成的《晴峦萧寺图》，现藏英国大英博物馆的顾恺之的《女史箴图》，现藏日本大阪市立美术馆的张僧繇的《五星二十八宿真形图》、王维的《伏生授经图》等。[1]这些蕉林旧藏名扬四海，件件都是稀世珍宝。而蕉林书屋的主人梁清标却较少为世人关注。每每获观名作真迹，于卷首跋尾处看到“梁氏书画之印”“冶溪渔隐”“观其大略”“家在北谭”“苍岩子”等鉴藏印章时，就会引发我进一步了解这位乡邦先贤的兴趣。

梁清标鉴藏印

梁清标的家世

梁氏原是明代山西蔚州（今河北蔚县）的名门望族，明洪武初年，为避战乱由蔚州迁到真定，梁家历来推崇儒家文化，注重诗书传家。至高祖梁梦龙[2]始，世代簪缨，家境兴旺。

梁梦龙有四子，长子梁忠为锦衣卫千户；次子梁思是梁清标养父梁维基的父亲，梁思生而敏慧，作文“寥寥数语，亦有深味卓识”，擅书法，学颜真卿、柳公权，笔风苍老；第三子梁慈，出仕为锦衣卫千户，过世后被授镇国将军；第四子梁志，擅诗文，嗜好法书名画、古玩奇石。梁清标在鉴藏方面的启蒙教育应是源于梁志。

梁维基，梁清标的养父，梁思的独子，历任中宪大夫、广东南雄知府，官至户部员外郎。因梁维基无子，遂将梁维本的第五子梁清标过继给梁维基。梁维基少年时竭尽心力、奋勉读书，为官后也非常简朴，没有贵介气，从政顾全大体、轻徭薄赋，“士之贫者，捐资以赈。不数月，文教蔚兴，门下擢第者数十年不

[1] 刘金库:《棠村藏品辑佚目录》，载《南画北渡——清代书画鉴藏中心研究》，河北教育出版社，2008，第 272 页。

[2] 梁梦龙官至兵部侍郎、右都御史、总督蓟辽等职。著有《海运新考》三卷、《史要编》十卷。

绝”[3]。这些优良品质潜移默化地影响着梁清标。

梁维枢（字慎可），梁清标的叔父，梁志之子。“幼发愤读书，不屑为章句之学，从赵南星肄业，诗文具有法度。”[4]仕清后任工部郎中、山东武德兵备，著有《玉剑尊闻》《内阁小识》等。曾为梁清标题写《梁清标登瀛洲图》：“柳覆丹墙衣染汁，凤阙摧嵬天际立。长安道直长安门，番幕出入千官集。灵气缥缥东门前，道左魁堆势蜿蜒。翰苑瀛洲亭上客，分明陆地见飞仙。忆吾大父官太宰，天下至今想风采。起家地望本庶常，繇来天禄推中垒。犹子玉立方弱龄，才颖利刃新发硎。万斛涌沸如建瓴，肝胆炯炯声华萤。兄弟相从听鸣鹿，偕计联镳花簇簇。词场生价五云间，鸳鸾遣羽人试目。彤墀射策冕群英，曲江拥马踏风轻。禁城玉府开中秘，圣主非常恩泽宏。清扬文弱美琼久，脱洒风流无与耦。岂独遍校石室书，忠季盟心期不朽。未衣银带进贤冠，朝帝出门就珍鞍。仪从缤纷都而雅，咸望瀛洲竦步看。我时起部沾雨露，亲见朝班羡风度。此幅写照遂逼真，永求毋负天之付。叔父慎可。”

梁维本，梁清标生父，梁忠之子。明熹宗天启元年（1621）举人。“积学励行，其文鸿卓精实，自成一家言。处家俭约，然好施与，戚里疾病、患难、贫乏，辄赈之。”[5]入清后历任中书舍人、礼科给事中、礼科都给事中等职。

梁清宽，梁清标的哥哥，传承家学，精于书法。

梁清远，梁清标的叔伯弟弟，喜好收藏书画。

以上可知，梁家是诗书传家，才俊辈出、地位显赫。据《正定县志》载，早年正定城南门外的梁氏宗祠立有“恩荣坊”“恩褒三世坊”“大司马坊”“一品坊”“三世一品坊”等十一座牌坊。富贵家世与书香家风为梁清标的书画收藏奠定了坚实的基础。

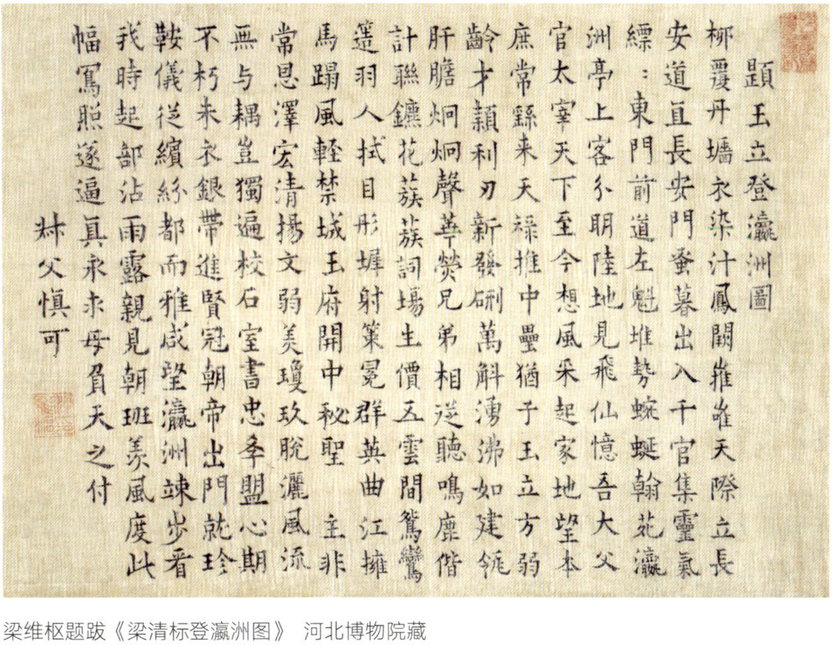

梁维枢题跋《梁清标登瀛洲图》 河北博物院藏

[3] 郑大进纂修《正定府志》卷三十六，清乾隆二十七年刻本。

[4] 郑大进纂修《正定府志》卷二十五，清乾隆二十七年刻本。

[5] 郑大进纂修《正定府志》卷三十六，清乾隆二十七年刻本。

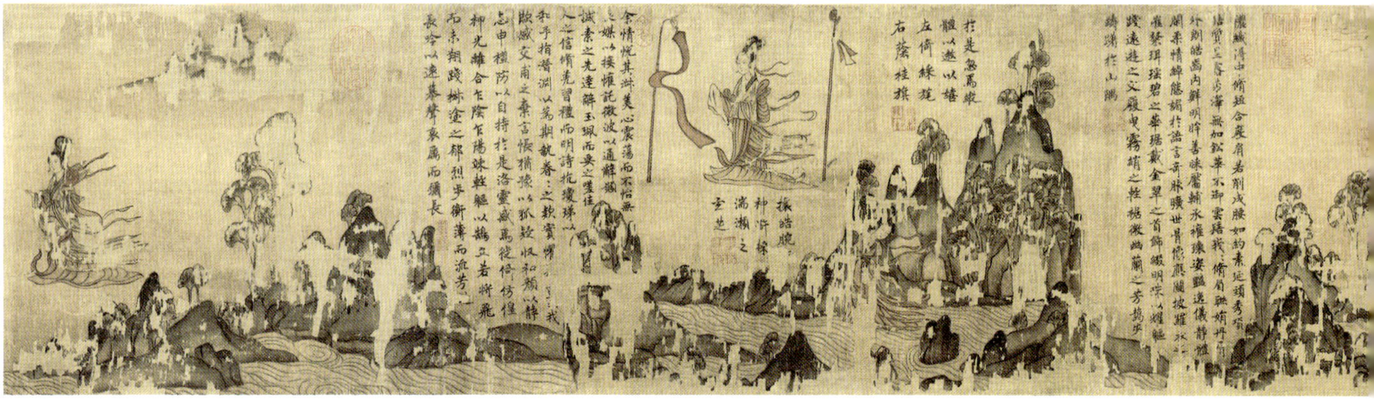

顾恺之《洛神赋图》（宋摹局部） 东晋 辽宁省博物馆藏

梁清标的人生

梁清标自幼聪明颖异，童年经历神奇。他刻苦读书，“生平好学，喜积书，多至数十万卷，日浏览其下”[6]。他幼年时曾跟随养父赴广东南雄任职，船过西江遇大风，险遭覆没时忽然触岸，母亲抱着他仓皇逃生，恍惚间有屋舍出现，夜宿其中而得救，似“有神明默相许也”[7]。多年后，梁清标路过此处曾赋诗云：“每思少小住沙溪，今日重来路已迷。鸡黍江村成异物，一帆风雨认遥堤。”[8]

梁清标青少年时期受过的良好教育，使他不仅学养丰厚，还具备审时度势的能力。在江山易帜之时，面对纷乱的政局，他随机应变，保住身家性命；在政局稳定之际，他能够“戡定祸乱，黼黻盛治，为国元臣，其意计深远矣”[9]。他的仕途生涯大致可分为以下三个阶段：

颖异少年，“济时力薄壮志废”[10]

梁清标十四岁，补诸生；二十三岁，三试皆冠军，秋领乡荐；二十四岁（即明崇祯十六年）中进士，授翰林院庶吉士。第二年，明朝衰败危亡，正值梁清标风华正茂之时。这对于本想如祖辈父兄那样忠君报国的梁清标而言，国已不存，壮志难酬，济时无力。

明崇祯十七年（1644），李自成入京。同年三月，梁清标被农民起义军俘获，为求生存，投降李自成。几个月后，起义军被清军打败，梁清标转而投降清军。这是壮志青年报国国丧后的悲哀，也是被俘俘虏为求生存的无奈。也因此，梁清标便背负上“贰臣”的罪名。

入仕清廷，一年三升仕途优

入清后，在清政府笼络汉臣的政策下，梁清标的人生得以重新起航。清顺治元年（1644）五月，梁清标原官寻授编修，累迁侍讲学士；二十九岁，授宏文院编修；三十一岁，生父离世，离京回真定治丧；三十二岁，升任国史院侍讲学士，

[6] 梁清标：《蕉林诗集》，河北人民出版社，2012，第 11 页。

[7] 郑大进纂修《正定府志》卷三十六，清乾隆二十七年刻本。

[8] 郑大进纂修《正定府志》卷五十，清乾隆二十七年刻本。

[9] 梁清标：《蕉林诗集》，第 6 页。

[10] 梁清标：《蕉林诗集》，第 100 页。

充武闱会试主考；三十三岁，一年连升三任，五月升任詹事府詹事兼秘书院侍读学士，闰六月升秘书院学士，十二月升礼部左侍郎；三十四岁，补吏部右侍郎；三十五岁，五月迁吏部左侍郎，六月母亲病故，回籍治丧；三十六岁，任兵部尚书一职。至此，梁清标仕途一帆风顺，深得顺治皇帝的信任。

官场沉浮，翩然归里葺蕉林

清顺治十六年（1659），是梁清标仕途的分界线。那年，顺治帝下诏征讨郑成功，梁清标作为随征的大臣之一，因用兵不当遭人弹劾，连降三级。此时，他三十九岁。

此后，受官场党派弹劾的影响，他的政治生涯起起落落，几多波折。四十岁，降为正三品随员奉旨留任；四十二岁即清康熙元年（1662），官复原职；四十七岁，调任礼部尚书；四十八岁，充会试主考，以策论选拔人才，三月又被解任革职，“公即翩然归里，手葺蕉林书屋，赋诗饮酒，优游泉石”[11]；五十岁，特旨以尚书起用；五十一岁，补刑部尚书；五十三岁，调任户部尚书；五十九岁，奉上谕举博学鸿词；六十四岁，以户部尚书的职衔兼任兵部尚书；六十九岁，升保和殿大学士，兼兵部尚书，修三朝国史、政治、典训；七十二岁，“六月杪患脾泻，八月初一而亡”[12]。

梁清标的一生有位高权重的荣耀，也有背负罪名的屈辱。曾作诗感慨“宁为官道尘，勿为官道人。尘土践踏有时歇，人民力尽还戕身”[13]，这应该是他历经仕途坎坷后的真实感想。在官职起伏与党派争斗的精神重压之下，很多士族官僚会选择一种怡情悦性的爱好来表达自己的精神诉求，或诗词歌赋，或狎妓宴饮，或雅集唱和，或鉴赏古物，等等。梁清标也不例外，儒雅的修养使他专注于收藏古籍、鼎彝、法书、绘画，与友人雅集唱和、赏玩古物聊以度日，众多散佚珍宝也随之汇集在梁氏囊中。

[11] 郑大进纂修《正定府志》卷三十六，清乾隆二十七年刻本。

[12] 陈耀林：《梁清标丛谈》，《故宫博物院院刊》1988 年第 3 期。

[13] 梁清标：《蕉林诗集》，第 123 页。

[14] 张彦远:《历代名画记》，中华书局，1985，第 13 页。

[15] 孙承泽:《庚子销夏记》，载《中国书画全书·第七册》，上海书画出版社，2009，第 749 页。

[16] 刘金库:《南画北渡——清代书画鉴藏中心研究》，河北教育出版社，2008，第 159 页。

蕉林收藏甲天下

鉴藏古书画的传统古来有之。“图画之妙，爰自秦汉，可得而记”[14]，汉皇室设有秘阁专门收藏古籍书画。魏、晋以前，书画收藏依附于古籍收藏；魏、晋以后，随着书画艺术自身的发展而逐渐独立。收藏法书、绘画不仅是风雅之事，还是政权与财富的象征，法书、绘画的拥有权几乎等同于政权财富的拥有权。张彦远在《历代名画记》中记载，东晋名将刘牢之派遣儿子刘敬宣向桓玄请求投降，桓玄高兴地展开所藏书画与之共赏。桓玄兵败后，刘宋高祖首先遣人入宫运载桓玄所收藏的书画。隋、唐时期，书画收藏更加流行，与之相关的鉴定、装裱、摹拓等也逐渐成熟。宋、元、明、清时期，法书、绘画的鉴藏成为皇室贵族的嗜好，同时也吸引着文人墨客的追逐。

明朝末年，政权涣散，国库管理松懈，大量传世名画散佚民间，甚至整箱流出。皇家藏品被折成俸禄分发给大臣，民间鉴藏风气愈来愈盛。

收藏来源

明末清初是“沧桑后，名画满市”的时代。孙承泽在《庚子销夏记》中记载:“甲申后，铜驼既在荆棘，玉碗亦出人间，二三同好，日收败楮断墨，以寄牢骚。”[15] 梁清标受当时社会风气的影响，最初的收藏源于以故国旧物来寄托哀伤之情。之后，随着仕途起伏和各种机缘，收藏来源逐渐增多。

家族继承

梁氏家族作为累世卿相的名门望族，有收藏古玩字画的传统。叔祖梁志擅诗文、好书画；弟弟梁清远也曾收藏过字画。梁清标在《宋高宗乘龙渡江图记》题跋中提到遇“先祖珍藏”的情况:“余家旧有《百灵归顺图》一卷，先祖所珍藏者，后叔祖金吾公取以赠李于田司马。盖闻尝之先君子云。余虽不及见，然时往来于怀。乙酉岁闻此卷在都市，亟购之。归观所绘人物形状，宛然先君子曩昔所言，疑即余家旧物，合浦还珠。”[16]

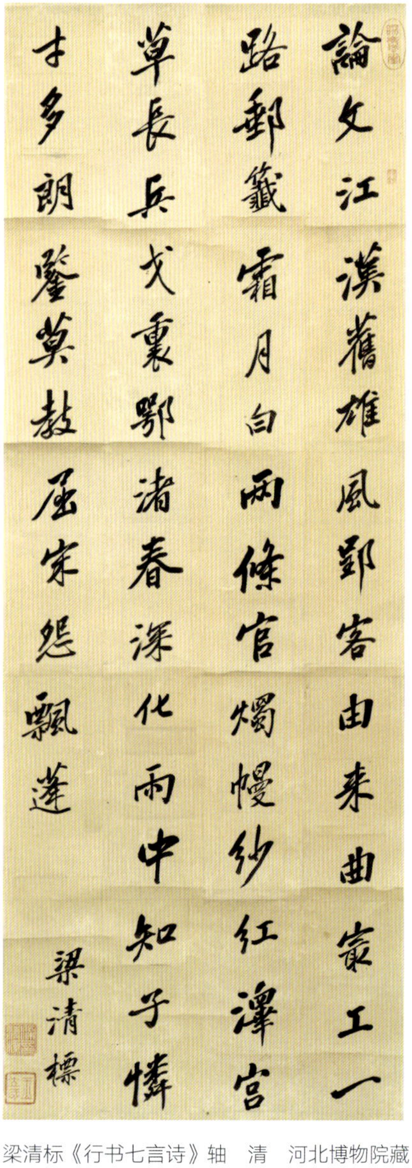

梁清标《行书七言诗》轴　清　河北博物院藏

友人赠送

入清以后，藏品在藏家之间频繁流动。朱彝尊在《王维伏生图》中题曰："庚戌冬（1670）观于北平孙侍郎（孙承泽）蛰室，因跋其尾。既而归于棠村梁相国（梁清标），今为漫堂宋公所藏。"[17]

梁清标位高权重、交友广泛，是北方鉴藏圈里的重要人物。朋友之间品鉴共赏、互通有无是鉴藏界的普遍现象，梁清标也由此得到了同行的一些藏品。孙承泽收藏甚富，梁清标与之私交甚好、交往密切，遇见特别喜欢的藏品，孙承泽还割爱相赠。曾把唐寅仿罗大经《山静日长》十二幅赠给梁清标。梁曾作诗《寿孙北海先生八秩》："左图右史伴闲身，退谷翛然稳钓纶。家傍东华尘不到，逍遥八秩太平人。"[18]孙承泽过世后，梁清标为其作挽诗悼之："不见长安白发翁，论交风雨更谁同？空留遗稿鸡窗北，无恙藤阴凤阙东。齿入香山图画里，名高元祐党人中。典型寥落频回首，廿载床前拜德公。"[19]感念之深，可窥一斑。

牙人代购

明、清时期，"牙人"在交易市场中担任代购与代售的重要角色，"买货无牙，秤轻物假，卖货无牙，银伪价盲"[20]，艺术市场也不例外。裱褙师利用自身便利条件成为兼职"牙人"。梁清标通过裱褙师广泛收购字画，其中，扬州的张黄美便是最重要的一位。吴其贞在《书画记》中记载，张黄美"善于裱褙，幼为通判王公（王廷宾）装潢书画，目力日隆。近日游艺都门，得遇大司农梁公（梁清标）见爱，便为佳士"[21]。张黄美为梁清标代购江南地区名作，仅见于记载的就有黄庭坚的《谈道章卷》、吴彩鸾的《小楷唐韵》、王蒙的《太白山图》、朱德润的《寒林老乌图》、崔子忠的《双雁图》、宋人画小册子一本等[22]。两人在多次交易中建立了颇深的友谊，梁清标曾作诗《送张黄美归广陵》："离亭飞木叶，归及广陵春。手泽存先志，功勋在古人。鸿鸣村月晓，霜迹野桥新。别馆今悬榻，君无厌路尘。"[23]字里行间流露出对张黄美南下奔波劳累的同情与不舍，而《丰城道中喜广陵张黄美至》则充分体现了对张黄美将至之时的喜悦："三日风涛阻，春寒拨尽灰。客随疏雨到，樽为故人开。夜话思千绪，乡书首屡回。感君存古道，冒险溯江来。"[24]这些诗句表达出对张黄美及随之而来的珍品的期盼。

[17] 朱彝尊：《曝书亭集》，收入《文渊阁四库全书》第18册，第54页。
[18] 梁清标：《蕉林诗集》，第1277页。
[19] 梁清标：《蕉林诗集》，第1105页。
[20] 李晋德：《客商一览醒迷》，载杨正泰校注《天下水陆路程　天下路程图引　商客一览醒迷》，山西人民出版社，1992，第289页。
[21] 吴其贞：《书画记》，人民美术出版社，2006，第442页。
[22] 吴其贞：《书画记》，第453页。
[23] 梁清标：《蕉林诗集》，第456页。
[24] 梁清标：《蕉林诗集》，第525页。

收藏取向

梁清标的收藏，上自晋唐，下至明末，历代书画名家的作品皆有涉猎。他并不是单纯地敛聚财富，而是为了满足内在的精神需求和高古的鉴赏趣味。

以晋、唐、宋、元书画的发展脉络为收藏主线

据刘金库[25]的辑佚目录，梁清标收藏的晋唐绘画四十一件、法书二十九件，宋代绘画一百六十二件、法书四十一件，元代绘画一百四十四件、法书二十六件。这些稀世珍品勾勒出晋、唐、宋、元书画史的轮廓。

梁氏所藏人物画清晰地表现了人物画演变的脉络。他收入囊中的顾恺之的《洛神赋图》就有三个摹本，初唐画家阎立本的《职贡图》《萧翼赚兰亭》各两个版本，这应该是梁清标对藏品进行对比研究的兴趣使然；盛唐人物画的代表作品周昉的《簪花仕女图》《美人阮琴图》、吴道子的《旃檀神像卷》；五代时期的规谏人物画——顾闳中的《韩熙载夜宴图》、周文矩的《重屏会棋图》；北宋白描大师李公麟的《明皇击球图》《便桥会盟图》，都经梁清标所藏。值得一提的是，南宋画家马和之的作品高达十八件，还有元代张渥的《九歌图》、卫九鼎的《洛神图》等。这些藏品诠释了人物画从晋至元的发展过程。

从梁氏所藏的山水画可以窥见山水画由萌芽到壮大、再到流派纷呈的各家面貌，有早期山水画的代表作——隋代展子虔的《游春图》，被后世誉为文人画鼻祖的唐代王维的《雪溪图册》，五代董源的《秋山行旅图》、荆浩的《匡庐图》、巨然的《秋山问道图》《溪山兰若图》，北宋范宽的《溪山行旅图》《雪景寒林图》、郭熙的《窠石平远图》、李成的《茂林远岫图》《小寒林图》《晴峦萧寺图》、王希孟的《千里江山图》，南宋李唐的《万壑松风图》、刘松年的《溪亭客话图》、马远的《水图》《豳风图》、夏圭的《西湖柳艇图》，元代倪瓒的《梧竹秀石图》《古木竹石图》《六君子图》等十三件作品、吴镇的《秋江渔隐图》《草亭诗意图》等九件作品、黄公望的《山居图》、王蒙的《青卞隐居图》《花溪渔隐图》等八件作品。北宋三家、南宋四家、元四家，这些名家名作成为中国山水画发展历程中的一颗颗明珠。

[25] 刘金库:《南画北渡——清代书画鉴藏中心研究》，第 272 页。

王希孟《千里江山图》卷首　宋　故宫博物院藏

在花鸟画方面，梁清标更偏好收藏淡雅飘逸的水墨花鸟。除五代黄筌的《写生珍禽图》以及宋代大量佚名扇页之外，大多为清雅散淡的风格。竹石题材比较多见，有李衎的墨竹、顾安的《竹石图》《墨竹图》、王渊的《竹石集禽图》《竹石锦鸡图》、夏昶的《水墨画竹图》等。此外，还有赵孟坚的《水仙图》、王冕的《墨梅图》、沈周的《喜鹊灵山图》、王穀祥的《四时花卉图》、徐渭的《牡丹蕉石图》等均为墨笔花鸟的上乘之作。

梁清标善书法，其书结构得益于唐书，气韵得之于魏晋。他收藏的法书件件都是稀世珍品。魏晋名迹尤为珍贵，迄今为止发现最早的名家法帖是晋代陆机的《平复帖》，还有东晋王羲之的《平安帖》《瞻近帖》、王献之的《保母帖》拓本。唐代名作比比皆是，李白的《上阳台书卷》、杜牧的《张好好诗》、怀素的《论书帖卷》、褚遂良的《书倪宽传赞》、欧阳询的《仲尼梦奠帖》、颜真卿的《自书告身帖》《竹山堂联句》《朱巨川诰身》《湖州帖》等不一而足。宋元法书有皇族之作，亦有名家书翰、笺牍，除宋太宗、宋高宗、宋四家以及赵孟頫等人的墨迹，还有苏轼的《中山松醪赋》《洞庭春色赋》《归去来辞》，黄庭坚的《千字文》《诸上座帖》、米芾的《多景楼诗》《苕溪诗》、蔡襄的《自书诗札册》、鲜于枢的《透光古井歌册》等。

另外，梁清标对赵孟頫书法偏爱有加，收藏近二十幅。

梁清标曾从所藏法书中撷取名作请金陵刻工尤永福篆刻成《秋碧堂法帖》，包含陆机的《平复帖》、王羲之的《兰亭序》临本、杜牧的《张好好诗》、颜真卿的《自书告身帖》《竹山堂联句》、苏轼的《洞庭春色赋》《中山松醪赋》《归去来辞》、黄庭坚的《阴长生诗》、米芾的《七言诗》、蔡襄的《自书诗》、宋高宗的《黄庭经》、赵孟頫的《洛神赋》《常清静经》等，摹刻十分精良，原石现存正定县文管所，拓本藏于河北博物院、中国国家图书馆等。

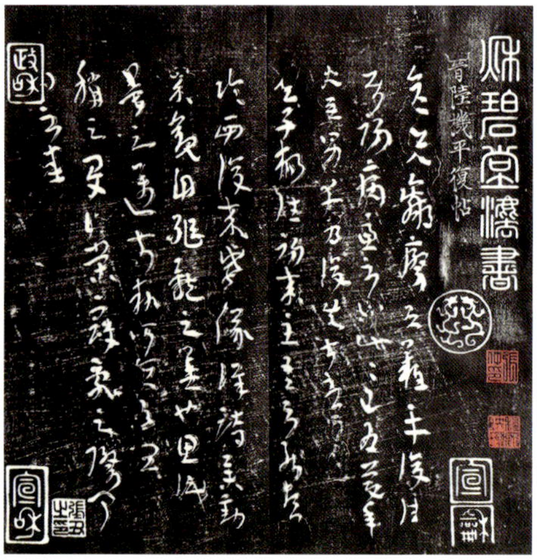

《秋碧堂法帖》拓本　清　河北博物院藏

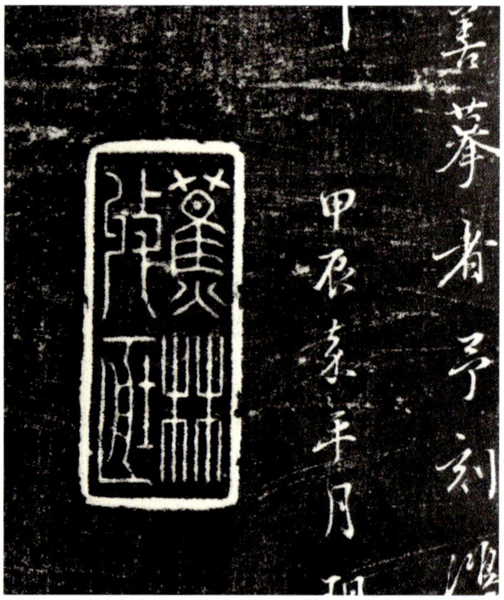

《秋碧堂法帖》局部　清　河北博物院藏

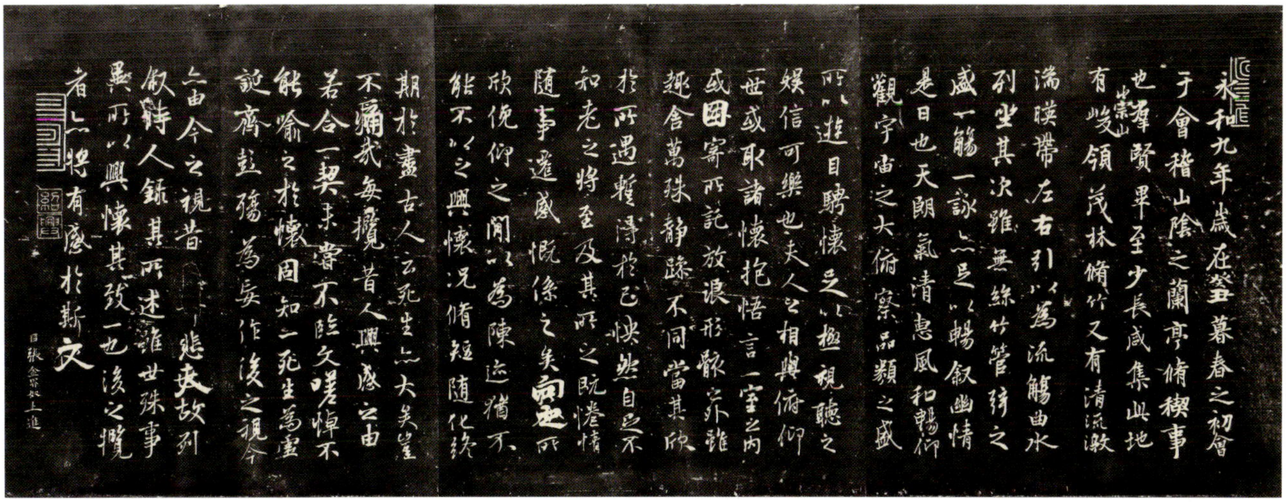

《秋碧堂法帖》中《兰亭序》 清　河北博物院藏

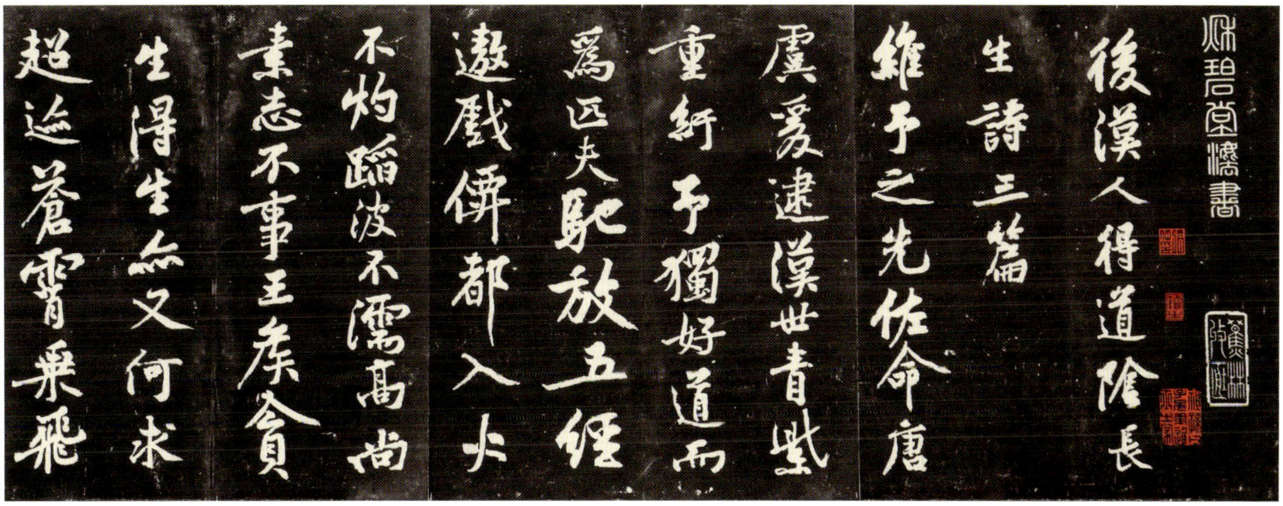

《秋碧堂法帖》中《阴长生诗》 清　河北博物院藏

保管为先，托物寄情

对藏品进行妥善保管是梁清标鉴藏的一大特色。如果收来的书画品相欠佳，他会先请高级裱工进行装裱，“立轴多用碧色云鹤斜纹绫天地，米黄色细密绢圈，有些用副隔水，有些不用副隔水，视画幅长度而定。绶带与副隔水或绫、绢圈同色，包首用淡黄色绢，轴头用红木或紫檀制成。手卷则仿宣和装，隔水、天头都用云鹤斜纹绫，精选较好的旧锦做包首，白玉别子和轴心”[26]。重新装裱的书画一般都有梁清标亲笔题签。

梁清标在书画作品上钤印盖章非常讲究，一般会选择不影响画面的裱边和押缝处钤盖，题跋也较少，更不会在画心题跋。仅此一点就十分令人敬佩，很多收藏家都难以做到。以《千里江山图》为例，这幅近 12 米长的画共钤有十余方收藏印（属于钤印比较多的），卷前有“梁清标印”“蕉林”二印，前隔水有“蕉林书屋”“苍岩子”“蕉林鉴定”三印，押缝有“冶溪渔隐”一印，引首有“蕉林收藏”一印，溥光题跋前有“梁清标印”“玉立氏”二印，后有“苍岩子”“蕉林秘玩”“观其大略”三印。在画心处钤盖印章时，选用小印钤在空白处。

托物寄情是人们收藏的初衷，梁清标也不例外。从梁清标的收藏生涯来看，收藏是他从政之余的最大嗜好，在仕途不顺的低谷期，收藏兴趣愈是浓厚。四十八岁遭弹劾被解任革职后，梁清标回真定修葺蕉林书屋，雅集聚会、品鉴珍宝，曾作《忆蕉林》诗：“绿苔寂寂野人家，独倚楼头看落霞。蜂蝶飞来无定著，小庭风动紫薇花。”[27] 当年，梁清标在蕉林书屋赏玩字画的惬意尽在诗中。

扬州八怪之一金农的册页中亦提到梁清标收藏

[26] 杨仁恺:《中国书画》，上海古籍出版社，1990，第 613 页。

[27] 梁清标:《蕉林诗集》，第 1266 页。

[28] 梁清标:《蕉林诗集》，第 12 页。
[29] 梁清标:《蕉林诗集》，第 189 页。

真赏而非“好事”

宋代大藏家米芾将爱好收藏的人分为两种:“好事者”与“鉴赏家”，鉴赏家“谓其笃好，遍阅记录，又负心得，或自能画，故所收皆精品”。梁清标虽无画作传世，但他的书法作品清新儒雅、隽美中和。遇到晋唐作品的多幅临本，他都一一收来精心研究，《兰亭序》曾收藏了三种版本。虽然目前尚未发现梁清标留下的鉴定意见，但可以推测他将这些藏品反复研究、悉心比较的情景。正如其门生汪懋麟所言:“窃见退朝之暇，一几一砚，下帘匡坐，四方以屏障。”[28] 读书品画，乃为梁清标闲暇之要事。

梁清标曾在宋代何筌的《草堂客话图》中题“何筌《草堂客话》”。清代收藏家李佐贤在《书画鉴影》中跋曰:“不知此题何所据。”张珩在画面左方松树干上发现“辛卯何筌制”五字，字小特甚、绢色沉黯，李佐贤未见。可见梁清标对所藏书画观察之尽微，“谛观审辨析毫芒”[29] 的功力之深厚。

昭代鉴赏谁第一

梁清标去世后，藏品逐渐散落。从后世对蕉林旧藏的追逐足见梁清标鉴藏的影响。

清内府有一百四十七件蕉林旧藏在《石渠宝笈》中被列为上等，有梁清标在世时献给宫廷的，也有被安岐转手入清内府的。梁清标的鉴藏观不仅影响同时代的宋

何筌《草堂客话图》页　宋　故宫博物院藏

李佐贤题跋

荦、高士奇，后世的安岐、周亮工、吴湖帆、张伯驹等也都直接或间接受其影响。

宋荦（1634—1713），字牧仲，号漫堂，一号西陂，河南商丘人。宋荦比梁清标小十三岁，官职也低一级，两人交往颇深。在《留别宋牧仲》中曰："梁园信宿去旌迟，正是词人授简时。汴上才名推小宋，韦家经学有佳儿。"[30]宋荦也极尊重梁清标，曾有诗云："棠村座上见闻新，好古应知自有真。一语殷勤忘不得，别来长叹巷无人。"在宋荦眼中，梁清标博见多闻，辨伪识真的能力很强。

高士奇（1645—1704），字澹人，号瓶庐，又号江村。诗文修养甚高，康熙皇帝的文学侍从。与梁清标、安岐并称为清初收藏界的"三村"。他认为经梁清标鉴藏的作品为"上上等真迹"。《江村书画目》中提到："棠村中藏者，真""上上等真迹，梁真定跋"[31]。梁清标去世三年之后，宋荦曾恭维高士奇有诗云："昭代鉴赏谁第一？棠村已歿推江村。"当时，高士奇在北上复职的水路途中，宋荦到船上拜访，两人在船上鉴赏随身携带的书画，高士奇当场把钟爱的董其昌的画作《江山秋霁图》赠予宋荦，宋荦自然是万分欢喜，后在该卷题诗，将"江村"与"棠村"并提。以"棠村"之名来恭维"江村"，可见"棠村"在两人心中的地位。

"三村"中的麓村——安岐（1683—1744至1746之间），字仪周，号麓村，别号松泉老人。凡是梁清标旧藏，他都极力争购，毫无质疑。安岐在《墨缘汇观》中提到梁清标旧藏中陆机的《平复帖》——"此卷，余得见于真定梁氏，世传晋迹未有若此而无疑义者"，《颜真卿潘氏竹山堂联句册》——"此本为真定梁相国家藏"，《顾恺之书画女史箴卷》——"图经真定梁苍岩相国所藏"。

末代皇帝溥仪盗运出宫的书画珍品中很多都是经梁清标鉴藏。据溥仪回忆："运出的字画、古籍，都是出类拔萃、精中取精的珍品。因为那时正值内务府大臣和师傅们清点字画，我就从他们选出的最上品中挑最好的拿。"这些珍品被运送到天津英租界的房子里。从《赏溥杰单》中可查：顾闳中的《韩熙载夜宴图》、阎立本的《步辇图》、宋高宗的《书马和之画诗经·齐风六篇》《书马和之画鲁颂三篇》、宋徽宗的《雪江归棹图》、李公麟的《明皇击球图》、赵孟頫的《书归去来辞》等均为梁氏旧藏。

民国时期的鉴藏家们对于梁清标鉴定过的藏品颇为重视。当时收藏界的翘楚吴湖帆（1894—1968）对梁清标十分推崇，认为"梁棠村鉴定印章，前五六年多不注意，余极力提倡梁之鉴别在安氏之上，近年一辈子都捧梁甚力，邦达之醉此

[30] 梁清标：《蕉林诗集》，第941页。

[31] 高士奇：《江村销夏录（江村书画目附）》，辽宁教育出版社，2000，第184页。

画亦一时风尚也”[32]。他对梁清标的旧藏《九峰雪霁图》的真伪鉴定，虽几经反复，但最终认为："此画裱后顿见神采，较未装大不相同，画法殊简率，颇佳，虽款书略逊，即非真迹，亦必元代善手所摹，下有梁蕉林藏印二，亦真，世传《九峰雪霁》，即此本也。”[33]

民国四公子之一张伯驹（1898—1982）被誉为“当代文化高原上的一座俊峰”。他一生醉心收藏、一掷千金，曾以四万元的价格从溥心畬处买到《平复帖》（梁氏旧藏）。得到《平复帖》之后，张伯驹说："此则终了夙愿，亦吾生之一大事。”他不惜一切代价收藏的展子虔的《游春图》也是梁氏旧藏，为此，他还将自己的寓所改名为“展春园”。中华人民共和国成立之后，张伯驹慷慨地把这两件稀世珍品和其他藏品一起捐献给了国家。

新中国成立后的我国第一代书画鉴定大师张珩（1914—1963，字葱玉），是公认的中国书画鉴定界泰斗、中国传统鉴定书画的集大成者。他说："有几位鉴赏家如梁清标、安岐眼力特别高，凡经这二人盖过鉴藏印的书画，绝大多数是精品。”[34]张珩对梁清标鉴藏有很深的研究，曾编纂《蕉林藏画目》书稿，遗憾的是并未流传下来。

新中国文博事业的拓荒者、有“国眼”之誉的杨仁恺（1915—2008）对梁清标的鉴藏极为肯定，他主编的《中国书画》教材提及梁清标："鉴赏能力很强，凡经他钦印盖章的书画，几乎都是真迹。”[35]

梁清标的鉴藏观影响了一代又一代的收藏家，甚至引起了仿造梁收藏印的作假行为。

结语

2024年初，“盛世修典——‘中国历代绘画大系’河北特展”在河北博物院开幕，引起了社会各界的广泛关注。展览依托“中国历代绘画大系”的丰硕成果，不仅展示了中国历代绘画的时代风貌，也生动讲述了梁清标这位河北乡贤的鉴藏故事。

漫步在展厅，近距离观摩一千余件历代绘画，仔细端详那些备受关注的“明星”展品，果然又是蕉林旧藏。梁清标在鉴藏史上的卓越贡献，被家乡人津津乐道。通过传世名作，无数观众与这位乡贤隔空对话，正如宋荦所言“棠村座上见闻新，好古应知自有真。一语殷勤忘不得，别来长叹巷无人”。

[32][33] 吴湖帆:《吴湖帆文稿》，中国美术学院出版社，2004。

[34] 张珩:《书画鉴定的辅助依据》,《中国文物报》2010年6月2日第4版。

[35] 杨仁恺:《中国书画》，第613页。

易水长歌

文 / 安期生

从赞颂召公的甘棠之歌到荆轲的易水之歌，
八百多年的岁月也不过如此匆匆。
而如今，距离燕国灭亡又过了两千二百多年，
当年的金台霸业已成陈迹，唯有一股慷慨悲凉之气历久弥新。

[1] 司马迁:《史记正义》卷三十四，张守节注，收入《影印文渊阁四库全书》，台湾商务印书馆，1986，第1页。
[2]《诗经译注》，程俊英译注，上海古籍出版社，2004，第23页。
[3] 司马迁:《史记（评注本）》，韩兆琦评注，岳麓书社，2012，第516页。
[4]《竹书纪年》卷下，沈约注，收入《影印文渊阁四库全书》，台湾商务印书馆，1986，第13页。

与燕下都的相遇多少带着偶然，这次的计划本来是先探访王实甫的故里，然后直接去清西陵。初春时节，从保定定兴到易县的易定线公路两边麦色青青，这片田野在战国时属于一片著名的区域——督亢。王实甫的故里定兴县究室村紧邻公路，从乡道开到村里，一方现代人立的“王实甫故里”碑守候在村口。走访村中，当年的印迹已经全然不见，只是村外这片田野见证着一代代人来来去去。大家面对着眼前的督亢之田发了一会呆，就从究室村出来继续沿易定线西行。走了大概十五公里，一座巨大的夯土堆赫然在目，前方的路牌上蓝底白字写着“武阳台”。从地图上看，这里南面是中易水（即易水，又称武水），北面是北易水（古称濡水），易定线在中间横穿了燕下都，我们正在这座古城遗址的核心区域，与古老的燕国不期而遇。刹那间，心潮涌起，寒风萧萧，易水的长歌似乎穿过历史的天空，撞击出思绪万千。

下了车，踩着春雨后的泥土，手脚并用爬上夯土堆，回望故国。

前11世纪中叶，周武王伐纣灭商，为了巩固周王朝的统治，遍封同姓和功臣为诸侯，其中召公奭被封在燕。但是，由于召公要和周公一起辅佐周王，所以就让自己的嫡长子克前往燕地就封，于是姬克就成为燕国第一任君主。武王、周公和召公是亲兄弟“铁三角”，从创业灭商到王朝的架构和运营，其德行与能力都是后人仰望的典范。《史记·燕召公世家》中说：“其在成王时，召公为三公：自陕以西召公主之，自陕以东周公主之。”[1]《诗经》中有一首《甘棠》就是赞美召公的：

> 蔽芾甘棠，勿翦勿伐，召伯所茇。
> 蔽芾甘棠，勿翦勿败，召伯所憩。
> 蔽芾甘棠，勿翦勿拜，召伯所说。[2]

《史记·燕召公世家》中记载：“召公巡行乡邑，有棠树，决狱政事其下，自侯伯至庶人，各得其所，无失职者。召公卒，而民人思召公之政，怀棠树，不敢伐，歌咏之，作《甘棠》之诗。”[3]召公的军事能力应该很强，因为燕国是周王朝最北方的诸侯国，处于中原和北方的交界处，是为周王朝抵御戎狄的藩屏。目前，考古界认为，姬克在现在的北京房山琉璃河营建了燕国的都城蓟城，由于史料的缺失，从召公以下九世无名无谥，到第九任燕国君主燕惠侯才重新接续。燕惠侯时已经是西周末年，周厉王倒行逆施激发国人之乱，被驱逐出国都。愤怒的国人还要杀死当时的太子姬静，召穆公藏起太子，国人就包围了召穆公的府第。召穆公是召公奭留在都城辅佐周王的一脉，为了完成守护周王的重任，他让自己的儿子冒充太子去见国人，《竹书纪年》中记载：“（国人）执召穆公之子杀之。”[4]由于周王的位置暂时“真空”，就由召穆公和周定公共同代行王政，年号改为“共和”，史称“共和行政”。这一年是前841年，被认为是中国历史有确切纪年的开始。十四年后，被驱逐的周厉王死于彘国，太子姬静也长大成人，召穆公和周定公拥立姬静即位，这就是后来一度使周王朝中兴的周宣王。可以说，在整个西周，召公就像那枝繁叶茂的甘棠树，一直守护着周王朝的礼乐传承。

到了燕国第十一任君主燕顷侯，犬戎攻破周王朝都城镐京，享受过“烽火戏诸侯”之乐的周幽王被杀死，太子宜臼即位，这就是周平王。周平王在诸侯们的保护下迁都洛邑，由于洛邑在镐京的东方，所以大家称迁都之前的周朝为西周，称迁都之后的为东周。燕国同样被北方的游牧民族侵扰，到第十六任国君燕桓侯时，不得不迁都到临易以躲避山戎。而到了燕桓侯之子燕庄公在位时，完全无力抵挡山戎进犯，便向齐国求援。当时齐桓公正打着“尊王攘夷”的旗号领袖诸侯，马上出兵救燕，大败山戎的同时，把依附山戎的孤竹国和令支国也灭了。燕庄公为了答谢保全燕国的恩情，送别齐桓公时依依不舍，不知不觉送到了齐国境内。当时有规定，诸侯相送不能出自己的国界，齐桓公索性把燕庄公所到的地方送给了燕国。当时燕国与周王室的关系已经很差，齐桓公就让燕庄公重修召公之政，如成康之时纳贡于周天子。由于山戎的威胁小了，燕庄公的儿子燕襄公又把都城迁回蓟城。在齐桓公帮助燕庄公击败山戎一百多年后，齐国还曾经再一次帮助遭遇政变的燕惠公复国。燕惠公复国不久就去世了，燕国人立他的儿子燕悼公为君，这是燕国第

老姆台前麦色青青

[5] 郦道元:《水经注校证》，陈桥驿校证，中华书局，2013，第 267 页。

二十七任君主。当时的齐国君主是齐景公，齐景公的祖先是太公望，源自召公奭的燕国和源自太公望的齐国一度关系不错，但后来随着战国初年田氏代齐，两者就成了你死我活的对手。

到燕国第三十六任国君燕后桓公时，另一个周初分封的姬姓大国晋国被韩、赵、魏三家瓜分，战国时期的列国争雄拉开序幕。在春秋时期，燕国存在感不高，但到了战国时期，燕国更活跃地参与到列国活动中，成功跻身七雄的行列。燕后桓公的儿子燕后文公采纳了苏秦的建议，与韩、赵、魏、楚、齐合纵抗秦。当时秦国的国君是秦惠文王，面对六国合纵的威胁，他用了一系列操作破解。对于距离相对较远的燕国，秦惠文王把自己的女儿嫁给了燕后文公的太子，结为了儿女亲家。一年后燕后文公去世，太子继位成为燕易王，嫁过来的秦国公主也就成了燕国的女主人，这种关系远比各怀鬼胎的六国合纵更为深刻。果然，燕易王刚刚继位，齐宣王就趁着燕国治丧的关头攻燕，夺取燕国十座城池。燕易王对“纵约长”苏秦说:“当初是先君资助先生达成了六国合纵，可现在齐国先是攻赵，又紧接着攻占我十城，让我燕国和先生的合纵都成了笑话。您能为燕国再收复被攻占的城池吗?”苏秦到了齐国，游说齐王归还了侵占的燕国城池。后来，苏秦与燕易王母亲的恋情被发现，他心里一方面过意不去，另一方面也害怕被杀掉，跑到齐国做了燕国的间谍，用反间计帮助燕国削弱这个对手。在苏秦的合纵破裂之后，主持合纵的新一代领导者公孙衍崛起，他联合韩、赵、魏、燕和中山，发起了“五国相王”活动。这次活动没有什么实质性结果，但从名号上来说，燕国从此开始称王。

燕易王去世之后，他的儿子哙继位。燕王哙被苏代洗脑，把国家大事尽数托付给相国子之，后来甚至听了鹿毛寿的馊主意，效法尧、舜把国君之位“禅让”给了子之，还把三百石以上官员的玺印收回，全部交由子之任命。三年之间，燕国国政混乱，百姓惶恐无所归，于是太子平和将军市被起兵夺权，导致燕国陷入内乱之中。齐宣王看有机可乘，派匡章攻打燕国。燕国士卒完全无心战斗，连城门都不关闭，匡章长驱直入，燕王哙和子之都没能幸免于难。齐军占领燕国后凌虐百姓，导致燕人群起反抗，在赵、秦等国的压力下，齐国只好从燕国退兵。赵武灵王护送燕王哙的庶子职即位，是为燕昭王。其实，燕昭王究竟是太子平还是公子职，《史记》中的记载就有矛盾，《史记·燕昭公世家》记的是“太子平”，而《史记·赵世家》则记为“公子职”，这导致后来史家争论不已。直到 20 世纪中期之后，以易县燕下都为首的燕昭王时期遗址大量出土带有“郾王职”铭文的兵器，才证实了燕昭王就是那位公子职。

燕昭王带领燕国走进了历史的高光时代，为了最大程度减少子之之乱的影响，他把政治中心转移到燕下都。北魏郦道元在《水经注·易水》里说:“武阳，盖燕昭王之所城也。”[5]自古以来都认为以武阳台为核心的燕下都是燕昭王所建，但现在的考古研究证明，规模宏大的燕下都并非一时所建，而是数代积累的结果。燕下都在中易水和北易水之间，西面是蜿蜒的太行山，东方是肥沃平坦的督亢之地，北距蓟城仅一百多公里，向南则可以进取赵、齐，与列国争雄。燕昭王选择靠近中原的燕下都，并且进行了成规模的修建，其目的除了避开子之的影响，还在于他想融入中原列国，实现他的强燕之梦。

[6] 郦道元:《水经注校证》，第 266 页。

[7] 郦道元:《水经注校证》，第 268 页。

[8]《战国策》卷二十九，高诱注，收入《影印文渊阁四库全书》，台湾商务印书馆，1986，第 12 页。

《水经注·易水》带我们顺着易水河走进燕下都:“易水又东，历燕之长城，又东迳渐离城南，盖太子丹馆高渐离处也。易水又东迳武阳城南。盖易自宽中历武夫关东出，是兼武水之称。故燕之下都，擅武阳之名……”[6] 这里在易县县城东南不足三公里，是目前发现的战国都城中面积最大的一座。根据考古勘测，燕下都城东西长约八公里，南北宽约四到六公里，中间有一条纵贯南北的古河道，河东岸有一道平行的城墙，把整个长方形的城分为东西两城。东城是宫殿区所在，从南向北沿中轴依次有武阳台、望景台、老姆台三组宫殿建筑群，两千多年后，古城已经变为良田，这些宫殿也仅剩下绿野中荒芜的土丘。尽管如此，站在这些高大雄壮的夯土台基上，依然能感受到当年的恢宏。郦道元在《水经注·易水》中讲述了北魏时期的燕下都遗址:“北有兰马台，并悉高数丈，秀峙相对，翼台左右，水流经通，长庑广宇，周旋被浦，栋堵咸沦，柱础尚存，是其基构可得而寻。……诸耆旧咸言，昭王礼宾，广延方士，至如郭隗、乐毅之徒，邹衍、剧辛之俦，宦游历说之民，自远而届者多矣。不欲令诸侯之客，伺隙燕邦，故修连下都馆之南垂，言燕昭创之于前，子丹踵之于后，故雕墙败馆，尚传镌刻之石，虽无经记可凭，察其古迹，似符宿传矣。”[7]

燕昭王明白，要强国必须靠人才，他放低姿态广招贤能，向纵横家郭隗虚心请教。郭隗给燕昭王讲了“千金买骨”的故事，说大王要是真想招纳到贤才，那么请从厚待我开始。天下贤才看到我这样的都被重用，比我更有才华的必然纷至沓来。燕昭王很是信服，《战国策·燕策一》记载:“于是昭王为（郭）隗筑宫而师之，乐毅自魏往，邹衍自齐往，剧辛自赵往，士争凑燕。”[8] 燕昭王吊死问孤，与百姓同甘共苦，燕国在休养生息中逐渐走向国富民强。燕昭王二十八年（前 284），燕昭王拜乐毅为上将军，并联合秦、韩、赵、魏伐齐。这场战争是燕昭王从继位就开始谋划的，为了报子之之乱中齐国趁火打劫之仇。在这场战争中，乐毅率军连下齐国七十余城，齐国只剩下莒和即墨两座孤城，齐湣王最终在莒被杀。燕昭王又派大将秦开大破东胡，把燕国疆域向东北推进两千里。战国晚期，燕国疆域一度达到巅峰，不仅包括现在的北京、天津和河北中北部，还涵盖内蒙古、辽宁和吉林部分地区，甚至延伸至朝鲜半岛北部。燕昭王让燕国一跃成为七雄之一，进入鼎盛时期。

1966 年，燕下都遗址发现了一件“透雕龙凤纹铜铺首”，这是当年老姆台宫门上的构件，因为其高 74.5 厘米、宽 36.8 厘米和重达 21.5 公斤的体量，被称为“中国第一大青铜宫门铺首”。铺首采用透雕与浮雕工艺结合，呈现为兽面衔环造型，以饕餮纹为主体，配有龙纹、凤纹、蛇纹等动物纹饰。饕餮怒目宽鼻，巨齿从口角两边上卷，气势狰狞撼人。饕餮额头上浮雕一只昂首展翅的立凤，立凤的两只利爪分别抓住一条长蛇，双蛇蜿蜒缠绕住立凤的双翅，蛇首扬起相对，隐隐有不屈之势。饕餮两侧各有一条向上攀爬的龙，龙的颈部分别从上端两侧向前弯曲，双首俯向前伸，张口向下虎视眈眈。门环套在八棱半椭圆形的铜衔中，双龙分别缠绕于门环两侧，颈部从上端绶带纹组成的圆环中钻出，与上端双龙相呼应。设计之完美、工艺之精湛、精神之威严，足以让人想见当年燕下都的壮观。两千多年前，它就是这样在宫门上凝视，见证着乐毅进宫，也目送了荆轲西去。

在先秦的记载中，燕昭王招徕贤士是“筑宫”，到汉末孔融开始称之为“筑台”，在《论盛孝章书》中说:“昭王筑

透雕龙凤纹铜铺首
战国　河北博物院藏

胡人头像金饰件　战国　河北博物院藏

铁件金饰件　战国　河北博物院藏

[9] 张溥:《汉魏六朝百三家集》卷二十一，收入《影印文渊阁四库全书》，台湾商务印书馆，1986，第7页。

[10] 鲍照:《鲍明远集》卷三，收入《影印文渊阁四库全书》，台湾商务印书馆，1986，第4页。

[11] 萧统:《六臣注文选》卷二十八，李善等注，收入《影印文渊阁四库全书》，台湾商务印书馆，1986，第30页。

[12] 李白:《李太白文集》卷二，收入《影印文渊阁四库全书》，台湾商务印书馆，1986，第8页。

[13] 李白:《李太白文集》卷九，收入《影印文渊阁四库全书》，台湾商务印书馆，1986，第6页。

[14] 李贺:《笺注评点李长吉歌诗》卷一，吴正子注，刘辰翁评，收入《影印文渊阁四库全书》，台湾商务印书馆，1986，第12页。

[15] 郦道元:《水经注校证》，第267—268页。

[16] 郦道元:《水经注校证》，第267页。

[17] 刘因:《静修先生文集》卷一，收入《影印文渊阁四库全书》，台湾商务印书馆，1986，第2页。

[18] 王绂:《王舍人诗集》卷四，收入《影印文渊阁四库全书》，台湾商务印书馆，1986，第24页。

[19] 张明林主编《古文观止》，中国文史出版社，2014，第288页。

台以尊郭隗。”[9]联系到当时曹操建的铜雀台，可知这里的台也就是宫。到了南朝刘宋时期，出身寒门的鲍照有感于寒门贤士备受压抑，羡慕燕昭王不论出身唯才是举，在《放歌行》里高唱“岂伊白璧赐，将起黄金台”[10]。黄金台这一名称终于定型。《昭明文选》收录了鲍照这篇《放歌行》，唐代李善注书时引用隋代《上谷郡图经》说：“黄金台，易水东南十八里，燕昭王置千金于台上，以延天下之士。”[11]经过历代诗人特别是唐人的反复歌咏，黄金台正式成为燕昭王折节下士、唯才是举的象征，李白在《行路难》中问：“昭王白骨萦蔓草，谁人更扫黄金台？”[12]在长流夜郎途中高唱：“揽涕黄金台，呼天哭昭王。”[13]李贺在《雁门太守行》中豪迈地说：“报君黄金台上意，提携玉龙为君死。”[14]黄金台承载着无数文人对那个黄金时代的向往，从这个意义上说，它的象征意义已经远远超越了一座建筑。

关于黄金台的所在，历来有多种说法，其中呼声最高的是定兴县北章村和燕下都遗址内两种。北章村也在易定线上，现存一个巨大的夯土堆，夯土层中夹杂着古老的碎陶片，虽然沟壑斑驳，却依然体量庞大。在康熙、乾隆和光绪各版本的《定兴县志》中，认为这座夯土堆就是黄金台的遗址。其实，更可靠的记载支持的是另一种说法，郦道元在《水经注》里讲述燕下都时，很多次提到了“金台”：“一水径故安城西侧，城南注易水，夹塘崇峻，邃岸高深，左右百步，有二钓台。参差交峙，迢递相望，更为佳观矣。其一水东出注金台陂，陂东西六七里，南北五里。侧陂西北有钓台，高丈余，方可四十步，陂北十余步，有金台，台上东西八十许步，南北如减。北有小金台，台北有兰马台，并悉高数丈……”[15]这里的“故安城”指的就是燕下都东南的小城，郦道元在《水经注》引傅逮的《述游赋》有：“出北蓟，历良乡，登金台，观武阳，两城辽廓，旧迹冥芒。”[16]登上黄金台，能够看到整个武阳城（燕下都），可见黄金台就在燕下都武阳台旁边不远处。事实上，现在的武阳台夯土堆的周围，有很多大大小小的夯土堆星散，也许其中的一个就是黄金台吧。

易水就像岁月，不紧不慢地在旁边流过，而物换星移、人事变迁，关于黄金台的吟唱从未断绝。元代容城大儒刘因来此凭吊，写下《黄金台》[17]：

燕山不改色，易水无新声。
谁知数尺台，中有万古情。

明初一位学问极好的画家王绂行经此地，写下同题的《黄金台》[18]：

黄金此地曾延士，极目平川夕照斜。
水绕易城流霸业，田连督亢属农家。
苍茫暝色烟中树，缥缈晴光雨外霞。
千古高台馀旧址，西风残柳集寒鸦。

他描绘的场景几乎就是我们今日所见，易水依然潺潺流过，督亢沃野依然一片新绿，一代代古人在这里回望，我们又站在这里回望古人。东晋王羲之在《兰亭集序》中说：“后之视今，亦犹今之视昔”[19]，中国文化的根脉就是这样在人心里传递，从无穷的过去通向无尽的未来。

燕国的强盛就像流星，燕昭王去世后，燕惠王即位，由于他做太子时和乐毅有矛盾，继位后就中了齐国的反间计，

武阳台上孤独的树

[20] 司马迁:《史记正义》卷三十四，第7页。
[21] 司马迁:《史记正义》卷八十六，张守节注，收入《影印文渊阁四库全书》，台湾商务印书馆，1986，第15页。

罢免了乐毅，让骑劫接替了上将军之位。齐国田单趁机用火牛阵大败燕军，收复了被燕国占据的七十多座城池，齐国得以复国，燕国则一下从顶峰跌落。燕惠王在内部斗争中被相国公孙操杀死，其子燕武成王即位，燕国开始堕入秦国远交近攻的计谋，不断对赵国寻衅。燕武成王七年（前265），燕、秦联合攻赵，齐国派田单先抵抗秦国，再讨伐燕国，攻占了燕国的中阳。燕武成王去世后，其子燕孝王继位，仅三年也去世了，燕国最后一代君主燕王喜登上历史舞台。燕王喜趁赵国在长平之战中损失惨重，决定也搞一把趁火打劫，派兵攻打赵国。赵国大将廉颇击败燕军，直接包围了燕国国都。当时廉颇是在鄗击败燕军，鄗就是现在的石家庄高邑县，《史记》上说廉颇“逐之五百余里，围其国”[20]，从高邑到易县恰好约二百五十公里，所以，廉颇当年围的应该就是燕下都。

这一战，燕王喜最终靠相国将渠与赵国和解，但他并没有接受教训。八年后，赵国在秦国的攻势中更加窘迫，廉颇也离开了，接替他的是年老的庞煖。燕将剧辛曾经和庞煖共同辅佐赵武灵王，燕王喜就问他能不能打败赵国，剧辛觉得这很容易，于是燕王喜派他发兵攻赵，结果反被庞煖击败，剧辛也被赵军击杀。燕王喜非常憋屈，忍气吞声了十几年，结果到了燕王喜二十七年（前228），秦国破邯郸灭赵国，大军已经兵临易水，燕国君臣又陷入了更大的恐慌之中。此时，诸侯国已经没有合纵抗秦的可能，从秦国逃跑回来的太子丹决定最后一搏，派荆轲刺杀秦王嬴政，于是就有了易水边那最后的绝唱。

荆轲拿着秦王梦寐以求的督亢地图和樊於期的首级，带着秦开的孙子秦舞阳，望了一眼大门铺首上怒目圆睁的饕餮，走出燕下都。太子丹和宾客穿着白衣在后面相送，荆轲祭祀了路神，沿着易水就要西行。北风乍起，吹动易水扬波，高渐离击起了筑，荆轲和着筑声唱起《易水歌》[21]：

风萧萧兮易水寒，壮士一去兮不复还！

众所周知，那次惊天动地的任务失败，荆轲也再没有回来。其实，在那样的时代大势下，刺杀秦王并不能改变什么，甚至刺杀根本不可能成功，这几乎是尽人皆知的事实。但是，总有人要“知其不可而为之”，为了心中某些信念舍身一搏。荆轲的意义，已经超越了成败的功利评判，而是成为先秦义士们扶危济困，即便肝脑涂地也不求回报的绝响。燕人没有忘记荆轲，太子丹在荆轲馆前为他建了衣冠冢，这里被后人称为荆轲山。辽代，荆轲山上建起一座佛塔，但是当地人更愿意称之为荆轲塔。

荆轲刺秦失败后，秦国以此为借口大举攻燕，王翦先是在易水之滨击败燕军，接着在燕王喜二十九年（前226）攻破蓟城。燕王喜和太子丹逃亡到辽东，不得已斩杀了太子丹献给秦国。但秦王攻燕岂是真的为了报刺杀之仇，燕王喜三十三年（前222），王贲攻下辽东，俘获一辈子自作聪明的燕王喜，燕国至此灭亡。

从赞颂召公的甘棠之歌到荆轲的易水之歌，八百多年的岁月也不过如此匆匆。而如今，距离燕国灭亡又过了两千二百多年，当年的金台霸业已成陈迹，唯有一股慷慨悲凉之气历久弥新。

京师歌舞
连津畿：
河北梆子的
黄金岁月

整理 / 冯珊珊、郑学

清末民初，
一个剧种沉醉了英雄，
颠倒了众生。
1952 年以后，
我们称这个剧种为“河北梆子”。

民国初年，北京大栅栏，一群长衫缓袖的中年人缓步踱来。这群人个个衣饰考究、举止斯文，形貌却迥然不同：有的安闲大雅，不必开口，自有一种威严；有的则形貌奇特，比如一人颈上生着因甲状腺肿大引起的大瘿，一人鬓发斑白，脸上却保养细致，甚至傅了粉。他们行至“三庆茶园”门口，傅粉者忽然快步抢进门内，口中操着湖南腔大呼：“我的亲娘，我又来了！”

这群人不是疯子，他们是当年的政坛魁杰、文坛领袖。当先一人正是清末护理过两江总督、时任北洋政府参政院参政的诗人樊增祥，肩随其后者乃状元张謇，生有甲状腺肿大的是诗人、学者、政论家罗敦曧，发狂大呼的傅粉怪客则是赫赫有名的才子易顺鼎，同行还有沈宗畸、袁克文等数人。让易顺鼎如此失态的，是一个女演员，名叫刘喜奎。

清末民初，一个剧种沉醉了英雄，颠倒了众生。1952年以后，我们称这个剧种为“河北梆子”。

与一切板腔体剧种一样，河北梆子发轫自西北。“山陕梆子”是河北梆子发展的第一个阶段。地处黄河中游的山西蒲州、陕西同州及周边地区，明末清初即有“乱弹”流行，两地艺人素有相互搭班演戏的习惯，京、津、直隶等地观众称之为“山陕梆子”。清嘉庆年间，北京艺坛上就有“山陕班”的最早记录；道光、咸丰以来，“山陕梆子”与方兴未艾的徽班长期竞争；清光绪时期，随着晋商的发达，更多山西籍的梆子艺人进入北京、天津、保定等城市。

后来本地艺人学得山陕同行的绝艺，逐渐占领舞台，河北梆子就进入了“直隶老派”的时代。由于是在北京和直隶演出，所以称为“京梆子”“直隶梆子”。清光绪时期，老晋隆、物克多、柯伦卞等公司出版的唱片中，既有“山陕派”的“五月仙”“水上漂”，也有“直隶老派”的魏连升、“灵芝草”。二者唱腔并无多少区别，调式、板式结构及转板规则几乎完全一致。直隶老派从山陕梆子继承了《蝴蝶杯》等经典剧目，并且在与皮黄、昆弋等剧种的交流互动中，发展得行当愈发细密、程式愈发精整。

河北梆子与京剧可谓姻缘难解的两门兄弟艺术，它们一起走过了从奠基到鼎盛的整个历程。来自蒲州的著名梆子须生“元元红”郭宝臣是山陕梆子时代最红火的梆子演员，谭鑫培则是当时皮黄的盖世宗师。郭宝臣和谭鑫培相交莫逆，两人经常切磋技艺，你教我一出梆子，我还你一出皮黄，许多经典剧目就此诞生。

清光绪十二年（1886）成书的李虹若《朝市丛载》里有首竹枝词：“几处名班斗胜开，而今梆子压春台。演完三出充场戏，绝色优伶始出来。”春台是京剧界鼎鼎大名的“四大徽班”之一。在那个黄金时代，北京活跃着三大河北梆子戏班：瑞胜和、源顺和、庆顺和，恰好能与皮黄的三庆班、四喜班、春台班对峙，两大剧种均在广和园、庆乐园、中和园、三庆园、同乐轩演出。日本学者青木正儿（Aoki Masaru）在《中国近世戏曲史》中说，当时梆子班“比诸徽班，其间毫不受若何差别待遇也”。

《蝴蝶杯》剧照，左起：路翠阁、齐花坦、周春山

状元三年一出，刘喜奎天下无双
——女演员出现和独领风骚

最早的河北梆子戏班里没有女艺人，自从何达子、元元红在天津大红大紫之后，青楼的姑娘们也以唱梆子争取客人，妓馆里逐渐兴起了梆子女伶。一些不得意的梆子艺人被请到烟花柳巷，给青楼女子教身段、吊嗓子。这些艺人的工作被称为“串巷子”。1900 年前后的天津剧坛上，出身妓女的梆子艺人已为数不少，其中像杨翠喜、王克琴等，至今时常被人们记起。至如名妓胡宝玉、赛金花等，也无不以河北梆子自鸣。眼见妓女改作优伶而纷纷名利双收，有些经济困难的普通人家也学着将女儿送进戏班投师，甚或卖到妓院学戏。天津的女艺人从此一天火过一天，彻底改变了河北梆子的面貌。河北梆子进入了一个新的历史时期。

清代，女性不仅不能下海演戏，也不便到剧院看戏。北京宣武区珠市口大街路北，今丰泽园饭庄处，原有一座“文明茶园”。茶园 1907 年 10 月开业，设有六米见方、坐北朝南的旧式舞台，观众分坐楼上、楼下两层，楼上只卖女宾，且于煤市街路西单设专供女宾出入的门户。它是清代北京第一所允许妇女进入的戏园。当时《顺天时报》评论：“北京数百年来，戏班最称第一，戏园内容的野蛮也可称第一。数百年后，到 1907 年的 10 月间，方才有这文明茶园。园名文明，真是名实相符。”1912 年，文明茶园股东俞振庭破例邀约天津的河北梆子女伶进京献艺，演出爆红。整个北京为之如痴如醉。

当时，戏曲舞台上最成功的女演员之一就是河北梆子艺人刘喜奎。《半月戏剧》二卷四期载文记述：“民国三、四年间，女伶刘喜奎以梆子花旦献艺氍毹，声势煊赫，座价之昂压倒老谭，更无论杨小楼、刘鸿声、梅兰芳辈矣……当时老谭以喜娘锋芒过盛，竟久久不愿出台，且语至好谓：坤角不敌刘喜奎，男角不敌梅兰芳。”《十日戏剧》二卷九期亦载：“时男伶几无立足余地。”刘喜奎当时究竟有多红？革命党的喉舌《民权素》报道，杨小楼演《长坂坡》，王凤卿演《战成都》，取价六角，观众寥寥；同时刘喜奎演时装戏《新茶花》，取价一元，而观众爆满。谭鑫培号称“谭贝勒”，而刘喜奎则压倒一头，享有“喜艳亲王”的徽号。

专由女性组成的戏班叫“坤班”。1918 年，杨韵谱主持的坤班“志德社”改称“奎德社”，由广德楼移到文明茶园，它是影响力最大的一个坤班。由于脱胎自山陕梆子，早期河北梆子的唱词及念白都夹杂山西口音，用行话说就是带“侉”。从杨韵谱的奎德社开始，河北梆子道白逐渐改以北京口音为主，除了不念上口字，其念白和京剧基本

齐花坦、田春鸟 1995 年饰演《天仙配》剧照

中国人民赴朝慰问团出发前合影

接近。女子嗓音条件与男子不同，所以河北梆子的唱腔也有了很大改变。在女伶兴起前，河北梆子生、旦两大系统的唱腔本有明显区分。清末女伶兴起，并兼演生、旦两行，为了适应女性嗓音的自然条件，生行唱腔越来越往旦行靠拢，调门逐渐上调，女演员带来的这种新风格叫作“直隶新派”。如今的河北梆子，直隶新派一统天下，山陕派和直隶老派已成绝响。

奎德社以大量排演时装新剧著称，鲜灵芝、张小仙等演员在文明茶园先后演出过《二烈女》《战地之花》等剧目。时装剧是河北梆子的一大骄傲，河北梆子是最早演出时装剧的传统剧种。清光绪中叶，著名演员、戏曲活动家田际云率先排演时装戏，大获成功，其他班社纷纷效颦。作为社会改良的先行者，田际云选择的剧本大多改编自外国小说和维新派编写的政治小说，比如《茶花女》《惠兴女士》《电术奇谈》《黑籍冤魂》，等等。其中，《惠兴女士》等剧目因为成功引发社会轰动，有力地宣传了自由、民主思想而被永载史册。

以女伶为号召，给河北梆子带来的并不都是益处。一来，绝大部分女艺人是半路“下海”，未练几天基本功便登台献艺，因而表演粗糙，不以艺术取胜，单靠色相媚人。等而下之者，甚至搔首弄姿取悦看客，场面颇为不堪。民初报刊上有讽刺这种情形的《竹枝词》:“不重唱功与做功，腰儿扭摆脸儿红。要求群丑如狂吠，只在横波一扫中”，“筋斗翻来尺半高，刀枪棍棒一团糟。下场背影真难看，两片尊臀摆摆摇”。二来，在那法制尚不健全的时代，色艺双全的女伶难免沦为权势者追逐、逼迫的对象。最先大红大紫的女伶杨翠喜因为出身北里，不仅人身没有自由，而且沾染了不少风尘习气，1906年，天津南段警察督办段芝贵用三千大洋把她买下，贿赂庆亲王之子载振贝子，造成清末政坛第一丑闻；著名花旦王克琴，则被臭名昭著的“辫帅”张勋娶做姨太太。那些洁身自好的女艺人为了逃避迫害，只好早早嫁人生子，离开舞台。比如“坤伶大王”刘喜奎，就是因为一众权贵的不断骚扰，而无奈息隐。越是优秀演员，越无法久登氍毹，戏曲人才大受伤害。最关键的是，除了极少数天才，男演员几乎不可能适应依据女性嗓音特征设计出来的新腔新调。男子声带生理构造截然不同于女性，男女之间嗓音音高相差八度音高。为了维持与女演员的同台合演，他们只好使用假声模仿女声，或者因袭旧法，拼命喊唱，而后者必然导致嗓音的干涸以及高音嘶裂。还有一些男演员为了勉强够上调门，往往被迫牺牲吐字的真切，唱出来的声腔有音无字、虽高不美。

冲州撞府妆旦色，走南投北俏郎君
——撑起梆子之魂的大师

一个半世纪以来，艺人们拉着行头走遍天涯，让河北梆子的魅力冲出华北平原。有河北人的地方，就有河北梆子。京东、京南地区都有悠久的行商传统：向西，“赶大营”的杨柳青货郎担紧跟左宗棠的军队进入新疆；向东，随着清帝的逊位，唐山“老奤儿”、武安“药鬼子”们携带资金和技术，在东北地区开办银行、生药庄、养鹿场等企业；向北，“挑大渠”的邢台地商把河套草原垦为良田。他们的足迹所至，都有梆子艺人搭台唱戏。抗日战争开始之前，新疆、内蒙古、东北三省和山东都是河北梆子的根据地。

从农村进入城市，标志着一个剧种的成功。北京、天津、上海三大城市是河北梆子演出与人才培养的中心。除此之外，哈尔滨、迪化、开封、武汉、长沙、广州、南昌、杭州、宁波、镇江、南京、徐州以及现在归属境外的哈巴罗夫斯克、符拉迪沃斯托克、乌苏里斯克和乌兰巴托等地，无分天南海北，都是河北梆子班社活动较多的城市。

生命力强大的河北梆子到处落地生根。近如山东、辽宁，远到上海、江苏，河北梆子不仅经常演出，而且还办起了本地的科班。民国初年曾与魏联升在天津同台配戏的梆子武戏演员郝永雷，于 1928 年组织同行二十余人，经蒙古国到东、西欧国家巡回演出，并在侨民中培养出一批演员，组成华侨戏班。20 世纪 30 年代中期，以白润普、陈宝庆、七岁红、小红牡丹为主演的华侨班由苏联回到新疆，落户伊犁，往返伊宁、绥定一带演出河北梆子和京剧，颇受欢迎。

从抗日战争时期开始，动乱的环境使河北梆子一度衰落，这门艺术绝迹香港舞台半个世纪之久。改革开放以后，河北梆子重访中国香港，不少观众诧为天上之声。20 世纪初，河北梆子演员前往菲律宾等东南亚国家和地区演出途中，往往会在中国香港作短暂停留。中国香港观众可以经常看到演出。

一大剧种要兴旺，最根本的是要依靠优秀演员的支撑。河北梆子的幸运，就在于它有一些足以充当剧种灵魂的艺术大师。除了编演时装剧，田际云在戏曲艺术史上还有其他三大贡献。第一，他领导的正乐育化会不仅致力于改善艺人生活福利、组织赈灾义演，而且推翻了流毒千年的种种戏班陋俗，消灭了相公堂子和女伶兼营娼业等恶习，将艺人品格由“下九流”提升到现代公民的水平。第二，1916 年，田际云创办了第一个招收女艺人的戏剧科班“崇雅社”。第三，他开创了梆、黄合演的艺术形式。

1891 年，田际云的玉成班在北京开始梆、黄合演，俗称“两下锅”。所谓“两下锅”，即在一台戏中，如果演折子戏的话，既有梆子戏码也有皮黄戏码；如演大本戏，则是半出皮黄半出梆子。此外，还有“风搅雪”之谓，这也是“两下锅”的一种形式，即在一出戏中，时而唱梆子，时而唱皮黄，梆子和皮黄演员同在一个戏里扮演角色，主要演员不换人，一演到底。由于“两下锅”的演出收入颇佳，其他各班争相效法。这种风尚很快从北京、天津、上海等大城市推广到中小城镇和农村的梆子班社。为了适应形势，许多皮黄科班也开始兼授梆子，像著名京剧演员马连良、尚小云、荀慧生、于连泉、侯喜瑞、赵桐珊等，均在科班中学过河北梆子。

梆、黄合演使双方在艺术上都得到革新和丰富。就梆子方面来讲，主要是吸取了皮黄的武戏，如《四杰村》《恶虎村》之类。就皮黄方面来看，主要是吸取了梆子的花旦戏，也有一些青衣、老生的戏，如《花田错》《铁弓缘》《打金枝》《南天门》《桑园会》等。特别是花旦戏，皮黄不仅移植了梆子剧目，而且连同梆子的花旦表演艺术也一并吸取过去。荀慧生谈道：“说我丰富了花旦表演，那是由梆子来的。”于连泉也说：“我唱二黄的花旦，可是点子用的是梆子，动作也是梆子。这样演才活。”

当代河北梆子艺术家，最负盛名的要数裴艳玲和齐花坦。

裴艳玲是兼工昆曲、京剧、河北梆子的女武生。她师承李派武生郭景春，短打轻、飘、脆、美，代表作《钟馗》曾应邀到上海、天津、香港等地演出，并引起轰动。2003 年，

1971 年《红灯记》剧照，齐花坦（左）、路翠阁（右）

《钟馗》入选国家舞台艺术精品工程。齐花坦年长裴艳玲十岁，她开蒙学艺是在中国共产党领导下的革命艺术团体——冀中军区培新剧社，也就是河北省实验剧院、河北梆子剧团的前身。1949年，还未满十二岁的齐花坦考入剧社，自此先后师从“小金刚钻”贾桂兰和“白牡丹”荀慧生，可谓河北梆子旦角艺术的嫡传正宗。她们共同演绎的杰作《宝莲灯》，乃是新中国成立后的河北梆子第一经典。

为振兴省剧河北梆子，1958年，河北省委决定不分剧种、剧团，集中全省优秀青年演员，组成河北省青年跃进剧团。1959年1月1日剧团正式挂牌，裴艳玲、齐花坦开始了她们长达半个世纪的合作。河北省委对青年跃进剧团非常重视，省文化局局长路一亲自带领团里的骨干演员进京，向梅兰芳、荀慧生、马连良、谭富英、张君秋、李桂春、叶盛兰、崔兰田等大家拜师学艺。同年8月，青年跃进剧团与1953年成立的省河北梆子剧团合并为省河北梆子剧院，随后组织《挡马》《杜十娘》《陈三两》等剧目参加新中国成立十周年献礼，在中南海怀仁堂和民族文化宫为中央领导和首都观众演出，大获成功。中央人民广播电台还特别为这些剧目录音并灌制了唱片。剧院因此成为文化部确立的全国八大剧团之一。1960年4月，剧院决定创

京津冀梆子的交流会演

排第一部属于自己的剧目——根据传统剧目《劈山救母》改编的大型神话剧《宝莲灯》，裴艳玲和齐花坦分别饰演主角沉香、三圣母，这是一次成功的改编，极大地发挥了二人表演与演唱上的特长。

《宝莲灯》一时唱遍大江南北。剧院多次进京演出，并受到中央领导人的接见。1976 年，北京电影制片厂受命将《宝莲灯》拍摄成彩色戏曲艺术片。

“1960 年 4 月，河北梆子《宝莲灯》在天津全国青少年会演中一炮打响，到现在，它的演出足迹已经遍及全国上百个城市。”齐花坦回忆说，“1979 年，河北梆子《宝莲灯》作为我省第一部开禁的传统戏，在石家庄公演。观众像开了闸的洪流涌向剧场。这个剧在石家庄连续演出了两个月，场场爆满。观众每天凌晨三四点就来排队买票，有人甚至带着铺盖、板凳，排成长龙静等的场面让人震撼。”

刘喜奎、鲜灵芝和田际云代表了河北梆子第一个黄金时代，裴艳玲、齐花坦则代表了第二个黄金时代。这两个时代中，大师辈出、人才鼎盛，艺术水准不断提升。20 世纪末，伴随着新传媒环境下文化消费的巨大变化，河北梆子曾短暂消沉。近几年，在艺术家们的努力下，或许正孕育着即将到来的第三个黄金时代。

经典剧目《宝莲灯》中齐花坦的绸子功极富盛誉

齐花坦、田春鸟、雷保春、陈家和、彭蕙蘅说河北梆子

文 / 有事无非

在异乡，听到熟悉的语音，
总会触动人们心底最柔软的角落；
听到家乡的调门，更会搅起游子梦中不散的乡愁。
最正宗、最地道的河北话，
配上高揭入云的板胡、响快脆生的枣木梆子，
就是京津冀人民喜爱的家乡戏——河北梆子。

扫码看视频
《宝莲灯》（选段）
主演：齐花坦

扫码看视频
《智取威虎山》（选段）
主演：田春鸟

扫码看视频
《清风亭》（选段）
主演：雷保春

扫码看视频
《牺牲》（选段）
主演：彭蕙蘅

扫码看视频
《窦娥冤》（选段）
主演：彭蕙蘅

一样的中国人，操着不一样的中国话：每个地方、每个人都有自己独特的乡音，那是一方文化最深沉的血脉，是孩提时代亲切的记忆。不同的乡音，用板腔或曲牌联套体音乐歌唱出来，就有了中国丰富多彩的地方戏曲。在异乡，听到熟悉的语音，总会触动人们心底最柔软的角落；听到家乡的调门，更会搅起游子梦中不散的乡愁。最正宗、最地道的河北话，配上高揭入云的板胡、响快脆生的枣木梆子，就是京津冀人民喜爱的家乡戏——河北梆子。

1952 年 10 月 6 日至 11 月 14 日，第一届全国戏曲观摩演出大会在北京举办。会上，“京梆子”“卫梆子”“直隶梆子”“秦剧”等名目纷杂的戏曲被统一定名为“河北梆子”，从此，这一红遍全国的大剧种有了官方的规范称谓。河北梆子高超的艺术水准让同行们敬佩，并受到文化部（2018 年改为文化和旅游部）的表彰。以此为里程碑，总结了之前二百年的辉煌，也开启了一段新的精彩。

走上舞台：两代艺术家的精彩人生

齐花坦，女，1937 年生，汉族，河北高阳人，国家一级演员。

齐花坦：听话，听领导的话

齐花坦：我刚从家出来时不是学戏，而是当童工。那时制作花布是手工的，一块布，流水作业，一版跟着一版走：第一版是打白了，第二版是印一个树叶儿，第三版是跟出去一个花瓣儿。那时我十二岁，个儿也没有长起来，更不要说掌握那些技术了。我的工作就是捡擦颜料的纸团。那时我家里穷，没饭吃，出来工作能吃上饭就行了。

厂子最初在高阳，离我家不太远。后来搬到了保定，我也随着到了保定。搬过去时间不长，厂长总是观察我，他说：“你长那么大的眼睛，别捡纸团儿了，学戏去吧。”我那时候小，不知道自己眼睛大不大——现在老了，眼睛都缩了。当时我二姐也在厂子里边，父母曾嘱咐我们：“领导说怎么着你们就怎么着，叫你们干什么你们就干什么，要听话。”那时我也不知道什么叫“戏”，领导说“你学戏去吧”，就这么简单的一句话，正好培新剧社在招学生，她就带我去了。

考试时，老师让我唱戏，我不会；叫我唱歌，我说在小学没上两天，因为我家太穷，上不起，只学过一支歌，我就会唱那么几句：“蝎子的尾巴马蜂的针，最毒毒不过日本人的心，仁义道德全满面，狼心狗肺全满身。”后来老师带着我喊嗓子，他喊“一”，叫我跟着喊。我就“一——二——”那么喊，他是什么调门我就是什么调门。用现在的话说，乐感能力较强，不跑调门。他说：“行啊这小孩儿！”就这么考上了。

我记得我跟王正西（著名导演，曾任河北省戏剧家协会主席、河北省河北梆子剧院院长）结婚前——因为到那个年龄段了，我的很多同学就有这方面的要求——也不知道怎么回事，被金桂芬老师看出来了。金老师说：“告诉你，谁对你说一句话，写一个条，给一件什么东西，必须交到我这儿啊！”有几个男孩给我写过纸条儿，就一行字儿，好像是“交朋友”什么的。结果金老师告诉我：“绝对不行！”我就在纸条上歪歪扭扭写了“绝对不行”几个字拒绝了。

我和王正西的第一次合作是 1958 年他担任执行导演的《窦娥冤》，再晚一点儿，在天津的时候排过《南海女卫兵》，

齐花坦

《钟馗》田春鸟饰杜平

那也是我们第一次合作现代戏。

田春鸟，男，1937 年生，汉族，河北蠡县人，国家一级演员。

田春鸟：我就是痴迷

田春鸟：我 1937 年农历三月初八出生，在卢沟桥事变之前。日本侵略中国，到冀中扫荡时，我就记事了。我从 1948 年十一岁时学的戏。斗倒地主，四合院儿改成了学校，我从那时上的学。那时候上学，是唱着“解放区的天是明朗的天，解放区的人民好喜欢”的。我一边上学一边演戏。我们村叫大杨庄，庄东头演出的是河北梆子，西头演出的是拉拉调，又叫合合腔、哈哈腔。一个村两台戏，有时候他们互相打擂台，耳濡目染，我就喜欢上了梆子。因为喜欢梆子，我就偷着学、偷着看，可是我父亲不喜欢这个，他看不起搞戏曲的。过去的人认为戏曲是下九流、没地位。我弟兄四个，一个姐姐、两个哥哥都没上过学，父亲指望着我有点儿文化，将来养家糊口。可是，我就是迷（戏曲），有瘾。那时候，农村没有正式坐科的高级老师，都是民间艺人。我的老师叫王坷垃，以卖布为生，不出摊的时候，白天或是晚上演出、教我。

农村演戏是主角戏，以主要演员为中心。我学的第一个戏是老生戏《秦琼观阵》。这个戏里面有好多技巧，演员拿着马鞭、穿着厚底、带着三绺，还插着剑，难度很大。因为上瘾，上学走着道我还学秦琼拿着马鞭，三起三落扳朝天蹬。我也没有道具，就拿着一截高粱当马鞭儿，看着太阳当表，压腿、踢腿、扳朝天蹬。前阵子电视台采访的时候，我还表演了扳朝天蹬，这主要是幼年的功。

下功夫学戏，得占好多时间。后来我父亲知道，发火了：“跪下！我跟你说过，不让你干这个，你非得干，你姐姐哥哥们都没文化，就想着让你出人头地，给咱们家争点儿气！”尽管父亲反对，可我就是痴迷戏曲。那时候，我不光上台演出，还跟着戏班子到外村演出。外村有几个小台柱子，有唱旦角儿的，有唱武生的，有唱老生的，我就和他们拜了把兄弟。父亲训我，我也不反抗，训完了还照样去学、去看。可能因为我小，长得挺好，还很受欢迎。

我一边上学，一边学了三四年戏。后来，我父亲1951年闹急性黄疸型肝炎，去世了。这时，河北省实验剧院梆子团来蠡县演出，我们村有人骑着车子带我走了四十来里地，我到梆子团演了一个《秦琼观阵》，结果一下子就被选上了，团里让我第二年开春上保定去。

1952年，我正式考入省级剧团，圆了一个梦。

雷保春，男，1944年生，汉族，河北高阳人，国家一级演员。

雷保春：出一个老生演员很难

雷保春：我和齐花坦老师都是高阳人。我们三个，一个蠡县，两个高阳，河北梆子的发源地就在我们那一块儿。从小受着河北梆子的熏陶和影响，所以就喜欢这个，走向了戏曲的世界。

我为什么唱老生呢？因为我们村里有一个唱老生的，艺名叫十二红，大名叫边福仲，已故了。当时他给我们村写了封信，问："谁考戏校？正在招生。"我们小孩儿知道了，一传十，十传百，家喻户晓。我特别喜欢戏曲，家里也穷，家人说："你去学戏去吧。"不像田春鸟老师受父亲反对。

我考上戏校以后，是和我的启蒙老师金紫云学的。过去老艺人为了养家糊口、混口饭吃，由于家贫所迫而走向这个行业。到我这一代，我们上戏校时开始有文化课了，所以我们在文化方面加强了学习。过去，艺人演戏在塑造人物方面可能没有像我们这样去更深刻地考究人物、挖掘人物、栩栩如生地塑造人物。

我们河北梆子是大剧种，袍带戏比较多，并且文武兼备。以老生、旦角为主的戏是剧团里挑大梁的，和京剧类似，因为京、梆原来是一家，是"两下锅"。现在为什么老生行当不如旦角行当多，老生戏不如旦角戏多，受欢迎的戏里面老生戏没有旦角的多？这是因为梆子剧种的特点是出一个老生演员很难，因为他调门比较高，必须有嗓，还得有悟性、嗓子好、有合适的脸盘儿——像我长脸盘儿就比较好，假如说是圆脸盘儿，扮上就不好看了。它是根据演员的个头、长相、嗓子分的行当。我当时是嗓子好，又宽又亮，长得也有老生相，所以老师一看就把我分到了老生行当。

我还唱过一段小花脸。倒仓以后，没辙了，为找饭碗儿就改行了。老师说你唱小花脸吧，我一听挺无奈的。但我学小花脸以后，对老生很有帮助。比如小花脸的幽默、夸张、调侃、机智……都对我的表演有一定帮助。后来，我的嗓子出来以后，又回到老生行当了。

彭蕙蘅，女，1966年生，汉族，河北隆尧人，国家一级演员。

彭蕙蘅：女孩天生爱美

彭蕙蘅：我小时候要说喜欢戏，倒也没有。很偶然，1978年上半年，我看到了齐花坦老师的《宝莲灯》。女孩儿天生爱美，被舞台那种如梦如幻、那种漂亮得像梦一样的环境一下给席卷了，我就喜欢上戏了。

其实我从小是一个特别木讷的孩子，家里是教书的，我父亲在天津工学院工作。我不开朗，不会说也不爱说，但心底里觉得戏曲是很美的东西。1978年学校正好招生，我的

雷保春剧照

彭蕙蘅

一位亲戚觉得我形象还不错，正赶上那个年龄，说："去考考艺校嘛。"我父母说："她不爱说，连话都不说，见人就害羞、低头，她不适合唱戏，不适合做这一行。"后来我亲戚说："我觉得她怎么还可以呀？"后来，就拉着我的手进了学校的大门，结果考上了。

我到了河北省梆子剧院，跟着那些老师们的七八年是我的一个再学习的过程。一到省梆子剧院，我就跟裴艳玲老师配《钟馗》，跟了她七年就演了七出大戏：《钟馗》的钟妹、《武松》的玉兰、《兰陵王》的兰夫人、《辛弃疾》的江贞、《猫与鼠》的真潘金莲，等等。

《钟馗》十几次到东南亚去演出，1993年电影、电视剧套拍，就永远地留在了银幕和屏幕上。从裴艳玲老师、齐花坦老师到河北省梆子剧院那一批，在我眼里都是大师级的老师，都对我产生了非常大的影响。当时我刚毕业，什么都不懂，从一点一点贴片子、一点一点化妆到头发的梳理，从来都没有自己动手过，都是这些老师帮我的。那时，我在台上还没有开窍，是这些老师一手指头一手指头、一个眼神一个眼神、一个手位一个手位、一个台步一个台步地让我开了窍。

从培新剧社到河北省梆子剧院

齐花坦：培新剧社是京、梆两大块，原来在西柏坡。新中国成立后，中央领导进京了，就把这个团留在了河北。

为什么部队上要培养一批戏曲学生呢？新中国刚成立时，地方上经济等各方面条件都不行，部队代替地方培养了一批学员，我们叫"随团学员"。这一批学生由老师带着，每天两次基本功。当时有京剧老师、有梆子老师，我学的第一部戏是京剧《宇宙锋》，后来还学了《姑嫂英雄》。再后来，梆子老师又教我戏了，第一个学的是闺门旦戏《捡柴》，老师叫桂三宝，个儿挺大，是河北梆子的名演员。第二部戏是和贾桂兰老师学的《柜中缘》。老师们都拽着你学，恨不得把自己会的东西全教给学生。我大概是在 1949 年二三月考上剧团，开始练功，时间不太长，到 1949 年 5 月学了这些戏。那时我们就在保定市新华礼堂，南边挨着一个大公园，我们练功都在礼堂的院儿里。那时候练功，哪里像现在这种条件，剧场里都铺上海绵垫子、有架子，有老师给操练着、接着。我们哪有这个条件呀，只能就着比较陡的土坡儿练习“下高儿”。

培新剧社是私有的，演出收入是分红制。最高分十二分，学生定三分，分多的拿的钱多，分少的拿的钱少。我们演出也拿三分的钱，但是我们学生是国有的，供给制。一个月发一毛钱，由自己支配。一毛钱怎么花？不知道。那时候就只有找人写封信，花八分钱。我还不会写字，记不得怎么写的了。

那时候我也不会花钱，反正有饭吃，穿的是军装，肥皂等洗漱的东西都是发的。我去的时候正好赶上发灰军装，人家说：“她们小呢，要长个儿，都量大点儿。”我记得我的大衣都是齐着脚面量的，棉袄也比较大。小孩吃饱了就长得快，结果真是不到一年时间，我的外号就叫成了“小棉袄”。

那时候发军装，五个女学生发六身，多发一身。我们五个人轮流洗衣服，谁洗了衣服就穿多发的那一件。吃饭时五人或六人一组，发一个桶，每人一个大绿缸子。吃的就是白菜，里面搁几个长豆芽、有几根粉条，一周一至两次改善伙食的时候，有几块肉。白面馒头和白饼也是一周两三次，平常就是窝头、小米饭掺着点儿豆。现在的人肯定吃不了，我们当时觉得吃得好着呢。发一毛钱，我们一点儿怨言也没有，特高兴。

1950 年底至 1951 年初，河北省实验剧院建立，下设梆子、京剧、评剧三个团。我们团的两大块就分开了，梆子是梆子，京剧是京剧。学员组也分开了，因为我嗓子好，把我分到梆子里。当时我有点儿不高兴，因为先学的京剧，虽然时间不长，但是特别喜欢京剧，不喜欢梆子。我藏到箱子后头，一天不出来，想着老师找不着我了，就得答应我学京剧。最后领导说了：“你听话不听话？你家里不是说了吗，要你听话。”父母教育我要“听话，听领导的话”，一说这句话，我就什么辙也没有了。

1950 年以后，总排新编历史剧，那时候叫大本戏。我很幸运，那么小就接触新的导演、新的编剧，这对我的影响比较大。那时候太小，我也不记得他们都是谁，只记得都是文化局的。给我排的第一个戏是《相思树》，然后是《婉香与紫燕》《扫穴犁庭》等。《相思树》是一个神话剧，《婉香与紫燕》和《扫穴犁庭》是讲婚姻自由、反霸的戏，都挺有针对性的。排《相思树》这个戏以后，一个戏哪怕演一个月，观众也爆满。演出在保定红星剧场，有灯光布景，是用汽灯照明，画的布景。人们已经多少年都没见过灯光布景了，所以那戏大热了。

贾桂兰老师二三事

著名艺术家、教育家贾桂兰，在河北梆子的历史上发挥过承前启后的关键作用。她的事迹永为梨园铭记。

齐花坦：我老师很多，有高凤英、桂三宝老师等，跟他们学的戏很多。但主要老师是贾桂兰，她的艺名是“小金刚钻”，我跟她学戏比较多。

我跟贾桂兰老师，虽然没有像现在这样举行仪式、磕

四位老艺术家接受专访，左起：雷保春、田春鸟、齐花坦、陈家和

《杨门女将》剧照，裴艳玲（左）、齐花坦（右）

头拜师，但却是真正的师生。她在艺术方面要求特别严格，在生活方面对我们特别好。贾老师是挣最高分十二分的，经济比较宽裕。她带我们坐大牛车赶路，路上说："饿了吧？"买只烧鸡，把大鸡腿、好肉都分给我们吃，真是香极了。

有一出戏的情节中要向后台抛一只烧饼，我还记得她说："一会儿演这个准扔烧饼，抢去，吃一口就不饿了。"于是，我们就在围后面盼着抢烧饼。那时候，小孩子的观念里头，谁抢着都不自己吃，一人掰一口。我掰的那一口烧饼也舍不得自己吃，拿着去问贾老师饿不饿，贾老师就哭了。

贾老师脾气特别急，对学生要求相当高。我记得她教学生时，一会儿不学，她就着急。有一次，我学戏学得慢了，学着学着，不记得是哪位老师让我去拿一件东西，回来接着学。贾老师嫌我跑了，气得自己打自己，说："行，你大了，学了一句唱就如何了，我教不了你了！"

河北梆子的基本功不是不重要，贾老师的功夫就特别好。她还演过小生，枪法很好。我陪着贾老师演《血手印》这类戏的时候，我演丫鬟。戏里有个一挎胳膊一转的动作，表示行路。我个儿小，基本功不行，跑不了那么快。那时候我也瘦，一次贾老师把我脚不着地抡了一个圈儿，她把我扔下来，我才伸腿儿站住。下了场，贾老师气极了，说："教你跑场你不跑，你不跑我就把你挎起来，我一扔就把你摔了。每天起早点儿，练完了别的功，摽住一棵树练去。每天要跑多少分钟，必须得跑。"后来我就摽着树转圈儿，棉袄都磨破了。

那时候贾老师对我严格极了，其实别的老师也是这样。想起来，这些老师们可是真正的恩师啊，不单从艺术上指导我，而且更主要的是从思想、做人上指导我。20 世纪

《钟馗》赴日本演出宣传海报

50 年代受的教育就是“要全心全意为人民服务”。有位金桂芬老师管学生生活。贾老师和金老师都问我：“你拿什么为人民服务？”我答不上来。她们说：“就拿你的技术。你得好好练功、狠练功！得流两桶汗！”所以那时候我练功，虽然老师要求非常严格，但是我心里非常愉快，并不觉得受苦。

我记得排《相思树》时，有一个“写血书”的情节，我演得不真实——要是真咬破自己的手指写血书，那是很疼的，我不敢咬。贾老师就说：“咬，使劲咬！不咬你那信就出不来。咬破了也得咬，要不这戏做不出来！”咬了一次又一次，后来这手真咬紫了，我是疼得发着颤写的血书。当演员演人物，一切要真实地反映生活。这时候我就领会到“艺术来源于生活，又高于生活”（这句话了）。作为一个演员，必须积累生活、学习生活、观察生活，没有生活是演不成的。

彭蕙蘅：我一进校门，就跟贾桂兰老师学戏。

贾桂兰老师是第一代投奔八路军的民间艺术家，我考入学校的时候，贾桂兰老师已经是河北艺术学校的副校长。她是我很崇拜的一个艺术家，当时却不知道她也是这样一个革命家。

因为父母都是搞教育的，我从小特别内向。到学校的第一年，我基本上跟所有的女孩都不接触，所以练功这些事情我是不开窍的。学校有一年的试学期，结束时领导跟我说：“你回去学习吧，祖师爷没赏你这碗饭吃，你不适合搞这一行。”我特别要强，在墙角哭了一晚上，眼睛哭得跟桃子一

鍾馗さまの波乱万丈の生涯を描く千百年来の伝承故事劇本邦初公開！

「鍾馗さま」

中国河北省梆子劇院初訪日公演（五十五名）

河北省梆子劇院

河北梆子劇

あらすじ

裴艷玲

梅蘭芳以来の名優が石家荘にいた！

鍾馗伝説

"悪人一味を退治せん為、この日本に生れ変わり着なり"

样。喜不喜欢戏我不知道，我觉得这事太丢人了，回去会让邻居、父母的同事都笑话我父母。

当时贾桂兰老师开会回来，看了一眼墙角的我，说："犯什么事儿了？"科主任老师讲："也没犯什么事，孩子不错，就是不开窍，不会学习，到现在什么都不会！"贾老师的那双眼睛非常大，滴溜看了我一眼，看得我都哆嗦——我到现在还怕贾老师的那双大眼睛。结果贾老师说："我看还可以呀。这样吧，让她跟我吧。"就这一句话，我刚一脚踏出学校的大门，贾老师又把我拉回来了。

贾老师是我的恩师，我跟她学了两年，到了中年级以后成了尖子学生。这不是凭空来的。贾老师每个假期不让我回家，当时她在河北省梆子剧院后面的小楼里住，把我放到她家里，每天早上六点起来，从她家出来围着河北剧场跑。跑完了场就唱，基本上一唱就是一天。我在学校学习，根本没有受过这么大强度的训练。她一天就面对着我，我当时很害怕，愁得都不想做这一行了。但是就是那两年魔鬼式的训练，使我成了班里的尖子生。

跟着贾老师的那两年，我对贾老师产生了非常深厚的感情，感觉她像妈妈，但从辈分上说，又像奶奶，是一种说不清楚的感情。后来我才知道，她为了教育，放弃了表演。河北省梆子剧院的演员，像路翠阁老师、齐花坦老师、张淑敏老师，等等，都得益于贾老师的教育，才有了后来的成绩。应该说，她是新中国成立后河北梆子那一代艺术家的顶梁柱。

戏曲是非物质文化，它是随着一代艺术家传承的，如果没有这一代艺术家，戏曲就衰败下去了。贾老师在戏曲教育方面做出了非常大的贡献，这是我后来逐渐认识到的。我回到母校来搞戏曲教育，和贾老师有直接关系。

从历史到今天：梆子向何处去的争论

陈家和，男，1948年生，汉族，河北唐山人，国家一级编剧。

陈家和：河北梆子是从山陕梆子发展过来的。山陕梆子过去有叫秦腔的，严格来讲，不是一个概念。秦腔把梆子包括进去了，它分东、西、南、北、中五路，河北梆子的发展受东部乱弹的影响更大一点儿。山陕梆子传到河南以后叫“豫剧”，传到山西叫“晋剧”，传到山东叫“吕剧”，传到河北没叫“冀剧”，而是叫“河北梆子”。原来河北梆子进京的时候比京剧早，清道光年间已经在北京成了气候了，那时叫“直隶梆子”。刚开始，京剧跟梆子学了好多东西，后来京剧好了以后，梆子又跟京剧学了好多东西。从表演上来讲，京剧越来越规范，越来越细致。因为它主要是在北京、在宫廷里面发展起来的。

我们河北梆子一直传承着秦腔的粗犷。这没有好坏、高低之分，只是两个戏曲品种的特点。我们保持了秦腔的高亢、粗犷，甚至在四功五法上有的地方要求不是很严格，不如京剧规范，但是我们有我们的优势。我们的戏，有的京剧演不了，京剧的戏我们都能演，可能演得没有他们那么舒服。

天津梆子和北京梆子，也就是卫梆子和京梆子，现在没有自己的好演员，比如北京梆子团现在挑梁的演员都是咱们河北过去的。中国戏曲主要是以声腔分类，它必然要与当地的声腔、语言、习惯相融合。我认为，河北梆子一定要坚持河北方言，别老跟京剧学，念白一定要坚持直隶梆子的念白，这样才是地方戏。咱们河北渐渐把河北方言给抹了，尤其是一上韵，就跟京剧跑了。从艺术上讲，这其实是很大的问题。

雷保春：关于声腔念白，专家们曾经开过会，有过讨论。有的专家说念地方语音，也有的专家说河北的方言是比较复杂的。保定那一块儿说保定话方圆一百里内基本相似，因为他们受保定府的影响；到石家庄就不行，一个县一个味儿，简直没法说。如果说地方语音，我认为确实很难听。我们为什么特别强调说普通话呢？很多方言在戏里没法说。我的观点就是，文化在不断发展，我们不要求完全像京剧那样上口，但是，我们要规范起来，不能太凌乱了。这样一来，我觉得我们梆子的文化氛围就提高了。

陈家和：我认为河北梆子，就应该以保定方言为基础，研究出一套它的官话来。这要靠剧目实践。

齐花坦：梆子语言就是普通话。

陈家和：问题是道白随了普通话——其实也不是普通话，京剧是中州韵——你的唱腔就不对了。唱腔是怎么来的？是从讲话中来的。

雷保春：那不见得。我们讲“字正腔圆”，过去一些老艺人由于文化水平限制，在唱上有倒字、侉字或者是不上韵的地方，但是，我们这一代就要有些讲究了。比如一句唱腔有好几个韵，比如唱“花发”，突然间，变成“怀来”“一七”，就倒了韵了。我们追求在尽量保持唱腔原来的

1986 年，河北梆子演员首次赴中国香港演出纪念

《窦娥冤》剧照，齐花坦饰窦娥

《红色娘子军》剧照

韵味上，尽量地不要倒，要用普通话唱出来。

《行走》：河北梆子从山陕梆子来，您几位的师辈，有没有带着山西味儿的，带侉的？

田春鸟：过去很明显。

齐花坦：我跟贾老师学《血手印》的时候，就带有山西味。

田春鸟：过去赵鸣岐老先生、贾桂兰老师、刘香玉、秦风云他们都有，尤其是秦风云唱的语音很像山陕梆子的味道。

《行走》：荀慧生先生怎么处理这个问题？

齐花坦：我为什么说以普通话为基础？保定地区语音普及不了，而且也不大好听。我跟荀先生学了几个戏，比如："红娘、红娘，做事停当。离了花园，来到禅堂。"他的白话你听着多响！但是谁都听得懂。他是以北京口音为标准的小白话，不是真正上韵的或者京剧口味儿的道白。荀先生演戏确实是非常生活的，但他又不完全是生活。

现在，我们梆子里的京梆子遇到上口字，很多人都念成了京剧的了。比如"今日"，你念到全国都听得懂，但他们非念成"今 rèi"。所以我说还是按普通话走吧。荀先生的红娘是小白话，他的大白话遇到了上韵的时候，也不是那么带"钩儿"的那种。比如"我窦娥""报答天恩"，他就不拐那些弯儿了，就是以普通话为基础。又比如"何事"就是"何事"，干吗要"huó 事"呢？其实那是南方戏，代表安徽的东西。安徽的"京剧"进北京后，留下了这么一点儿，现在一些梆子演员还以为这么说就显得高呢！

陈家和：我的观点是，就像荀先生的这种念法，既有自己的地方特点，又不是京剧，还不是普通话。我就怕河北梆子让京剧给吃了。现在我们的地盘儿越来越小。

刚才我们谈到由生行挑梁的河北梆子大戏少，主要是受声腔影响。出一个河北梆子男演员，小生也好，老生也好，真是太难太难了。这个剧种对男演员的声音条件要求很高，超出了人的生理极限。

田春鸟：调门太高。

齐花坦：这是一个很主要的方面。咱们河北省以老生带班的，就只有雷保春一位了。

雷保春：京、津、冀三个地方梆子的发展有各地的特点，因为它受文化的影响。北京是国家首都、文化中心，有文化的人多。过去梅兰芳演戏，周围有文人墨客给他挑毛病、摘刺儿。北京的梆子团现在发展如何，我们且不说，按照当初的情况，它的声腔，也包括表演，应当是典雅凝重的，有一定的厚度和雅文化气息。天津生行分了五大派，派别比较多，唱腔讲究、潇洒，身段、念白、表演都非常规范。王玉磬老师的《斩子》，那简直是一代名唱，潇洒、飘逸、讲究。到了河北，我认为是这样的：质朴、刚毅、悲壮、高亢激昂，老百姓看得过瘾。所以梆子分三大地区，有三大地区的特点。

河北这边的观众喜欢以河北梆子剧院为首的梆子唱腔，天津观众喜欢银达子、喜欢王老师的王派。一方水土养一方人，所以才有其观众群。河北有河北的观众群，北京有北京的观众群，文化层次、欣赏能力都不一样。我比较高兴的是，前些年，河北梆子是不景气的，观众少了、看戏的人年龄偏高了、台口少了；但是现在，通过这次参加北京梆子团演出，我发现有很多年轻观众，包括大学生、硕士、博士，他们也开始喜欢我们河北梆子了，我们被年轻人承认

齐花坦义务指导了大量弟子，不收学费，负担食宿，为艺术传承做出了极大贡献

了、喜爱了。

但是刚才提到发展的问题了，我想说，我是 1984 年拜的马长礼老师。我为什么拜京剧老师呢？我觉得马派的东西就是典雅凝重、浑身文化。比如过去马连良先生演的《借东风》，他的扮相一出来——电视上多少演过诸葛亮的，有一个能演过人家吗？我所承认的诸葛亮，包括影视剧，就是马连良，没有第二个人。我所承认的张飞，就是戏里面的张飞，影视剧里的张飞不像。所以我爱上了京剧。

周信芳先生、奚啸伯先生、马连良先生、马长礼老师，他们的戏我都看过，从小受他们影响。我认为，因为我们演员要塑造千姿百态的人物形象，文化底蕴、年龄、性格都不一样，所以不能用一种模式去塑造。这出戏是这样，另外一出戏仍然如此，没有特色、没有观点、没有看点，这就不行。比如我塑造你（指陈家和）《绝唱》里田光形象的时候，为什么采取了麒派的东西？因为这个人物适合麒派，比如“大男人（过门）大丈夫就应当有大气（哟）魄……”流水梆子，又不是京剧，还把京剧好的地方借鉴过来了。我要演《斩唐丹》，我就吸取马连良先生的经验，因为他适合马派多一点；我要演《范进中举》，我就吸取奚啸伯的委婉细腻，有一种清高、高级知识分子的这种感觉。

为什么吸取旁人的呢？因为我们梆子有糟粕，我就要弥补它的糟粕。我们梆子原来很讲究，我也是很讲究的。我觉得现在一代一代地不如过去讲究了。我们应该规范起来，讲究起来，有文化起来。一看，呵，舞台装饰，讲究！演员出来的招式，讲究！穿衣打扮，讲究！这才是我们本来的河北梆子面貌。

结果现在呢？要求穿大靴的，他穿快靴上去了；要求穿

齐花坦的弟子们把艺术带向乡间

破皂袍的，他穿了一件富贵衣上去了……我们讲“宁穿破，不穿错”，现在呢？咱们梆子不讲究到什么程度？什么行当都随便演，缺了什么，谁都能上，一个人演多少个行当，什么都能唱，什么都能演，是“万金油”，这就不值钱了。而京剧呢？比如小花脸行当，细分成小丑、老丑、小花丑……怎么演，怎么上场，动作非常讲究的。比如马派，马派的台步是什么？马派的台步是“神步”。为什么叫“神步”呢？面对不同的人物形象，他能走出千姿百态的台步来，这叫“神步”。

京剧的好处我们为什么不学呢？我们应该学，我们应该学它的文化、学它的表演、学它的规范、学它的讲究。戏曲是一种美学，我一扮上戏，后面来一块台步，我就进入了美学里的状态，不能说随便来。如果不这样去努力，我们梆子就会越来越不值钱。

齐花坦：现在我们的戏曲为什么不能发展呢？我们既得吸取别的剧种的优点，又得弥补我们不足的地方。艺术是一种美学，不光舞美是美，舞台上的一切都关乎美学。戏曲讲究演人物，不论是艺术方面还是技术方面，一切都是为演人物服务。在这方面我也有体会。比如旦角是走一字儿的，是扭的，可是通过排《窦娥冤》这个戏，我觉得旦角也要吸收新的东西。窦娥这个人，剧中写的不是她一个人的冤，关汉卿把当时很多人的冤情集中到她一个人身上，所以这个人物不是一个形象，她是每一场都有发展的人物。所以，当时我就说：“《哭街》这场戏，如果随着这个女性披着枷锁扭着走，怎么扭怎么不行。”后来，我就借鉴了老生的表演形式，瘸腿走的。这个人物是怀着进刑场马上要被砍头的心情，要是真到了这种情况，一个少女根本无法行走。我带上硬的木镲，采取老生的走路方式，有沧桑的感觉——艺术的夸张需要这样。为此我专门设计了圈儿裙子，不是老式的那种罪衣、罪裙——露着两条腿，那太难看了。说了半天，意思就是“要演人物，不要演行当！”，说“艺术来源于生活，又高于生活”就在于此。

《行走》：田老在河北梆子生行的唱腔上也做了很大贡献。您也讲讲您的看法。

田春鸟：从历史上看，小生是比较“贫穷”的一个行当。过去在河北梆子里小生没有专用腔，2010 年参加李桂云先生百年诞辰时，我听吴增彦老先生清唱了两三句，这三句还是老先生学的李桂云先生《梁山伯与祝英台》的几句。更没有挑梁戏，只有“穷八出”——什么《周仁献嫂》《狄青借衣》之类。我小的时候懵懵懂懂地陪着贾桂兰老师、刘香玉老师、赵鸣岐先生演戏，都是边缘的配角。我怎么从老生改的小生呢？就是因为梆子有好多旦角、老生，但是缺小生。可是说起来，没有小生不成一台戏，很多时候分量比较重。我既改了小生，就得给小生争气，不论再苦再累，别的我不贪，我就在小生这儿下功夫。

我的贡献就是在声音上下了功夫。因为小生不管是穷的、富的，都是年轻人、小伙子。他的心态、声音、形象状态，都得琢磨，所以，我陪着老先生们演，他们也喜欢我；后来又陪着裴艳玲演——我跟裴艳玲有好几个戏。

雷保春：田春鸟老师的嗓子好，可以说几百年里，很难找到这样的嗓子。一张嘴就是小生嗓，这么大岁数了，如果不见人的话，先听他的唱腔，还是感觉非常年轻。

陈家和：咱们河北梆子当前存在一些问题，我不看好。从戏曲演出这一块儿讲，首先是人才不接、行当不齐，河北梆子这么些年连花脸戏都没有。从其他主创人员比如编剧方面而言，也有点青黄不接；导演上也有点青黄不接；音乐、舞台美术也都青黄不接。这些方面都不接，还怎么发展啊？这是个大问题。

从艺术传承上讲，他们几位是河北梆子生、旦行当的领军人物，其实正常情况下，他们在舞台上的实力应当不如三四十岁的人，可是实际情况却是一辈不如一辈。为什么现在人才这么少呢？从根本上说，是相关部门重视不重视的问题，是他们扶持不扶持、喜欢不喜欢、认为民族文化重要不重要的问题。当年刘子厚书记把县里有点名望的演员都调到梆子剧院来，这叫优化组合。20 世纪 70 年代时，一个剧组就能成立一个团，现在越来越不行了。

雷保春：当时，河北梆子剧院的名声不是河北的，它在全国都有影响，曾经是八大剧院之一。

齐花坦：我 1995 年离开团，当时有两个想法：一是音乐上的改革，一是导表制方面的改革。戏曲怎么样更接近生活，使年轻观众和老观众都能接受？通过《宝莲灯》，我意识到，在中央电视台一播放，全国人民就知道了。从 1995 年年底开始，我筹划拍摄了七部片子，包括梆子剧院的几个重点戏，还有几个新写的现代题材戏，分别是《窦娥冤》《蝴蝶杯》《绣襦记》《血染双梅》《苏东坡定州断案》《孔雀岭》《情满月圆时》。我早就想扩大河北梆子的影响面，那时已经感觉到我们的观众越来越少，面儿越来越小。我想争取到中央台放映，可是单位经费不够，后来我求助企业家，经历一番艰辛，终于找齐了经费。

从音乐上怎么改革呢？河北梆子的调门“枪毙”了许多素质很好的演员。我们梆子都是 C 调，特别高，很多演员的嗓音是中音部或低音部，够不着这个调门。像田春鸟、雷保春他们两位，都是“特殊材料制成”，有几个这样的“材料”啊？现在梆子剧院，还有刘凤岭、邱瑞德这么两个宝贝，下面老生是谁啊？没有！保春是一个宝贝，他仅有的一个学生也很不错，可惜调北京去了。一个剧种要想成为全国有影响力的剧种，需要很多好演员，没有演员是不行的，单有一个演员也是不行的。

《美狄亚》与河北梆子的未来

彭蕙蘅：《美狄亚》的过程很有意思。大学者罗念生先生一直致力于西方戏剧的研究和编译，很多古希腊戏剧都是他移植过来的。1986 年，裴艳玲老师的《钟馗》在北京成功首演，他看了这个剧种后感到非常震撼。他研究了一辈子古希腊悲剧，冥冥中，觉得古希腊悲剧和河北梆子是有渊源的。这两种艺术怎么那么出奇地相像？当时不知道裴艳玲老师是男是女，到后台，他找到了裴老师，说：“我为你介绍一出名剧——《美狄亚》。你在台上的那种爆发力和艺术张力太适合演这出戏了！”裴艳玲老师卸了妆以后说：“你看我，我是一个女的，但我在舞台上是演一个男的。你为我介绍的是一个女性角色，显然是不适合我的。”但是裴老师极其聪明，她也冥冥中感觉到这对河北梆子来讲是一次机会。她说：“那好，没关系，我团里有老、中、青旦角儿演员，你去挑、你去选，你看他们谁适合演美狄亚。”

当时我刚毕业，我的老师齐花坦是大艺术家，彭燕琴大姐（后来调到北京梆子团，现在已经退休了）是如日中天的青年艺术家，而我则是一个初出茅庐的青年演员。经过一个星期的考查、学习、看书、排练小品，罗锦麟导演（也就是罗念生先生的儿子，著名导演、中央戏剧学院的副院长）选择了我。我至今不知为什么，只能说是缘分。如果一定要讲理由，那可能是我年轻，传统的功力没有那么深厚，接受新鲜的东西可能快一点点。另外，当时我排了几出感情非常强烈的戏，像《打神告庙》《吴汉杀妻》，还跟齐老师学了一些中国的悲剧戏，像《窦娥冤》等。后来这些功力，还有《宝莲灯》里出现的红绸舞等，都在《美狄亚》当中运用了。因为罗锦麟老师排的虽然是一出欧里庇得斯（Euripides）的古希腊悲剧，但他用的却是地地道道的河北梆子艺术程式。

我当时很愁，几次跟领导提出我排不了这个戏，因为这是完全不同的艺术形式。河北梆子有一套很完整的表演程式，但罗锦麟老师搞的是话剧表演。戏曲是从表现入手的，戏剧表演、话剧是从体验入手的。比如他在排练《杀子》那一场戏的时候说：“你带着仇恨的、绝望的、歇斯底里的、疯狂的心情上场。”我就蒙了。其实罗老师在故意训练我的内心体验，我不懂啊，我说：“您是让我怎么上场？怎么亮相？”他说：“你把戏曲的这些外在的表现都拿下去，你去体验带着这种仇恨的、绝望的、歇斯底里的、疯狂的心情去上场。”这一上场，我就上了一天！所有的老师、所有的演出人员都在旁边看着我。罗老师从来没急过，最后竟摔了剧本，拂袖而出，我也哭了一晚上。后来罗老师说：“我故意激你的。”

被抛弃的女性角色在中国的传统戏里是常见的，像秦香莲、杜十娘等，我演过太多。但它的悲剧性、它的张力真的不能和《美狄亚》同日而语。《美狄亚》是一个伟大的悲剧，到现在我还在研究、在琢磨它的悲剧性和深刻意义。说真的，我演了几百场都不能完全吃透。它的意义也在这里，让你永远觉得它像谜一样，你去靠近它，却永远也抓不住它。我想这就是它流传几千年的魅力。

现在回过头来看，罗老师给我排的这个戏，对我的帮助是在戏曲原有的程式中加入了话剧的内心体验，再加上文化的深入。当时我看了很多关于《美狄亚》表演方面的书——罗老师定期给我找一些书来看，像补课一样。

我举一个很简单的例子，比如演美狄亚决定杀子之前，有一段大笑。我们戏曲里面有很唯美的笑，梅兰芳在《宇宙锋》里有，我在《打神告庙》《杜十娘》等很多戏里也都有。但这种笑，远远不能满足美狄亚要杀害自己亲生孩子之前的那种疯狂。罗老师当时给我罗列了几个词，什么“疯狂的”“嫉妒的”“歇斯底里的”“绝望的”，等等，全是描述很极致的人的疯狂状态的词。我看了一晚上，把每一个词全都用笑来表演完成：疯狂地笑、苦笑、微笑……那时我还不知道，每一个词都是一个小品。第二天，我把一篇全是笑的词拿去跟罗老师笑，罗老师说：“好，你第一步完成了。第二步，你把逻辑性给我拎出来。”我当时就琢磨：开始是“仇恨”，继而想到“我这个复仇计划是以杀害我的亲生骨肉作为代价的”，那她内心一定含着巨大的苦楚，所以她是含着泪的苦笑。苦笑完之后还有什么逻辑？是疯狂。这个复仇计划一定要付出惨重的代价，但是我不这样做就不是美狄亚，所以要疯狂地大笑。这个逻辑就出来了，她的复仇计划通过这笑就完成了。

《行走》：我们的传统戏剧若是在继承里没有发展，似乎就是一个将要死亡的东西。但是，发展太多，又会丢弃我们传统中的一些优秀成分，或者未必优秀但有特色的一些成分。您是如何解决这个问题的？

《白蛇传》剧照，左起：张道刚、田春鸟、张淑敏、齐花坦

《李慧娘》剧照，田春鸟饰裴舜卿

彭蕙蘅：这个问题得分两部分解释。《美狄亚》那部戏，是用地道的、传统的艺术，比如绸子舞、水袖，用河北梆子地道的唱腔、曲牌、板式，来诠释的古希腊悲剧。我们是在特别地道的河北梆子表演程式的基础上，融入了内心体验，融入了文化，我觉得不失于它的地道。

我参加了很多比较大的国际戏曲节，像希腊德尔菲国际戏剧节，这是很难的。还有像南美洲的圣菲波哥大国际戏剧节、希腊古典戏剧国际会演、西班牙国际戏剧节、塞浦路斯国际戏剧节，包括第一届中法文化周、意大利斯波莱托国际戏剧节。光意大利我去了三四次，希腊我也去了三四次。大家都公认，中国戏曲形式的《美狄亚》是迄今为止最好的歌剧。

我在做了一系列的改革戏后，又做了一个回归的动作。20 世纪 90 年代那个阶段，我在院团的创作是非常丰富的，像后来又排的《花木兰》《洪湖赤卫队》《安提戈涅》，等等。中间我又排了一些电视剧，像《蝴蝶杯》《白文冠》《孔雀岭》，等等，一直到这几年我又创作了《孟姜女》。我试图将戏曲的大写意和写实进行融合，成不成功且放一边，这是我创作方面的一个探索。然而，我通过这十年的教学，发现老祖宗留下的东西实在太好了。正像您说的，我们有时候在继承和发展、继往和开来之间要重新考量。比如说“搭调”，《美狄亚》的搭调我用了很多歌剧的东西，比如美狄亚听说丈夫抛弃自己时唱的一些搭调，听起来有些像歌剧，像《白毛女》。但是，这次在创作《孟姜女》的时候，我就发现贾桂兰老师——直隶梆子代表人，她的唱腔并未过时。

老直隶梆子从山陕梆子发展过来，形成自清道光年间，我老师的腔有可能是从一两百年前传承过来的。我就想试试看观众喜不喜欢，比如孟姜女千里寻夫，历尽千难万险到了长城脚下，发现了一堆白骨。面对这些白骨，她只有三个字:“夫君啊！”我没用改良腔，而使用了贾老师的硬上弓的、传统地道的河北梆子腔，事实证明，观众是非常喜欢的。我发现，任何改良腔都替代不了这个腔，女人的绝望、悲怆，面对一堆白骨时的无奈，都表现出来了。

《行走》:腔调是一个剧种的基础。很早就有剧种做过类似的唱腔改革尝试，但未必成功。比如粤剧，1952 年全国会演的时候，它成了唯一一个受批评的剧种。这中间有很多困难，您解决这些困难时一定付出了非常多的努力。

彭蕙蘅:这需要一种积淀。我经过一个创作非常旺盛的时期，我觉得戏曲改革要争取年轻观众、要走自己的出路。后来，通过这十年的教学，我研究了很多东西，比如《蝴蝶杯》，它是山陕梆子传过来的，至少有两百年的历史。我又调查了山西梆子的《蝴蝶杯》，它们的唱词、板式几乎是一样的。所以说，有这么老、这么有群众基础并且至今仍这么好看的戏，我们为什么不把它传承、发扬下去呢？而且难得的是，它不像真正的文物那样放在博物馆里。我回过头来看，祖宗留下来的传统的东西真的要很慎重地、很科学地来筛选和对待。所以我现在又重新审视“继往开来”在戏曲上的意义。

这么多年来，我在学校教学。众所周知，戏曲教学是要在传统的基础上进行，就像在沙滩上盖楼是不成立的，打下非常好的地基才能往空中去钻。戏曲的教学使我对传统梆子、传统戏曲有了新的感受和认识。我是有这样一个认识过程的。

戏曲一是要传承，一是要传播。一方面，传承很重要，一个戏曲工作者走到今天，在这样一个发展变革非常快的社会当中要做什么？戏曲基本上是农耕文化的一种现象，它是传统艺术、古典形态，怎么能通达现代社会、现代心灵？毕竟它是要演给现代人看的，这应当是我们每天思考的一个课题。所以，戏曲要有一些传承，要创作、排练、演出，这都是传承的过程。另一方面，传播也很重要。我做了三十多年戏曲工作后，重新来审视——当然，我对戏曲从来没有怀疑过。从我看《宝莲灯》的那一天起就爱上了它，一直到我在国外受到了很多赞誉，一直到我在农村扬麦子的麦场、土台子上演出，在山区里鸟都飞不去的地方演出，满山下着大雪，只有几个观众，老百姓那真挚的眼睛，两个眼珠跟着我们转，我都从来没有怀疑过戏曲的美。

我很喜欢戏曲，就想着怎么在更广阔的领域做传播。我现在在学校系里面做着管理工作，但是没有一天放弃过教学，每天都在教。教的过程中也在练，因为戏曲是一门实践性很强的艺术。当然这几年也在创作一些新的作品。在传播方面，我做河北广播电视台的《绝对有戏》，已经四五年了。应该说，我把所有的业余时间都用于辅导和遴选票友、普及艺术、培养他们了。因为上电视节目需要通过层层遴选，可能每一期只遴选上了十个，但这一年中我要见到成千上万的票友。这种义务辅导起码对观众的培养是非常有意义的。当时这个节目一度达到了农民频道收视的前几名，这是一个传播的途径。

最近一两年，我也在做一些讲座。我在自己的学校搞了一个戏曲进校园的活动。我一开始是在演大戏，演《孟姜女》，因为我觉得这个学院派、青春版的戏和大学生的气质

新乐市职中艺术学校迁往石家庄留念

《再生计》剧照，齐花坦饰黄梅英

《白毛女》剧照，齐花坦饰喜儿

很吻合。我们歌队的女孩——十八岁的少女坐在十八个椅子上来歌咏四季，是非常唯美、浓郁、抒情的一个戏。我希望传统戏曲能通达现代心灵，所以我就到大学来演这个戏。演着演着，我发现不可以，因为他们看到了它很美，但是怎么美？不知道，下回他就不想再看了。我发现缺少一个通道——年轻人和戏曲、和舞台的通道。这个通道怎么连接呢？我就根据我十几年的教学积累和笔记，把戏曲的基本特质、戏曲美学，一直到演员表演中心的唱念做舞，等等，通过我的讲座讲给年轻人听，还好大家很喜欢。比如今天我就在工业职业学院，从两点到四点半做了两个多小时的讲座，受众有四五百个学生。他们或是看过，或是没看过戏，知道戏曲的美，或是不知道，但都不懂得怎么欣赏。比如听着戏曲的打击乐，听起来觉得很躁，但它是高度抽象的，非常高级的一门乐器。比如我讲："男女青年相爱的时候、两人一见钟情的时候，我们很多乐器用了很多音符来表达，都很难表达清楚。戏曲就很高级了：它用了一个'嗒'——我喜欢旁边那个人；'嗒'——我想偷偷看看他；'嗒嗒嗒嗒嗒'——我偷偷看一眼；'嗒嗒噫'——四目眼神一对；'得——'那种尴尬、那种羞怯、那种喜悦。就这么几个'嗒嗒''噫''得'就能表现。"我说："你们想过没有？再看戏的时候，你们一定要静下心来，去欣赏戏曲的美。戏曲是你在烦躁、浮躁甚至浮华的社会当中，心底里的那份诗意，那份安宁。"

《行走》：陈家和先生对河北梆子的未来表示了很大的忧虑，我们采访过一些剧团，他们也感觉到面临着很多的困难。在您看来，我们河北梆子最大的困难和最大的希望在哪里？

彭蕙蘅：首先，毋庸置疑，这些年来，我们的经济发展是飞速的，文化建设方面会相对滞后一些。社会发展很快，日新月异，人们的选择很多元，比如网络、电视等。戏曲是农耕时代的一个文化产物，要满足我们这个“后工业时代”或者叫“信息时代”，观众的分流确实不可避免。观众只有看戏这一种娱乐形式，全民看戏的时代已经一去不复返了。发展到今天，观众的分众分流很正常，要正常地对待。如果一定要回归到全民看戏时代，那是不可能的，不要抱着那个时代的观点来看现代社会。

可能我们还有待社会继续发展一段时间。美国百老汇一出《猫》剧能演几十年，人们去看，不是看哪个明星去的，而是在欣赏这个剧的历史沉淀，欣赏它带给人们的娱乐。我前几天在日本看了一场歌舞剧，对我启发很大。我觉得我们中国经济发展到一定程度以后，戏曲也会有一个非常优雅的栖居。我们戏曲人要做好认识上的、文化上的、传承传播上的准备。某些时期看似是一个低谷，但低谷预示着高潮的到来。每年政府都会拨给我们一笔资金用于传承项目，这就是一个非常好的改观。有各种名目的项目让你去做，比如“燕赵英才”等。所以怎么来传承、传播这项艺术，戏曲人要有准备、有想法。其实政府从扶持力度来讲，已经是有一个抬头的态势了。

《拾玉镯》剧照，齐花坦（左）、田春鸟（右）

铜雀台旧事

文 / 赵辉

这世间太需要五谷丰登，
他想仿效建章宫凤阙建铜雀台，
便是向往大汉强盛时的威仪，
为这衰朽孱弱的时代提一提气。
可若是真的效法建章宫凤阙，
又难免会被朝臣批判为僭越，
即便豪雄如曹公，也常觉人言可畏。

扫码看视频
《铜雀台》

东汉建安十五年（210）

冬夜，曹操忧思难寐，来到邺城西北，登上一个高高的夯土台。土台几乎与城墙一般高，北风吹来，几不胜寒。曹操里面穿的是轻绡，外面披了裘，头上本来戴着巾帻，出来时又戴了帢帽。《曹瞒传》记载："太祖为人佻易无威重，好音乐，倡优在侧，常以日达夕。被服轻绡，身自佩小鞶囊，以盛手巾细物，时或冠帢帽以见宾客。每与人谈论，戏弄言诵，尽无所隐，及欢悦大笑，至以头没杯案中，肴膳皆沾污巾帻，其轻易如此。"[1] 记载中说他是一个幽默不装的人，喜欢音乐，身边总带着艺人，白天、晚上都这样。平时就穿着轻绡，戴着帢帽，挎着小皮包，里面装着手巾之类的小东西。跟人聊天的时候毫无顾忌，说到开怀处笑得前仰后合，头都能浸到杯案里，巾帻沾满饭菜。

这座夯土台是铜雀台的台基，从入冬开始修建，至此已经告成，台的形制只等曹操最后敲定，就能马上继续。曹操深夜不寐，想的也是此事。他口中吟着儿子曹丕的一首诗："长安城西双圆阙，上有一双铜雀宿。一鸣五谷生，再鸣五谷熟。"[2] 长安凤阙指的是汉武帝建章宫的圆阙，上面铸有金凤，所以被称为凤阙，西晋潘岳在《关中记》中说："建章宫圆阙，临北道，凤在上，故曰凤阙也。"[3] 在西汉末年的战火中，号称千门万户的建章宫毁于一旦，只有这凤阙犹存，曹操的主簿繁钦有一篇《建章凤阙赋》说："秦汉规模，廓然毁泯，惟建章凤阙，岿然独存，虽非象魏之制，亦一代之巨观也。"[4] 曹操喜欢曹丕诗中的寓意，从汉末乱世

[1] 陈寿：《三国志·魏志》卷一，裴松之注，收入《影印文渊阁四库全书》，台湾商务印书馆，1986，第 55 页。

[2] 虞世南：《北堂书钞》卷一百五十六，收入《影印文渊阁四库全书》，台湾商务印书馆，1986，第 8 页。

[3] 欧阳询：《艺文类聚》卷六十二，收入《影印文渊阁四库全书》，台湾商务印书馆，1986，第 11 页。

[4] 郦道元：《水经注校证》，陈桥驿校证，中华书局，2013，第 432 页。

三臺勝境
登千古高臺猶憶魏武雄風建安詩篇
邺城

曹操像与三台胜境

到自己五年前统一北方，这世间太需要五谷丰登，他想仿效建章宫凤阙建铜雀台，便是向往大汉强盛时的威仪，为这衰朽孱弱的时代提一提气。可若是真的效法建章宫凤阙，又难免会被朝臣批判为僭越，即便豪雄如曹公，也常觉人言可畏。

毕竟，建铜雀台本身就违反了汉制，《汉官解诂》说："诸王受封，皆受茅土，归立社稷。本朝为宫室，自有制度。至于列侯归国者，不受茅土，不立宫室。"[5]曹操虽然已经在两年前废除三公（太尉、司徒、司空），自任丞相，但爵位仅仅是"武平侯"，没有建造宫室的资格。曹操建铜雀台都已经被朝臣议论，更何况真的要效法建章凤阙呢？他站在台基上，转身看着邺城内的万家灯火，对身后的门下督陈琳说："孔璋，当年袁本初治下，邺城可有此安宁？"陈琳字孔璋，早年担任大将军何进主簿，何进被杀后归于袁绍麾下，为袁绍写下檄文讨伐曹操。曹操得冀州后爱惜人才，署为司空军师祭酒，后又徙为丞相门下督，兼与仓曹掾属阮瑀一起负责起草书记文章。袁绍字本初，曹操问起袁绍，陈琳知道他正思绪万千，于是说："袁公志在安定百姓，可治世之才不及丞相。"曹操大笑，说："孔璋啊，你当初可是把他夸上天，在檄文中说孤'赘阉遗丑，本无懿德，僄狡锋协，好乱乐祸……卑侮王室，败法乱纪；坐领三台，专制朝政；爵赏由心，刑戮在口；所爱光五宗，所恶灭三族；群谈者受显诛，腹议者蒙隐戮；百僚钳口，道路以目……'"陈琳低头听曹操狂笑着背诵自己当年的檄文，隆冬天气竟全身发热，衣衫顿时被汗水湿透。

曹操笑完，缓缓地说："孔璋文采罕有其匹，孤当时正犯头痛，读至此处汗如雨下，头痛竟好了！其实，当孤看到你檄文开头说的：'有非常之人，然后有非常之事，有非常之事，然后立非常之功'，孤就知道你是能与孤同做大事的人，袁本初配不上你。"曹操微笑着说起他与袁绍的往事：少年时他们曾经一起看人新婚，

从三台胜境走进去，就是三台遗址

[5] 范晔：《后汉书》卷三十八，刘昭注，收入《影印文渊阁四库全书》，台湾商务印书馆，1986，第 14 页。

偷偷潜入人家院中，大喊："有小偷！"参加婚礼的人们都跑出来抓小偷，他就进屋用刀挟持新娘子出来。因为是晚上，他们逃跑时迷路，袁绍栽倒在荆棘丛里，挣扎半天动弹不得。曹操急中生智，大喊："小偷在这儿！"袁绍被吓得肾上腺素飙升，一跃而起，两人才得以逃脱。二人还经常玩惊险刺激的游戏，袁绍有一次在大晚上让人向曹操掷剑，扔得偏下没命中。曹操揣测这次袁绍肯定让那人高点扔，于是自己贴卧在床上，这次果然掷高了。回想至此，曹操得意地说："袁本初啊，自那时就被孤算得清清楚楚！"说到这，曹操似乎心中已有主意，他猛然回身对陈琳道："孔璋，孤说你记！"

陈琳早已准备好，只听曹操说："孤始举孝廉，年少，自以本非岩穴知名之士，恐为海内人之所见凡愚，欲为一郡守，好作政教，以建立名誉，使世士明知之……"[6]曹操回忆起了自己前半生：早年被举孝廉，担任洛阳北部尉，严格执法，不避豪强，最终因为触怒宦官称病辞官，回到家乡筑起精舍，打算就此隐居不问世事，可这个愿望没有实现。后来做了都尉，调任典军校尉，就想为国家讨贼立功，希望能够封侯拜将。再后来董卓犯上作乱，我起兵讨伐，即便如此我也常常裁减自己的兵力，因为我的志向本来就有限。后来我破黄巾，收编兵力三十万。当时袁术打算称帝，就是因为我才不敢妄为。我讨伐袁术，又击败袁绍，平定刘表，此时我已经成为宰相，到了人臣的顶点，远远超过了当初的愿望。

曹操顿了一顿，声调提高了一倍："今孤言此，若为自大，欲人言尽，故无讳耳。设使国家无有孤，不知当几人称帝，几人称王！"[7]有人看到我势力大，又不信天命，就私下议论我有窃取帝位之心，这种胡乱猜测之言，让我心中不得安宁。齐桓公、晋文公之所以被后人称颂，是因为他们兵强势大，依然能够尊重周天子。孔子之所以赞美周公，是因为他以强大的诸侯，来侍奉弱小的周天子啊……如果我就此放弃军权，回到自己的封地，就必然会遭到谋害，我为自己的子孙考虑，也为国家考虑，都不能因为贪图虚名而这样做。现在天下未定，我不能让位，但我的封地可以辞退：我本有四个县三万户的税赋，现在把阳夏、柘、苦三县二万户赋税上交朝廷，只享受武平的一万户。以此来回应对我的非议和指责吧！

陈琳听得热血沸腾，一字不差地记录下来。这篇文章被后人称为《述志令》或《让县自明本志令》，曹操对自己的人生选择作了解释，当然这也是对建造铜雀台遭受非议的回应，这意味着他作了决定——铜雀台参考建章宫凤阙形制，一方面祈求五谷丰登，一方面试探天下人心，毕竟他只有不停向上，才能保持现有的一切。

东汉建安十七年（212）

春正月，曹操在西征马超五个月后回到邺城，汉献帝赐他"赞拜不名，入朝不趋，剑履上殿，如萧何故事"[8]。也就是可以佩剑缓步上朝，参拜皇帝也不用自称名号，如同当年"开国第一功"名相萧何一样。

这个春天，铜雀台落成，曹操带着子弟和众臣登台，曹丕和曹植走在前面，

[6][7] 陈寿：《三国志·魏志》卷一，第34页。

[8] 陈寿：《三国志·魏志》卷一，第38页。

身后追随着当时最有才华的人们。在前一年，二十五岁的曹丕被任命为五官中郎将，成为丞相的副手，而二十岁的曹植则被封为平原侯。曹操下《高选诸子掾属令》，选拔当时最有才华的文学之士辅佐二人。徐干、苏林担任五官中郎将文学，德高望重的邴原担任五官将长史；正直的邢颙担任平原侯家丞，刘桢、应玚先为平原侯庶子，后又转为五官将文学……曹操如此安排自有深意，而此时两个年轻人正沉醉在美景中。早在建铜雀台之前，曹操就引漳河水入邺城，解决了城内百姓的用水问题，而如今这条水流也成了园林的一部分。铜雀园位于文昌殿西侧，以铜雀台为主体，有长明沟流水潺潺，芙蓉池新荷初举，由于此园位于邺城西北角，所以又被称为西园。在这里的时光，将成为他们人生中最快乐的记忆。

曹操命曹丕与曹植各自写一篇《登台赋》，他坚信文章中能看到一个人的器识、心性和才华，而现在的命题正是他对二人的第一场考验。曹丕的《登台赋》并序云："建安十七年春，游西园，登铜雀台，命余兄弟并作。其词曰：登高台以骋望，好灵雀之丽娴。飞阁崛其特起，层楼俨以承天。步逍遥以容与，聊游目于西山。溪谷纡以交错，草木郁其相连。风飘飘而吹衣，鸟飞鸣而过前。申踌躇以周览，临城隅之通川。"[9]

曹植的《登台赋》写道："从明后而嬉游兮，登层台以娱情。见太府之广开兮，观圣德之所营。建高门之嵯峨兮，浮双阙乎太清。立中天之华观兮，连飞阁乎西城。临漳水之长流兮，望园果之滋荣。仰春风之和穆兮，听百鸟之悲鸣。天云恒其既立兮，家愿得而获呈。扬仁化于宇内兮，尽肃恭于上京。虽桓文之为盛兮，岂足方乎圣明！休矣美矣，惠泽远扬。翼佐皇家兮，宁彼四方。同天地之矩量兮，齐日月之辉光。永贵尊而无极兮，等年寿于东王。"[10]

曹丕所作现存仅数句，仅从这几句来看，他更侧重铜雀台的美景和登临感受。曹植则不然，他由台及人，从中看到了曹操的梦想和抱负，并且能够做到借台赋人。曹操此时一定被曹植的文章击中了心窝，使得一向明智如他也产生了摇摆。《三国志》卷十九《曹植传》记载："时邺铜爵台新成，太祖悉将诸子登台，使各为赋。植援笔立成，可观。太祖甚异之。性简易，不治威仪。舆马服饰，不尚华丽。每进见难问，应声而对，特见宠爱……太祖狐疑，几为太子者数矣。"[11]不过，曹操此时不

[9] 张溥：《汉魏六朝百三家集》卷二十四，收入《影印文渊阁四库全书》，台湾商务印书馆，1986，第 17 页。

[10] 张溥：《汉魏六朝百三家集》卷二十六，收入《影印文渊阁四库全书》，台湾商务印书馆，1986，第 15 页。

[11] 陈寿：《三国志・魏志》卷十九，裴松之注，收入《影印文渊阁四库全书》，台湾商务印书馆，1986，第 3—4 页。

文昌阁与二代大古槐

露声色，而曹丕和曹植也仅仅把这当作普通的习作，兄弟两人依然手足情深。

从铜雀台建好开始，铜雀园也就是西园，成为中国文化史上一个闪耀的地方。《三国志·王粲传》载：“始文帝（曹丕）为五官将，及平原侯植皆好文学。粲与北海徐干字伟长、广陵陈琳字孔璋、陈留阮瑀字元瑜、汝南应玚字德琏、东平刘桢字公干并见友善。”[12]西园就在文昌殿西，乘辇或步行即可到达，西园雅集除了召集人曹丕，还有曹植、王粲、陈琳、阮瑀、应玚、刘桢、徐干、吴质等人，而雅集的重要内容除了宴饮和乐舞，就是作诗。曹丕有《铜雀园诗》[13]：

朝游高台观，夕宴华池阴。大酋奉甘醪，狩人献嘉禽。
齐倡发东舞，秦筝奏西音。有客从南来，为我弹清琴。
五音纷繁会，拊者激微吟。淫鱼乘波听，踊跃自浮沉。
飞鸟翻翔舞，悲鸣集北林。乐极哀情来，寥亮摧肝心。
清角岂不妙，德薄所不任。大哉子野言，弭弦且自禁。

[12] 陈寿:《三国志·魏志》卷二十一，裴松之注，收入《影印文渊阁四库全书》，台湾商务印书馆，1986，第 4 页。

[13] 张溥:《汉魏六朝百三家集》卷二十五，收入《影印文渊阁四库全书》，台湾商务印书馆，1986，第 9 页。

子野，指的是春秋时期晋国著名的乐师师旷。当时，晋平公想听“清角”之音，师旷说此音乃是黄帝在泰山会合天下鬼神所作，只有如黄帝那样泽被千秋万代的厚德圣贤才承受得起，而晋平公德行微薄，恐怕承受不住清角之音，反而徒增祸事。曹丕在享受美景与音乐的时候，想到乱世生命的短暂和脆弱，便不由乐极哀来，心想自己德行浅薄，是否能承担得起这样的悠游之乐呢？曹丕兄弟和在座文人都是随曹操征战沙场出来的，知道如此乐事的难得，这种哀乐并存的感受被后世认为是生命意识的觉醒，开启了继春秋战国之后第二个“觉醒年代”。

曹植也很开心，他写下《公宴诗》[14]：

公子敬爱客，终宴不知疲。清夜游西园，飞盖相追随。
明月澄清景，列宿正参差。秋兰被长坂，朱华冒绿池。
潜鱼跃清波，好鸟鸣高枝。神飚接丹毂，轻辇随风移。
飘飖放志意，千秋长若斯。

时节已经是初夏，他看到兰草在长坂上长得茂盛，荷花从满池绿叶中悄悄萌出，一阵风吹来，把轻辇吹得摇动，他的神思也随风而去，他渴望能这样一直到永远。

曹操的军谋祭酒王粲的《公宴诗》写：“愿我贤主人，与天享巍巍。”[15]他早年被名士蔡邕赏识，又在战乱中从长安流落到荆州，因为相貌矮小丑陋而不被刘表重用，王粲郁郁不得志，写下著名的《登楼赋》。曹操得荆州后任命他为丞相掾，赐爵关内侯。王粲把曹操当作知己明主，在之后的人生里全心全意去辅佐和赞美曹操父子。有人说与刚直不屈的刘桢和安贫乐道的徐干相比，他是建安七子里唯一被权力驯化的文人，但从他的整个人生来看，他是真心钦佩和祝福曹操。刘桢的《公宴诗》写：“投翰长叹息，绮丽不可忘。”[16]刘桢性情刚正，傲然独立，曾为曹操的丞相掾属参谋军机，后作为平原侯庶子辅助曹植学业，与曹丕兄弟关系都极好。丞相仓曹掾属阮瑀的《公宴诗》说：“阳春和气动，贤主以崇仁。”[17]曹操当年慕名征召阮瑀，他为了拒绝曹操不惜藏进山林，曹操放火烧山才把他逼出来。阮瑀能骑在马上作文，比后世的倚马之才更胜一筹，曹操军中文书大都出自他和陈琳之手。平原侯庶子应玚的《公宴诗》写：“穆穆众君子，好合同欢康。”[18]应玚家学深厚，其伯父是写《风俗通》的大学者应劭，父亲应珣就曾任司空掾，与曹氏父子是两代交情。陈琳比座中诸人都年长，他看到这些年轻人意气风发的样子，不禁感慨岁月流逝：“高会时不娱，羁客难为心。殷怀从中发，悲感激清音。投觞罢欢坐，逍遥步长林。萧萧山谷风，黯黯天路阴。惆怅忘旋反，歔欷涕沾襟。”[19]他是广陵射阳人，半生流离，此时想家了。

西园同时也是他们的精神家园，每当难过的时候，就可以来走走。王粲的《杂诗》写：“日暮游西园，冀写忧思情。”[20]陈琳的《诗》写：“闲居心不娱，驾言从友生。”[21]刘桢的《杂诗》写：“职事相填委，文墨纷消散……释此出西城，登高且游观……”[22]多年后，曹丕和曹植都回忆起这里的美好时光，两个人都给当时

[14] 萧统编《文选》卷二十，李善等注，收入《影印文渊阁四库全书》，台湾商务印书馆，1986，第18页。

[15] 萧统编《文选》卷二十，第19页。

[16] 萧统编《文选》卷二十，第20页。

[17] 张溥：《汉魏六朝百三家集》卷三十，收入《影印文渊阁四库全书》，台湾商务印书馆，1986，第11页。

[18] 欧阳询：《艺文类聚》卷三十九，收入《影印文渊阁四库全书》，台湾商务印书馆，1986，第30页。

[19] 张溥：《汉魏六朝百三家集》卷二十八，收入《影印文渊阁四库全书》，台湾商务印书馆，1986，第30页。

[20] 萧统编《文选》卷二十九，李善等注，收入《影印文渊阁四库全书》，台湾商务印书馆，1986，第15页。

[21] 张溥：《汉魏六朝百三家集》卷二十八，第30页。

[22] 萧统编《文选》卷二十九，第16页。

铜雀三台遗址公园中的石碑

在场的吴质写信，曹丕的信中说："昔日游处，行则连舆，止则接席，何曾须臾相失！每至觞酌流行，丝竹并奏，酒酣耳热，仰而赋诗。当此之时，忽然不自知乐也。谓百年己分，可长共相保……"[23] 人在快乐中往往是感觉不到快乐的，以为未来永远会如此。曹植的信中说："……过屠门而大嚼，虽不得肉，实且快意。当斯之时，愿举泰山以为肉，倾东海以为酒，伐云梦之竹以为笛，斩泗滨之梓以为筝，食若填巨壑，饮若灌漏卮，其乐固难量，岂非大丈夫之乐哉！"[24] 论文采与雄奇曹植更胜一筹，而曹丕则难掩其中的遗憾和深情。曹丕写的《典论·论文》中说："今之文人，鲁国孔融文举，广陵陈琳孔璋，山阳王粲仲宣，北海徐干伟长，陈留阮瑀元瑜，汝南应玚德琏，东平刘桢公干。斯七子者，于学无所遗，于辞无所假，咸以自骋骥騄于千里，仰齐足而并驰。"[25] 曹丕把六位朋友和他仰慕的前辈孔融并列，后世因此称他们为"建安七子"，"蓬莱文章建安骨"也成为后世追慕的风华。

在秋天的一次聚会中，阮瑀想到马上要追随曹操南下征讨孙权，不禁伤感："我行自凛秋，季冬乃来归。置酒高堂上，友朋集光辉。念当复离别，涉路险且夷。思虑益惆怅，泪下沾裳衣。"[26] 去年就是秋天出发，随曹公征讨马超，到了冬末才回来。我的眼中有光的朋友们啊，如今又要离别了，在这个人命如衰草的乱世，谁知道还能否相见呢？事实上，后来曹操出征孙权时并没有带他，因为那时他已经重病不起，大概到了冬天就离开了这个世界。曹丕带着大家去看望孤儿寡妇，他的二儿子阮籍那时才三岁。

东汉建安十八年（213）

五月，汉献帝以冀州十郡封曹操为魏公，加九锡、建魏国，定国都于邺城。七月，曹操建魏国社稷宗庙，十一月，曹操以荀攸为尚书令，凉茂为仆射，崔琰、毛玠等为尚书，王粲、杜袭等为侍中，钟繇为大理，王修为大司农，袁涣为郎中令、行御史大夫事，陈群为御史中丞，魏国拥有了完整的领导班子，开始像真正的王国一样运转了。

曹操又到了一个新的起点，他开始在铜雀台旁边营建金虎台和冰井台。东汉学者许慎的《五经异义》里说："天子有三台：灵台，以观天文；时台，以观四时施化；囿台，以观鸟兽鱼鳖。诸侯卑，不得观天文，无灵台，但有时台、囿台也。"[27] 曹操构建起以铜雀台为核心的三台，就是进一步超越诸侯的形制，这才配得上在那个时代文韬武略都在顶峰的自己。

三台建成后的胜景，西晋左思《魏都赋》中有描绘："飞陛方辇而径西，三台列峙以峥嵘……云雀踶甍而矫首，壮翼摛镂于青霄。雷雨窈冥而未半，皦日笼光于绮寮。习步顿以升降，御春服而逍遥。八极可围于寸眸，万物可齐于一朝。"[28] 而关于三台的细节，被北魏范阳人郦道元记录在他的《水经注》中："（邺城）西北有三台，皆因城为之基，巍然崇举，其高若山。建安十五年魏武所起。……中曰铜雀台，高十丈，有屋百一间。……南则金虎台，高八丈，有屋百九间。北曰冰井台，亦高八丈，有屋百四十五间，上有冰室，室有数井，井深十五丈，藏冰及石墨

[23] 张溥：《汉魏六朝百三家集》卷二十四，第 45 页。

[24] 张溥：《汉魏六朝百三家集》卷二十六，第 57 页。

[25] 张溥：《汉魏六朝百三家集》卷二十四，第 63 页。

[26] 张溥：《汉魏六朝百三家集》卷三十，第 10 页。

[27] 杜公瞻：《编珠》卷二，收入《影印文渊阁四库全书》，台湾商务印书馆，1986，第 10 页。

[28] 萧统编《文选》卷六，李善等注，收入《影印文渊阁四库全书》，台湾商务印书馆，1986，第 13—14 页。

铜雀三台仅存金凤台的夯土台基

焉。……又有粟窖及盐窖，以备不虞。”[29]铜雀台居于中央，按三国时期一尺约24厘米计算，铜雀台高约24米，而南面的金虎台和北面的冰井台则高约19米，三台之间有复道相连接。其中，冰井台还有储存粮食、冰块、煤和盐的战略价值。

这一年，曹操真正把立太子的事提上日程，《三国志》载：“魏国初建，（崔琰）拜尚书。时未立太子，临淄侯植有才而爱。太祖狐疑，以函令密访于外。”[30]曹操因为立太子的事秘密征求众臣意见，以正直著称的崔琰当时身为尚书，当众表达了自己的见解：“臣知道《春秋》有立子以长的大义，且五官中郎将仁孝聪明，应当承继大统。崔琰将用死来守护这个原则。”崔琰是清河郡东武城人，早年师从汉末大儒郑玄，后来追随冀州牧袁绍，曹操打败袁氏征召他为别驾从事，对他说：“昨日查核冀州户籍，可以得到三十万人，冀州真可谓大州了。”崔琰严肃地说：“如今天下分崩，袁氏兄弟同室操戈，冀州百姓露骨荒野。王师驾到，没听说先拯救百姓，而是算计着扩充实力，这难道是敝州百姓寄希望于明公的吗？”[31]曹操肃然动容，向他致歉。崔琰体态雄壮，眉目疏朗，须长四尺，声音洪亮，朝中官员都仰慕他，曹操对他也是心存敬畏。崔琰的侄女嫁给了曹植，按常人推测他应该站在曹植这边，可崔琰想到的是坚持原则才能保证国家的稳定，否则就会像袁绍家族那样分崩离析。由于有袁绍父子的前车之鉴，他的表态在当时影响很大。

不过，由于曹操没有把事情摆到明面上，到东汉建安十九年（214）时，曹丕兄弟依然相对和谐，大家还是经常一起聚会赋诗。铜雀园边的文昌殿有大槐树，

[29] 郦道元：《水经注校证》，第246—247页。

[30] 陈寿：《三国志·魏志》卷十二，裴松之注，收入《影印文渊阁四库全书》，台湾商务印书馆，1986，第3页。

[31] 陈寿：《三国志·魏志》卷十二，第2页。

每当暑热之时，大家都在树荫下纳凉，曹丕就写了《槐赋》，曹植和王粲也写了同题的作品唱和。有一次，曹丕得意忘形，让自己心爱的夫人甄氏出来和大家见面，众人马上匍匐在地不敢直视，只有刘桢从容自若在那看着甄氏。甄氏就是被后传为洛神原型的传奇女子，她是中山无极人，早年就因贤德知名，后来嫁给袁熙。袁熙做幽州刺史时，她被留下照顾婆婆，最终在邺城陷落后归于曹丕。对于刘桢平视甄氏的举动，曹氏兄弟并没有介意，但曹操却非常生气，要治刘桢死罪，在曹丕兄弟百般求情之下，才改为减死输作，也就是死刑改判劳动改造。刘桢劳改的工作是磨石头，联系到当时正在建设金虎台和冰井台，石头很可能是供应这里的。曹操曾经专门去查看工程质量，看到端坐着磨石头的刘桢，就问他："石何如？"刘桢昂然说："石出荆山悬岩之巅，外有五色之章，内含卞氏之珍。磨之不加莹，雕之不增文。禀气坚贞，受之自然，顾其理枉屈纡绕而不得申。"[32] 曹操当初大概是为了磨一磨他的性子，见他依然坚硬如故，就赦免了他，但终身也没有再任用他。

东汉建安十九年（214），汉献帝又下诏魏公位在诸侯王上，改授金玺、赤绂、远游冠，曹操真正成了凌驾于诸侯王之上的角色。冬天，他又杀死对他不满的伏皇后和伏氏宗族数百人。这种时候，再想想刘桢这个硬骨头，才能明白为什么这群文人被后世称为"建安风骨"。即便强大如曹操，肉身也终会湮灭，刘桢磨的石头也随铜雀台零落在岁月中，而建安风骨却成为一种超越了时间的存在。

[32] 欧阳询:《艺文类聚》卷八十三，收入《影印文渊阁四库全书》，台湾商务印书馆，1986，第 17 页。

东汉建安二十一年（216）

五月，汉献帝册封曹操为魏王，太子之争由此真正展开。曹丕一方是贾诩、崔琰、吴质、司马懿等人，曹植一方则是杨修、丁仪、丁廙等人。不过，没有人能想到，在这场斗争中，第一个为此牺牲的是正直无私的崔琰。

崔琰在这一年的开始曾经闪亮登场，《世说新语》中记载，曹操封魏王后，匈奴派使者来朝见。曹操觉得自己矮小丑陋，会影响国家形象，就让相貌堂堂、一身正气的崔琰假扮自己接见使者，自己则在假魏王身后捉刀侍立。在使者离开后，曹操派人去探口风，问他对魏王印象如何。使者说："魏王雅量非常，但身后的捉刀人，那是真英雄。"曹操听了，马上派人追杀了使者。这场会面显然不是朝堂之上的官方会见，所以很可能是在铜雀台。崔琰被曹操亲自指定为自己的替身，可见二人的关系非同寻常。早在东汉建安十一年（206），曹操征并州，就留崔琰在邺城辅佐曹丕。当时曹丕年纪还小，喜欢驰骋打猎，崔琰上疏规劝他要有远大志向，不要放纵自己玩物丧志，曹丕马上改过了。从那以后，曹操就默认崔琰是曹丕的师父，特别是崔琰作为尚书表态之后，几乎影响了曹操的判断。

崔琰曾经向曹操推荐过一个叫杨训的朋友，这个杨训在曹操做了魏王之后，专门写了篇文章歌功颂德。有人笑话杨训轻浮势利，说崔琰推荐的人品德不佳。崔琰就给杨训写信宽慰他，信里说："省表，事佳耳！时乎时乎，会当有变时。"[33]有人向曹操打小报告，说这耳字颇为不屑，会当有变时别有用心。曹操对文字极为敏感，把这指控当了真，罚崔琰做了徒隶。曹操派人去窥探他，那人汇报说崔琰神色自若，去拜访他的宾客更加多了，而且他对着宾客吹胡子瞪眼，似乎说着不满的话。如此种种，让敏感多疑的曹操听了非常难受，因为崔琰是当时人们心中道德完美的典范，他在崔琰面前多少是有些自卑的，《三国志》把这种感觉表述为"敬惮"。曹操无法使崔琰屈服，但可以让他消失，于是，他索性将崔琰赐死。崔琰死得完全冤枉，置他于死地的进谗言者是曹植的拥护者丁仪。丁仪的父亲丁冲是曹操的老朋友，是劝曹操挟天子以令诸侯的人。丁冲死后，曹操出于对老友的感激，要把自己的长女清河公主嫁给丁仪。这件事遭到曹丕的坚决反对，他认为女性在意容貌胜过才华，而丁仪有一只眼睛是盲的，恐怕不合适。丁仪就此失去了娶公主的机会，由此与曹丕不共戴天。丁仪阴狠，拥立曹植是为了反对曹丕，陷害崔琰丝毫不顾忌曹植与崔琰的亲缘关系，这恐怕也是单纯的曹植未曾逆料的。

曹丕为了保住自己的位置，经常把朝歌长吴质藏在竹筐里，偷偷用车运到府中出谋划策。杨修当时担任曹操的主簿，发现此事后直接向曹操告密。曹丕很害怕，吴质说："不必担心，明天再把绢放到竹筐里拉进来迷惑杨修，杨修肯定会再次告发，到时魏王必定验证，到时候杨修就受罪了。"后来，杨修果然又告状，结果车中无人，曹操因此就怀疑杨修了。杨修身为曹操的主簿，与曹植来往是犯忌讳的，所以他每次去见曹植，都要提前揣摩好曹操的意思，针对曹操要提出的问题，做好十几条应对方案给家人。后来曹操发现应对来得太快，就派人去查问，才得知事情的真相。曹操太爱惜杨修的才华，所以没有马上杀他，但杀机已经在心中了。

[33] 陈寿：《三国志·魏志》卷十二，第3页。

东汉建安二十二年（217）

正月，王粲在随曹操征讨东吴途中病逝，时年四十一岁。曹丕带着大家去参加葬礼，学着王粲生前最喜欢的驴叫为他送行，曹植则写了一篇《王仲宣诔》评价他的一生。这一年暴发了严重的瘟疫，建安七子中仅剩的陈琳、刘桢、徐干、应玚几乎同时感染疫病而死。曹植有感于如此人间悲剧，写了一篇《说疫气》：

> 建安二十二年，疠气流行。家家有僵尸之痛，室室有号泣之哀。或阖门而殪，或覆族而丧。或以为疫者，鬼神所作。人罹此者，悉被褐茹藿之子，荆室蓬户之人耳！若夫殿处鼎食之家，重貂累蓐之门，若是者鲜焉。此乃阴阳失位，寒暑错时，是故生疫。而愚民悬符厌之，亦可笑也。[34]

曹植说疫情导致很多家庭悲剧，有人认为是鬼神导致，可事实上遭遇悲剧的都是穷苦人家，富贵人家大多没事，这分明就是人间的不平等导致的。“阴阳失位，寒暑错时”，背后是抨击世道不公，这是曹操最忌讳的话，曹植岌岌可危。

决胜负的时刻到了，曹丕打出了感情牌。曹操出征时，曹植每次都是作文赋诗歌功颂德，让曹操十分欢喜。曹丕则听从吴质的建议，在告别时流泪不舍，曹操顿时觉得曹植仅仅是文辞浮华，而没有曹丕的真诚动情。《三国志》说：“文帝（曹丕）御之以术，矫情自饰，宫人左右，并为之说，故遂定为嗣。”[35]曹植作为诗

铜雀台上春草青青

[34] 张溥：《汉魏六朝百三家集》卷二十六，第 82 页。

[35] 陈寿：《三国志 · 魏志》卷二十九，裴松之注，收入《影印文渊阁四库全书》，台湾商务印书馆，1986，第 4 页。

人的情绪化导致他再次犯错，他仗着曹操的宠爱擅闯禁门司马门，惹得曹操大怒，越发失去宠爱。曹操在铜雀台上看见曹植的妻子崔氏身穿锦绣，认为她违反了自己主张简朴的制命，下令把她赐死。十月，汉献帝赐曹操王冕十二旒，乘金根车，驾六马，设五时副车，曹操以五官中郎将曹丕为魏王太子。

曹丕为了巩固自己的位置，对曹植落井下石。东汉建安二十四年（219），曹仁为关羽所围。曹操任命曹植为南中郎将，行征虏将军，打算派他去救曹仁。但是出发前，曹丕故意与曹植饮酒，并把他灌醉。曹操要召见曹植的时候，曹植醉得不省人事。曹操彻底对曹植失望了，此时与曹植串通消息的杨修就变得极为碍眼。曹操担心以杨修的才华以后还会威胁到曹丕，索性除之而后快。

如果说曹操是一个复杂的集合体，那么曹植更像是他理想主义的一面，自幼就带着伟大的抱负，他在《与杨德祖书》中写为人应该“戮力上国，流惠下民，建永世之业，流金石之功，岂徒以翰墨为勋绩，辞赋为君子哉”！[36]在《薤露行》中他感慨“人居一世间，忽若风吹尘”，必须在短暂的生命里“愿得展功勤，输力于明君”，[37]怀抱着一个单纯的志向，他把争做太子当作实现理想的机会，即便在竞争失败后，还天真地赞美曹丕，寻求施展自己才华的机会，甚至还给侄子魏明帝上《求自试表》，请求他给自己为国立功的机会，这种单纯的理想主义更让他像一个奋不顾身的诗人，这样的人除了曹植，就只有后来的李白了。曹丕与曹植相反，他没有那么单纯的理想，而是敏感多思，更注重自己的现实感受，这让他更像一个感物伤怀的诗人，也让他为了自己的利益丧失底线。曹植在和平年代会是一个明君，而在这样必须用权谋诡诈才能生存的乱世，他注定是一个失败者。

东汉建安二十五年（220）

正月，曹操病逝于洛阳，终年六十六岁。他没来得及回到心心念念的铜雀台，只好把一切写成了《遗令》，他说天下尚未安定，葬礼一切从简，丧礼完毕后大家不必服丧，各地驻扎的军队也不要离开驻屯地。他自己穿着平常的服装收殓即可，埋葬的地方就选在邺城西岗，不要金玉珠宝陪葬。他的婢妾和铜雀台的伎人都很勤苦，把他们安置在铜雀台，好好对待。在铜雀台的正堂上放一个六尺的床，挂上灵幔，早晚供祭品，每月初一、十五两天，从早晨到中午向着灵帐歌舞。你们时时登上铜雀台，看看他的西陵墓田。他遗留的香可以分给诸位夫人。各房的人没事做，可以学着做鞋去卖……登上时代巅峰的英雄人物，临死前没有喊口号或宏大叙事，而是眷恋着死后能和铜雀台两两相望，让自己的婢妾和伎人能够自力更生。

曹丕袭封丞相、魏王官爵，领冀州牧。因为之前的太子之争，曹丕对弟弟们很是忌惮，让这些侯王都各自到自己的封国。曹植到了自己的封国临淄，曹丕派去的谒者告状说曹植“醉酒悖慢，劫胁使者”[38]。曹丕本欲趁机处死曹植，但是被太后阻挠，贬曹植为安乡侯，又改鄄城侯。当年支持曹植的丁仪和丁廙兄弟，被

[36] 张溥:《汉魏六朝百三家集》卷二十六，第 56 页。

[37] 张溥:《汉魏六朝百三家集》卷二十七，收入《影印文渊阁四库全书》，台湾商务印书馆，1986，第 2 页。

[38] 陈寿:《三国志・魏志》卷十九，第 9 页。

曹丕灭家。

十月，曹丕受禅称帝，改元黄初，次年迁都洛阳。由于此时曹丕宠幸安平郭贵妃，甄夫人又被留在了邺城，与铜雀台一起，孤独地守望着曹操的西陵墓田。在魏黄初二年（221）六月，甄夫人被曹丕赐死，葬在邺城。

魏黄初三年（222），曹丕封自己的皇长子曹叡为平原王，弟弟曹植、曹彰等也被封王。曹植被封鄄城王，次年又徙封雍丘王。曹植之所以不停被改封，无非是曹丕不放心，怕他待久了形成自己的羽翼。这一年曹植入京朝见，回封地的路上渡过洛水，写下《洛神赋》。魏黄初四年（223），雍丘王曹植、任城王曹彰、白马王曹彪等兄弟进京朝见，曹植上书并献上两篇称颂曹丕的诗歌，然而曹丕并不领情。以勇猛著称的曹彰暴毙，众多证据都指向曹丕。当时曹丕对待诸王的法令苛刻，曹植返回封国的路上，打算和曹彪同行，监国使者坚决不许，曹植心怀激愤写下《赠白马王彪》，诗里说："太息将何为，天命与我违。奈何念同生，一往形不归……"[39]曹植从一个阳光的理想主义者变成了沉郁的诗人，曹丕则从一个多愁善感的忧郁诗人变成了无情的王者。曹丕对待宗室的苛刻态度后来被他的子孙延续，而正是曹魏皇室没有强大的宗室作为后援，才被别有用心的司马氏窃取天下。

铜雀台，是象征曹氏崛起之地，也是曹操播下分崩离析的种子之地。曹丕并没有按照曹操的遗命处置铜雀台的婢妾和伎人，而是把他们都收到了自己后宫。魏黄初七年（226），曹丕病重不起，他的母亲卞太后来看望他，发现侍奉左右的竟然是曹操昔日宠幸的人。卞太后气得大骂曹丕，说："狗鼠不食汝余，死故应尔！"[40]你吃剩的东西狗鼠都嫌弃，死了才该呢！卞太后带着愤怒和失望走了，连曹丕的葬礼都没有到场。

铜雀台并没有长久寂寞，在曹操离开三十一年后，魏嘉平三年（251）太尉王凌起兵讨伐司马氏，并打算拥立楚王曹彪为帝。司马懿讨平王凌，将楚王曹彪赐死，并把曹魏的王公宗室都禁锢在邺城，派专人看管。曹操的后代们登上铜雀台，瞻望曹操的西陵墓田，感觉无比遥远。

西晋永宁二年（302）

西晋名士陆云来到邺城，像一个观光客一样登上铜雀台，参观了每一个房间，把自己的所见写信告诉哥哥陆机：曹公的床席还在，有冬夏七张被子，巾帻、平天冠、远游冠都在，梳妆用品和东吴用的差不多，擦眼睛的黄手绢还在，上面还有擦泪留下的印迹，手衣、卧笼、棋局、文具、书籍都如从前……一切还带着当年的温度，仿佛它们的主人犹在。陆云在当年设灵帐处怅望西陵墓田，写下了《登台赋》，在描绘了三台"仰凌眄于天庭兮，俯旁观乎万类"的壮丽华美后，感慨道："感旧物之咸存兮，悲昔人之云亡。凭虚槛而远想兮，审历命于斯堂……"[41]历命，是历数与天命。哥哥陆机是曹操的铁杆粉丝，铜雀台太沉重，陆云带不走，就带走了一枚牙签送给了他。

[39] 陈寿：《三国志・魏志》卷十九，第12页。

[40] 刘义庆：《世说新语》卷下，收入《影印文渊阁四库全书》，台湾商务印书馆，1986，第23页。

[41] 张溥：《汉魏六朝百三家集》卷五十，收入《影印文渊阁四库全书》，台湾商务印书馆，1986，第5页。

千秋绝色话磁州

文 / 有是无非

磁州窑作为北方民窑的中心，
影响了河南、河北、山西、山东等地的一大批瓷窑，
形成了一个以风格粗犷豪放、线条简洁明快见长的窑系，
并不断发展、完善，至今仍焕发着蓬勃的生机。

扫码看视频

《磁州窑》（上）

扫码看视频

《磁州窑》（下）

磁州窑遗址之一

提起瓷器，人们马上会想到景德镇、宋代的五大名窑，还有近些年大家写成歌哼在嘴里、织成花布穿在身上的元青花。相形之下，同样历史悠久、风格独特的磁州窑似乎颇有些冷落。明初曹昭的《格古要论》对磁州窑有所记载，但云其“瓷器好者与定器相似”，且“素者价低于定器，新者不足论”。恐怕在他看来，磁州窑终究是要以定窑来作参照的不太重要的窑口。倘若我们真因这样的论断而忽视了磁州窑的价值，便将与一个有别于青瓷、青花的美丽黑白世界失之交臂。事实上，当我们驻足观台、彭城的旧窑址，追溯磁州窑的历史时，便可发现磁州窑简单质朴的黑白色调、独具特色的剔花工艺、简洁实用又不失古朴典雅的造型和充满民间趣味的装饰内容，使它具备了端庄朴素又不失畅快鲜活的美感；以化妆土为底描画的黑褐色花纹、书写的黑褐色文字，更使瓷器图案有了书画的意趣。千百年来，磁州窑作为北方民窑的中心，影响了河南、河北、山西、山东等地的一大批瓷窑，形成了一个以风格粗犷豪放、线条简洁明快见长的窑系，并不断发展、完善，至今仍焕发着蓬勃的生机。宋、元、明、清各个时期都有极富创造性的经典作品留存于世，丰富了我国瓷器制造的样式、手法和面貌。

磁州窑以其独特的面貌吸引着世界的目光。不仅欧美的博物馆中时见芳踪，它那中国式的审美更在当时深深影响了近邻日本、高丽、满者伯夷（14 世纪印度尼西亚、马来西亚一带）等地区的生活。磁州窑的朴素简洁合乎日本茶道的精神，大约从 16 世纪起，日本就开始学习磁州窑运用化妆土的技术烧制瓷器，时至今日，在日本茶道的用瓷上还依稀可以感受到磁州窑的韵味。古代的朝鲜有一种被日本人称为“三岛”的粉青砂器，其白化妆技法也来自磁州窑。而在印度尼西亚各地，也不难找到它们当年以磁州窑瓷器储水、储食、酿酒、陪嫁、陪葬的痕迹。体形硕大、花纹粗犷的磁州窑不仅合乎元统治者游牧民族的豪迈，也让喜爱围坐享用美食的东南亚人民找到了合心意的食器。元世祖忽必烈征服世界的雄心

磁州窑遗址之二

使得航船征程万里，虽然战而无果，却使包括磁州窑瓷器在内的中国瓷器更广地散布世界，成为各国人民的意外收获。进入 20 世纪，世界对磁州窑的兴趣依然未减：美国学者霍普逊（R.I.Hobson）把古文献中“磁窑”“磁器”等概念规范为“磁州窑”，并得到学界认可；而日本更是凭借数万件的磁州窑瓷器收藏，研究成果颇丰。

磁州窑未因年代久远而被人遗忘，源自它独特的艺术魅力。

磁州故地早在新石器时期就有大量极富特色的陶器，丰富的造型、多样的制作手法似乎已显示出磁州先民的美感基因。磁州不独出产磁石，更有煤炭、瓷土、耐火土，矿产丰富，这些因素似乎注定了它与瓷的不解之缘。据考古发现，这里早在北朝时期就已开始烧造青瓷，彭城镇以西的磁县贾壁村和位于峰峰矿区临水镇的临水窑都有青瓷窑址。而到宋代，更是发展出大量运用化妆土、以黑白花纹装饰瓷器的特色。

心裁别出的化妆土

化妆土的运用，是磁州窑将劣势转化为特色的独创之举。磁州窑一带的陶土多为“大青土”，较为粗糙、疏松，内有杂质颗粒，烧成后不够致密均匀；又因为原料中含有铝、钛之类物质，胎色不够白。这一切看起来是无法改变的缺陷，在磁州窑工的创造性制作中，却变成了开创新工艺的起点。孔子说“素以为绚兮”，白底色为创造辉煌做了最好的准备。制瓷艺人的大胆构思使作品异彩焕然：在整个瓷胎上施以化妆土，如同傅好粉等待描眉染唇的美人，只待在这白底上稍下功夫，便顿时幻化出意料不到的神采。于是剔、划、刻、印各种手法相继出现，磁州窑的特色也随着手法的成熟越来越鲜明。

事实上，早在北朝时期的临水窑，就有在器物局部施以白色化妆土并在化妆土上着透明釉的做法。到了宋代，在化妆土上的装饰有白釉划花、白釉剔花、白釉黑彩、白釉黑彩划花等若干种。多样化的手法，使得作品虽仅黑白两色，却形成了不同的效果。其中划花、剔花和白釉黑彩划花往往塑造的是具有图案效果的适合纹样或二方连续图案，有严谨的图案骨架结构和比例划分，展现的是工艺之美。所用工具既然是尖锐的竹刀，刻划的元素本当以细单线条为主，刻面就需要一小点儿一小点儿地刻。这种近乎“雕琢”的感觉决定了这些工艺适合的是相对规整、谨严的图案纹样。白釉黑彩却极大地解放了画工——以毛笔在化妆土上作画更接近纸上绘画，因此，这类作品中流露出绘画、书写的笔意，潇洒泼辣、流畅自如。如果把前者比作“工笔”，白釉黑彩就如同“写意”。由金至元，划、剔、刻、印的装饰手法逐渐减少，而白底黑彩的应用则越来越广泛。

磁州窑的装饰为窑工所绘制，风格既有异于宫廷画师和文人画家，又不能不受上层时代风尚的渐染。以毛笔绘制纹样，可工可写。磁州窑的写意花鸟、人物、山水作品，颇有“一挥而就”的速度感，大胆概括、气韵生动，有文人尚简之神韵而无其矫揉之苦涩；而相对工整的作品，线条流畅、开合有度，似受宫廷画影响，但又不失民间艺术的爽利气息。以书法作为装饰的磁州窑作品数量也颇多，

磁州窑遗址之三

有些是字与画相配，有些则以文字为主要装饰。这些作品的字迹虽不像书法家那样细致推敲笔意与法度，却意足神完，既有对大书法家笔意的吸收、融合，也有工匠天然稚拙的独创，艺术趣味十足，今天看来，有些作品还具有很强的现代感。将中国绘画和书法应用于瓷器装饰，是磁州窑瓷器的标志，更是它的创举，正是磁州窑开创的这种手法催生了青花瓷和五彩、粉彩瓷器。

元代，彭城依凭接近大都和滏阳河道的地理优势，加上漳河水泛滥、周边地区窑工转移到彭城的人力优势得以迅速发展，不仅如此，元代瓷器远销海外，彭城也是一方重要产地。至明代时，彭城已成为官窑、民窑俱盛的北方瓷都，与景德镇并提，有“南有景德，北有彭城”之说。当时，官员张应登的《游滏水鼓山记》中记载，彭城“居人万家，皆败瓮为墙壁”，可见产品之多。民窑质朴的民间趣味和巨大的需求数量，决定磁州窑瓷器的风格决然不同于精雕细琢的官、哥、汝、定、钧等窑，不仅器型多为瓶、瓮、罐、壶、盆、碗、盘、妆盒、枕、灯、香炉等百姓常用器皿的装饰手法，而且内容也有别于供宫廷皇家所用瓷器的高贵、精致、文雅，这正是磁州窑型特色所在。抛却以往《格古要论》之流的偏见，站在美学高度上重新审视磁州窑的朴素、粗率，会发现简练大气、不事雕琢、淳朴亲切而生机勃勃才是它的真面貌。

浓郁鲜活的民间气息

比起柔和雅致的青瓷，磁州窑更富有民间美术鲜明、活泼的特质。黑和白是其最具代表性的颜色，一如中国绘画艺术在缤纷五彩中选定了黑与白作为貌似简单却容量无穷的表达方式，磁州窑型的黑白两色也使它有种超越时间的永恒之感。它的美虽古老却不显陈旧，在凝聚了历史沉淀的同时又焕发出现代的美感气息。它流畅潇洒的用笔、实用多变的器型、选材广泛的纹样、贴近百姓的审美趣味，统统弥散着浓郁的生活气息。

宋代文人格调高雅，艺术家皇帝宋徽宗就连做的梦都是优雅的天青色，可谓雅致到骨子里了。而在民间，百姓生活的乐趣却是另一番滋味：在他们看来，热闹富足的生活远比皇帝费千万人之力打造的颜色单一的娇贵瓷器更为踏实。家事的顺遂、家人的平安、风调雨顺的好年景、五谷丰登的好收成、活泼可爱的婴孩、诙谐幽默的马戏、镇妖降魔的狮虎、长寿发财的鹤鱼、富贵逼人的牡丹、多子多孙的石榴，这些才是他们心中的念想。制瓷艺人把他们深植在心里的念想全都描绘在瓷器上。

与中国其他的手艺人一样，制瓷艺人大多世代相传。这些制瓷师傅与他们的顾客过着相同或相近的生活——街头巷尾的市井百态、勾栏瓦肆的俚语乡谈……共同的日常经验造就相同的价值观、审美观，使得他们的作品更贴近百姓。当然，宋代城市繁荣的商品经济令制瓷业不能“不思进取”地墨守成规，同行间的竞争催促着作坊主们不断推陈出新。便利的交通和商品流通，使不同地域间的相互学习变得不再那么困难，身居中原的磁州窑系艺人又占地利之便，比他处同行更容

绿釉黑彩喜鹊登枝纹腰圆形枕　北宋　河北博物院藏

绿彩兽首　宋　磁州窑博物馆藏

易获得资讯、见识新东西，这培育出他们开阔的眼界和包容的审美心态。他们有一定的文化修养和很强的学习能力。宫中的佳作过上一段时间可能就会是磁州窑瓷器上的一片花纹，名家哲匠的新手法也有可能被制瓷工人巧妙借鉴。比如苏轼的“石压蛤蟆体”和黄庭坚的“枯枝挂蛇体”，窑工都学得惟妙惟肖。在民间传统纹样的基础上，磁州窑型不排斥带有文人色彩的内容，折枝花卉、山水小景都成为他们的新素材。在元代，很可能有一些失意的文人墨客也加入瓷工的行列，他们将白色的瓷器表面当作抒怀写意的纸张，画闲适悠远的山水，写抒情的诗句，在浓郁明朗的民间韵味中，又平添了几分雅致。而最能快意书写的瓷器平面莫过于瓷枕。

雅俗共赏的瓷枕

磁州窑型的佳作从体形硕大的酒缸、瓶、盆到小巧精致的杯、盒、灯，无所不有，但最引人注目的当是瓷枕。瓷枕最初只是用于陪葬，唐代又多用为医用脉枕，式样上体轻型小，入宋以后瓷枕大量生产，形体也变大。定窑的瓷枕也很引人注目，但定窑瓷枕是以器型见长，除了著名的孩儿枕，还有塑造成殿宇、狮子等造型的瓷枕，构思巧妙，如雕塑般精美。磁州窑的瓷枕则以丰富多彩的花纹装饰取胜。

磁州窑瓷枕的形状固然有长方形、腰圆形、如意头形、花瓣形、鸡心形、六角形、八方形、银锭形、虎形、人形等十数种之多，但都须有较平缓的头枕之面，俯看这个平面，正像一张画纸，给匠人留下了不同于瓶罐曲面的写画空间。加上白色的化妆土底子和以毛笔绘制的感觉，使瓷枕的绘制非常接近于在纸上写画。于是，磁州窑瓷枕成了百姓们喜闻乐见的“活书本”。他们或描绘儿童嬉戏的天真童趣，或书写“众中少语，无事早归”的处事箴言，或向往“清风细雨，黄花绿

“相如题柱”长方枕　元　磁州窑艺术馆藏

I WANT TO EAT DINNER
WITH MY FRIENDS

叶”的雅致宁静，或祈求富贵长寿、连年有余、国泰民安。

枕着这样的雅辞高论入睡，除了“一枕黄粱”的“人生快进式体验”，不知是否还会益智修身？磁州窑瓷枕的内容真可谓包罗万象。北宋的一件豆形枕，上书“欲作高堂梦，须凭妙枕欹”，像是对自己产品的夸耀，却又含蓄婉转；金代的一件瓷枕，干脆将长长的《枕赋》写满枕面，不知失眠者是否有雅兴数字入眠？作为陪嫁的瓷枕对于新人自然意义非凡，那枕上勾勒的是人生祝福还是良言规劝？年长者夏日乘凉间会否指着瓷枕上的图案教小孙子认字看画？什么样的人会钟情于“玉枕纱橱，半夜凉初透”的婉约，什么样的人又会喜爱“明知空手去，刚惹业随身”的慨叹？好史的有“尧王访舜”“文姬归汉”“陈桥兵变”，好戏的有“李逵负荆”“昭君出塞”“雪夜访普”，爱听故事的有《西游记》《八仙过海》，喜好幽静的有“竹柳鹭鸶”“雁落平沙”，好诗的有李白、贾岛、王昌龄，爱曲的有《山坡里羊》《朝天子》《小桃红》……有人枕着“天地大吉，一日无事。深谢”入睡，每日感恩；有人枕着“左难右难，枉把功名干”，每日参悟……丰富多彩的图案文字给每一个人都提供了选择的可能，真像今天的广告语“总有一款适合有品位的你”。当然，还有的瓷枕干脆写的就是广告语。磁州窑的瓷枕像是百姓床头的百科全书，是精简版的《全唐诗》《全宋词》《全元曲》，是历史知识的简明读本，是文学作品的普及教材，是绘画艺术的民间画廊，是展现民间生活情态的博物馆。

白釉黑彩牡丹芦雁图梅瓶
金　河北博物院藏

回首磁窑话兴衰

磁州窑以其独特的魅力影响了北方一大批瓷窑，形成了以磁州窑为中心的磁州窑系。北宋时期，洛阳、开封一带经济繁荣、商业发达，促进了北方制瓷业的发展；至金、元时期，磁州窑的发展已进入繁盛期，这一时期不仅产量巨大、品类繁多、装饰新技术不断涌现，潇洒自如、风情浓郁的白底黑花技术也已发展到纯熟，更涌现出绿釉黑彩、绿釉划花、绿釉黑彩划花、绿釉篦刮划花、绿釉印花等新装饰品种。烧造方法上除三角支钉烧、匣钵单烧、覆烧等，又创造出涩圈叠烧法，降低了成本，提高了效率。

明代彭城窑虽然也有其辉煌，且与景德镇并提，但终是产量巨大、质量却没有太大提高。器物造型、品种都趋于单一，白底黑花绘画技法依然娴熟、流畅，可惜内容不再鲜活。及至清末，国家内忧外患，磁州地区灾荒频发，特别是清末道光十年（1830），磁州发生大地震，窑厂经受灭顶之灾，元气大伤，复原几乎

磁州窑制作工具：笺子、毛笔、洗笔、掏刀、拍板、刀具、篦子、杆子、卡尺

磁州窑遗址之四

无望。磁州窑至此已完全沦为生产日用粗瓷的窑厂，产品粗糙单调，质量、产量都不复往日大观。在窑厂败落、有些传统工艺已经消失的清末，为改变窑厂命运，有些窑工尝试粗瓷变细瓷，尝试烧造改良的青花瓷、釉下五彩瓷，这种努力不能说没有成效，但难以建立属于自己的独特面貌。如清末邯郸王凌云所绘大量青花瓷，都是学习的景德镇的青花瓷，将勾勒填彩改为写意绘画，创造了艺术水平较高的作品，但作品面貌特色不足，难以驻留人们心中。印象中的磁州窑是黑与白构成的流动气韵，失去了经典特征，磁州窑便失去了神采。朝代更替、历史兴衰总是会带来巨大的改变，有时是一方兴盛，有时是江山涂炭。磁州窑随着历史发展，曾经因靠近政治中心而兴盛，也曾经因"靖康之变"和洪水而崩溃。当磁州窑落难时，工匠四散，至江西，至福建，散落大江南北，落地生根，创造了新的"磁州窑"。

黑褐彩人物　明　磁州窑博物馆藏

新中国成立后，彭城陶瓷业成为国家重点扶持的工业企业。自 20 世纪 50 年代至 20 世纪 80 年代，陆续组建了十几个陶瓷厂，但大部分厂烧造的只是生活用瓷，只有一个厂烧造具有工艺特色的艺术瓷，其水平与历史上的经典作品还有相当大的距离。不过，这也是当时大部分窑厂的困境，与之同期的唐山陶瓷厂也以生产生活用瓷为主。为了培养陶瓷制作人才，唐山和邯郸建立了专门的研究所、情报所、美术学校。然而，振兴陶瓷的强烈愿望必须佐以合适的方法。中国的传统手艺是师徒相授的，随着社会变革，生活、生产方式均有很大变化，原有的艺术创作土壤改变了，不仅原有的艺术传承模式改变了，需求和使用的对象也改变了。过去，人们买一个磁州窑瓷枕是百姓日常的需求，也是当时"时尚"和"品位"的表现；今天，人们在炎热的天气中更需要空调、冰箱和冷饮，当实用性不复存在，而只能把它当作艺术品"养"起来时，手工艺的发展便失去了源源不断

红绿彩瓷枕　宋　磁州窑博物馆藏

的营养供给，变得像濒危物种一样脆弱，不是灭亡就是变异。不单是瓷器生产，所有的手工艺都面临着相同的困境。

人们不断寻找让磁州窑再续辉煌的途径，但磁州窑依然面临发展的困境。有些设计师试图顺应现代社会，搞一些具有现代设计气息的新产品，但为设计而设计的难度并不亚于当年窑工为装米酒做一个缸。设计在今天变得更为专业，换言之，也变得更刻意。尽管现代设计师接受过高等教育，学习过许多美学知识，但要超越那些甚至会写错字的窑工们创作出来的神韵和气息却并不容易。

陶瓷研究所的师傅们还在坚守，他们大多是上一辈老手艺人带出来的老师傅，对于传统，他们别有体会。安际衡、任双合、刘立忠是其中的三位，安际衡建设了磁州窑艺术馆；任双合早年在陶瓷研究所工作，现在在磁州窑博物馆继续呵护、坚守着磁州窑的传统；六十多岁的刘立忠祖上四代开窑场兼做陶瓷生意。几位老师傅做的瓷器依然追寻着传统的韵味，质地、釉色、装饰、造型上的创新并没有完全脱离传统磁州窑的特色，这也许是保护和发展最好的道路。

纵观磁州窑自兴起至盛期再至衰落，不由让人感慨，地域文化、历史变革造就了像磁州窑这样的艺术，磁州窑也是展示地域文化、历史风貌的重要元素。当我们像考古专家一样凝视瓷片上的纹样时，看到了中原的土质、矿产、河流、山脉、朝代兴废，甚至天气；当我们像诗人一样拂去一块瓷片上的尘土，想到的也许会是一段尘封已久的故事，是家，是人，是温热的生活——在磁州窑，每一件瓷器都曾被手脚粗壮的窑工们用他们的双手一遍遍抚摸，和泥、拉坯、描画，每一笔纹样的弯转、停顿都还留有生动的气息，每一件器皿都是那个时代的记录，每一段历史都有血的温度。

白地黑画如意枕　金　磁州窑博物馆藏

中山国历史文化还原

文 / 田卫平

1974年冬，河北省文物考古工作者为配合农田水利工程建设，在平山县三汲乡一带进行考古调查时，发现了中山国的最后一个都城——古灵寿城，在城内外发掘墓葬三十余座，出土各种文物达两万余件，部分文物于1979年在故宫博物院展出后，引起了国内外考古、历史、古文字学界的极大重视，从而揭开了笼罩在古中山国头上的神秘面纱。

根据《左传》《吕氏春秋》的记述，中山人在进入河北之前，春秋早期生活在秦、晋两国的北部，今陕西榆林、延安、绥德一带。由于处在秦、晋两个大国的夹缝中，加之中山此时已是晋的子孙封国，故这一时期的中山作为晋国的附庸一直依附于晋。

公元前662年至前659年，中山人为配合晋献公的扩张，出兵攻破了邢、卫两国的都城，迫使邢国迁都于夷仪（今河北邢台浆水）、卫国迁都于楚丘（今河南滑县东）。不久，又接纳了因骊姬之乱而避难于此的晋公子重耳。重耳在中山流亡十二年，娶妻生子，之后重返晋国，是为晋文公。在晋文公执政的十年中，中山人狐偃、狐毛与诸大臣和衷共济、协力同心，为晋国的复兴称霸做出了重大贡献。

公元前628年，中山国内发生动乱，与之结为世仇的卫国乘机引兵西向，中山被迫与之订立城下之盟，元气大伤。之后，随着秦国的不断扩张，中山与晋的关系也因狐偃之子狐射姑与赵衰之子赵盾在晋国政坛角逐的失利而由热变冷，国势日衰。公元前614年后，中山离开陕北，开始了长达数十年的迁徙历程，其迁徙路线是先北后东，由今陕西、山西至内蒙古，而后越过太行山，进入今河北地区。从《左传》的记述可以推断出，进入河北的时间要早于公元前506年。这一时期的中山国，其地理位置大致处在燕国的南部，齐、晋、卫三国的北部，代国的东部，鲜虞国的东、西两侧。

晋定公二十一年（前491）后，中山国从《左传》中消失，只有《竹书纪年》在三十五年后的周贞定王十二年（前457）记有“荀瑶（知瑶）伐中山，取穷鱼之丘”一语。中山本为晋国的附庸，进入河北后仍是晋盟的主要成员，作为晋中军元帅知瑶兴兵攻伐其盟国，似乎于理不通。然而，根据《战国策·中山策》记载的“中山君飨都士大夫，司马子期在焉。羊羹不遍，司马子期怒而走于楚，说

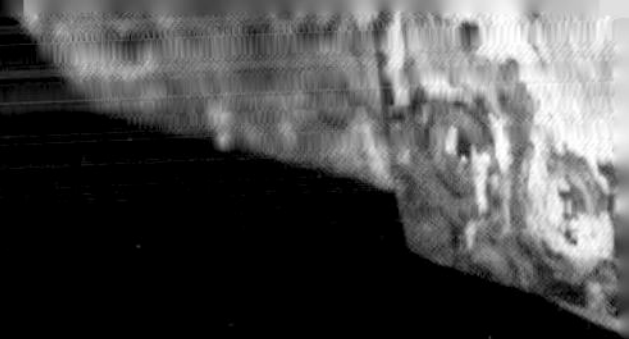

楚王伐中山，中山君亡”，楚王即楚昭王，在位时间为公元前 515 至前 489 年；司马子期即公子结，楚昭王兄，由此得知，在公元前 491 年后，中山已亡于楚国。

三十五年后，晋国知瑶所攻伐的中山，是楚中山而非晋盟成员的中山。这就是为什么我们在平山战国中山王墓中，看到有不少器物是以犀、水牛、神兽等北方稀见的动物为造型；它的铜器铭文刻铸并施，以刻为主，字体笔画细而长，以艺术美化为特点，与湖北随州曾侯乙墓出土的器铭有惊人的相似之处。

在攻伐中山的前一年，知瑶首先灭掉了位于穷鱼之丘（今河北涞源）西南面的中山的属国——仇由，这原本是知氏向东北发展的系列步骤之一。但是，随着仇由、中山相继为知氏攻占，自然就引起了政敌赵氏的警觉与不安。

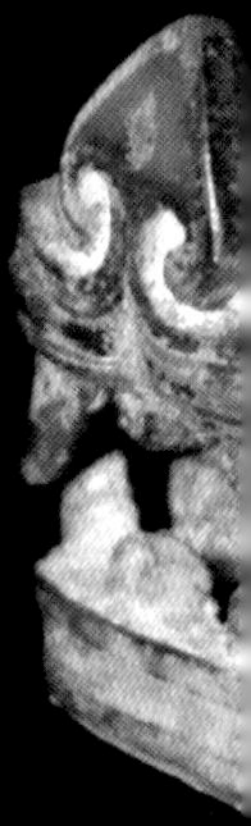

中山的穷鱼之丘西面是代国。代国位于今河北、山西、内蒙古的交界处，其政治中心在今河北蔚县一带，由于境内有飞狐、句注之险，并且盛产名马，因此，它成为赵氏实施北进的重要战略目标。赵简子及后继者赵襄子把政治重心放在晋阳（今山西太原南）而不是邯郸，完全是因为晋阳可以与代、中山等地连成一片。赵氏利用它，不仅可以南下中原时防止北方诸国扼其项背，又可以北上略地时作为战备资源的后方依托。而这一切，又必须是以与中山的亲善关系为前提的。故仇由、中山的丧失已经构成对赵氏的威胁，一旦代地亦被知氏得手，势必形成对晋阳的半月形包围，到时不止晋阳，甚至连赵氏苦心经营的晋国北半部也将落入知氏掌中。在此严重形势下，赵襄子不顾其父死后须除丧三年的禁忌，不惜让其姊蒙受丧夫的悲哀，在知瑶占领中山后不久，毅然兴兵杀掉姊夫——代王及其从官，将代地据为己有，使知氏的战略计划落空。

在向北发展的企图受挫后，知瑶利用晋国中军将的权力，随即向赵襄子提出了索取蔡（一作蔺，今山西离石西）、皋狼（今山西离石西北）两地的要求，而两地一西一东是捍卫晋阳的屏障，赵襄子当然不肯相让，于是决定两家命运的晋阳之战因之而爆发。经过近三年的较量，晋哀公四年（前 453），赵襄子与韩、魏共灭知氏，并瓜分了知氏的全部领地，为稍后三家分晋、并列诸侯奠定了基础。

知氏灭亡后，赵氏不仅占有了代、句注之北的大片土地，而且赵襄子还凭借其三晋之长的特权，乘机又将代地之南知氏占据的仇由、中山也据为己有，实现

错金银四龙四凤铜方案座

战国　河北博物院藏

了其祖先梦寐以求的晋阳、代、中山三位一体的战略构想。

赵氏的行为引起了韩、魏两家的不满，魏文侯正式向赵氏提出“残中山”的要求。《战国策·中山策》对此作了描述：“魏文侯欲残中山，常庄谈谓赵襄子曰：‘魏并中山，必无赵矣！公何不请公子倾以为正妻。因封之中山，是中山复立也。”东汉高诱注：“公子倾，魏君之女，封之于中山以为邑，是则中山不残也，故云‘中山复立’，犹存也。’”由于顾及“魏并中山必无赵矣”的利害，同时也迫于魏氏的压力，赵襄子最终接受了常庄谈的建议：一方面，扶立起原中山人的后裔掌权，作为赵氏的附庸，以遮人耳目；另一方面，又将魏文侯之女公子倾遥封为中山君的正妻，作为封邑，以不使魏文侯失望。

常庄谈建议赵襄子“中山复立”，那么这个“复立”的中山君又是谁呢？根据河北平山中山王墓出土的方壶铭文所记“惟皇祖文、武、桓祖、成考”的世系看，这个中山君就是后来追封的中山文公。中山文公的复立，虽然按赵氏的意愿，当时不过是打着中山旗号的傀儡而已，但从中山在战国的历史发展看，却成为中山国基业的再造者。

中山国自公元前491年前后亡于楚、公元前457年再亡于晋，到公元前432年后赵氏扶植中山文公复立，春秋中山与战国中山的历史隔断了约六十年。正是这六十年的中断，中山的世系才不能接续，故中山武公立国后，只追谥到文公；又由于文公时的中山还是赵氏的傀儡政权，故司马迁在著《史记》时不立其名，后来中山武公立国，也只是附列于《赵世家》中备览。

公元前452年，赵襄子死，没有传位给自己的儿子，而是传给了哥哥的孙子，引起家族内讧。《史记·赵世家》记述为：“浣立，是为献侯。献侯少即位，治中牟。襄子弟桓子逐献侯自立于代，一年卒。国人曰：桓子立非襄子意，乃共杀其子，而复迎立献侯。”这一系列争权夺利的相互残杀，不仅动摇了赵氏统治集团的基础，也加剧了附庸国中山的离心倾向。

中山本在文公时期已生易帜之心，尤其在与赵襄子联合灭掉鲜虞后，更是加紧扩充地盘、发展势力。中山文公死后，中山武公接替，趁着赵氏内乱无暇外顾之机，加快了复国的步伐，终于在赵献侯十年（前414）实现了重建独立政权的夙愿，将都城定于顾（今河北藁城东）。中山武公立国之后，使周边列国的格局发生了根本性变化。昔日的靠山，此时变成了对手，中山与赵、魏的同盟关系从此瓦解。由于中山的北、南、西、东四面处于燕、赵、齐三国的包围之中，这就迫使中山武公的对外政策必须做出重大调整，由原来的亲赵、魏转而向齐国靠拢，以尽快摆脱四战之地的窘境。而作为春秋末年一直与晋国为敌的齐国，此时也乐意接纳中山削弱赵、魏，减轻齐国西面的压力，故在中山武公复国后的第二年，“（齐）伐晋，毁黄城，围阳狐”，以牵制赵、魏对中山用兵。

中山武公崛起之时，魏对秦国河西之地的争夺正处在紧要关头。中山复国，不仅从经济上断绝了公子倾所飨的食邑之俸，而且在军事上频频与赵、燕争锋，“南战于长子败赵氏，北战于中山克燕军”（《战国策·齐策五》），也破坏了魏的全方位战略构想。如果坐视中山的强大，不仅魏文侯北进意图化为泡影，一旦中山与齐国联手，东进的基地邺城也将岌岌可危，因此，中山国的存在使魏文侯如鲠在喉。

公元前408年，魏文侯在翟黄、翟角的精心谋划下，在赵氏的支持和帮助下，挥师北上，发动了灭中山的战争，“乐羊为魏将而攻中山”“吴起为魏将而攻中山”“魏文侯借道于赵攻中山”。面对强大的魏师轮番进攻，经过三年的鏖战，公元前406年，中山最终落入晋国魏氏手中，中山武公君臣被迫逃亡齐国。魏灭中山后，先后封太子击、少子挚为中山君，大将乐羊驻守灵寿以为保护，并派李克治理中山。李克在中山期间，废除了一些地方官吏制定的不合理政策，使中山人与魏统治者的矛盾有所缓和。至此，中山又变成了魏氏的附庸。按照《史记·乐毅传》的记载，与以往不同的是，这次中山“魏虽灭之，尚不绝祀”，为三十年后中山桓公复国埋下了伏笔。

公元前387年，赵烈侯死，赵敬侯立。亲魏国的公子朝在魏武侯的暗中支持下起而作乱，引魏军袭击新都邯郸，被赵军击败，魏赵两国的矛盾逐渐公开化。四年后（前382），赵国出师进攻卫国，魏武侯派兵为之解围，取赵地刚平（今河南清丰西南），并进攻赵旧都中牟（今河南鹤壁西）。赵求救于楚国，楚攻魏至

凤首流铜匜　战国　河北博物院藏

金戈镈　战国　河北博物院藏

黄河西岸，赵趁机反攻夺取了魏属中山国的棘蒲（今河北魏县南）和魏国的黄城（今河南内黄西北）两地。

持续两年的战争，使魏、赵两国元气大伤，而魏、赵关系的破裂，又使魏属中山成为魏国隔赵而望、孤悬在赵国北部的一块飞地。公元前 381 年前后，中山武公的后人在齐国的帮助下，杀死了魏属中山的最后一个君主——中山尚，拥戴新君主复国。这个新君主，就是史书中提到的中山桓公。中山桓公上台后，将都城由顾迁至古灵寿（今河北平山县三汲乡一带）。古灵寿作为中山国的新都城，一直到中山最后灭亡。从公元前 381 年前后中山桓公复国，到公元前 295 年中山国被赵国灭亡，中山国先后经历了五代君主，存在了八十六年。

这八十六年，也是中山国历史上最辉煌的时期。它不仅将版图扩大至“方五百里”，即南达房子（今河北临城东北）、北抵鸱之塞（一作鸿之塞或鸿上关，今河北唐县西北倒马关）、西至太行山、东到扶柳（今河北衡水市冀州区西）；而且还在公元前 334 年齐、魏“徐州相王”，公元前 325 年秦称王后，与韩、燕、宋等一起称王，成为赫赫有名的“千乘之国”；并因在国之西部修筑长城、南部引水围鄗（今河北高邑南）、北部合齐平息燕国内乱等重大历史事件，载入了史册。

在经济方面，农牧业为中山立国之本，手工业以“多美物”而著称，商业、交通也较为发达，生产力水平与同时的邻国齐、燕、赵等相比无明显差异，这可以从河北平山中山王墓中出土的大量错金银器、青铜器、铁器、陶器、漆器、玉器、骨器得到证实。

公元前 307 年至前 302 年，赵武灵王在国内实行以“胡服骑射”为代表的军事改革，不仅在军事上取得了成功，而且也推动了封建经济的发展，使国力大增。加之，这一时期的赵国在列国纷争中作壁上观，不断调整与秦、燕、韩、魏的关系，使赵的国际地位日渐提高。而同时的中山，却政治腐败、国势日衰。于是，视中山为心腹之患的赵武灵王，开始发动了灭中山的战争。

中山在赵国的全力进攻面前，虽然也进行了顽强的抵抗，但因孤立无援，只好不断割地求和，“中山数伐数割，而随以亡”（《战国策·魏策三》）。终于在赵惠文王四年（前 295），赵国攻破中山国都古灵寿城，末代王胜成为赵军的阶下囚。为了防止中山国再度崛起，赵国将古灵寿城拆毁，并将中山末代王胜迁回其祖地肤施（今陕西榆林东南），汉代时名为“灵寿”。至此，曾经名震诸侯、创造出辉煌历史文化的中山国彻底在历史上消失了。

双夔兽铜軏帽

战国　河北博物院藏

嶂石岩记游

文 / 韩羽

秋九月，与老伴儿偕同志敏、詹同夫妇游嶂石岩。嶂石岩在赞皇县境，属太行山脉。住宿之饭店，颇有野趣，躺在床上，仰望窗外，山崖丛树如屏，绿气扑人。

甫至，心如野马，再也拢不住，呼此唤彼，立奔槐泉寺。槐泉寺适正兴修，围有木栅，禁止游人观览。人似乎有天生毛病，愈不让看愈是想看，吾辈踏着烂泥从墙角夹缝中鱼贯而入。院中砖摞瓦堆、砂子石灰，狼藉遍地。“足蹜蹜如有循”，一蹦一跳，穿行其间。至大殿，顶上在乒乓布瓦，顶下在团泥塑像，同步并进，莫非“一万年太久，只争朝夕”乎？

出槐泉寺，经鱼石折而南行，距天然回音壁尚有一箭之遥，即闻人声呜哇，真“先声夺人”也。至其处，危崖如壁，拱抱呈半圆状，下临空谷。我也效颦，仰天长啸，回音缕缕。一行人中唯我声最恢宏，叱咤风云，不免窃有得意之色。

绕过回音壁，到槐泉。水自石隙中涌出汇而为池。有碑，镌其名，画家秦征所书。碑旁竖一木牌，上写“一杯两角”，有茶缸数只。收费人为一山村妇女，因时近晚，声称“即将下班，不再收钱”。我舀一杯，如饮醍醐，神清气爽。俟大伙依次喝毕，我复加喝一杯，并说：“此系白喝，不喝白不喝。”相互大笑。

沿山石小路而下，行不数武，见路旁杂草间，或隐或现亦流有泉水，虽水出同源，只因少一“一杯两角”木牌，再不复有“白喝”之兴致。

次日游冻凌背，沿逶迤小路而上。詹同忙于速写，志敏忙于摄影。我与老伴儿无事，趱行在前。见路旁立一石，形如半壁墙，呈橘黄色，有四字：天下奇观。四外寻视，实无“奇”可“观”。我想，如改为“渐入佳境”，岂不吊人胃口。

正歇息间，对面山崖有老汉呼喊，隐约难辨，我甚纳闷，未敢越小路雷池一步，秋毫无犯，何以如此大呼小叫？老汉边嚷边趔趔趄趄走下山崖，至近前方得明白，原来此处有蜂螫人，可去他小屋中歇息。我怦然心动，真雷锋精神。可惜了的，他又补加一句："屋里有苹果、梨，比村里便宜，五角。"

继续趱行，峰回路转，景色突然为之一变。此为"重门锁翠"。右面叠嶂起伏，左面危崖悬立。穿行其下，山风呼呼。巨石俯仰挤倚，如醉如倒，气势压人，为之惴栗。

愈走愈陡，不知觉间已身临半空，回视那"气势压人"之崖，已匍匐脚下作臣伏状，我叹这山石也如人似，何前倨而后恭？

至冻凌背，瀑布凌空而下，如雨如雾。下有一庙，仅可容膝。中有石偶，不知何方尊神？有壁画，甚有趣，小鬼驾车，仙人坐车，而又腾云驾雾。既腾云，当是凭虚御风，何须以车？似多此一举。继而一想，大悟，仙人摆阔也。

又次日，至村南口，仰目西望，乃一大景观，棱层崇峦，势可触天，硬弩欲张，铁戟列阵，壮而雄，尽在于是。为之摄魂夺魄，目不暇移。情驰神纵，物我两忘。心雄华、泰，气为之豪，"山川与予神遇而迹化"。

背后忽然一声："你在看啥？"是一老大娘。我说："看山，这山真好！"老大娘说："我住了六十多年，天天看，有啥好？不就是石头。"这话煞风景，却也一语破的。

其南约二里，有一亭，坐亭中稍憩即拾级而上，回环曲折，穿行杂树间，至空旷处，极目四望，舒然畅然。遥看小亭，适有青年男女亦憩其中，且愈靠愈近，似欲接吻。老詹拿起相机对之瞄去，那男女倏即分开，詹夫人笑骂："你真坏！"

至小天梯，攀索缘蹬而上，不及半，气喘如牛，自认脚力不济，废然而返。

晚，应刘经理嘱，写"丹崖积翠"四字，彼拟刻石置于饭店之旁，意在引人来此拍照留影而为饭店招揽顾客。我欣然为之。盖谓"招揽"，繁华闹市通都大邑之饭店餐厅，何处不是粉白黛绿明眸皓齿？而刘经理出此一招儿，能不谓风雅乎！

河北大事年表（二）

581 年　杨坚废周静帝，隋朝建立，改元开皇。

582 年　高宝宁引突厥、高丽侵掠平州。

586 年　发丁男十一万筑长城，二旬而罢。

真定龙藏寺在这一年建立。龙藏寺就是现在正定的隆兴寺，俗称大佛寺。大佛指的是寺中大悲阁内一尊高大的宋代铜铸千手千眼观音像。俗语说：“客上天然居，居然天上客；人过大佛寺，寺佛大过人。”寺里的隋代碑刻《龙藏寺碑》乃是书法史上的神品。

591 年　赵州安济桥建成。

安济桥俗称赵州桥，由隋代著名匠师李春设计、建造，坐落在赵县洨河之上。它是现存最早、保存最完整的古代敞肩石拱桥。超过 50 米的长桥翩然飞架，宛如仙迹。

604 年　杨广弑父即位。汉王杨谅起兵，不久兵败，所部吏民死、徙二十余万户。

607 年　隋改州为郡，实行郡县两级制。发河北丁男凿太行，以通驰道。

608 年　发民百余万开永济渠。

永济渠是隋大运河的北部干渠，沟通黄河、海河水系。开凿它的直接原因是隋炀帝用兵高丽，须得转运粮草。永济渠工程是：凿渠将沁水引流到今武陟县境内，使沁水与淇水沟通；再利用曹操开凿的白沟，到达天津独流；又利用平虏渠北溯潞河（今北运河）而上，在今永清县北折入

十五连盏铜灯（底座局部） 战国 河北博物院藏

错金铜博山炉　西汉　河北博物院藏

桑干河（今永定河）；最后到达蓟县（今天津市蓟州区）。因为丁男不供，炀帝征发女性参加劳役，引起巨大不满。

611年　隋炀帝首次东征高丽，窦建德起兵。

613年　隋炀帝第二次东征高丽，杨玄感起兵。

杨玄感是隋朝开国功臣杨素的儿子，隋大业九年春，炀帝东征高丽，在后方督粮的他趁乱起兵造反。杨玄感经常说："我冒着株连九族的危险起兵，不是想追求荣华富贵，而是想解除百姓的劳苦。"人们很受感动，每天都有几千人自愿加入他的队伍。

唐太宗征高丽时，有人诬告房玄龄要像杨玄感一样造反，吓得房玄龄赶快诚惶诚恐地向唐太宗请罪。

614年　隋炀帝第三次东征高丽。

616年　涿郡留守罗艺起兵。

罗艺是隋末唐初割据河北的一方大豪。在隋末乱世中，他明智地投靠了唐朝，可是因为脾气暴躁，罗艺得罪了李世民。待到李世民即位以后，罗艺心中不安，因此起兵造反，很快兵败被杀。《新唐书》记载，罗艺使用的兵器是槊，可是在"说唐"系列小说里，罗艺善使一支银枪，他那子虚乌有的儿子"罗成"还是"天下第七条好汉"。

617年　太原留守李渊起兵。十一月，攻入长安，立代王杨侑为帝，遥尊杨广为太上皇。

618年　宇文化及杀隋炀帝。李渊称帝，建立唐朝，改元武德。

619年　刘黑闼投奔窦建德。

窦建德（573—621）是隋末称雄河北的起义军领袖。他出身山东响马，占据河北以后建号"大夏"。窦建德讲义气、重然诺，能与将士同甘共苦，所以很得人心，但才略有限，最终不敌李唐，兵败被俘。李渊擒获窦建德以后，志得意满，轻率地将他杀害，刘黑闼等窦家旧部大感不平，为此重新起兵反唐。

621年　五月，李世民俘虏窦建德。七月，杀窦建德于长安。

622年　刘黑闼引突厥兵攻河北。

624 年　唐定均田及租庸调法。
630 年　东突厥衰亡，部落分散至薛延陀、西域或降唐。
644 年　唐太宗征高丽。次年十一月，回师。
648 年　契丹、奚族归附，置松漠、饶乐二都督府。
654 年　滹沱河泛滥，漂没五千三百户。
690 年　武则天即位，改国号为周。
696 年　契丹李尽忠、孙万荣南侵。
697 年　契丹孙万荣屠赵州。
698 年　突厥南侵，连下飞狐、赵州。太子李显、狄仁杰统兵抵御，未至，突厥已退。

狄仁杰是武周时期的道德典范，年轻时就有“北斗星以南第一贤德”的美誉。他也是当时最能干的官员。契丹、突厥先后侵略河北，武周政权都是靠狄仁杰出面收拾残局、安抚百姓。河北人民感戴他的功劳，为他建立生祠，四时祭祀。

705 年　张柬之等拥立李显，杀张易之、张昌宗。武则天传位李显，复国号唐。
714 年　唐军六万击契丹，于滦河大败，全军覆没。
738 年　幽州节度使增领河北海运使。
744 年　平卢节度使安禄山兼领范阳节度使。

安禄山（703—757）是营州（今河北省长城以北及辽河以东地区）杂胡。因为聪明能干、善于钻营，他从十几岁时担任捉生将起步，一步步捏上了平卢兵马使、平卢节度使、范阳节度使、河东节度使的印把子。到他五十出头时，安禄山盘算手里的实力：按照唐代军制，应该足有士兵十六万三千九百人、战马两千六百匹，可谓兵强马壮、天下无敌了。于是安禄山再不客气，竖起叛旗，发动叛乱。

750 年　唐玄宗赐安禄山爵东平郡王，兼领河北道采访处置使。
751 年　安禄山兼领河东节度使。
752 年　平卢兵马使史思明兼领北平郡太守、卢龙兵马使。

史思明（703—761）和安禄山一样，乃是大唐王朝培养的翻译人才。他善于在各方势力间纵横捭阖，占尽便宜。和安禄山一样，史思明死在自己懦弱的儿子手中，这是历史无声的嘲弄。

圆形猎帐中心铜柱帽　战国　河北博物院藏

755 年 安禄山反。

756 年 潼关失守，唐玄宗奔蜀，太子李亨即位于灵武。

757 年 安禄山为其子安庆绪所杀。

761 年 史思明为其子史朝义所杀。平卢节度使侯希逸与范阳叛军作战多年，又被奚族侵掠，救援皆绝，乃率部浮海至淄青。

763 年 史朝义死，田承嗣、李怀仙、薛嵩降唐，安史之乱结束。

田承嗣（705—779）、薛嵩和李怀仙（？—768）都是安禄山的部下，三人降唐以后，瓜分了河北大地。薛嵩是大将薛仁贵的孙子，他的降唐比较真诚，能够恪尽职守；而田承嗣则桀骜不驯、野心勃勃，不服朝廷政令，把他的魏博镇经营成实际上的独立王国。所以唐人袁郊的小说集《甘泽谣》中有一篇红线女的故事，以田承嗣、薛嵩之争为背景，塑造了神奇的剑侠形象。这个故事在京剧中演唱，就是梅派名段《红线盗盒》。

780 年 行两税法。

782 年 朱滔、田悦、王武俊、李纳结盟，各自称王。次年，唐德宗下诏罪己，始去王号。

812 年 魏博军变，兵士拥田兴为留后。十月，唐宪宗以田兴为魏博节度使。次年正月，赐田兴名弘正。

田弘正（764—821）是田承嗣的侄子。与他那穷凶极恶的伯父不同，田弘正是一个忠厚的正人君子。田家世世代代都是粗鲁军人，偏偏田弘正居然是个精通《春秋左氏传》的文化人。他在魏州建立的藏书楼，收藏不下万卷，在那个印刷术还不流行的时代，这是非常惊人的成就。

818 年 淮西乱平，成德军王承宗归朝。次年，淄青平，河南、河北藩镇悉尊朝廷约束。

821 年 卢龙、成德兵变。次年正月，魏博兵变，河北三镇重新割据。

860 年 镇州（今河北正定）天宁寺塔建成。

875 年 王仙芝、黄巢起义。

882 年 朱温降唐，李克用率沙陀军一万七千人南下镇压起义军。

李克用（856—908）是沙陀人的领袖，他的儿子李存勖与后梁政权争夺河北，最终取得了胜利。《残唐五代演

铜人　汉　河北博物院藏

义》说他有十二个义子，加上亲儿子李存勖，合称十三太保。打仗亲兄弟，上阵父子兵，李克用得此十三太保之助，攻城略地所向披靡。李克用和十三太保的故事在戏曲中广为传唱，知名度极高，清代以来的秘密社会组织往往以十三太保相标榜。

朱温（852—912）本是黄巢部将，起义军战局不利，他就出卖战友投靠了唐朝。唐僖宗给他赐名“全忠”。十多年后，朱全忠篡唐称帝，改名朱晃——晃为日光，和武则天改名武曌同一机杼。朱温的结局是被儿子朱友圭杀死，很像安禄山、史思明。

884年 黄巢起义失败。

904年 朱温杀唐昭宗。

907年 朱温称帝，后梁建立。

923年 李存勖称帝，后唐建立。十月，李存勖攻下开封，后梁灭亡。

欧阳修《伶官传序》：“忧劳可以兴国，逸豫可以亡身”，所指即为李存勖。

926年 四月，李存勖中流矢身亡，李嗣源即位。十月，契丹卢龙节度使卢文进率众十余万归后唐。

936年 后唐调河东节度使、北面总管石敬瑭为天平节度使，石敬瑭抗命，后唐以张敬达、杨光远征讨。七月，石敬瑭求救于契丹，请以父礼事之。十一月，契丹耶律德光封石敬瑭为“大晋皇帝”，晋割雁门关以北十六州给契丹，史称幽云十六州，或燕云十六州，并许岁贡帛三十万匹。

937年 契丹以幽州为南京。

石敬瑭（892—942）的竞争对手赵德均提出与契丹约为兄弟、赠送金帛；石敬瑭则直接拜上干爹、割让土地。契丹人一合计，当爹比当大哥划算，果断选择支持石敬瑭。

石敬瑭以“儿皇帝”的臭名贻笑千古。拨弄他弄兵自立，并一手擘画了石晋政权无耻国策的祸首是大阴谋家桑维翰。后来，大儒王夫之总结中国历史，得出结论：“谋国而贻天下之大患，斯为天下之罪人，而有差等焉。祸在一时之天下，则一时之罪人，卢杞是也；祸及一代，则一代之罪人，李林甫是也；祸及万世，则万世之罪人，自生民以来，唯桑维翰当之。”

石敬瑭和桑维翰的倒行逆施非常不得人心，连他们的同恶刘知远都觉得“儿皇帝”太过丢人。手握重兵的将领安重荣索性扯起大旗单干，起兵抵抗契丹。后来的秦桧害怕岳飞学习安重荣，因而匆匆炮制了“血溅风波亭”一案。

942 年 正月，安重荣兵败被杀。六月，石敬瑭死，子石重贵即位。

946 年 契丹攻取大梁，晋出帝石重贵被俘，后晋灭亡。

石敬瑭死后第二年年底，契丹派兵南下攻晋。

后晋是一个虚弱的政权，掌握兵权的主要将领杜重威等人内战是一把好手，对外则怯敌如鼠。随着契丹打进大梁，设计勾引契丹的罪魁桑维翰也结束了罪恶的一生。

947 年 二月，契丹改国号为辽。刘知远称帝，后汉建立。

刘知远（895—948）是辅佐石敬瑭称帝的大将，官拜邺都留守、广晋尹、归德军节度使、侍卫马步都指挥使、同平章事，军政大权一手掌握。

950 年 后汉枢密使、邺都留守郭威引兵趋东京，后汉隐帝死于乱兵。郭威立武宁节度使刘赟为帝。腊月，将士拥立郭威为帝。

郭威死后，传位养子柴荣——梁山好汉小旋风柴进的祖宗，是为周世宗。周代汉、宋代周，如出一辙，难怪赵匡胤毕生小心翼翼。

刘知远、郭威、柴荣三位皇帝都做过邺都留守。

953 年 沧州铁狮子铸成。

沧州铁狮子是中国现存最大的古代铁铸件，重约五十吨。

960 年 赵匡胤称帝，北宋建立。

967 年 黄河屡决堤，宋命大名、沧州等十七府长吏兼河堤使。

972 年 黄河大名段决口，宋发丁夫五万塞河。

975 年 镇州龙兴寺大悲阁竣工。

大悲阁高30米，崇丽端严，据传系宋太祖敕建。阁中铜铸千手观音造像，俗称“大佛”。谚云：“沧州狮子定州塔，正定府的大菩萨。”诨曰：“客上天然居，居然天上客；人过大佛寺，寺佛大过人。”

976年 赵光义即位，是为太宗，改元太平兴国。

据说华山道士陈抟——传下《无极图》的那位大仙——某日偶遇一名妇女，肩挑两个箩筐，筐里各坐一名小儿。陈抟大喜，言道：“两个皇帝一肩挑。”这两名小儿，便是赵匡胤和他的弟弟赵光义。

赵光义把哥哥打下的皇位传给了自己的儿孙。后来，南宋高宗赵构因独生子早逝，决定将皇位归还赵匡胤一脉。赵构选择的接班人是孝宗赵昚——南宋的有道明君。

赵光义爱读书，他说：“开卷有益。”

979年 宋灭北汉，乘势伐辽，先胜后败。

是役宋太宗亲征，战败后，太宗狼狈逃至涿州。京剧《辕门斩子》，杨六郎唱：“我大哥替了宋王死”，故事背景就是这场大战。

986年 宋军三路攻幽州，大败，辽兵南下取瀛、邢、深州，大掠。

杨家将的故事，在明代小说《杨家府世代忠勇通俗演义》和清代内廷承应戏《昭代箫韶》中彻底定型。真实的历史中，杨业号称“杨无敌”，他的第六子杨延昭“有父风”（宋真宗语），智勇双全。河北人习惯把很多宋代军事工程看作杨六郎的遗迹，其中最出名的是保定“杨六郎引马洞”。

986年一战，史称“雍熙北伐”。宋军一月出兵，以曹彬、米信为一路，出雄州（今河北雄县）；田重进为一路，由定州出飞狐（今河北涞源）；潘美、杨业为一路，出雁门。

北伐之初，潘美取得云州（今山西大同）、朔州（今山西朔州市朔城区）等地。战事至五月，宋军粮草不继，狼狈回师，辽兵掩杀至拒马河，涿州失陷。七月，辽兵十万

铜卮灯　汉　河北博物院藏

南下，潘美大败于飞狐。杨业护云、朔四州民南迁，中途受辽军伏击败死。十二月，辽军下瀛州（今河北河间），宋军死者数万。辽军继下邢州（今河北邢台）、深州，纵兵大掠。这段故事，后来被传唱为《李陵碑》《铡美案》等戏曲。

989年 宋北面缘边巡检尹继伦袭辽兵，大胜，辽数年不敢南向，辽宋双方战略渐趋保守。

993年 宋何承矩主持开挖缘边塘泊。

河北中部烟波浩渺的白洋淀、文安洼等塘泊，当年都是宋军的液态长城。

1000年 宋令河北征民为强壮，户凡二丁、三丁籍一，四丁五丁籍二，六丁、七丁籍三，八丁以上籍四。

1004年 辽大举攻宋，宋宰相寇准力促真宗亲征，双方订约，以白沟为界，结为兄弟之国。宋致辽岁币银绢三十万。

1012年 辽改幽州府为析津府。

1040年 宋籍河北、山东民为弓手、强壮，河北得十九万三千丁。

“强壮”平时为农，战时为兵，每年冬季农闲时训练。兵员要在手背上刺字。《水浒传》中常说的“都头”，就是“强壮”的中级指挥官。河北百姓生长边地，骁勇善战，被宋代君臣看作最可靠的军事力量。

宋政权特别重视强壮、山水寨等“义勇军”、民兵组织。这种做法非常扰民，南宋诗人尤袤描写道：“驱东复驱西，弃却锄与犁。无钱买刀剑，典尽浑家衣。”

1042年 辽遣使索地，宋以大名府为北京，以加强边备。年末议定：宋赠岁币十万，称贡，两国言和。

大名府是由河北赴汴京的要道，位置险要，人物繁华。

1044年 欧阳修任河北都转运使。

欧公方在河北为官一年，即贬官滁州。

1047年 宋贝州卒王则起义，自号东平王。

1055年　宋定州开元寺塔建成。

宝塔高耸云端，可觇契丹动静，故称“瞭敌塔”。

1069年　宋行青苗法。

1071年　宋发丁夫十万修漳河。

1093年　苏轼以礼部尚书出知定州。

1119年　宋江约于本年或本年以前起义。

南宋龚开在《宋江三十六人赞》提到，宋江“以三十六人横行河朔、京东，官军数万无敢抗者”。

1122年　宋、金结“海上之盟”，相约夹击辽，辽灭亡。

宋军的主将是大太监童贯，当时朝野称为“童太师”，灭辽后加封郡王，又叫作“童大王”。金辽交战，辽军败绩；宋辽交战，宋军却先败于白沟，再败于燕京（今北京）。金国认为宋军太过无能，拒绝将燕云十六州的全部土地归还这手下败将的手下败将。最终，宋只收回了燕京和涿州、易州、檀州、景州、蓟州。

北宋与金约灭辽，金灭北宋；南宋与蒙古约灭金，元灭南宋。

1125年　金分兵两路南下攻宋，宋徽宗震恐，传位太子赵恒，是为钦宗。

1126年　金下汴京，宋钦宗奉表降金。康王赵构开府相州（今河南安阳）。

1127年　金掳徽、钦二宗北行。宋统帅宗泽联结河东、河北义民。河北招抚司都统制王彦组织“八字军”。

1128年　宗泽病故。金下大名府。

1130年　金立宋叛臣刘豫为“大齐”皇帝，建都大名。

刘豫性贪而怯，他的“伪军”在战场上没有任何表现。金朝主子非常气愤，最后干脆废除伪齐，刘豫则废为蜀王。

1140年　宋岳飞、金兀术战于郾城。金屯田燕南。

1153年　金海陵王改燕京为中都。

金朝诸帝多精于文章、书法，海陵王更是其中翘楚。他的诗词都是金朝第一流，尤其是词，压倒同时南宋词人。但海陵王弑兄篡位，得国不正；加之妄动干戈，所以不得令终。

1160 年　金于诸路征汉人为兵，每路各万人。

1193 年　金募缺食人户三十六万修漳河堤岸。

1200 年　蒙古兵入金，至中都附近。

1206 年　蒙古各部推铁木真为大汗，号成吉思汗。

1214 年　蒙古围金中都，金献公主、金帛、童男女，围解。金迁都汴京（今河南开封），太子留守中都。

1215 年　蒙古下中都，置燕京路，治大兴府。

1227 年　蒙军将领史天泽缮真定城、张柔缮保州城。

史天泽、张柔都是蒙古军中重要的汉族将领，享有“拔都”的荣誉称号。二人战功赫赫，封公拜相，他们的家族享有真定、保定治权，称为“世侯”。史天泽和他的第九子史樟是元代杰出的曲家。张柔在保定留有大慈阁和古莲池等名胜。

1231 年　蒙古设中书省，领山东、山西、河北之地，号“腹里”。耶律楚材任中书令。

1236 年　蒙古定课征之法，分赐诸王、后妃、公主、勋臣“五户丝”。蒙古太宗进真定民户为太后汤沐。

1238 年　燕京建太极书院。书院立周敦颐祠，延理学家赵复讲程朱之学。

1260 年　蒙古忽必烈即皇帝位，是即元世祖。

1262 年　郭守敬为忽必烈陈水利六事。

郭守敬（1231—1316），字若思，顺德邢台（今属河北）人，数学家、天文学家、水利学家。曾任都水监、太史令兼提调通惠河漕运事、昭文馆大学士知太[illegible]著有《推步》《历议拟稿》《立成》等

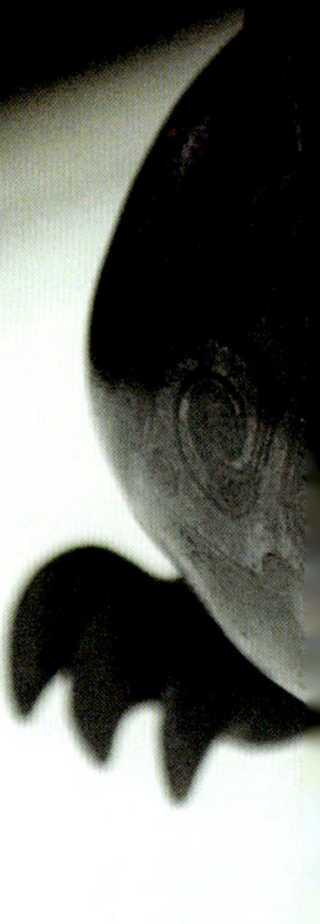

1264 年　蒙古以燕京为中都。

1265 年　蒙古定地方官制，以蒙古人充达鲁花赤，回回人为同知，汉人为总管。

1267 年　蒙古筑中都城。

错银铜双翼神兽　战国　河北博物院藏

1271 年　蒙古改国号“大元”，并改中都为大都。

1274 年　元太保刘秉忠卒。

刘秉忠（1216—1274），初名侃，字仲晦，号藏春散人，邢州（今河北邢台）人。元代政治家、文学家。因学识渊博，深受忽必烈信重。

1291 年　郭守敬修大都至通州运河。

1300 年　关汉卿病逝。

关汉卿，号已斋叟，大都（今北京）人，又有祁州（治今河北安国）、解州（治今山西运城市西南解州镇）人诸说。他是元代最伟大的曲家，号称“驱梨园领袖，总编修师首，捻杂剧班头”。

1328 年　元泰定帝病故，大都、上京诸王争位，河北战乱。

1351 年　元发十三路民夫十五万开黄河故道，刘福通、韩山童红巾军起义。

1355 年　刘福通立韩林儿为帝。

1363 年　刘福通战死，一说为朱元璋溺毙，红巾起义失败。

1368 年　朱元璋遣徐达、常遇春攻取北京，元顺帝北遁，元亡。

行走

溯源燕赵历史
锤拓京畿文化

——< 下 >——

丁伟 · 主编

河北出版传媒集团
河北教育出版社

古寺隋碑名城

——正定古迹巡礼

文 / 马龙

真定府

清·魏裔介

成德军声震若雷，长亭矗立古烽堆。
山分恒岳奔天马，水绕滹沱到海隈。
砧杵千家严画角，梯航万里走舆台。
遥看剑气冲牛斗，知有三都作赋才。

正定古城墙与历史的天空

真定陈使君邀饮天宁阁

明·王世贞

恒阳霜后洗嵯峨，宝界横开窣堵波。
万里悲风生大陆，千山落木下滹沱。
尊前暝色灵鹫破，坐里边声法雁过。
不是摩尼能夜炯，自来和璧赵王多。

空门半掩

中国的历史与文化无时无处不在散发着诱人的芬芳。

每一次行走在古老的中华大地上，坚实的土地所带给我的不仅是行旅中内心所怀有的期待与梦想，更有一种对这种历史文化所散发出的芬芳的眷恋与向往。此时，心底仿佛有一种声音满怀欣喜地告诉我，请留意身边的所有美好吧，请与它们凝视、与它们交流，去倾听它们在晨曦中的私语、在细雨中的歌唱。它们会诉说一些早已远去的故事和传说，那是时常出现在你梦里的诗和远方。

冀中平原、太行东麓、滹沱河畔。一座县城，浓缩了中华民族数千年的历史变迁和人世沧桑；一座寺院，展现了千百年来所经历的风雨摧折与文化辉煌……眼前的这座城市——正定，无疑是一座巨大而神秘的宝藏。

正定古称东垣、真定、常山、恒州、镇州等。春秋时期，这里属鲜虞国；战国时期，这里是中山国的领地；汉高祖十一年（前196），定名为真定府，那是“天下太平”的意思。直到清代，为避雍正皇帝胤禛的名讳，遂改名为“正定”。无论是真定还是正定，用意都是取“真正安定”之意。这不光是千古帝王的梦想，也同样是广大黎民百姓心中最真切的愿望。千百年以来，正定一直是府、州、郡、县的治所。这里还是南越王赵佗、常胜将军赵子龙的故乡，北宋文学家范仲淹、医学史上“金元四大家”之一的李杲、有“元代包公”之称的苏天爵、明末清初鉴藏家梁清标也都出生在这里。

梦幻隆兴寺[1]

余秋雨曾到正定游览，感叹道：“一部千年文化史，千年佛教史在正定。”正定在当今的闻名，主要是因着一座叫作隆兴寺的宏伟寺院。

隆兴寺的前身是东晋十六国时期后燕慕容熙的龙腾苑。

隋文帝开皇六年（586），在苑内改建寺院，时称龙藏寺。

唐景龙元年（707），改称龙兴寺。

北宋开宝二年（969），宋太祖赵匡胤东征河东后驻跸镇州（今正定），到城西由唐代高僧自觉禅师创建的大悲寺礼佛时，得知寺内原供高16米（旧称四丈九

[1] 隆兴寺内容参考正定隆兴寺官方网站 http://www.longxingsi.com.cn/。

隆兴寺牌楼门

尺）的铜铸大悲菩萨毁于五代后汉契丹犯界和后周世宗毁佛铸钱的两次劫难，加之听信寺僧“遇显即毁，迢宋即兴”之谶言后，遂敕令于城内龙兴寺重铸大悲菩萨金身，并建大悲宝阁。这一工程于北宋开宝四年（971）兴工，至北宋开宝八年（975）落成。

清康熙四十二年至四十八年（1703—1709）、清乾隆四十四年至四十六年（1779—1781）两度奉敕大修，并于清康熙四十七年（1708）在西侧增建帝王行宫，龙兴寺形成了东为僧徒起居、中为佛事活动场所、西为帝王行宫的三路并举格局。

清康熙四十九年（1710），康熙巡幸五台后，到正定瞻礼大悲菩萨，赐御书榜额十九方，并命名这座重修一新的寺院为隆兴寺，被誉为“海内宝刹第一名区”。隆兴寺这一名字遂一直沿用至今。

在隆兴寺，任何一尊造像、一组纹样、一株古树、一级石阶、一笔彩绘、一梁一栋、一砖一瓦都值得细细地品味玩赏，在它们万千的姿态、色泽、质地中，流淌着历史深处古老先民们的智慧与创造。隆兴寺中的天王殿、摩尼殿、转轮藏

隆兴寺御碑亭

阁、慈氏阁是寺内保存最为完整的四座宋代结构风格的殿宇，其中尤以摩尼殿的价值最高。

摩尼殿又名五花大阁殿，始建于北宋皇祐四年（1052），重檐歇山屋顶，大殿布局奇特，正方形殿身四面正中各出一山花向前的歇山式抱厦，使平面形成十字形。整个大殿外观重叠雄伟、富于变化。檐下斗拱宏大、分布疏朗、柱子粗大，有明显的卷刹、侧角和生起，为宋《营造法式》之典范，具有极高的历史、科学、艺术价值。著名古建筑专家梁思成大加赞誉，称这种布局平时除去北平故宫紫禁城角楼外，只在宋画里见过，并特意拍照收入《中国建筑史》。

摩尼殿中央有一正方形内槽，其中正南面的壁上端然稳坐着释迦牟尼的塑像，迦叶、阿难二弟子分站在两厢，据记载，这是宋人所造。另外，以五彩丝带、璎珞宝珠装点法身的文殊、普贤菩萨塑像在明代曾进行过修补。这些造像个个慈眉善目，仿佛邻家长者，使人顿生亲近之感；同时又威严端庄，使人顿生恭敬之情。

与建筑和彩塑一样，摩尼殿内所绘壁画同样有着极高的艺术价值。

摩尼殿的壁画内容以佛传故事为题材，如二十四尊天、四十八愿、释氏源流

隆兴寺摩尼殿的歇山式抱厦

隆兴寺转轮藏

等。东西两侧及大殿四周，除内槽东西扇面墙内壁的《十二圆觉菩萨》和《八大菩萨》为清代绘制外，其余皆是明代成化年间所绘。摩尼殿的壁画面积巨大，且内容丰富，尤其以内槽东、西扇面墙外壁所绘《西方胜境》和《东方净琉璃世界》最为壮观，画面长 9.36 米、高 7 米，保存较好的《西方胜境》是以西方三圣——弥陀、观音、大势至为中心描绘佛、菩萨、罗汉、乐伎、圣众等四百余身，真真是一个丰乐祥和的佛国世界。

面对如此宏伟精美的佛教壁画，那些庄严高大、神情鲜活的造型，伴随浓艳靓丽的青绿设色，人们仿佛能够听到佛国净土的恢宏梵唱，又似进入五彩玲珑的色彩世界，那是一种既丰富又单纯的体验。这壁画为人们描绘了世间的万象，却又都出于那一支短笔平实而又虔诚地一勾一描、一点一画；这壁画的五彩，斑斓而丰盛，是最华美的锦缎、最绚丽的云朵，是百花盛开在春天的芳园。然而，它又静谧纯净、一尘不染，所有的色彩都散发着同一温度的光。

摩尼殿的闻名，除了建筑、壁画的原因，更因为殿内主佛造像背后那尊通壁悬塑的五彩倒坐观音。

这尊曾被誉为“东方美神”的观音坐像始塑于北宋，明代嘉靖时经过重修。中国寺庙中的主佛都是塑于大殿正面，供奉者进得殿门，迎面即可望见庄严法相。而摩尼殿是“十字”格局，南北东西自是通透无碍。东、西两壁已绘有壁画，那北面迎门，自当另有可观的妙笔来为这建筑增色。这或许就是倒坐观音诞生的最

隆兴寺《五彩倒坐观音》

初心意吧？另外，观音菩萨素以大慈大悲、救苦救难而受世人供养赞颂，她曾发愿，度尽世间众生，但苦海深广，无量众生哪得一一解脱。这是否也是她北面而坐、不成夙愿誓不回头的深意显现呢？

这一大片五彩的壁上雕塑塑造了一处汪洋和海中佛国的景致，那波涛与山石被善用巧思的工匠描绘得玲珑剔透、绚烂多姿。在波涛起伏、山石奔突间，五彩的祥云萦绕盘桓，这中间还有天神、鸟兽、信众、仙人等，他们各有姿态、神采奕奕。

观音像高高地坐在整面壁塑的中间，她被塑造为古时女子的形象，头顶的花冠，身上的璎珞、朱衣，在以如宝石般绿色和蓝色的主调中，显出一种耀目的光彩。观音一脚轻放在莲花上、一脚踞起，双手交于膝前，身体微微前倾，神态安然，得大自在。她的目光自然下垂，穿越虚空，如同清莹澄澈的波涛，温柔地倾泻而下。那双眼，露出浅浅的微笑，似是温情地注视，问询世间的疾苦。站立在这尊塑像前仰视观音的时候，人们的目光刚好与观音的目光交汇。在那一双流美慈悲的眼目之下，礼佛者漂浮游移的心灵得到了慰藉、安抚、激励。时间在那一瞬凝固，空间和空气也被同时定格为永恒。观音菩萨发愿度尽众生，是否就在这四目相接的一瞬之间呢？而世人悲苦，她悉知悉见，礼佛者的参拜与领受，又是怎样一种微妙的情感交流和能量传递呢？

20 世纪 20 年代，鲁迅偶然从北京的山本照相馆购得这尊观音像照片，他非

鲁迅笔下的“东方美神”

隆兴寺摩尼殿内景

隆兴寺摩尼殿内宋代佛台石雕伎乐

常喜欢，特别摆于书案。这张照片至今仍陈列在北京的鲁迅旧居（今北京鲁迅博物馆）中。

这座宏伟的寺院，历经千余年，蹒跚着从隋代走来。它经历了短暂的隋朝，走进宏大深阔的唐朝，被修葺一新后，又随着茫然动荡的宋、金、元、明、清的脚步一路跌跌撞撞而来。如今，隆兴寺依然挺立在这里，静默如初，接受世间瞻仰、朝拜。而我们，或许从一开始，就没有离开观音菩萨那一双慈目的注视吧？

隆兴寺如今还被称为“大佛寺”，这大佛指的就是寺中大悲阁内一尊铜铸的千手千眼观音像。据专门介绍隆兴寺的资料讲，大悲阁内 2.25 米高的石须弥座上矗立着一尊高大的铜铸千手观音像，这就是隆兴寺所供的主尊——闻名遐迩的正定大菩萨。它与沧州狮子、定州塔、赵州大石桥并称为“河北四宝”。此像塑于北宋开宝四年（971），高 21.3 米（旧称七丈三尺），立于莲座上。除当胸合十的宋代铜制两臂外，其余两侧各二十只民国时期重装的木质臂，呈辐射状布置，手中各有一眼，分别执日、月、净瓶、宝镜、宝剑等法器。《法华经》（全称为《妙法莲华经》）中说，观音菩萨有三十三种化身、六种变相，千手千眼就是其中一种。千手千眼由观音菩萨两侧四十只手、四十只眼，配以“二十五有”（欲界、色界、无色界三界的果法，分为二十五类，各有二十五有）。千手表示护持众生，千眼表示观照世间，都是大慈大悲、救苦救难的表现。

与铜铸大佛同样有名的，还有慈氏阁中那尊整木雕刻的弥勒菩萨像。该像立于 2.55 米高的砖砌须弥座上，高 7.4 米，据《隆兴寺志》记载，此像是宋代用独木雕刻的。弥勒像头戴天冠，着菩萨装，足下莲台承托，手做说法印，身后饰高 8.8 米的背光，其上雕卷草、花卉和镂空火焰纹。据佛经记载，弥勒生于南天竺婆罗门家庭，后为释迦牟尼的弟子，入灭后上升到兜率天内院，释迦牟尼预言他将来会成佛。经四千岁后（相当于人间五十六亿七千万岁），弥勒下生人间，于华林园龙华树下成佛，继承释迦牟尼佛位而广传佛法，故称“未来佛”。

隆兴寺大悲阁内的铜铸千手千眼观世音像

千手千眼观世音的面庞

隆兴寺慈氏阁内的北宋木雕弥勒菩萨像

隋碑第一

到正定游览隆兴寺，除了参观这千年古刹，更要看一看有着“隋碑第一”之称的《龙藏寺碑》。

《龙藏寺碑》刻于隋开皇六年（586），楷书，碑刻三十行，行五十字。碑通高 3.15 米、宽 0.90 米、厚 0.29 米。碑为龟趺。碑额呈半圆形，浮雕六龙相交，造型别致，刻工精细，具有隋唐蟠龙造型的古朴风格。碑额楷书“恒州刺史鄂国公为国劝造龙藏寺碑”十五字。碑阴及左侧有题名及恒州诸县名，分五截三十行，每行字数不等，亦为楷书。据清光绪年间《正定县志》载：“龙藏寺碑并阴，张公礼撰并书，开皇六年十二月立，今在隆兴寺。”

相比于六朝墓志的方整与刻削，隋代碑刻已明显表现出了浑穆肃整的风神，结字造型与点画的方圆变化已变得更为丰富。在点画体势上，它还留有魏碑墓志中方笔与隶书的古意。这是艺术基因的作用，是在经历了时代风雨洗礼后艺术灵魂的换装登场。

古意，这种被后人视为楷法高古韵致的法则，如同先人们留给《龙藏寺碑》的一口仙气，使它在众多的隋代碑刻中，保持着既和同于诸碑，又独标高格于其中的独特气质。晚清康有为在《广艺舟双楫》中多次谈道：“隋碑渐失古意，体多闿爽，绝少虚和高穆之风。一线之延，惟有《龙藏》。《龙藏》统合分隶，并《吊比干文》《郑文公》《敬使君》《刘懿》《李仲璇》诸派，荟萃为一，安静浑穆，骨鲠不减曲江，而风度端凝，此六朝集成之碑，非独为隋碑第一也。”

康有为说的古意，或许是一种既体现着楷书规范而又保有分隶意韵的气质。隶意在后世楷书发展中的逐渐退减，是

楷书逐步走向标准化的必然。或许是出于对古意的眷恋，抑或是书刻者内心本有的朴茂，《龙藏寺碑》中依然保留着那种分隶的笔势。尤其是一些字法横画的韵势仿佛穿越时空，让隶意与楷法在手书与刀刻的交汇处为后人留下一丝线索。而这书刻之时，手腕力道、角度、使转的纤毫变化却成为一瓣心香，久久萦绕在后世爱书者的心头、腕底、指尖。这就是康有为所论："一线之延，惟有《龙藏》"吧？

百代宗风

达摩西来，是为东土禅宗初祖，禅宗传至六祖慧能而大盛。六祖之后，禅宗所谓一花开五叶，乃是在禅宗后来的发展过程中逐渐自然形成的五家宗风。按照五家产生的先后顺序，分别为沩仰宗、临济宗、曹洞宗、云门宗和法眼宗。就后世禅宗的发展来看，由义玄禅师所创临济一宗乃是五宗之中最盛者，河北正定临济寺正是临济宗祖庭，在国内乃至世界佛教界都享有盛名。禅宗中著名的"德山棒、临济喝"及成语"当头棒喝"便与临济强烈刚猛的接引方式有关。

临济并非只让别人吃他棒喝的苦头，他自己也是因为吃了棒喝苦头而悟道的。《禅宗公案》中流传着这样一个故事[2]：

镇州临济义玄禅师，曹州南华邢氏子。初参黄檗，凡三年，行业纯一。时陈睦州为首座，叹曰："此子虽后生，与众有异。"

一日问师云："上座在此多少时？"师云："三年。"座云："还曾参问也无？"师云："不曾。"座云："何不请

[2] 悟明：《联灯会要》卷九，载《禅宗语录辑要》，上海古籍出版社，2011，第 1557 页。

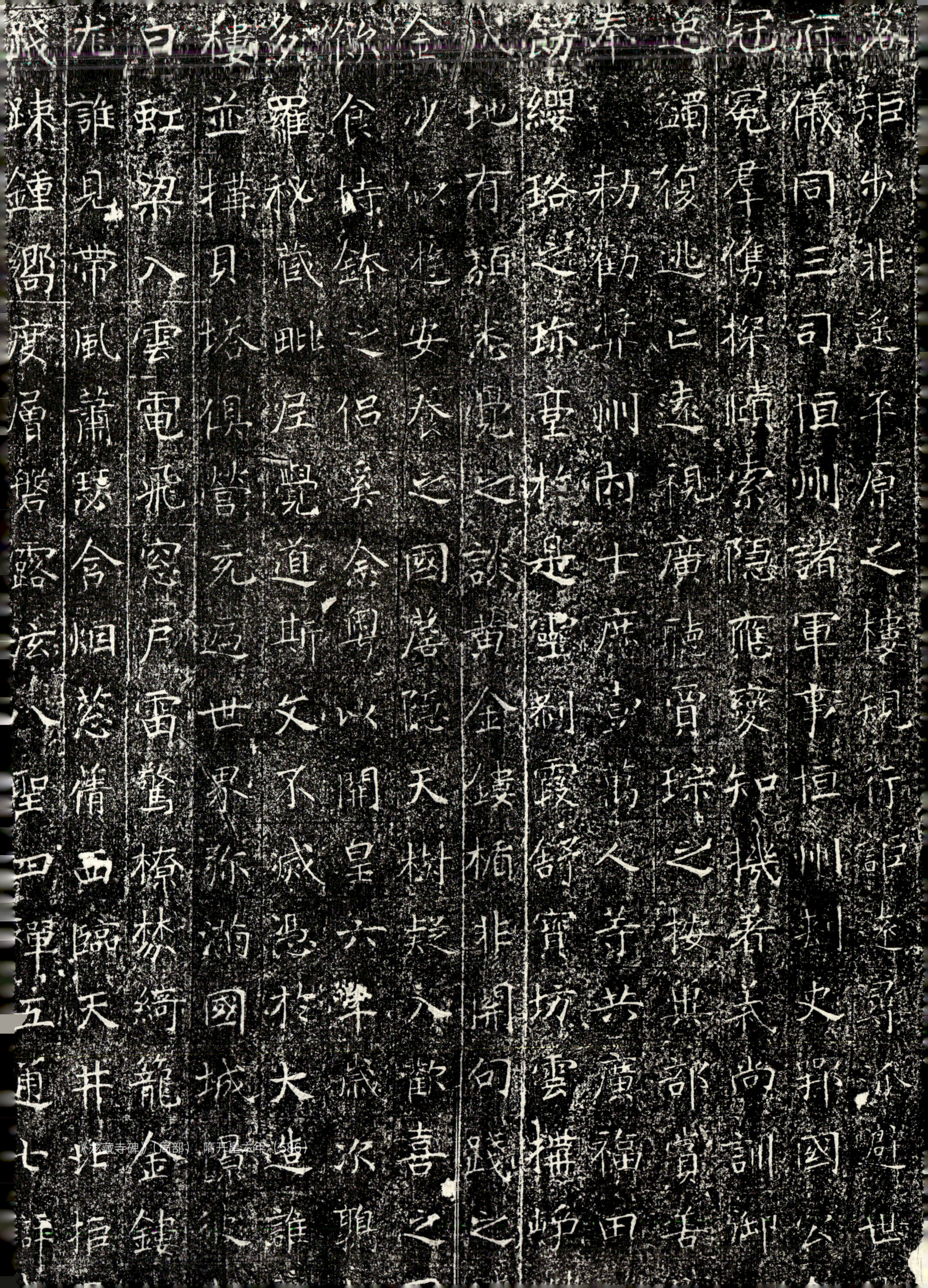

《龙藏寺碑》（局部） 隋开皇六年（586）

構以空王之道雖諸名相大人之法非有去
愛憂繇之長河開生死之大海無舩求度既
良資汲引之風撫滔滔之雅得術之致若
證果之人來則習因之指安歸求道之超乘
利弗盡其神通天女之花不去故知業行有
哉往者四流毀聖六師謗法振錫翹足實爲
運慧殿仙宮庶寧衆安在珠臺銀閣荒涼無麥
順民心飛行而建鴻名揖讓而升大寶匪結
滔防風之禍斯乃天啓至聖大造區域垂衣
月榭蓮合[illegible]沈摩觀書龍負握河之經功成
韡尊卑而明貴賤而尚勞已臣依木衣雁自
飛雨散慈受之旨台於翰墨哀[illegible]之精發於
巢龍聲劇絲法雨使聞道牙悟此義香含[illegible]
堂元於[illegible]豈直道安羅什有寄弘道故[illegible]

隆兴寺碑林

问堂头和尚佛法？”师云：“不知问个甚么？”座云：“汝但去问，如何是佛法大意。”师依教，上堂头请问。声未绝，檗拈棒便打。师罔措，下来。座问：“你问话作么生？”师云：“某甲问声未绝，和尚便打，某甲不会。”座云：“你更去问。”如是三问，三遭痛棒。乃泣辞首座云：“幸蒙慈悲，令去问讯和尚。三度发问，三遭痛棒。自恨障缘，不领深旨。今且辞首座下山。”座云：“汝去须辞和尚了行。”师作礼而退。

首座潜告黄檗云：“问话底后生，甚是如法。若辞和尚时，可方便提诲。他时异日，成一株大树，与天下人作荫凉去在。”

师辞黄檗。檗云：“不要别处去，向高安滩头大愚处去，必为汝说。”

师到大愚。大愚问：“甚处来？”师云：“黄檗来。”愚云：“有何言句？”师云：“某甲三度问如何是佛法的大意，三度遭棒，未审有过无过？”愚云：“黄檗恁么老婆心，为汝得彻困，更来这里，问有过无过。”师于言下大悟，不觉失声云：“恶，元来黄檗佛法无多子。”大愚搊住云：“这尿床鬼子，适来问有过无过，如今却道黄檗佛法与多子。汝见个甚么道理？速道速道！”师于大愚肋下筑三拳。愚托开云：“汝师黄檗，非干我事。”

师辞大愚。却归黄檗……檗问：“甚么处来？”师云：“昨蒙慈悲，令见大愚来。”檗云：“有何言句？”师举前话。檗云：“这老汉饶舌，作么生得他来，待痛

隆兴寺天王殿

隆兴寺外墙

与一顿。”师云：“说甚么待他来，即今便吃。”道了，便打黄檗一掌。檗吟吟而笑云：“这风颠汉，来这里捋虎须。”师便喝。檗召侍者云：“引这风颠汉，参堂去。”

自家心底的慧光，终将照亮每个人的生命前路，这便是临济悟道的故事。故事的主人由遭受棒喝而悟道，随后又将棒喝（临济喝）的引导方式发扬成为一种著名的家风。在当头棒喝的瞬间，学人们如果能够当机立断，斩断能所、自他等二元对立，那他由此进入的则是一个无比光辉灿烂的世界。

佛院塔影

正定的佛教文化，除了寺院，还包括闻名久远的“正定四塔”，分别是天宁寺的凌霄塔、广惠寺的华塔、临济寺的澄灵塔和开元寺的须弥塔。

清光绪年间的《正定县志》记载，天宁寺和凌霄塔同时建于唐咸通年间（860—874），当时寺院规模宏大，香火鼎盛。民国时期，寺院屡遭毁坏。而今独存的凌霄塔孤独地矗立在隆兴寺之西大众街北侧原天宁寺内。凌霄之名是因其塔身巍峨高耸而得名，又因塔身多系木结构所造，也俗称木塔。凌霄塔是一座砖木结构的九层楼阁式塔，平面呈八角形，高 40.98 米，矗立于八角形台基之上。据载，塔身一至四层是宋代在唐塔残址上的重修，全砖结构；其上各层则为金代重建，砖木结构。每层正面各辟拱形洞门或直棂窗。四层至九层斗拱、飞檐皆为木制。从第五层开始，各层高度逐层递减，外部轮廓亦逐层收缩，给人以轻盈挺秀之感。凌霄塔最大的特点是在塔身第四层中心部位竖立一根直达塔顶的木质通天柱，并依层位用放射状八根扒梁与外搪相连。这样的结构国内现存仅此一例，极其可贵。该塔结构既不同于一般木塔，也有别于一般砖木结构塔。凌霄塔地宫在 1982 年重修时被发现，出土文物中有宋崇宁二年（1103）和金正隆六年（1161）的两方刻有铭文的石舍利函。据两方石函铭文记载，该塔原名慧光塔，始建于唐代宗（762—799）年间，至宋庆历五年（1045）大修，金皇统五年（1145）重修。这一记载将凌霄塔的始建年代又提前了近一个世纪。

华塔又名多宝塔，原是正定县生民街广惠寺内的佛塔。寺院始建于唐贞元年间（785—805），是中国砖塔中造型最为特异、装饰也最为华美的塔之一。华塔由主塔和附属小塔构成，全用砖砌。主塔底层四隅各附建一座呈六角形亭状小塔，小塔环抱主塔，高低错落、精巧华丽。据说，华塔在金大定及明、清两代曾多次重修，一些学者认为这种结构的塔在唐塔中未见，应为金代重修寺庙时所建。但从整个结构和遗存来看，除了塔顶为金、元时期重修外，一至三层虽经后代修葺，但基本构件和造型做法应该是唐代贞观初年的遗构。明、清两代，广惠寺有着旺盛的香火，清乾隆皇帝亦曾多次前来礼佛观塔，并题匾额曰“妙光演教”。1933年4月，梁思成曾来此进行专项调查，收集了许多华塔建造的资料。而如今，唐代的广惠寺早已不存，只有华塔那高大的身影还一直屹立在原地。

临济寺始建于东魏兴和二年（540），距今已有近一千五百年的历史，现址位于正定县城生民街东侧，原址在距正定县东南一公里的临济村，澄灵塔就坐落在这座古老的寺院里面。唐大中八年（854），义玄禅师自其师黄檗希运处来到河北，到临济寺做了住持，并在这里创立了中国佛教禅宗五家中的临济宗，临济寺也便成为临济宗的祖庭。澄灵塔俗称青塔、衣钵塔，始建于唐咸通八年（867），是临济门徒在义玄禅师圆寂后为收藏他的衣钵而修建的。义玄圆寂时，正是唐懿宗在位时期，皇帝久闻义玄大名，故赐谥号曰“慧照禅师”，并赐这衣钵塔名为“澄灵塔”。据载，金大定二十五年（1185），此塔曾经大修，现在的形态依然是金代大修后的样貌。澄灵塔是一座砖砌八角九级密檐式的实心塔，高30.47米，平面为八角形；塔基很宽广，高1.3米，边长约5.3米，为双重须弥座，是比较典型的金代塔建筑物。虽不及凌霄塔的雄伟，亦不及华塔的绚丽，但澄灵塔的塔身却有着精美而丰富的砖雕造型与图案，它可以算作是正定四座佛塔当中最为玲珑的一座。

开元寺，位于正定县城内常胜街西侧。始建于东魏兴和二年（540），原名净

广惠寺华塔

观寺。至隋开皇十一年（591）改叫解慧寺。唐开元年间（713—741）重修，并奉御诏更名为开元寺。开元寺内古老的建筑今多已毁坏，现存仅须弥塔和钟楼各一座。须弥塔始建于唐代，由于塔身为砖砌方形，所以也称为砖塔或方塔。须弥塔高约53米（旧称十六丈），自下而上分为九级，下面为石砌方座，底层四角有八尊形态各异而又生动传神的石雕力士。整体看来，这巨大的佛塔仿佛是由这八位力大无穷的力士抬起来的一样。这样的力士造型在我所见的佛塔中还是首例，不知国内是否还有其他地方的佛塔有相似的构造？这样的力士也算是须弥塔最可观赏玩味的地方了。须弥塔正面有一拱门，塔内为中空筒状，上下畅通，无台阶登攀。各层正面有方门，四角悬挂风铎，顶部有葫芦形的塔刹。砖塔造型古朴、端庄，呈现出比较典型的唐代建筑风格。寺内钟楼也是唐时的建筑，钟楼的神奇之处在于它楼上所悬挂的一口高2.9米的巨型大铜钟，在设备并不发达的唐代，人们是如何将它平稳地挂在梁上，而又如此坚固不毁呢？古人的智慧总是能带给现代人不尽的猜想与感叹。

正定的历史和文化悠久，它曾与北京、保定并称为“北方三雄镇”。而今，赫然镌刻在南城门墙上的“三关雄镇”四个古老大字，见证了这座城市曾有的威严与辉煌。除了以上这些佛教文化古建遗存，正定古文化的亮点还有各处出土的众多珍贵文物及正定县文庙大成殿、府文庙戟门、大唐清河郡王纪功载政之颂碑等。

此外，中国文学的三大高峰之一的元曲杂剧也与正定有着密切的关系。徙居正定的白朴为元曲四大家之一，与关汉卿齐名，后人称元曲之“关白”，如同称诗

正定县文庙大成殿

坛之“李杜”、词坛之“苏辛”。元杂剧在正定的创作演出盛况，除元大都外，无有可比者。

明末清初的书画收藏大家梁清标及其享誉海内的“蕉林书屋”也是正定的文化坐标。梁清标为明崇祯进士，清顺治、康熙两朝重臣。蕉林书屋是其在家乡读书收藏之所。据史料记载，书屋除所藏历代法书、名画外，更“蓄古书数十万卷”，像《兰亭序》《游春图》《雪景寒林图》《窠石平远图》等中国书画史上的巨迹珍宝，都曾是蕉林书屋的旧藏。此外，梁清标还将他收藏的陆机的《平复帖》、王羲之的《兰亭序》（张金界奴本）、杜牧的《张好好诗》、颜真卿的《自书告身帖》等历代书法大家的代表作，延请帝陵名雕工尤永福精心摹镌成《秋碧堂法书》八卷，成为清代刻帖当中的珍品佳作，至今仍是书学爱好者宝藏的名帖。

或许我们很难讲述早已消散在历史时空中的古老往事，就像声音在空中逝去，便永难找回。然而，历史又总是对我们充满了怜爱与仁慈，就像那倒驾慈航的观音，永远立于高处，默默地注视世间。

古寺岿然，虽然早已没有了烟火鼎盛、暮鼓晨钟，然而法相庄严，历经千年又何曾改变。龙藏寺碑，即便其上点画渐渐泐损，中国书法中所强调的风神姿态、骨力韵致也依旧畅然洞达、永不湮灭。临济寺内澄灵高耸，依依塔影映照着潺潺水声，仿佛滹沱河水日夜长流，又仿佛临济的金刚宝剑高悬，喝声震宇……一个城市会经历它的兴衰命运，一个人同样也将遭遇他的人生浮沉。不过后人也总是有迹可循，就仿佛这座古城——正定。

正定府文庙建筑

古城古韵 自在正宁
全国重点文物保护单位
府文庙
中华人民共和国国务院

正定府文庙

王家大院
求名求利只求己莫求人
国富民强四海春

王士珍故居——王家大院位于正定城西门内，与其家祠王氏双节祠隔街相对。
据说，王家大院花费白银四十万两，但是院子却并不方正，这主要是因为邻居的菜地漫天要价。
有人出主意让王家动用官府力量强行征地，被王士珍坚定地拒绝了。
王士珍经常教育家人勤俭，在王家大院大门挂着自己亲拟的对联，
上联是“惜衣惜食非惜财实惜福”，下联是“求名求利只求己莫求人”。

王士珍像

王士珍（1861—1930），字聘卿，号冠儒，直隶正定牛家庄人。毕业于天津武备学堂，为“北洋三杰”之首，曾任北洋政府陆军总长、总参谋长、国务总理等。

“北洋三杰”之首王士珍故居——王家大院

王家大院正厅

王家大院庭院春早

正定古城西门斑驳的古城墙

2024

爆汁鸡块

2024
中山
东
E
ZHONGSH

路
Rd
西
W

人文蔚起
——蔚州八百堡的人和事

文 / 赵辉

在世界的东方，存在着人类的一个奇迹，这是中国的万里长城。
在长城脚下，还存在着另一个奇迹，那是河北蔚县的古城堡。

——古建筑学家　罗哲文

扫码看视频
《张家口蔚县》

蔚县玉皇阁

奇迹之地

> 在世界的东方，存在着人类的一个奇迹，这是中国的万里长城。
> 在长城脚下，还存在着另一个奇迹，那是河北蔚县的古城堡。[1]
>
> ——古建筑学家　罗哲文

北宋文学家苏东坡在定州写过一首《雪浪石》的诗，前四句是："太行西来万马屯，势与岱岳争雄尊。飞狐上党天下脊，半掩落日先黄昏。"[2]飞狐，指的是飞狐峪，也称飞狐陉，太行八陉的第六陉。飞狐陉是华北平原与蒙古草原、山西高原连通的要道。入飞狐峪，就可见两边悬崖壁立如刀劈，中间一线崎岖蜿蜒。明崇祯年间，曾任宣化、大同、山西三镇总督的杨嗣昌在《飞狐口记》中说此地："如千夫拔剑，露立星攒。"[3]峰峦如万千宝剑林立，切割着天光云影，即便白日当空，依旧阴风瑟瑟。北宋雍熙三年（986），名将田重进在这里击败辽国猛将大鹏翼，一举向北拿下了蔚州。这次北伐被称为雍熙北伐，是宋太宗试图收复燕云十六州的一次战役，最终以东、西路军战败，西路军副帅杨业壮烈牺牲告终。中路军田重进没有东、西路军的照应，只好放弃了蔚州，带着愿意回归的百姓全军南返。这一战，蔚州的得而复失最无奈，也最可惜。

[1] 林胜利：《找寻蔚县古堡》，北京大学出版社，2011，第 7 页。

[2] 苏轼：《苏轼诗集合注》，冯应榴辑注，上海古籍出版社，2001，第 1888—1889 页。

[3] 刘荣：《广昌县志》，光绪版，台北成文出版社，1969，清光绪元年刊本，第 104—105 页。

蔚县玉皇阁小门

如今，车行过飞狐峪，不久就到张家口蔚县古城，这里古代很长一段时间名为“蔚州”，而在更早的历史里，这片区域被称为“代”。三千年前，商汤灭夏，分封的诸侯之中就有代国，都城在如今蔚县的代王城镇。春秋末期，赵襄子在宴会上杀死姐夫——代国国君，吞并代国的土地。到赵武灵王时，在这里设置代郡，郡治依然在当年的代王城。赵惠文王三年（前296），退位的赵武灵王封长子赵章于代地，为安阳君，所在的安阳邑就是现在的开阳堡。赵章起兵谋反，兵败后逃到主父（赵武灵王）的沙丘宫，不仅自己兵败身死，而且导致主父被围困三个月活活饿死。赵孝成王十五年（前251），名将廉颇大破燕国，赵孝成王赐号“信平君”，把尉文（今蔚县）一地封给他，有人说这就是蔚州之“蔚”的由来。五代时期，后晋石敬瑭为了得到辽国支持，把燕云十六州“孝敬”给了辽国，蔚州就是其中之一。

燕云十六州是从幽州（今北京）到云州（今大同）的狭长地带，是游牧文明和农耕文明的交汇，也是塞北与中原的屏障。雍熙北伐失败后，北宋对辽转为战略防守，北方的利剑一直高悬在头顶。直到明洪武元年（1368），明太祖朱元璋派徐达和常遇春攻克大都，燕云十六州才得以收复。蒙古人虽退居塞外，但依然虎视眈眈。明代为了保障北方安全，持续大力修筑长城，不断扩大军屯规模，到明中期形成著名的九边重镇，长城周边也在这个过程中修建起大大小小各种城

蔚县玉皇阁鼓楼

堡，形成了一个完整的防御体系。明人魏焕在《皇明九边考·经略总考》中说："或百十余家筑一大城，或五六十家筑一小堡，城堡之中，民自为守，少者徙以附焉。"[4] 当时九边重镇大多有城堡，但历经数百年后，如今保留最好、数量最多的是蔚县的古堡，这里旧时被称为"八百村庄八百堡"，据统计现存约三百五十座。蔚县古堡被俗称为堡子，《皇明九边考·经略总考》中说当时"有警则入城堡，无事则耕，且种且守，不惟粮食足，而边塞亦实"[5]。堡子兼具防御功能与居住功能，在漫长的岁月里形成了古民居、古街巷、古庙宇、古戏台四合一的配置，这些被罗哲文称为"奇迹"的堡子，连同堡子里的人物和故事，六百年来留下了特殊的印记。

月夜飞仙

蔚州，属于燕云十六州中的"山后九州"，它地处恒山山脉、太行山脉和燕山山脉交会，被壶流河蜿蜒横贯西东，拥有穿越太行的重要通道飞狐陉，前面连接着武州（今宣化）和云州，背后就是倒马关、紫荆关和居庸关，所以被称为"京师肘腋，宣大喉襟"，即便到了清代塞外与中原一体，清光绪三年的《蔚州志》中也依然说这里"东屏五台，北枕桑乾，中带壶流，连倒马、紫荆之关……地虽弹丸，亦锁匙重地"[6]。正因如此，明代从洪武年间就不断扩大蔚州的军屯规模，现在蔚县很多庄堡里的大姓都是明初迁居到此，比如暖泉镇的刘氏是洪武年间迁居，宋家庄的苏氏是随燕王扫北而来……当时蔚县的堡子分为官堡、军堡和民堡三大类，官堡是官府出资在战略要地修建的城池，拥有砖砌的城墙和城楼；军堡是在

[4] 魏焕：《皇明九边考》卷一，明嘉靖刻本，第21页。

[5] 魏焕：《皇明九边考》卷一，第29页。

[6] 庆之金、杨笃等：《蔚州志》，台北成文出版社，1969，清光绪三年刊本，第49页。

蔚县玉皇阁钟楼

蔚县玉皇阁大殿屋顶

旹大清乾隆二十九年歲次甲申菊月
彩畫金粧
樓閣殿宇施
旹大清光緒二十三年歲次丁酉
賜進士出身知蔚州事陝州張譜之
賞戴花翎蔚州路都司武清王承陞
欽加守備蔚州城守營宣郡閔普
紳士
舉人劉彥魁
貢生劉錫之
舉人段養志
督工
監修
七品

各军事据点修建的要塞，因为分布广泛，所以夯土垒筑较多；民堡大都是民间出于自卫修建，一般是城墙夯土，城门用砖砌城楼和瓮城。

官堡中规模最大的是蔚州城。在徐达修筑长城的同时，蔚州卫指挥史周房也在修建蔚州城，他扩大了城池规模，把原来以夯土为主的古城改造成砖砌，并且构建起高耸的城楼以供瞭望。由于当时工程紧急，城砖供应不够，不得不把城西南的南安寺拆除，拆下的砖用来筑城墙，寺庙原址只剩下南安寺塔。直到今日，南安寺塔依然孤零零在古城西南隅矗立，现代人布的电线在它周围就像时间的蛛网。南安寺塔初建于北魏，重修于辽，见证了蔚州作为辽国故地的旧事。塔是八角实心密檐式砖塔，须弥座各面雕着兽头，仿佛从塔中向外探看。须弥座顶上是莲花瓣，十三层塔身就置于莲花座中，每层檐下都有铁铎，被塞外劲烈的长风吹得清韵悠扬。据说，辽天祚帝少年时曾在南安寺静修，即位后感念故地，不仅重修了南安寺塔，而且在地宫供奉了佛像、佛龛和舍利。二百多年后，南安寺当年的大院子被护城河穿过，南安寺的砖成了蔚州的城墙，依然守护一方安宁。

明人苏祐的《逌旃璅言》里记载了当时人们的一种说法："大同婆娘，蔚州城墙，宣府教场，朔州营房。"[7]意思是大同的妇女打扮得漂亮，宣府的校场特别大，蔚州城都是磨砖砌成，朔州营房用的都是好木头。明代蔚州城墙高三丈五尺（约 11.67 米）、长七里十三步（约 3520 米），东门为安定门，西门为清远门，南门为景仙门，北面无门而有靖边楼一座。明代杨百之在《重修蔚州城楼记》中说："（蔚州）城外包以砖石，高厚峻整，极为坚致，屹然云朔一巨防也。窥者知其不可犯，号为铁城。而边人称城之坚固者，亦必曰蔚州。"[8]当时，城垣上有楼阁二十四座，最为弘整高峻的是靖边楼。靖边楼后来因为供奉了玉皇大帝，所以也被称为玉皇阁。玉皇阁初建于明洪武十年（1377），历代虽然屡加修缮，但梁架、上檐和斗拱都是明代原物。在门口从南向北拾级而上，穿过龙虎殿旁边的角门，上十八级台阶穿过高悬"无上至尊"匾的小门，仰面即可见大殿巍然矗立。大殿为三重檐歇山琉璃瓦顶，琉璃正脊上仙人成列，两端是琉璃盘龙鸱吻。二三层檐下四面都悬挂着牌匾，正面是"玉皇阁""云蒸霞蔚"和"历古阅今"，而侧面最令人难忘的是"目穷千里"四个大字。大殿内供奉的是玉皇大帝像，北墙壁画绘西王母及五岳大帝，两侧墙上绘三十六雷公。明嘉靖二十三年（1544）秋，时任山西右参议的固安人苏志皋月夜登楼，只见群山如列仙骖鸾跨凤翱翔，便乘兴写下一首《天仙子》[9]：

> 青帝祠前赤帝祠，步虚声里梦回时，羽轮归去鹤书迟。山吐月，水平堤，泠泠玉露湿仙衣。

事实上，从明嘉靖十八年（1539）开始到明隆庆和议的三十多年里，蒙古俺答汗几乎每年都进犯。明嘉靖二十三年（1544）的这个秋天，俺答汗已经攻破宣府，直入紫荆关。苏志皋受命到蔚州征饷，并负责督促大军经飞狐陉到广昌（今涞源），此行凶险自不待言。此时的月夜飞仙是在奔赴命运途中的诗性流露，现代人普遍缺乏诗性，已经很难理解这种境界了。

[7] 储大文纂：《山西通志》，雍正版，卷二百三十"杂志三"，收入《影印文渊阁四库全书》本，觉罗石麟修，台湾商务印书馆，1986，第 110 页。

[8] 庆之金、杨笃等：《蔚州志》，第 129 页。

[9] 庆之金、杨笃等：《蔚州志》，第 130 页。

蔚县南安寺塔

蔚县暖泉古镇正街

暖泉古镇

明代蔚县一直是北方前线。到了清代，统治者以游牧民族身份入主中原，北方的兄弟民族不再受威胁，中原和塞外的商业贸易日益发达，蔚县则因为其独特地理位置成为张库商道的重要节点。蔚县西合营镇夏源村有一座关帝庙，庙里的壁画是清代的六十四幅《百工图》，有味压江南（饭馆）、描画丹青（画店）、脂肉俱全（肉铺）、细批流年（算命）、生药店、首饰楼、弓箭铺、磨剪亮镜、美酒缸行、耕绿野、读书林、熟铁楼、估衣局、毡帽铺、砖瓦窑、修造轮舆、锡工行、漏粉局、饧糖房、饼面铺、顽童要货（儿童玩具）、泥工行、瓷器摊、成衣局、切烟铺、银钱行等六十多种行当，图文并茂，向我们展示了当时蔚县商业和手工业的发达。

当时，蔚县出了许多富商巨贾，传说最富有的是暖泉镇的董汝翠。暖泉镇位于蔚县和山西广灵县交界处，因镇中有三冬不冻的温泉而得名，有三堡、六巷、十八庄之称。“三堡”指的是北官堡、西古堡和中小堡，“六巷”是常家巷、皮坊巷、乡绅巷、要扫巷、小巷、大油坊巷，“十八庄”是风水庄、涌泉庄、砂子坡、大地庄、东幸庄、西幸庄、德胜庄、永安庄、永盛庄、福隆庄、福盛庄、西场庄、

蔚县暖泉古镇通往北官堡路口的旋粉摊

花园庄、太平庄等十八个庄。西古堡始建于明嘉靖年间，黄土夯筑的堡墙围成一个规整的方形，街巷沿着南北城门之间的正街展开，从高处眺望就像一个国字形。西古堡南门是红砖砌成，与瓮城的建筑连成一体，构成了一个寺庙建筑群，传说与董汝翠密切相关。董汝翠出身贫苦，十五岁时父母双亡，流落到暖泉镇时被乡贤郭员外收留做工，后来成为郭员外家的上门女婿。董汝翠心地善良又踏实肯干，他几年间就把郭员外家的产业拓展了数十倍，自己也成为当地首屈一指的富商，他为乡亲们修桥铺路，更是在清顺治年间山西闹灾荒时，出资设立粥厂赈济灾民，也由此得到了皇家恩准，建起了南北两座高规格瓮城来保护村子。南门瓮城高峻，从东面开门，进门左侧首先是一座双耳戏楼，接着就是从一层到二层一圈的寺庙群，包括了地藏寺、观音殿、马王庙、三义殿……都有精美的砖雕斗拱和垂花门。小小瓮城却能够集城楼、戏台、寺院于一体，成为整个村子的精神寄托，不得不称赞董汝翠的巧思。地藏寺里有石碑记载了董汝翠父子捐资修建的经过，在清光绪年间的重修碑上说："西古堡南券之间多圣祠焉，其上有观音殿，其左有地藏寺，其右有三义殿并马王庙，是皆虔诚求也。其下有戏楼，春祈秋报，得其所矣。"[10] 踩着南门数百年来被磨得精光的黑石板，踱步到连通南北门的正街，恍惚间回到了过去的时光，左右街巷存着当年的古意，街巷里星斗般散落着古庙、古

[10] 清光绪六年《重修碑记》碑，高 175 厘米，宽 57 厘米，现存张家口市蔚县暖泉镇西古堡马神庙东禅房北墙。

蔚县暖泉古镇西古堡瓮城戏楼

南门瓮城高峻，从东面开门，进门左侧首先是一座双耳戏楼，
接着就是从一层到二层一圈的寺庙群，
包括了地藏寺、观音殿、马王庙、三义殿……
都有精美的砖雕斗拱和垂花门。小小瓮城却能够集城楼、戏台、寺院于一体，
成为整个村子的精神寄托，不得不称赞董汝翠的巧思。

蔚县暖泉古镇西古堡城门

凤琴古堡特产
喜盈古
福臨庭院鳳呈祥

蔚县暖泉古镇中小堡

蔚县暖泉古镇街景

蔚县暖泉书院魁星楼

蔚县暖泉古镇老磨坊

蔚县暖泉古镇一角

四合院和老宅，堡子里的村民世代居住于此，现在也像以往一样慢慢地过着日子。

一直向北穿过西古堡正街，出了高峻的北瓮城，转个弯就到中小堡，继续东行再向北，就到了王敏的暖泉书院。王敏在元代曾经担任工部尚书，他为培养故乡人才建了这座家塾，并且特意在书院东北设计建造了漂亮的魁星楼。这座魁星楼为三层重檐四角攒尖顶，三层供奉魁星点斗，檐下有“文光映日”四个大字，寄托着这位乡贤对故乡学子的期待。从书院西侧的路北行，有一个岔路口，这里支着个棚子，棚子下面有锅灶，锅灶上煮着一铁桶水，一老汉不时用手拨转水面上的薄铁盘子。走近一看，铁盘子浮在沸水表面，上有一层薄薄的粉液，在老汉的拨弄中旋转熟透。老汉抓住时机收起铁盘，迅速取下薄如纸的粉皮，丢到旁边的凉水缸中。几番冷却后，晶莹透亮的粉被切成小条，老太太负责端到屋里，浇上酸爽的汤汁。看到此处，围观的各位再也按捺不住，纷纷点一份慰藉馋虫。塞

蔚县暖泉古镇的夜景和演出

外干燥得很，这碗旋粉却足以让人从内而外水灵、清爽起来。

从路口向东不远就是北官堡。北官堡的南门建于明洪武二年（1369），是暖泉镇三堡中最早，也是最大的，堡中还有一个更古老的卢家小堡，形成了别具特色的“堡套堡”。北官堡的南门是高峻的歇山式门楼，这在蔚县庄堡中独一无二。南门背面悬挂着“人文蔚起”的金字牌匾，正面门洞上则放射性地残留着红褐色的铁锈，不禁让人疑窦丛生。翻阅资料才发现，这里是著名的“打树花”发源地，那斑驳的铁锈就是铁水与南门碰撞的印记。当年此地冶铁业发达，逢年过节为了找乐子，铁匠就在小铁窑里化了铁水，拿着柳木勺舀起来，用尽全力泼向堡门高高的墙壁，铁水撞到高墙溅出绚烂的火花。也许，只有在金戈铁马中讨得一线生机的人，才能化百炼钢为满天星落。每当此时，人们恍然有一种不真实的感觉，仿佛飘浮在时空之外。

堡门里的人间烟火

蔚县暖泉古镇的老巷子

紫荆关外第一庄

飞狐峪从战略要地一跃成为飞狐商道，京、津、晋、冀、蒙的客商络绎不绝，飞狐峪所在的宋家庄镇也成了商旅集散地，出现过很多拥有百匹骡子的骡帮大户，并且有物流重要集散地——骡马大店，与之配套的饭铺、酒楼、客栈、医药店、杂货店铺等鳞次栉比，人称“紫荆关外第一庄”。特别是飞狐峪正对的北口村，作为飞狐商道的北出口，被称为“紫荆关外旱码头”。

宋家庄的旧庄堡早在明朝以前就由宋家建造，但到元末明初时，宋家已经衰败，韩姓成为当地的大家族。明洪武初年，为配合朝廷修边固防的政策，韩家带领村民在一里外新建了现在的宋家庄堡。韩家格局甚大，没有就此命名为韩家庄，而是延续了宋家庄的名称，以示对创建人宋氏家族的尊重。后来，苏姓、邹姓两家族又先后从外地迁入，宋家庄由此形成了三大家族并立的格局。宋家庄堡坐北朝南，用黄土夯筑的堡墙围成方形，正南方开高大的堡门，门上镶嵌着青石匾额，上书“昌明”二字，寓意村中各家昌盛发达。南门上建魁星楼一座，登楼俯瞰堡内，与北方的真武庙遥遥相望，是全村的精神制高点。堡内纵贯南北的正街连通南门和真武庙，中间三条东西横街把村子规整分隔，形成一个“王”字，北端高峻的真武庙又为之加了个点，形成了一个“主”字。堡子南门口正对着关帝庙，门口街道左右分开，当地老人解释这街就像一撇一捺组成个“人”字。其实，从古人的角度，这可能更像一个向外张开的“八”字，堡门外的关帝庙类似大宅子的影壁，两条街呈倒八字向堡门聚拢，主打一个八方来财。

走进南门紧接着就是一个匠心独运的穿心戏楼，戏楼坐南朝北，横跨在南北正街上。戏楼面阔三间，进深三间，中间是两米多宽的正街，平时车马行人往来，唱戏时把板子横搭在两边高台上，转眼就变成了宽敞的大戏台。这个穿心戏楼保存得极为完好，被称为“蔚县第一古戏楼”。从戏楼沿着正街往里走，左右大都是明清时期的老院子，卷棚硬山顶、瓦花格和各式屋檐构成了美妙的线条起伏。土坯墙的老屋大多倾圮，青砖灰瓦的院子则老当益壮，其中不乏四合院和连环院，

走进贯通南北门的正街，恍惚间回到了过去的时光，
左右街巷存着当年的古意，街巷里星斗般散落着古庙、古四合院和老宅，
堡子里的村民世代居住于此，现在也像以往一样慢慢地过着日子。

蔚县宋家庄堡的老屋

蔚县宋家庄堡南门

宋家庄堡门
中国传统村落
宋家庄村

戏楼坐南朝北，横跨在南北正街上，南面挂着金字牌匾“屡庆年丰”。
戏楼面阔三间，进深三间，中间是两米多宽的正街，
平时车马行人往来，唱戏时把板子横搭在两边高台上，转眼就变成了宽敞的大戏台。
这个穿心戏楼保存得极为完好，被称为“蔚县第一古戏楼”。

蔚县宋家庄堡南门门洞

比如邹家大院、韩家大院、韩家镖局、苏家祠堂等，其中韩家大院保存得最为完整。韩家大院位于正街北端，从临街的门摸索着进去，就被两个卷棚山墙上的砖雕影壁所吸引。据韩家大姐说，大院子本来住着韩家兄弟四家，后来随着时代变迁多有改造，开门的位置也有变化，所以出现了两个影壁呼应的景观。从影壁边的小门进去，院落连环相套，墙头檐下的砖雕和门窗上的木雕相呼应，元宝花、如意纹、连年有鱼、福寿双全……甚至在外山墙上也用砖雕出枋和梁托，处处传递着对家族和后代的祝愿。韩家大姐对院子里的一切娓娓道来，思维之清晰、语言之流畅，让人不禁感慨当年显赫的韩家确实真有料。

宋家庄堡北端的真武庙也很有名，可惜现在是重新修缮过的，平时也不能随意进入。在整个蔚县，从古城到每个庄堡，真武庙几乎占据北端制高点（蔚州古城由于正北已经有了玉皇阁，真武庙就坐落在西北）。真武庙供奉的是真武大帝，在道教神仙体系中执掌北方。明太祖朱元璋起兵时，曾经号称得到真武大帝的助力，在明朝建立后广泛宣扬。无独有偶，明成祖朱棣在靖难之役中也宣称得到真武大帝的帮助，为自己的正统地位做背书。父子两代的推崇，对真武大帝的信仰在明朝颇为流行。作为王朝北部边境的蔚县，当然愿意供奉这位集战神、镇魔、

蔚县宋家庄堡里的羊群

镇水于一体的北方正神。对于居民，他是祛邪扶正的定海神针；对于堡子，他是防止水火灾患的守护者；在敌人来袭时，他更是保家卫国的胜利之神。明代蔚州动不动就狼烟四起，到清代虽然没了游牧民族进犯，却依然有山上土匪下山洗劫，直到新中国成立前，各庄堡依然保持着居住在堡内、耕作在堡外、天黑关堡门的习惯。所以，不管村民还是外人，从南门进到堡子里，如果第一眼就能看到最北端的真武庙，心里马上就会升起敬畏之心，眼神也顿时变得清澈许多，脑子里的坏想法也被镇麻了。

永恒与寂灭

蔚县的军堡留存下来的不多，一方面是因为很多军堡属于据点而非城池，所以一般都是夯土筑成，在六百年来的风吹雨打中残破不堪；另一方面是因为到了清代，大多数军堡被废弃，不像民堡那样有村民居住维护，所以大多重归于尘土。在这样的背景下，去拜访西大神堡时的震撼就不需要解释了。

西大神堡，听起来带着崇高的神性，感觉像金庸武侠小说中日月神教的祭坛。

蔚县宋家庄堡北端的真武庙

蔚县卜北堡

蔚县埚串堡

古堡中的羊群

蔚县集市上的剪纸摊

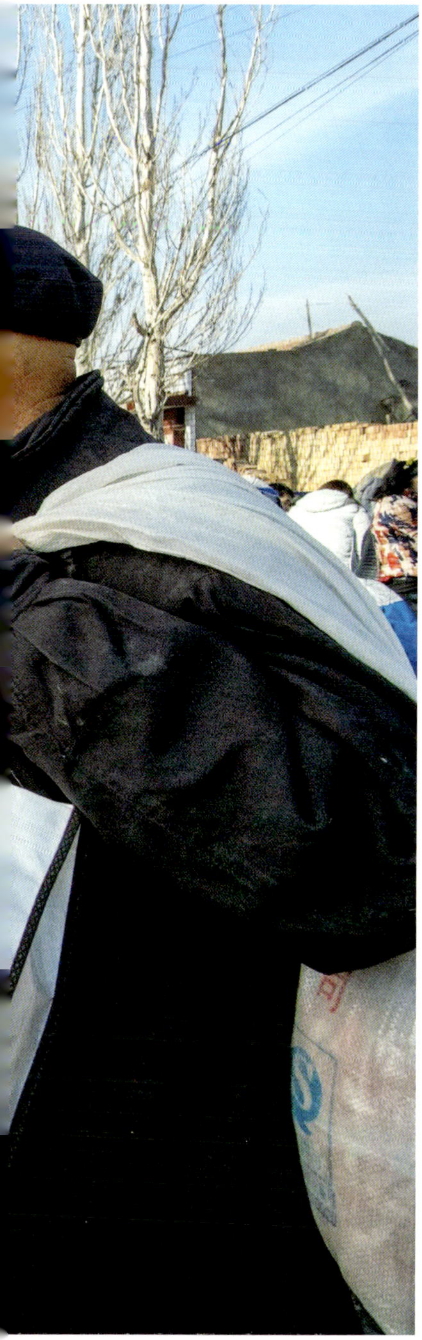

蔚县剪纸的彩绘手艺

绚丽的人间烟火

《尉迟恭》 蔚县剪纸

《秦琼》 蔚县剪纸

《典韦》 蔚县剪纸

《马武》 蔚县剪纸

在 109 国道上，远远就能看见它孤独地矗立在山崖，大家正在琢磨从哪里能上去，路边就闪出一条土路，带着人在厚重的黄土山中转了几转，就到了原来看到的山崖顶上。这里原来是一片广阔的台地，堡子在崖边居高临下，俯瞰着下面的古道。堡子从外观看呈圆形，黄土夯筑的堡墙被风沙侵蚀得斑驳不堪，满目的土黄色苍凉厚重，让人有一种置身于西域古城的幻觉。有一线陡峭土路通向堡子的狭窄门洞，小心翼翼地摸爬到门洞前，抬眼看那仅容一人的门洞和上面高高的堡墙，心中顿时觉得自己生命的渺小。进到堡子里面，是一片平坦的土地，隐约可以看出当年布局的痕迹，堡墙在面向悬崖一方开了个大口子，小心翼翼地走过去，风在耳边呼啸，下面的古道、远方的树林和壶流河滩尽收眼底。坐在堡子里仰望天空，塞外的天空湛蓝，被金黄色的堡墙围出边界，白云从一边过来，又向另一边飘去，六百多年就这样转瞬即逝。

虽然在悬崖上夯土筑墙有点像神话，但西大神堡其实与神无关，它的另一个名字叫西大坪军堡，从明初建成，就有士兵在这里驻守，一守就是二百多年。通道窄、洞口小，都是为了易守难攻，而悬崖上的大豁口则是通风和瞭望的最佳地点。当年肯定也有士兵在堡子里仰望天空，白天云聚云散，晚上星移斗转，青春也就付予这黄土了。堡墙的黄土就来自脚下的土山，因此堡子和山自然融为一体，风沙吹掉堡墙的黄土，又归于土山，与来来去去的一代代人相比，堡子是永恒的，但与这高天厚土相比，堡子也有成住坏空。世间所谓永恒，都是相对的。

古镇的年味

从明初建成，就有士兵在这里驻守，一守就是二百多年。
当年肯定也有士兵在堡子里仰望天空，
白天云聚云散，晚上星移斗转，青春也就付予这黄土了。
堡墙的黄土就来自脚下的土山，
因此堡子和山自然融为一体，
风沙吹掉堡墙的黄土，又归于土山，
与来来去去的一代代人相比，堡子是永恒的，
但与这高天厚土相比，堡子也有成住坏空。
世间所谓永恒，都是相对的。

蔚县西大神堡

番外

话题兜兜转转又说回来，当年赵武灵王把长子赵章封在代郡的安阳邑，最终目的是想让他占据整个代郡自立为王。不过，从安阳邑到代王城的距离虽然仅仅六十来公里，对于赵章却是终生不能企及的距离。当年的安阳邑现在叫开阳堡，就在蔚县相邻的阳原县浮图讲乡，阳原在历史上有一段时间也属于蔚州，千百年来两个兄弟县分分合合，到 1961 年阳原县最终从蔚县划出来，独自成就它作为东方人类起源地的大名。张家口这几个县十分耐人寻味，阳原的泥河湾有百万年前的古人类遗址，蔚县的下马碑发现了四万年前的赤铁矿颜料加工场，旁边的涿鹿则是黄帝和炎帝联军大战蚩尤的沙场……这片土地上的精彩远比我们知道的要多。

从当年的安阳邑奠定规模，开阳堡的历史至今已经两千三百多年，整个堡子用夯筑堡墙围成方形，东西长约 350 米，南北长约 210 米，堡墙高度约 10 米，大多数地方都已经坍塌残缺，只有南面保存相对完好。登上南面的堡墙豁口，看老人在河滩上放羊，塞北的风狂野得很，在这种风里，赵章很难不生出一种征服

慢慢生活，任岁月流逝

世界的冲动。现在的开阳堡正门在南面，用巨大的条石砌成，上面是唐代建筑单檐歇山顶的玉皇阁，与北端高坡上的真武庙遥遥相对。真武庙的年纪小一点，建于明朝嘉靖年间，庙的正面已经坍塌，门口坚强地站立着一块残缺的石碑，只是在风中矗立，却似有万语千言。开阳堡的形状被称为“灵龟探水”，整个堡子是龟身，南面从南门延伸出的长条土台是龟颈和头颅，龟身里街巷按后天八卦布局，颇有些玄学味道。堡子里的房子大多破败，村民都搬迁到堡子北面的新村，只有一些恋旧的老人坐在某个门口，静静地向南而张望，仿佛在缅怀过去的时光。

清末，京张铁路、张库公路通车，张库商道上的客商们逐渐告别了骡帮和驼队，开始采用铁路或汽车运输。骡帮里的骡子转眼间从赚钱的劳力变成了消耗草料的吃货，越是大骡帮越是吃不消。于是，大批的骡子被宰杀，这也培养出了蔚县人吃骡肉的习俗。花无百日红，一切总归要从绚烂归于平淡，蔚县如此，骡子如此，你我也如此。幸运的是，蔚县的堡子还在，骡子走过的路还在，你我的故事还未完。

堡子里的老街

蔚县郑家窑粗陶制作场景之一

蔚县郑家窑粗陶制作场景之二

蔚县郑家窑粗陶制作场景之三

阳原开阳堡

历史与现代

清末，京张铁路、张库公路通车，
张库商道上的客商们逐渐告别了骡帮和驼队，开始采用铁路或汽车运输。
花无百日红，一切总归要从绚烂归于平淡，
蔚县如此，骡子如此，你我也如此。
幸运的是，蔚县的堡子还在，
骡子走过的路还在，你我的故事还未完。

收获的季节

塞外的春天

古堡与群山相伴数百年

塞外的深秋

长城脚下

文、摄影 / 杨越峦

薄雾下，平庸的山景引不起我们多少兴致，
倒是掉光了叶子的柿树揪住了我的目光，
因为那一树树红彤彤的柿子，
实在是太逼人的眼球了。

坚硬与柔软

或许是上了点年纪的缘故吧，真的是心软了，再不忍直视杀生，看到杀生的场面就觉得特别血腥。但不忍归不忍，还是忍不住拿起相机把自己的思考拍下。

2023 年 1 月，刚刚进入腊月，农村已经开始杀年猪了。老同学约我们到乡下一聚，正赶上村里杀猪。如今杀猪早已不同儿时，效率高得出奇，从捕倒、放血、褪毛到上架开膛破肚、劈成两片，真的是刹那间，这头猪就走完了自己的一生。最让人惊诧的是，一头行将就木的大白猪竟然慢条斯理地在满地血渍的屠场找吃的，到了它被捕杀的时候，也真的没能叫出几声来。

刘峰是河北籍的红色摄影家。抗日战争期间，他十六岁就离开家乡新城（今河北高碑店）参加了八路军，从事摄影报道。2023 年 12 月 25 日，浙江萧山的高

古长城之一

帆摄影艺术馆举办了“流影存风——刘峰百年摄影文献展”。展览上，最令我激动的是，刘峰的“专题意识”非常强，葛存村、狼牙山、易家庄就是其中三个令人叹服的专题，这或许是同时代摄影家中所不多见的；似乎也为河北省摄影家协会近年来坚持专题化导向找到了源头，原来冥冥之中的基因在这里。于是，我们决定遵循刘峰的理念，组织一个摄影工作坊，追寻着他的足迹，让如今的摄影师用当下影像来观照故地。

为了赶时间，我们顶风冒雪，在逼近年关的腊月时节，来到刘峰当年战斗、拍摄的易县、阜平，进行实地勘察。在太行水镇这个几乎无中生有、却格外迷人的地方住了一晚，深深地为这帮有情怀的年轻人所点燃、感动。

这一路所经过的每一个村庄，几乎都可以见到杀猪的场面。

由此想到，如今见到杀猪的场面，我们都感到血腥不忍，当年抗日战争中日

古长城之二

古长城之三

古长城之四

古长城之五

寇犯下的滔天罪行，可是比这更要残暴得多啊！没有人天生不怕流血，但当鲜血凝固成道路的时候，同胞们也就别无选择、义无反顾了。先辈们就是踏着同胞、战友的鲜血之路——这条路已经由柔软变得坚硬无比了，向着日寇讨还血债，由此书写了伟大不泯的影像史诗。

狼牙山下柿柿红

秋色正浓，易县组织一批摄影家前来采风创作。我也被请来凑热闹。

这两天正赶上周日，来狼牙山景区赏秋的人真多！我立马就被眼前摩肩接踵的游客大军吓住，果断决定放弃登山，转到游人去不到的地方寻觅。薄雾下，平庸的山景引不起我们多少兴致，倒是掉光了叶子的柿树揪住了我的目光，因为那一树树红彤彤的柿子，实在是太逼人的眼球了。说干就干，停下车，急匆匆地拎上三脚架，背上摄影包就冲了过去。唉，也是年过花甲的人了，却总也改不掉心急火燎的脾气。我在杂草丛生的田间小道上疾走，突然感到脚被拽住了，一下子扑倒在地！低头一看，是被人下的狩猎夹子夹住了脚！幸亏登山鞋硬邦，没有伤着筋骨，皮肉受点苦是跑不掉的。夹子上有弹簧，被钢丝绳牢牢地拴着，怎么也挣脱不掉。我只能呼救。同行的影友们听到我的喊声，赶忙跑了过来，七手八脚地帮我解脱，李峰还不失时机地拍照留念。有惊无险，我得以继续寻觅、拍照。1.5 亿像素的飞思后背装在郭仲根研制的平板机上是要依赖三脚架的，可是架子的高度无法达到我的要求。李峰看我一直在瞄着一棵柿子树，笑着问我："怎么，又想爬树了？"这小子是见识过我的爬树功夫的。十几年前，在内蒙古额济纳旗，我是跑着站到了一棵断了头的胡杨树桩子上的，足有两米多高吧，无倚无靠，全凭用脚来保持平衡。我说是呀，看看老朽尚能饭否！树并不高，他们有的托我屁股，有的扳我的腿，我终于爬上了树。这台相机有一个拼接的功能，可以把一个画面用九宫格的方式拼接起来，能够达到 10 亿像素，可以满足巨幅照片的要求，但前提是要保持相机绝对的稳定。这实在是太难为我了，因为三脚架的两条腿勉强被我搭在树枝上，另一条腿就无着落了。那就死马当成活马医吧，我只有自己

古长城之六

靠在树干上寻找角度、保持平衡，屏住呼吸进行拍照。感谢上苍眷顾，最后的结果还不错，扎实的影像把柿子、玉米地和远山拼接在了一张照片上。

恶劣天，出好片

文似看山不喜平。摄影何尝不是这样呢？差异性是好作品的一个关键因素。差异性来自哪里？当然是作者的理念和表达。对风景摄影来说，天气就是一个非常重要的元素，并且要逆向思维。我的体会就是恶劣天出好片。

曾经有一年冬天在涞源南楼台拍摄长城。因为前两天刚刚下过雪，所以大家很兴奋，一大早就开车出来，千难万险到了南楼台长城。长城在雪后的雾气中看不真切，别说靠毛玻璃取景的大画幅相机束手无策，就是 135 的数码相机也因为能见度太低而感到无从下手。只有蜷缩在四面透风的敌楼里等待，发现有人曾在墙壁上的涂鸦——北风呼号，一夜无眠，不见日出日落。真有点同病相怜之感。雪雾织成的天幕一整天都没有拉开，同行的朋友大感失落。说实话，我是很喜欢雾天的，它打破了好天气的一览无余，改变了透视，也就产生了差异性。我在迷雾中选择农民的铁网羊栏做前景，以雾中若隐若现的敌楼为背景，拍得了自以为

还不错的作品。2023 年的秋天，我再一次来到这里，完成了从北楼台到唐子沟段长城的穿越。站在北楼台这边，一直对对面的长城心心念念。天气晴好，秋色正浓。同行的李峰，因为习惯了无人机的万能视角，已经不愿意再汗流浃背地爬长城了。我这次是带着 1.5 亿像素的飞思后背，使用郭仲根研发的可以拼接的平板机，虽然强悍而轻巧，但使用起来很缓慢。这让我很享受，全然忘却了时间与疲惫。近年来，摄影技术与器材高歌猛进，过亿像素的中画幅、可以拼接的平板机终于让影像进入了巨幅时代。面对一段坍塌的长城时，我不得不先把摄影器材扔到灌木丛上，攀到一棵树上，最后从树上跳到地面，真是惊险而刺激。当然，也因为备水不足，不得不饮用峡谷中的溪水；也因为贪恋拍摄，忘却时间，最后不得不借助手机照明下到唐子沟与朋友会合。

印象更为深刻的是 2010 年 4 月 25 日，独自一人驾车从保定到涞源，在独山城的暴风雪中，拍到了长城上一棵树挺立于风雪中的作品。当然，也因为没有做很好的防护，相机进水，快门短路罢工。

2016 年的清明节，金山岭长城的杏花已经次第开放。早上起来看到是阴天，但又不想放任时光流逝。出来爬长城时，就想不要恋战、尽早收兵。越往山上走，天阴得越沉，队伍散了，大部分同行者已经撤退。我却挡不住恶劣天气的诱惑，眼看着一场迷蒙细雨演变成了暴风雪，自己束手就擒成为俘虏。困在敌楼里的还有一位陌生的影友，我用 150mm—600mm 的超长焦镜头，变换着不同的曝光组合疯狂地拍摄，不觉间已经过午。早上出发时水米未进，这时肚子已经开始强烈地抗议了。我不禁自言自语慨叹："真是又冷又饿啊！"身旁的影友递过来半个面包，我狼吞虎咽，感觉这就是天下最好的美味了。

2023 年 6 月的一天下午，和郎晓光再次来到秦皇岛板厂峪长城。穿心楼是我一直心心念念的地方，来过七八次了，却依然浇不灭心底的渴望。虽然知道半天时间很紧张，但还是忍不住沿着山脊前往。多云的天气变化很快，很合摄影人的心意。郎晓光相机没电成了摆设，于是劝他返回。这是秦皇岛境内最为险峻的长城地段，他对我一个人攀爬有点不放心，也知道劝不住我，只是再三劝我小心。夏天是天气变脸最快的季节，不一会儿便下起雨来，还伴随着电闪雷鸣。这也是

古长城之八

古长城之九

伏龙欲起

龙年英雄荟萃

最危险的时刻，任何畏惧也无济于事，因为没有地方躲藏，只能自求多福。坍塌的敌楼勉强可以避雨，遮风就别想了，灌木枝叶上的雨水照样会把衣服打湿。于是，湿冷沾身，瑟瑟发抖。好在灿烂而温暖的夕阳穿云而出，所照之处一片金黄，远处还有彩虹出现，真正诠释了"风雨之后见彩虹"。这也是最让摄影人疯狂的时候，直到把阳光拍进黑暗中。在荆棘横生的野长城上，踏着湿滑的碎石赶夜路，是可以想见的艰难。寒风乍起，雨露沾衣，夜色愈浓，手机的照明和时断时续的信号一样显得微不足道，更把回路拉抻得越发漫长。

2024 年是甲辰龙年，"二月二，龙抬头"，山海关老龙头的舞龙是少不了的，据说规模更大。蔡焕松的"不白之鸦"摄影展正好在秦皇岛开幕，我此行一举两得。巨龙狂舞，人如潮涌。人们摸龙头、抚龙鳞，企望像龙抬头一样鸿运当头。

我与长城的云海似乎没有缘分，这么多年拍长城却从来没有与壮观的云海相

龙腾升紫烟

遇。2024 年 4 月，在北戴河参加地方政协委员（干部）培训，正值梨花盛开时节；培训结束，转身又投身长城。尽管有足够的降水，但梦想中的云海却依然没有出现。峰峦叠嶂间辗转腾挪的云雾，却也令人心醉。于是，雾中迷路、细雨中穿越荆棘间饥渴跌撞的狼狈样，似乎又不足挂齿了。

陕北—雁北—张家口

陕北我去过多次了，主要是拍长城。去米脂却是头一回，因为那里没有长城。虽然米脂很有名，出过不少名人，李自成、杜聿明、刘澜涛等，当然还有名扬天下的婆姨。2024 年农历正月，我应邀参加米脂窑洞古城国际摄影周活动，领略了米脂的风土人情，也第一次领教了道路结冰的厉害。虽然已经拆毁了不少，但如今米脂古城的窑洞建筑规模依然令人惊叹。第一次看打树花是在张家口的蔚县，感到非常刺激。更让我感到诗意满满的是打树花的来由——过年是人生的大乐事，富人们自然有花天酒地、燃爆竹、放礼花兴高采烈的乐趣；穷人们日子窘迫、捉襟见肘，却也要寻自己的快活，于是他们便把每家每户的废铜烂铁收集起来，化成铁水，用柳木勺舀着泼洒在城墙上，绽放出绚烂的火花，溅落起无边的激情和欢乐。如今，这种娱乐活动已经在全国各地遍地开花，见多不怪了。在李自成行宫广场上举办的打树花活动，正赶上了飞雪天气，平添了更多的诗情画意。横山的牛王会规模盛大，吸引着方圆百里的百姓，自然也有四面八方的摄影人来猎影。我却对不远处的响水古堡耿耿于怀，几年前拍摄陕北的长城时曾经失之交臂，这次一定补上。无定河边的响水堡是一座军事堡垒，在抵御蒙古军队的侵扰的历史

沉寂的古堡之一

沉寂的古堡之二

上发挥过重要作用，单是明万历四十年（1612）的一次，守将张承荫就率军在响水斩首七百级。如今的响水堡辉煌不再，满目疮痍、一片凋敝，雕梁画栋在残垣断壁中的呻吟依稀可闻，怎能不令人唏嘘。

离开陕北，在鄂尔多斯与众影友餐叙后，坐火车到张家口出席“‘大好河山’美丽河北摄影展”的启动仪式。还有两天的闲暇，就放马阳原，到与之相邻的山西天镇一带撒欢儿，无非是继续长城的拍摄。大同的长城博物馆就建在李二口长城附近，米白色的现代建筑在冬日黄土的萧瑟中格外醒目。阳原县的古堡、烽燧也不少，一些古堡内的壁画非常精美，与麦积山石窟的薄肉塑工艺很接近，可惜或盗或毁，令人扼腕。这些，之前大多被我忽略了，这次于走马观花中稍有弥补。万全区的右卫古城，如今已经焕然一新起来，并成为“网红”。崇礼经过冬奥会的喧嚣后重回沉静，后奥运时代如何盘活这里得天独厚的旅游资源，依然是个探索中的课题。

依稀千年

五福臨門
平安如意好運來
福
099
泰山石敢当

金秋十月

评剧的发展历程

文 / 叶志刚

评剧起源于河北唐山附近流行的冀东莲花落（lào），
她那绚丽多姿的艺术特色、
优美动听的唱腔、通俗易懂的唱词，
以及具有浓厚生活气息的念白与表演为广大群众所欢迎。
在百余年的发展历程中，从农村到城市，走京、串卫、闯关东，
走到哪里就在哪里发芽、生根、成长，
是我国戏曲剧种中成长较快、流布较广、影响较大的剧种之一。

评剧的形成与发展经历了艰难、曲折的历程，大致分为五个阶段。

莲花落

莲花落原为隋、唐僧侣宣讲佛经时演唱的唱导音乐，名“落花”“散花”。以说为主，字多腔少，合辙押韵，即兴演唱，后逐渐演变为民间莲花落。

《滦县志》记载：“莲花落，原名莲花乐，俗谓之蹦蹦戏，昔时丐者沿街乞讨之歌曲也。”更多的则是作为祭神和民间花会的娱乐活动，成为冀东秧歌中一种主要类型，俗称落子、蹦蹦，有单口、对口之分。由于各地乡土风情及语音走向不同，形成了东、西两路莲花落。

西路莲花落

流行于北京周围及天津以西宝坻、香河、蓟县、三河、通州一带的莲花落称西路莲花落。清光绪末年，西路莲花落吸收河北梆子、老调、哈哈腔、定县秧歌等曲调，借助戏曲分场形式，逐渐发展成为独具特色的地方小戏。唱腔高亢激昂，拖腔中带有虚词衬字。表演质朴、粗犷，语言朴素、风趣，具有强烈的民间说唱文学色彩。剧目以生活小戏为主，行当以小旦、小生、小丑为主，辅以彩旦。代表人物除了有能编善导的小生金叶子、具有组织能力的彩旦乐外，还有以青衣、小旦见长的鬘鬏赵、舍命红、挑帘红、歪脖红、小蜜蜂、大香蕉、四月鲜，以小生、老生见长的郭启荣、银叶子、王殿良，以小丑、彩旦见长的大白菜、胡椒面等。

1893 年，西路莲花落进入北京东安市场演出时受到欢

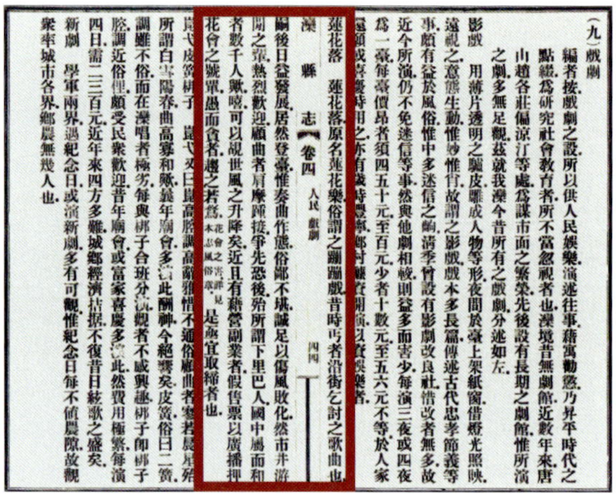
(九)戲劇
編者按.戲劇之設.所以供人民娛樂.演述往事.藉寓勸懲.乃昇平時代之
點綴.爲研究社會教育者.所不當忽視者也.灤境昔無劇館.近數年來.唐
山趙各莊偏涼汀等處.爲謀市面之繁榮.先後設有長期之劇館.惟所演
之劇.多無足觀.茲就我灤今昔所有之戲劇.分述如左.
影戲　用薄片透明之驢皮.雕成人物等形.夜間於臺上架紙窗.借燈光照映.
遠視之.意態生動.惟妙惟肖.故謂之影戲.戲本多長篇.傳述古代忠孝節義等
事.頗有益於風俗.惟中多迷信之齣.清季曾設有影劇改良社.惜改者無多.故
近今所演.仍不免迷信等事.然與他劇相較.則益多而害少.每演三夜或四夜
爲一臺.每臺價昂者須四五十元.至百元.少者十數元至五六元不等.於人家
還願或喜慶時用之.亦有歲時豐稔.鄉村醵資開演.以資娛樂者.
蓮花落　蓮花落原名蓮花樂.俗謂之蹦蹦戲.昔時丐者沿街乞討之歌曲也.
灤縣志【卷四　人民　戲劇　四四
嗣後日益發展.居然登臺.惟奏曲作態.俗鄙不堪.誠足以傷風敗化.然市井游
閒之輩.熱烈歡迎.顧曲者肩摩踵接.爭先恐後.殆所謂下里巴人.國中屬而和
者數千人歟.噫.可以覘世風之升降矣.近且有藉營副業者.假售票以廣播押
花會之號單.愚而貪者.趨之若鶩.(花會之害.詳見本志風俗章.)是亟宜取締者也.
崑弋皮簧梆子　崑弋.又曰崑高.腔調高雅.惜不通俗.顧曲者寥若晨星.殆
所謂白雪陽春.曲高寡和歟.曩年廟會多演此酬神.今絕響矣.皮簧.俗曰二簧.
調雖不俗.而在灤唱者極劣.每與梆子合班分演.觀者不感興趣.梆子即梆子
腔.調近俚俗.頗受民衆歡迎.昔年廟會或富家喜慶多演此.然費用極繁.每演
四日.需二三百元.近年來四方多難.城鄉經濟拮据.不復昔日絃歌之盛矣.
新劇　學軍兩界.遇紀念日.或演新劇.多有可觀.惟紀念日每不值農隙.故觀
衆率城市各界.鄉農無幾人也.

《滦县志》中关于莲花落的记载

彩扮莲花落演出形式

单口莲花落

西路评剧艺人郭启荣（左图）
西路评剧艺人张成和（中图）
西路评剧艺人格秀海（艺名四月仙）（右图）

张淑桂、刘淑萍和师父小蜜蜂合影

西路评剧艺人张成和剧照

迎，时称北京蹦蹦。据说，髽鬏赵的名声可与京剧谭鑫培、杨小楼相媲美，他曾进宫为慈禧演唱，还在昇平署担任教习，可见北京蹦蹦影响之大。

可惜好景不长。1927 年以后，北京蹦蹦遭到官府迫害，不能进戏园演出。此时，由东路莲花落发展而成的评剧蓬勃兴起。1931 年，进入天桥落子馆。缺乏革新精神的北京蹦蹦艺人无奈改唱评剧，出现了一夜之间北京蹦蹦被彻底摧垮的局面。

1958 年，中国评剧院对北京蹦蹦进行挖掘、整理，聘请小蜜蜂、四月鲜等老艺人教戏、记录剧本、整理唱腔，并定名为西路评剧。排演了《花亭会》《杨二舍化缘》《孙继臬卖水》《顶锅》《三女除霸》等戏，演出很红火。鉴于评剧已有的影响，绝响近三十年的北京蹦蹦不可能再成为一个独立剧种，但在新编剧目中，其唱腔被音乐工作者所吸收，并取得了可喜的成果。《向阳商店》中刘春秀“夸手”就是具有西路评剧风格的唱段，至今仍在传唱。

东路莲花落

流行于唐山周围及天津以东、辽宁西部、承德南部的莲花落称东路莲花落。清中叶，东路莲花落艺人从民间花会中分化出来，到街头卖艺或茶园、落子馆谋生。由于受众面不同，在落子馆演唱的莲花落受同场演出的鼓曲、牌子曲、子弟书的影响，逐渐向曲艺靠拢；在街头卖艺、茶园演唱的莲花落已经进入彩扮莲花落阶段，正沿着戏曲化的道路前进。

彩扮莲花落由两人化妆表演。一人扮小旦，用蓝布或花布包头，额前佩戴珠花，面涂红粉，身穿裙袄裤褂，腰系四喜带，手拿折扇、手帕；另一人扮小丑，头戴毡帽，身穿茶衣腰包，眉宇间用白粉画豆腐块或虫、鸟图像，手持竹板或霸王鞭。两人表演时载歌载舞，并有简单的乐器伴奏，声腔多为民歌、小调，具有乐亭皮影、大鼓韵味，念白为唐山“呔儿”语，受到当地人的喜欢。

清末，彩扮莲花落涌入直隶（今河北省）首府天津，遭到官府的迫害。1901 年，直隶总督颁布“永干力禁”令，将莲花落班社逐出津门。

评剧创始人成兆才（左图）
评剧创始人之一夏春阳八十三岁像（中图）
评剧创始人之一李春盛（右图）

评剧的雏形

莲花落在津门受挫后，艺人们并没有消停，他们想方设法挽救莲花落。

“拆出戏”打开永平府

1908 年，成兆才、张德礼、张化文、姚及胜、金菊花等人重组班社，在滦县东吴家坨张德礼家连续数月对莲花落进行改良，决心冲开禁令，到永平府（今河北省卢龙县）演出，以展示莲花落的魅力。他们将原来用第三人称表演的长篇故事按不同情节拆开，改为由第一人称表演的单折小戏，称之为“拆出”（这一术语为评剧独有）。唱腔采用《喇叭牌子》和平腔，曲调通俗，易于传唱。因莲花落被禁，不能再用此名，遂改称“平腔”。一则唱腔中采用了平腔而名副其实，二则兼有指地为名、暗含“永平之腔”的用意。

直隶总督府

永平府城墙

他们大胆来到永平府，首场演出对口戏《开店》、拆出戏《乌龙院》、小武戏《鬼扯腿》。文武兼备，唱做俱佳，受到永平府大小官员和当地群众的欢迎，禁令自然解除。随后

对口莲花落时期的著名演员杜之意（艺名金菊花）

评剧创始人成兆才故居

又演出《告扇子》《美女思情》《偏心眼》《借女吊孝》等新戏，盛况如前。

金菊花唱红《大悲调》

庆春班在打开永平禁地的基础上，又开辟了昌黎、滦县、乐亭三县阵地。此时，其他莲花落班社纷纷活跃起来，计有庆春班、南孙班、北孙班、警世戏社二班与三班、金鸽子班等。在诸多演员中，擅演悲剧的金菊花为佼佼者。他嗓音洪亮、做戏逼真，演唱板头瓷实、窍口绝妙，字不倒、音不跑，地方风味很足，唱《大悲调》一绝，一句一个好，深受人们喜爱。

东路莲花落发展到拆出阶段，虽然仍具有说唱艺术痕迹，但毕竟显示出戏曲雏形了，为发展成为一个新剧种做好了一切准备。

平腔梆子戏

1909 年，修缮一新的唐山永盛茶园开业，由当红的庆春班首演。不想遭到警察当局的阻挠，而西路莲花落艺人也说他们“不是门里人，乱了江湖之道”，京剧演员闯入后台，抢走他们供奉的唐明皇牌位……庆春班又一次面临严峻考验。

几经波折的成兆才等人认识到，莲花落要想生存和发展，必须从内容到形式来一次脱胎换骨的变革。于是，他们汲取以前多次改良莲花落的经验教训，从剧本、唱腔入手，对莲花落进行了一次全面改革。

全面改革

这次改革的具体做法是：

第一，编写新剧本。成兆才担任此次改革的领导和编剧。抓住“一剧之本”，删改原有节目中的淫词滥调和色情表演，为评剧剧种的形成夯实基础。

第二，借用新板式，创作新唱腔。年轻主演月明珠在其父任连会、兄长任善庆及河北梆子艺人张有（艺名小佬儿）的帮助下，以莲花落为基础，吸收河北梆子的板式和曲调，以及皮影、乐亭大鼓等元素，创作新唱腔，为评剧音乐奠定基础。

第三，建立健全乐队。由任善庆负责，在庆贤梆子班鼓师宋冠英、德盛楼京剧班鼓师张永德帮助下，放弃原来为莲花落说唱伴奏的竹板和节子，采用京、梆乐队的板鼓、枣木梆子、打击乐和锣鼓经，并增加伴奏乐器，加强乐队的表现力。

第四，学习戏曲表演程式，发展角色行当。聘请京、梆教师，虚心学习戏曲传统表演程式，使评剧各行当的表演进一步规范，推动评剧表演艺术的发展。

第五，为保证改革顺利进行，成兆才等人汲取梨园行的经验教训，制订本班社生活、工作纪律“十大款”。

经过全面改革的莲花落，从内容到形式有了质的变化，一个具有淳朴艺术风格和浓郁生活气息的新兴剧种在唐山正式形成，时称“平腔梆子戏”，但观众仍习惯称其为“唐山落子”。它以社会化的内容、通俗易懂的艺术形式、浓郁的乡土气息博得工人、市民的欢迎。就连在唐山庆仙楼演出的京剧、河北梆子演员也颇感吃惊，说他们是“土疙瘩成精”。

评剧形成

唐山落子的诞生，标志着评剧形成。庆春班在唐山演出红得发紫，年轻主演月明珠成为继金菊花之后最红的男旦之一。他的嗓音圆润明亮，文武双全，由他创作的抒情性唱腔被称为“月明珠调”，初步具备了评剧旦行唱腔基本框格及演唱风格。由他首演成兆才编写的剧本有三十余出，他还自编自演了《桃花庵》，塑造了许多不同性格的妇女形象，为评剧旦行表演艺术的发展开辟了道路。

庆春班另一位主演男旦金开芳，声名誉满梨园。他吸收河北梆子花旦的身段、台步，揉进冀东农村年轻女子的姿态，丰富了评剧旦行表演艺术。由他首创的杨三姐舞台形象令人赞叹，成为后辈演员学习的榜样。

庆春班凭借在唐山的声誉，于1915年第三次来到天津，南孙班、北孙班也先后到来，震动津门剧坛。观众将庆春班常演的剧目编成顺口溜：“《开嗙》《开店》《花为媒》，《因果美报》《占花魁》。”并以此与当时京剧名师刘鸿声的“三斩一碰”（即《斩子》《斩马谡》《斩黄袍》和《碰碑》）相媲美。庆春班的票价由三个铜子涨到十个铜子。

1919年春，警世戏社（前身为庆春班）出关到东北营口演出。至此，唐山落子又进入一个崭新的发展时期。

评剧的兴盛

各地落子班社的创建与活跃，标志着唐山落子羽翼丰满，并开始以矫健的步伐向长城内外扩展，这才引出了众多评剧班社闯关东、赴南国、到西北的辉煌时刻，足迹遍及全国。

（从左至右）唐山落子时期小生成国祯、唐山落子时期张彩廷、南孙家班孙凤岗、唐山落子时期艺人李义廷、评剧小生腔调创始者之一倪俊声，唐山落子时期马虎廷（艺名月牙红）

唐山落子时期的著名演员金开芳（左）、董瑞海（右）的《花为媒》剧照

唐山落子时期小生小月明（右）

唐山落子时期的著名演员任贺生（左）、月明珠（中）、杨柳青（右）的《桃花庵》剧照

月明珠《桃花庵》剧本封面

（从左至右）蹦蹦戏改良词《头本花为媒》剧本封面、《珍珠衫》剧本封面、芙蓉花《黄爱玉上坟》剧本封面、《三节烈》剧本封面

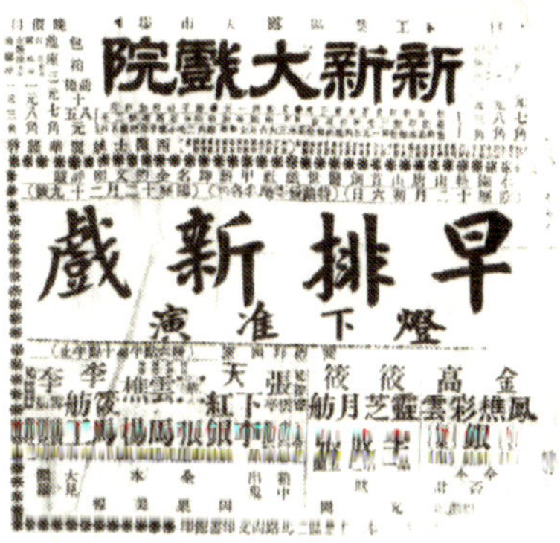

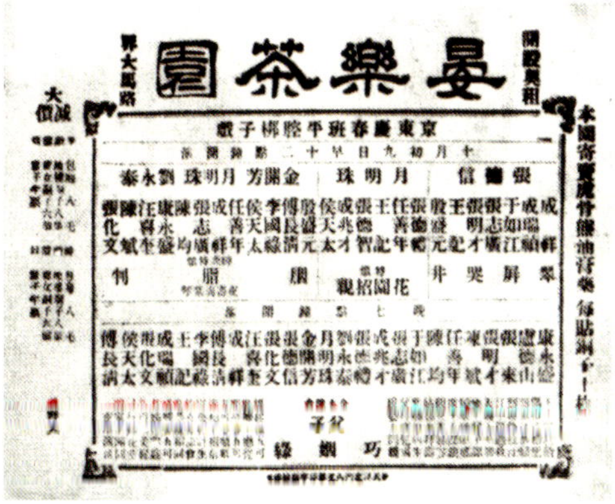

1927 年 12 月，警世戏社头班沈阳新新大戏院戏报

“京东庆春班”于 1913 年前后在天津“晏乐茶园”演出时的戏报

白玉霜在上海主演《海棠红》剧照

刘翠霞

白玉霜

爱莲君

喜彩莲

闯关东

1919年，警世戏社赴营口永大茶园演出，正好与在小红楼演出的李子祥共和班唱对台。李子祥共和班久占营口，颇有人气，主演开花炮曾在此击败金菊花，史称“开花炮炮打金菊花”。此番又与年轻主演月明珠唱对台，大有一赌胜负之势。警世戏社不敢怠慢，最初三天势均力敌。转而，警世戏社贴出《桃花庵》《杜十娘》《花为媒》等新戏，遂将观众争了过去。警世戏社一连七天的戏票抢购一空，每日两场，仍不能满足观众要求，剧场不得不超员售票，经理唯恐压塌楼板，急忙顶柱加固。警世戏社演出盛况使得李子祥共和班望尘莫及。这就是唐山落子首闯关东，在营口“月明珠炮打开花炮”的一段往事。

唐山落子迈入东北第一步取得完胜，吸引了关内众多班社纷纷涌入东北，计有南孙班、北孙班、金鸽子班、警世戏社二班与三班、复盛戏社、元顺戏社、白玉霜班等。

这一时期，东北城乡遍布评剧班社，不但活跃了东北人的娱乐生活，还成就了众多名角。此时，第一代女演员崛起，新剧目不断涌现，有更多人参与剧本创作。作家萧军创作的《马振华哀史》，文人才子文东山改编的《孟姜女哭长城》，演员李小舫根据同名电影改编的《杨乃武与小白菜》，筱月明、李金顺根据安东时事并参考同名京剧改编的《芙蓉花下死》等均为好戏，并经常进行评剧、京剧“两合水”演出，不但丰富了评剧上演剧目，而且使得评剧表演艺术更加规范。安东诚文信书局从1929年至1934年，陆续出版了六集《评戏大观》，为普及评剧、宣传评剧做出了贡献。

辗转京、津、沪

1931年，日寇发动“九一八”事变，东北沦陷。评剧艺人随着逃难人群返回关内，寻求新的发展。

评剧班社又一次在天津汇聚。各大班社主演施展才华，吸引观众，彼此在竞争中又互相汲取他人优长，遂使各自流派日臻完善。评剧女演员经过在东北的锻炼，现已成为挑梁主演，她们师承不同，自然条件各异，各有各的代表剧目，各有各的艺术风格。在诸多艺术流派中，尤以刘翠霞、白玉霜、爱莲君、喜彩莲等成绩卓著，时称评剧“四大名旦”。

复盛戏社为招徕观众，以“奉天落子”名义在北京的演出也很红火，文武带打的《保龙山》很受欢迎。因此，日后演出，开场总要加演小武戏《白水滩》《铁公鸡》等，真刀

芙蓉花戏装照

白玉霜、安冠英合演的《玉堂春》剧照

倪俊声、葡萄红合演的《马寡妇开店》剧照

中国评剧院张德福、赵连喜主演的《杨乃武与小白菜》剧照

真枪，很是刺激。主演芙蓉花为适应北京观众口味，一改传统男旦“大口落子”风格，以京韵为行腔基础，开始向“小口落子”转化。不久，刘翠霞、李金顺、金鸽子班、莲剧团等也来到北京。1933 年，白玉霜在大栅栏广德楼演出，低回婉转的唱腔和细腻传神的表演，使得看戏挑剔的北京观众折服，票价由三角涨至一元。一时间，北京掀起了评剧热。诸多评剧班社汇聚京城，为争取票房，除在剧目、唱腔、表演设法出新外，还在机关布景、化妆造型、服装道具等方面搞一些新奇花样，不免良莠杂陈，最终导致北京城禁演评剧事件，从此，评剧在北京一蹶不振。

评剧向南扩展，首先是从上海开始的。1935 年，双霞社进入上海，受到欢迎。此后，芙蓉花、花小仙率班来沪演出三个多月。最出彩的是白玉霜、爱莲君、钰灵芝三班在恩派亚大戏院合演，震动南国剧坛。后来，白玉霜与京剧著名演员赵如泉合演的《潘金莲》很有影响，戏剧家洪深为白玉霜编写的《阎婆惜》更是轰动。在洪深推荐下，白玉霜与明星影业公司拍摄了电影《海棠红》，影片上映后，白玉霜红得发紫。连生活日用品也出现了“白玉霜牌香皂”“白玉霜花露水”，可见白玉霜在群众心目中的位置与影响。

1937 年 11 月 12 日，上海沦陷。评剧班社离开上海，辗转到贵州、四川一带。

抗日战争、解放战争期间，评剧班社以其顽强的生命力保护自己，他们有的回到河北、北京、天津一带，有的直奔大西北，有的到了南方各省。这些班社多是辗转演出，有的却在那里扎根、生长，成为当地不可或缺的精神食粮。

评剧的繁荣

新中国成立后，评剧艺人以极大的政治热情参与“戏改”，培育新人、编演新剧目，上山下乡，演出火爆，评剧迎来新繁荣。

戏曲改革出成果

新中国成立后，随着戏曲“三改”运动（改人、改戏、改制）和“三并举”方针（传统戏、现代戏、新编历史剧）的实施，给全国各地评剧院团带来新气象。

北京舞台评剧新型院团争先应运而生

这一时期，活跃在北京舞台的主要评剧院团有再雯社、莲剧团、幽兰社、新中华评剧工作团、民众评剧工作团、首都更生评剧团、首都实验评剧团、解放军总政治部文工团评剧团、中国评剧团、中国评剧院、北京市评剧团、大兴区评剧团、海淀区评剧团、昌平区评剧团、通州区评剧团、顺义区评剧团及门头沟区评剧团等。

中国评剧院——实力雄厚、阵容整齐、剧目繁多，流派

天津评剧院莲小君主演的《啼笑姻缘》剧照

李金顺主演的《爱国娇》剧照，右坐者为喜彩莲

四平市评剧团排演的《杨金花夺印》剧照，筱桂花饰佘太君

西路莲花落演出后合影（左图）

名家合影，前排左起筱玉芳、新翠霞、筱俊亭、六岁红，后排左起郑云亮、白云峰、孔广山、莲小君（右图）

天津评剧院演员鲜灵霞、新翠霞、六岁红慰问朝鲜

1959 年，河北省评剧团奉调广西

传承有序，音乐改革成绩突出，拥有许多出类拔萃的艺术人才，领衔主演筱白玉霜、新凤霞等具有卓越的贡献。

天津戏改——出人出戏，培育火种支援外地

天津评剧艺人队伍骤增，由五百多人增至一千五百多人。影响较大的院团有正风剧社、民艺剧社、大众剧社、群艺剧社（1953 年归属石家庄，改为石家庄市评剧工作团）、进步剧社、努力剧社（1955 年支援山东，改为聊城地区评剧团）、勇风剧社（1956 年支援河北，改为青县评剧团）、民声剧社、前进剧社、新进剧社（1956 年移至静海县建团）、新华剧社、进化剧社、新新剧社（1956 年移至宝坻县建团）、火花评剧团、汉沽评剧团、塘沽区评剧团、捷化评剧团（1960 年支援河南，改为郑州市评剧团）、艺文评剧团、宁河县评剧团、天津市评剧团及天津评剧院等。

天津评剧院——主演云集、剧目翻新，既注重传统艺术的传承，又敢于创新，涌现出一大批风格不同的艺术流派。

东北戏改——行动快，评剧试点效率高

这一时期，东北三省的评剧院团有六十余个，较有影响的有唐山评戏院、锦州市评剧团、盘锦市评剧团、本溪市评剧团、辽宁评剧团、沈阳评剧院、长春市评剧团、四平市评剧团、吉林市评剧团、哈尔滨评剧院、黑龙江省评剧院、牡丹江市评剧团及齐齐哈尔市评剧团等。

沈阳评剧院——人才济济、成果颇丰，韩少云、花淑兰、筱俊亭领军，代表作惊人。

评剧诞生地戏改起步早

这一时期，河北约六十余个评剧团，较有影响的有保定市评剧团、保定专区评剧团、河北省评剧团、丰润县评剧团、唐山市评剧团、唐山专区评剧团、滦县评剧团、玉田县评剧团、石家庄市评剧团、石家庄专区评剧团、石家庄市评

《秦香莲》剧照

鲜灵霞主演的《包公三勘蝴蝶梦》剧照

河北省评剧团、广西评剧团演出剧目

莲小君主演的《人面桃花》剧照

剧工作团、行唐县评剧团、沧州市评剧团、廊坊专区评剧团、大厂回族自治区评剧团、承德市评剧团及秦皇岛小海燕评剧团等。

大厂回族自治区评剧团——团长领导有方，常年演出，好戏不断，被称为“庄户剧团”，多次被文化部表彰。

石家庄市评剧团——过硬的演员阵容，文武兼备的艺术风格。

唐山市评剧团——发挥老艺人积极性，传承洪（影）派艺术。

边疆评剧团坚持排新戏

地处西北、西南的评剧团，尽管条件艰苦、观众生疏，但他们仍坚守阵地排演新戏。如贵阳市评剧团、江西省评剧团、西安市评剧团、西宁市评剧团及新疆军区评剧团等。尽管在边疆的评剧表演团体没能扎根长久，但在那里的短暂停留，却仍使得当地观众着实领略了评剧艺术的魅力，让人们久久不能忘怀。

新中国成立后，为配合宣传婚姻法，及时创排了《刘巧儿》《小女婿》等；根据小说编创了《金沙江畔》《野火春风斗古城》《苦菜花》等；移植同名歌剧《刘胡兰》《江姐》《红珊瑚》《九尾狐》等；根据话剧改编了《杜鹃山》等；整理改编了传统戏《花为媒》《杨三姐告状》《杜十娘》《秦香莲》等，新编移植了历史剧天津鲜灵霞的《包公三勘蝴蝶梦》，东北韩少云的《红楼梦》、花淑兰的《谢瑶环》、筱俊亭的《打金枝》，北京新凤霞的《无双传》、李亿兰的《张羽煮海》、花月仙的《打狗劝夫》，河北李兰舫的《乾坤福寿镜》、洪影的《刘伶醉酒》等。

人才辈出续辉煌

评剧要发展，艺术要传承。多年来，运用拜师、私尊、自办艺校、团带学员等方法培育出很多人才。

相继建立各地戏校

北京市——北京戏曲艺术职业学院评剧专业共计开办十六个班，培养学生四百余名。

天津市——天津艺术职业学院自 1956 年建校以来就设立了评剧科。

东北地区——沈阳市艺术学校。

河北省——河北艺术学校自 1956 年开办评剧专修班以来，共培养评剧学生三百余名；石家庄市戏曲学校自 1957 年开办以来，培养评剧人才百余人；唐山市戏曲学校自 1958 年建校以来，评剧专业班举办了八届；还有热河省戏曲艺人子弟学校、承德地区戏曲学校、沧州地区艺术学校及安平、永清、固安、霸县戏曲学校等。此外，1999 年袁淑梅与精英中学创办了石家庄精英袁淑梅艺术中等专业学校，2017 年徐金先与河北省艺术职业学院联合开办了石家庄市评剧院青年评剧团订单班。

这些戏校（包括国办、自办）和团带学员先后培养了大批艺术人才，为评剧艺术的繁荣与发展做出了贡献。如：

北京市——刘萍、古文月、刘淑萍、张淑桂、宋丽、刘慧欣、李维铨、马惠民、齐建波、高闯、韩建光、刘淑琴。

天津市——小鲜灵霞、李秀云、马淑华、崔连润、王冠丽、曾昭娟、赵如意。

东北地区——冯玉萍、王曼玲、郑桂芳、王向阳、周丹、贾书层。

河北省——尚丽华、李红霞、刘秀荣、张俊玲、罗慧

1951 年，河北省实验剧院成立

琴、袁淑梅、咸红杰。

举办中国评剧艺术节

从 1984 年底开始，评剧名流齐聚唐山，隆重纪念成兆才诞辰 110 周年，既有好戏观摩，又有学术研讨，评剧来龙去脉中的难点才有了比较清晰的线条。规定每五年召开一次，至 1994 年已举办三次。

2000 年初，在安排第三届唐山中国陶瓷博览会文娱活动时，决定在此博览会开幕时，同时举办中国评剧艺术节，一则助推博览会影响，二则宣传河北省剧种。历经二十载，成功举办十一届，涌现出许多新人、新戏，彰显评剧艺术的独特魅力和巨大影响力。相信通过评剧人的不懈努力，评剧艺术定会焕发勃勃生机。

从草根艺术到红遍全国

——评剧老艺术家访谈录

受访艺术家
韩义敏　评剧表演艺术家
侯顺成　评剧专家、三弦演奏家
梅清良　评剧表演艺术家
闫　红　评剧表演艺术家

采访、整理 / 安期生

扫码看视频
《闲话评剧》

关于评剧的历史

侯顺成：评剧从唐山的滦县、乐亭、昌黎（后归秦皇岛）这一带，通过莲花落、蹦蹦戏一点点发展起来。评剧祖师爷成兆才那一代，演员全是男的，没有女演员。当年，河北艺术学校有一位老师董瑞海，就是第一代评剧演员；第二代评剧演员里女演员就多了起来，河北艺术学校那时有一位老师李晓霞，这两位老师当时教我们。后来，有一本书叫《评剧简史》，里面有关于这两位的介绍。新中国成立前，他们也跟闯关东一样，去东北各地转悠演出。那时候跟现在不一样，表演就是为了生存，结果到东北一炮而红。闯东北之后又南下闯上海，到上海又是红得发紫。

其实，新中国成立初，唐山老地委在昌黎，当时这边最火的是洪影、范金亭，以洪影这个女小生为领班。一般来说，评剧都是以旦角为领班，人家就喜欢这个。小生领班就只有洪影，买票的也是去看洪影的。洪影有什么本事呢？我给她伴奏过《六国封相》那出戏，有五个音符（65432）是向下走的，越来越低，这种甩腔很少有叫好的，人家洪影一唱就是满堂彩。她演的《御河桥》，那层次的递进，那剧情的深入，三起三落，一步一步，人物体现得真是到家了。那时候，她在唐山地区的滦县、丰润、昌黎、乐亭、玉田、遵化这一片再加上京东八县，红得要命。

闫红：当时，唐山好像小生更出名，旦角儿出名的不多。你看天津、北京、东北地区都是旦角儿出名，好像唐山一直就是洪影主演。

梅清良：评剧最鼎盛时期是新中国成立后，中国音乐学院毕业了一批作曲的学生，和老评剧作曲的结合起来，创造的新的评剧唱腔，不管男的女的，都丰富多了，确实好听。

韩义敏：咱们的评剧是从民间走出来的，过去地位很低。新中国成立后创作的《刘巧儿》是第一部新评剧，当时是一炮走红，带动了评剧这个剧种。

侯顺成：后来有一段时间把京剧压下去了，很多京剧演员都改评剧了，如李忆兰、尚丽华等。

20 世纪 70 年代，石家庄市评剧院董进才的日记本

来自草根的戏

韩义敏：评剧真正的发展还是在新中国成立后。我参加过电视剧《成兆才》的拍摄，评剧刚开始那会就跟要饭的一样，都是几个小伙子在乡下打着竹板走街串巷，相当简单。

闫红：那时候就是一个板伴奏，表演跟说话一样。听着评剧的唱腔，就是说的唐山话，说了上句说下句，偶尔有那么一个甩腔。后来的《刘巧儿》，虽然还是上下句像说话，但是旋律丰富了。

韩义敏：评剧就是从群众中来，你看民国时期的一个戏《杨三姐告状》，那是当时发生的真人真事，评剧就结合着现实创作，一出来就很受欢迎。

侯顺成：新中国成立以后，为什么评剧这么普及，受到全国人民的欢迎？因为它特别接近生活，它的念和唱结合到一块儿就成了“说唱音乐”了。“我爱他”这不就是说的吗，“他的劳动好”这又唱上了……谁都能听明白，完全不用打字幕。

韩义敏：这个我最有体会。1959 年，我们河北省评剧团从保定调到广西，成立广西评剧团，去了十七年。广西是个多民族的地区，壮族、苗族、瑶族……各族人民聚居，他们都有各自的语言，柳州和桂林不一样，桂林和百色又不一样。可是，我们评剧走遍了广西，包括下到农村里面，那种小渔村，作为一个北方剧种，受到了普遍的欢迎，因为我们通俗易懂，题材也是民间的，更不咬文嚼字。

闫红：新中国成立后，像《刘巧儿》《花为媒》《杨三姐告状》《秦香莲》《夺印》《金沙江畔》这些都很流行。20 世纪 50 年代，好多评剧被拍了电影，包括《秦香莲》，当时京剧的电影都没多少。新的京剧是从八个样板戏出来，像《智取威虎山》《沙家浜》这些在语言和唱腔上通俗易懂了，就跟 20 世纪五六十年代的评剧一样，收获了很多戏迷，变得脍炙人口。

侯顺成：那个年代，评剧的剧作家特别不简单，他们特别能适应当前的形势，像《中华人民共和国婚姻法》出来了，就创作了《小二黑结婚》《刘巧儿》等。紧跟时事的还有挺多。

梅清良：讲越南的《南方烈火》《阮文追》。

闫红：讲朝鲜的《春香传》。

梅清良：还有《时传祥》，讲当时的劳动模范掏粪工人时传祥的故事，唱腔也都很好听。

唱腔与流派

闫红：新中国成立后，评剧活跃着很多流派，著名的有白派、新派、喜派……每个人唱腔都有自己的特点，他们都是根据自己的嗓音条件创作的唱腔。像筱白玉霜主要就是唱大青衣，新凤霞主要就是唱花旦。

梅清良：这个可以分大口、小口，像天津、东北地区那边就是大口，北京这边就是小口。大口把腔拉长了，可以把声音放开，嗓音豪放不含蓄；小口像白派，非常含蓄。

闫红：新派就更不一样了，它更接近说话，刚才说的“巧儿我自幼儿许配赵家”，就是这样的唱腔，一边说一边唱。

梅清良：男声方面，唱腔贡献最大的是魏荣元，他最大的贡献是发明“改调换弦”。魏荣元是唱京剧出身，京剧、评剧、梆子甚至单弦大鼓他都会唱，非常地聪明。在他之前，评剧里男声没有自己的唱腔，一直和女声唱同调，嗓子低点的演员就没法唱，局限性很大，像唱《秦香莲》，一到花脸包公就得唱京剧或者梆子，因为评剧没腔。魏荣元发明了评剧的男声唱腔，比女声低四度，男声的特点发挥出来，救了不少男演员。他唱得也好，平常说他的特点苍劲、奔放、深沉，都是指的唱法。其实，更重要的是他的情绪好，唱得特别有感情，他不管唱一句还是两句，都在情里头。我原来学马泰，后来学魏荣元，就是看中了他的情。

得有自己的主意

闫红：由于老一辈文化水平不高，而且习惯上都是老师怎么唱自己就严格遵循，所以有时候会有错误传下来。刘秀荣唱《胡风汉月》里“今别离”这段，里面有一句“赫赫军帅惜裙钗”，她一直唱的都是“洗裙钗”。我就一直听不明白，后来自己琢磨才明白，应该是“爱惜”的“惜”。

梅清良：所以说，作为演员，音乐水平得有，文学水平也得有，就像“青灯照白头”那个“白”就不能唱成“败”。有时候也不能迷信名家，像我的老师马泰，唱《金沙江畔》“白桦高耸”，他还是老艺人的习惯把“耸”唱成“纵”，我教学生的

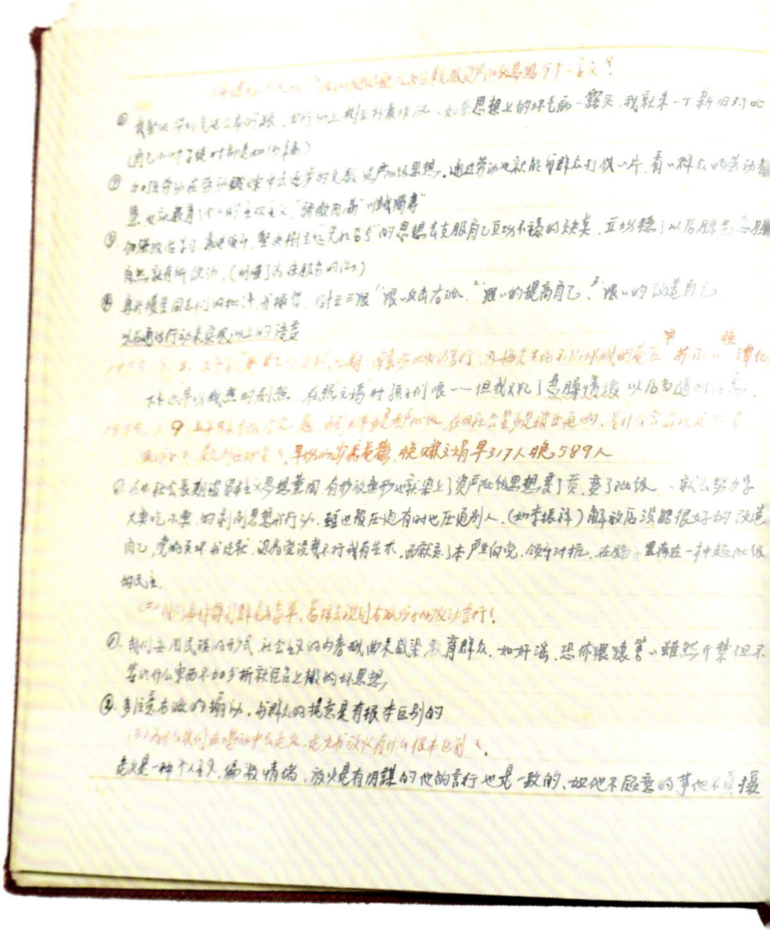

20 世纪 70 年代，石家庄市评剧院董进才的日记

时候就改成了“耸”；像魏荣元唱“黑鱼嘴”，他习惯把“鱼”唱成“移”，这可能都是方言口音的问题，我们唱就不能跟着也那样唱，不能以讹传讹。后人学前人的东西，虚心地学那是必须的，但也得有自己的主意。

闫红：对，尚丽华唱了多少年的《花为媒》，里面有句念白是“花开四季皆应景，俱是天生地道长”。我就一直在想这个“地道长”是什么意思，谁也不知道，也不敢问她。有一次，我就跟她说，这个是不是“俱是天生地造成”？尚丽华说听着新凤霞唱的就是那个，所以就这么学过来了，你说的这个有道理。后来她就改过来了。老一辈艺术家艺德很高，让人很佩服。

孙权变“孙锤儿”

闫红：没有学过戏的上舞台，或者看着长得漂亮让上舞台，因为没有经过正规训练，经常是上去就不会走了。袁淑琴讲过一个故事，以前有个人长得挺帅，临时说让他演孙权，台词是“老夫孙权”。这个人上去就忘词了，说：“老夫孙……”，台下一看他忘词了，赶紧举起拳头提醒他“权”，结果他来了个“锤儿”，台上、台下哄堂大笑。所以，不是说每个人上台就能演戏，不经过基本功培养是不行的。

扫码看视频
《杨八姐游春》之一至之六

杨八姐游春到无极

文 / 赵辉

石家庄市评剧院在无极县演《杨八姐游春》，我们得知消息后马上赶过去。
天气尚有些寒冷，露天的大戏台，台下早早坐满了来听戏的老人，
他们脸上洋溢出欣喜和期待，让人感动之余竟有些恍惚。
听戏，是看电视、看电影甚至听演唱会完全不能替代的体验，
唱、念、做、打全是真功夫。

杨八姐带九妹打马游春

家在冀东，少年时镇里赶集，往往有人拥在一起，围着个戏台眼巴巴等着。陡然锣鼓点响起，眼花缭乱的色彩和婉转铿锵的嗓音就扑面而来。当时只是看热闹，也不懂是什么戏，只觉得乡音亲切，演员举手投足都好看；长大后才知道，这种耳濡目染的戏叫评剧。

可惜的是，长大后很少赶故乡的集了，即便偶然匆匆走过，也再没见过那戏台。剧场里的演出很好，但是跟集市上的感觉不同，少年时踮着脚、仰着头看到的那些光彩夺目的演员，还有那种嗓音在人群头顶萦绕的震撼，许久都不曾领略。

幸运的是，现在依然还有剧团坚持基层演出，这次石家庄市评剧院在无极县演《杨八姐游春》，我们得知消息后马上赶过去。天气尚有些寒冷，露天的大戏台，台下早早坐满了来听戏的老人，他们脸上洋溢出欣喜和期待，让人感动之余竟有些恍惚。听戏，是看电视、看电影甚至听演唱会完全不能替代的体验，唱、念、做、打全是真功夫。

戏迷们早早就赶来占座，演员们在后台紧锣密鼓地勾脸、更衣，只等到点粉墨登场。评剧是我国五大剧种之一，源自唐山一带贫苦农民唱的莲花落，完全从民间自然生长。正因如此，评剧是从普通老百姓的喜怒哀乐出发，紧紧跟随时代的变化，不仅唱词直白易懂，而且旋律与唐山乡音密切配合，谁都能听得明白。新中国成立后，一度红遍大江南北，几乎与京剧分庭抗礼。

评剧擅长表现普通人的喜怒哀乐，著名的剧目有《刘巧儿》《花为媒》《杨三姐告状》等。《杨八姐游春》讲的是北宋仁宗年间，天波府杨八姐带着杨九妹，瞒着母亲佘太君到郊外游春，误入皇家园林。恰好此时宋仁宗也出宫游春，看到杨八姐美貌，就想娶她进宫，于是派老丞相王延龄到天波府提亲。佘太君骂王延龄老糊涂，但是毕竟圣命难违，她心生一计，假意答应亲事，要宋仁宗备齐自己要求的彩礼，彩礼不齐不成亲。佘太君的礼单不仅千古称奇，而且奚落了自以为至高无上的宋仁宗。宋仁宗大怒之下派人抢亲，却被杨家打得一败涂地。佘太君大义凛然上殿陈情，宋仁宗丑态百出，不得不打躬求饶，放弃了求亲的荒唐事。

《杨八姐游春》打斗场景

m32
庄市评剧院-一团
m32
庄市评剧院-一团

佘太君与宋仁宗庭前论争

石家庄市评

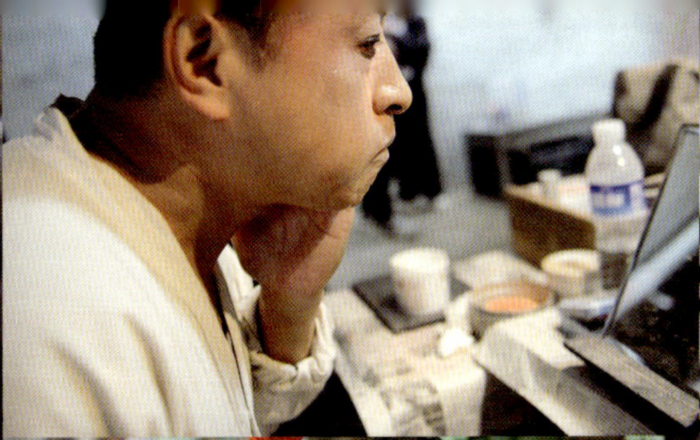

佘太君要彩礼的唱段是全剧最精彩的部分，她当着宋仁宗的面，向王延龄不紧不慢、一本正经地娓娓道来：

我要你东至东海的红芍药
南至南海的牡丹根
西至西海的灵芝草
北至北海的老人参
我要你八尺高的一棵珊瑚树
金瓶玉碗翡翠盆
水晶帐子玛瑙枕
磨盘大的一个老龙鳞
我要你一两星星二两月
三两清风四两云
五两火苗六两气
七两黑烟八两琴音
火烧龙须要你三两六
搂粗的牛毛要三根
公鸡下的蛋要八个
雪花晒干要二斤
要你茶盅大的一个金刚钻
天鹅的羽毛织毛巾
蚂螂的翅膀粘个红大袄
蝴蝶的翅膀粘个绿罗裙
要你天大的一块梳妆镜
地大的一个洗脸盆
……
铁拐李的葫芦我要半拉
给女儿做个炭火盆
韩湘子的花篮要一个
准备女儿盛线针
张果老的毛驴我也要
好送女儿骑回门
天波府离金殿有十五里
我要你金砖铺地三尺深
一步一棵摇钱树
两步两个聚宝盆
摇钱树上拴金马
聚宝盆上站金人
金人的身高一丈二
不要铜铁全要金
这些彩礼还不算
要你上方的娶亲人
王母娘娘娶门客
玉皇大帝他来执宾
和合二仙把锣打
四大金刚抬轿人
上八仙的吹鼓手
金童玉女把灯拎
二十八宿的对子马
九天仙女抱花人
中八仙来我要七个
当中不要吕洞宾
他本是恋花贪酒一位臊神

这彩礼，不仅宋仁宗拿不出，恐怕玉皇大帝都犯难。佘太君最后还嫌弃了一下吕洞宾，因为他是“恋花贪酒一位臊神”，这是直接打脸年过半百还要娶十八岁姑娘的皇帝老儿。朝堂之上，佘太君智斗宋仁宗；天波府里，杨八姐、杨九妹和杨排风痛打皇帝的抢亲人，简直痛快淋漓。公平与正义，在戏里总能实现。

观看《杨八姐游春》的观众

奸臣刘文晋向宋仁宗进谗

乐亭大鼓的前世今生

文 / 安期生

我眼前时常出现一个场景：一位盲艺人在自弹自唱，
周围则像时光开启了快进模式，老房子变成水泥房，
当年的人山人海变成寥若晨星。
盲艺人从少年变成老人，但那腔调未改，
精神头儿也依旧撼人。

扫码看视频
《乐亭大鼓表演选段》

老家在冀东，长大后行走四方，朋友们总喜欢让我用方言说几句，感觉“就像在唱歌”。冀东方言自带旋律，腔调如同唱歌，尾音悠长婉转，如果配上鼓板就自成曲调，堪称天然的说唱方言。从这个意义上讲，冀东方言就像母亲，孕育出了评剧、乐亭大鼓和唐山皮影三个孩子，现在它们被称为“冀东民间艺术的三朵花”。

我生于 20 世纪 80 年代初，那时已经有电视，评剧和皮影已经很少在村子里演出，印象最深的就是乐亭大鼓，大概是因为仅需要鼓、板和三弦，一两个人，说走就走。现在回想起来，当时是一位女艺人表演，内容已经记不清，但那腔调和精神头儿记忆犹新。

乐亭大鼓原名“乐亭腔”，因产生于唐山乐亭而得名。据《中国书词概论》中记载，清初，乐亭城内最爱唱“清平歌”，在乡间也流行着散曲之类的小调，后来有位弦子李，以三弦配奏了“清平歌”并进行优化，使其韵调动听悦耳，较之旧曲大有不同，于是齐呼之为“乐亭腔”。到了清道光三十年（1850），乐亭著名艺人温荣发现了犁铧翅的清脆声响，从而磨制成了第一副铁板，称“梨花板”（犁铧板的谐音），首创了用铁板代替木板演唱鼓曲，接着，他又在老木板大鼓的基础上，吸收了冀东各地流行的民间俚曲，将曲、词、鼓、板、唱腔、伴奏、道具等进行系统化，乐亭腔到这时升级为具有冀东地方特色的乐亭大鼓。清同治年间，温荣随崔佑文给恭亲王献艺，正式被赐名“乐亭大鼓”，温荣也成为公认最重要的乐亭大鼓创始人。

乐亭大鼓不仅在冀东各县流行，也逐步传播到京、津和东北三省。到了 20 世纪中叶，乐亭大鼓形成了以韩香圃为代表的东路（韩派）和以靳文然为代表的西路（靳派）两路唱腔体系。东路韩派唱腔嗓音圆润，旋律婉转、柔美、细腻；西路靳派唱

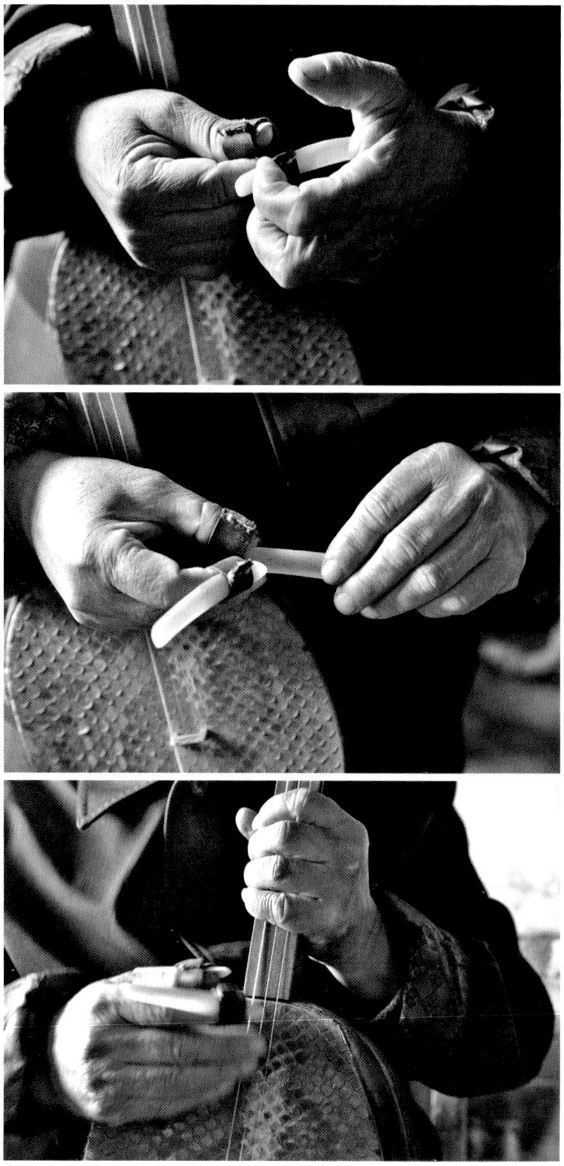

唱前准备

腔嗓音粗犷、韵味醇厚、流利自然。经过数代积累，乐亭大鼓留下了二百来个经典书目，包括《杨家将》《隋唐演义》《呼家将》《岳飞传》《包公案》等长书、《回杯记》《瓦岗寨》《呼延庆打擂》等中篇书、《玉堂春》《西厢记》《蝴蝶梦》《六月雪》等段子及《耗子摔跤》《老财迷》《绕口令》《现世现报》等微篇。

“斜阳古柳赵家庄，负鼓盲翁正作场。死后是非谁管得，满村听说蔡中郎。”老家叫北赵庄，每当读到宋代陆游的诗作《小舟游近村舍舟步归》，就恍惚回到了童年。乐亭大鼓在民间的艺人有不少是盲人，老一辈谋生手段少，如果一个孩子目盲，就意味着他失去了劳动能力，必须学些技能安身立命。带着自力更生、不给家里添负担的朴素目的，盲艺人们往往凭借其更专注的记忆和对声音的敏感有所成就。时至今日，人们谋生的方式多种多样，传习乐亭大鼓的盲艺人也越来越少，生活在唐山滦南县的曹胜宇几乎是目前最年轻的盲艺人，今年也已经八十岁了。

现在的村里，人们都扑在手机上，刷着千篇一律的量产短视频。我眼前时常出现一个场景：一位盲艺人在自弹自唱，周围则像时光开启了快进模式，老房子变成水泥房，当年的人山人海变成寥若晨星。盲艺人从少年变成老人，但那腔调未改，精神头儿也依旧撼人。

曹胜宇拨弦演唱

灵寿石牌坊

文 / 李雪萍

四百年间，傅氏家族共中进士五人、
举人十人、拔贡三十九人，
担任县令、知州、知府、将军、指挥使、
兵部侍郎、尚书等官职有二十余人。
一座小城的历史，如今几乎都浓缩在这座石牌坊上。

在石家庄市灵寿县北关牌楼公园，静静地矗立着一座明朝崇祯年间的“三世中枢”透雕石牌坊。这座精美的石牌坊是明朝崇祯皇帝为表彰当时的吏部尚书傅永淳及其父、祖父忠于朝廷而敕建的“三世中枢”傅氏牌坊。傅永淳为官清正，曾提出过十项重要建议，为“铨政十事”，被皇帝采纳。这座牌坊虽历经三百七十年的风雨、洪水、地震、雷击等自然灾害的摧残，但至今仍然巍然屹立，其高超的建造技艺令人赞叹。遥想当年，皇帝如果赐他千金而不是敕建牌坊，后人也许早已忘记了这位尚书大人。

傅氏牌坊坐向南北，为三门四柱三重檐，高 12 米、宽 8 米、进深 2.6 米，用灵寿本地产的细青石料三百六十度满工透雕而成。石牌楼顶部雕有狮驼宝瓶顶饰，寓意太平盛世。顶层额题“皇恩宠锡”。旌表额匾下方是一幅丹凤朝阳石刻，比喻“贤才赶上了好时机”。横匾正书“三世中枢”，下为六鹤并排云游图，再下为双蟒游云，有蟒有鹤，赞颂傅永淳文武双全。过街横梁上雕刻的是龙身犀牛图，屈曲盘绕，凝视前方，犀有独居习性，意思是忠厚勤奋、不结党营私，这正是傅永淳一生的写照。几百年来，牌坊下多少人熙攘追逐，可曾在此驻足深思？左右配坊三层横梁上，由上而下分别雕刻麒麟、吉雉、獬豸，寓意傅永淳平步青云、位极人臣。三层枋檐每层各有一对鸱吻，鸱吻是龙九子之一，喜欢在险要处东张西望，还喜欢吞火，所以聪明的匠人把它放在屋脊避火灾、保平安。牌坊虽为石制，但四个大柱子雕有流云飞鸟，飘然若动，使牌坊宛若立在祥云上的仙界大门。柱石上原本雕刻着四十八只石狮子，既威武勇猛，又乖巧可爱，是明代最具代表性石雕作品，现大多被盗，流落他乡。柱石下边的外侧面均浮雕麒麟镇邪、犀牛望月、封侯挂印等十余种吉祥物石刻，暗合官服礼制，且南北两侧、东西两端的吉祥物都阴阳对称，月刻阴面、日刻阳面。整座牌坊虽年代久远有所风化，但更显丰富浑厚、古朴雅致，堪称明末石雕艺术的集大成。

四百年间，傅氏家族共中进士五人、举人十人、拔贡三十九人，担任县令、知州、知府、将军、指挥使、兵部侍郎、尚书等官职有二十余人。一座小城的历史，如今几乎都浓缩在这座石牌坊上。人们在牌坊公园休闲运动，他们的先人就在那儿守望着他们。

矗立在时间之外的灵寿石牌坊

三世

灵寿石牌坊上的浮雕

灵寿石牌坊中层横匾正书“三世中枢”四个大字

井陉矿
与
段家楼

文 / 秘锡林、苟志俊

说到井陉的煤矿，井陉矿和正丰矿是绕不开的。
在 19 世纪末至抗战前这几十年里，
它们曾各据半壁江山。
而说到人，德国人汉纳根和北洋军阀段祺瑞更是绕不过去的，
围绕井陉煤炭这桶黑金所演绎的巧取豪夺、兴衰更替，
从 19 世纪末到 20 世纪 30 年代或隐或现，
总活跃着他们的影子。
所以，有人说："一座井陉矿，半部北洋史。"

井陉矿

儿时听人说古，说是天下的煤都是太上老君种的。太上老君背一布袋煤种，先从南边种起，那时年轻、力道足，所以种得深。后来到了北方，年龄大了、没劲了，就种得浅了。所以南方挖煤要挖很深，北方扒拉扒拉就出煤了。比如山西到处都是煤。想来，人和神仙差不多，大约也是干什么烦什么。太上老君种一辈子煤，能不烦？到了山西、陕西一带，年龄也大了，心气也小了，种煤也种烦了，便随便抛撒抛撒算是完事，好给玉皇大帝交差。不知是太上老君的偷懒还是疏忽，我的老家平山虽与山西一山之隔，却一块煤也没有。从少年起，为了给老娘一日三餐填灶烧火，害得我们整天长在山上"闹柴"，直把山上闹得光溜溜连棵草都没了。

但挨着平山的井陉有煤。井陉地处晋、冀交界，煤虽说不如山西多，但应该还算丰富。果然，后来探明井陉有煤田一百二十余平方千米，储煤两亿五千多吨，并且品质优良、埋浅易采。有记载说，唐时太行山东麓挖煤已很普遍；至宋明道元年（1032）之前，井陉就开始挖煤；到明、清两代，小煤窑已是星罗棋布了；清末，开始相继出现了由两台机器开采的近代煤矿——井陉矿和正丰矿，在19世纪末至抗战前这几十年里，它们曾各据半壁江山。而说到人，德国人汉纳根（Von Hanneken）和北洋军阀段祺瑞是绕不过去的，围绕井陉煤炭这桶黑金所演绎的巧取豪夺、兴衰更替，从19世纪末到20世纪30年代或隐或现，总活跃着他们的影子。所以，有人说："一座井陉矿，半部北洋史。"

清光绪二十四年（1898），井陉县南正村绅士张凤起集资购地开矿，不久因资金短缺停工。后在天津结识了德国人汉纳根，双方商定由汉纳根出银、张凤起出地，合作开矿，定名为井陉煤矿局。汉纳根何许人也？此人可大有来头，德国威廉二世的外甥，正经的皇亲国戚。此人曾任李鸿章的副官，后以总教习的身份协助提督丁汝昌组建北洋水师。1894年9月，甲午黄海海战爆发时，汉纳根就在旗舰"定远号"上协助指挥作战。甲午黄海海战后，汉纳根弃官从商。他通过李鸿章拜见慈禧，请求开矿，老佛爷面谕李鸿章尽力给予方便。

矿工用灯

德国制造的保险柜

20 世纪二三十年代的井陉煤矿

20 世纪初，当地军政要员与煤矿董事及员工的合影

张凤起本是井陉县正南村文生，听说清政府准备修筑京汉铁路，觉察到这是天赐良机。1898 年，张凤起勘察了矿脉，购买了横西村马会廷家的十八亩坟地，呈井陉知县筹办开矿，获直隶总督署批准。但是，采煤是耗费资金的大项目，张凤起很快就陷入难以为继的境地。转年到天津，辗转结识了汉纳根。汉纳根聘请德国工程师到井陉绵河一带考察，发现井陉煤藏资源丰富，双方很快签订了中德试办“井陉县煤矿局”合同，分呈清政府及德国驻华领事馆。按约定，汉纳根出银五万两，张凤起以十八亩地作为资本，双方各占 50% 股份，合作成立“井陉县横西村煤矿公司”。1902 年 3 月，清政府路矿总局批示：限张凤起、汉纳根十个月内将勘矿详情上报。次年 4 月，路矿总局批准了他们的开矿申请，并呈送北洋大臣袁世凯。张凤起、汉纳根一边申报待批，一边购机器、聘技师、勘井口、募工人，至 1905 年，已经开始大批出煤。袁世凯眼红井陉矿的滚滚财源，遂派官员以非法开采为由查禁，直接将张凤起踢出局外。1907 年，袁世凯离开北洋，也被出局，继任直隶总督兼北洋大臣的杨士骧委派官员与汉纳根磋商合资开矿。汉纳根与清政府以矿产、资源各折合股本银二十五万两，中德合股开采，定名直隶井陉矿务局，办事机构设于天津，汉纳根任洋总办，徐世昌的弟弟徐世钢任华总办。汉纳根经营井陉煤矿，攫取了多少财富，无人知道。但据当时井陉煤矿的职工工资表显示，仅汉纳根一个人的工资收入就等于七百名矿工收入的总和。而他手下的一个雇员高星桥，最初做过秤的司磅，后来做到井陉煤矿驻天津、保定售煤处的买办，于 1928 年在天津投资建成闻名中外的劝业场和交通旅馆，成为天津的顶级富豪之一，由此便可窥见一斑。

1905 年，井陉士人杜希五、杜欣斋等人联手筹建“保井公司”，意为保卫井

远望段家楼

陉煤炭资源，与外商抗争。但是，因为资金匮乏，收效甚微。杜希五又联合正定富商、段祺瑞的内弟吴雪门成立华丰公司，用现代工艺在井陉绵河以南的黄家沟办矿。汉纳根担心华丰公司做大会对井陉矿务公司构成威胁，于是，他借着自己的外资背景，以德国政府的名义向清政府提出抗议，要求撤销华丰公司矿权。官司一直打到清政府路矿总局。最后，路矿总局裁决：以绵河为界，井陉矿务公司在北，华丰公司在南，严禁越界开采。华丰公司虽然赢了官司，但经营一直很不景气。1911 年，辛亥革命爆发，次年清帝退位，袁世凯卷土重来。杜希五通过吴雪门结识了王士珍。王士珍是正定牛家庄人，四岁丧父，由母亲和婶母抚养成人。因其颇有才能，得袁世凯赏识，担任军政要职。王士珍与段祺瑞、冯国璋并称“北洋三杰”，其中王士珍为“三杰”之龙，段祺瑞为虎，冯国璋为豹。袁世凯复出之后，任命王士珍为陆军大臣。溥仪退位之后，王士珍辞官退居正定。杜希五拜见王士珍，商谈合作井陉开矿，这与王士珍“强军救国”“实业救国”的梦想一拍即合，遂决意入股华丰公司。同时，王士珍还把时任内阁总理兼陆军总长的段祺瑞拉了进来，并邀请阎锡山、曹汝霖等十余位政要、富商筹资十七点八二万两银圆注资华丰公司，改名“正丰煤矿公司”，由段祺瑞的弟弟段祺勋任总经理。

第一次世界大战爆发后，1917 年，段祺瑞力主对德国、奥匈帝国宣战，这给汉纳根以毁灭性的打击。汉纳根在井陉煤矿的股份被全部没收，本人也被遣送回国。从此段家控制的正丰煤矿没有了竞争对手，迎来了空前发展的良机。1937 年

10 月，日军占领井陉煤矿、正丰煤矿。1938 年，执掌正丰煤矿的段祺瑞之子段宏业在侵略军威逼之下，将正丰煤矿及段家楼全部资产卖给了日本人。同年 5 月，两矿分别被改为“兴中公司井陉采煤所”和“兴中公司正丰采煤所”。1940 年 10 月，日方与伪华北政务委员会达成协议，将井陉、正丰、六河沟煤矿和石门炼焦厂合并，成立“井陉煤矿股份有限公司”。1945 年，日本投降，国民党政府接收。1947 年，矿区解放，由晋察冀边区政府接收。1949 年后，成立河北井陉矿务局。

段家楼

1912 年，段祺瑞及其家族入股正丰煤矿公司，第二年，在正丰煤矿西约一公里处兴建总经理办公大楼、小姐楼、公子楼、德国工程师办公大楼、小偏楼等七座规模宏大的德式建筑群，这就是家喻户晓的段家楼。井陉矿沦陷后，日本人又在楼群南北侧增建一座日本宪兵楼和三栋日式住宅。段家楼的选址，非常重视中国传统的风水观念，这座规模宏大的建筑群，西依云凤山，东临绵河，北有清凉山，南对凤凰岭，被段祺瑞视为风水宝地。其主体建筑为德式，而正门前的凉亭却是中国传统建筑造型。这座凉亭建在青石筑成的平台上，分别由八根八面见方的石柱巍然托起，取“四平八稳”之意。

在传统的宅院中，正门大多设在主房的前面，而段家楼的正门却建在小姐楼

段家楼办公走廊

的前面。段家楼建筑风格的独特性与段祺瑞的经历和观念有着密切的关系。段祺瑞曾留学德国，深受德国军事、文化的影响，因此在建造段家楼的过程中，他特意聘请德国的建筑师来设计。段家楼的核心建筑总经理办公楼占地长 30 米、宽 18 米、高 15 米，大楼主体为上下两层，正面八根粗大的青石柱和弧形回廊支撑起整体结构，三面回廊环抱，高大威严。而楼的内部，宽敞的空间里设有客厅、舞厅、卧室、办公室等。这座总经理办公楼内的装饰材料全部从德国进口，十余年前，我曾游历其处，亲见历经百年的德国建筑配件仍在使用。总经理办公楼是段家楼的代表作，也是中西建筑艺术结合的珍品。与众不同的是，总经理办公楼窗户上的百叶窗木条下端向里倾斜，在室内看不到室外，而在室外可以看到室内，由此可见设计者的良苦用心。百叶窗的合页是专门设计的，打开窗户，窗扇可以

段家楼内景

平面贴到墙面上，方便主人在室外的活动。总经理办公楼内有一地道入口，里面是宽大的地下室，室与室相互连通，墙体设有通风气眼，保证室内空气流通、四季不潮、冬暖夏凉。段家为了打造百年基业，考虑到战乱避难、机密、安全和物资储藏等方面的需要，不惜重金聘请德国专家进行地道的建筑设计，自 1913 年至 1924 年，修建地道全长约 1850 米，并与总经理办公楼、公子楼、德国工程师办公大楼、煤师院、凤山火车站、正丰矿厂区办公大楼、高级职员办公区、正丰矿电厂等主要建筑相连通。到了日伪时期和“文革”时期，又在段家时期的基础上进行修建，形成了今天 5556 米的地道。地道大部分为砖巷，少部分为石巷圆木顶棚，做工十分精细，有些地段百年之后还完好如初。地道修建时非常保密，所以直到 1969 年才被发现，有些暗道入口在 1983 年拆除旧建筑时才重见天日。段家楼景区地道虽历经百年，但保存基本完好，地道分上、中、下三层，纵横交错，四通八达，大循环套小循环，密布暗道机关，攻防设施齐全，仿佛是一座地下迷宫，使进入地道者茫然不知所措。地道有十三个出口可直通凤山火车站、公路大桥、正丰矿厂区、宏业宾馆、景区总办大楼等地，进入和疏散都十分便捷。

总经理办公楼楼前有圆台，似正丰矿徽，一个巨大的钱币造型，外圆内方。主楼高柱阔门，顶层为德国钢盔形状，百团大战被炮弹削去，改为尖顶。段氏叔侄都不善经营，出谋划策的是王士珍。王士珍信风水，京汉线正太线交通枢纽原打算设在正定，只因他是正定人，害怕坏了风水，遂挪到石家庄了。

在这片建筑群中，最出人意料的是把小姐楼放在整个建筑的中轴线上。据说，由于段祺勋特别宠爱女儿，所以在创建段家楼群时，不仅把小姐楼建在最显要位置，而且小姐楼的造型、结构、用料、做工一点也不逊色总经理办公大楼。小姐楼一楼由五孔高大的圆拱门组成，弧形突出，精巧别致。二楼四面回廊环抱，风韵别致。小姐楼的设计理念体现在人性化的设施，楼内读书、休息、娱乐设施齐全，布局巧妙，做工精细，方便主人。门窗由百叶窗、窗纱、玻璃开扇三层组成，百叶窗由优质木条斜镶在窗框上，小姐楼门窗上的百叶窗与总经理大楼不同，木条下端是向外倾斜，在室内可以看到室外，而在室外却看不到室内。楼内的建筑材料大部分从德国进口，国内材料也是好中选优。小姐楼的浴室，无论是浴缸还

段祺瑞

是墙面瓷砖全部为德国进口，虽经百年，依然光亮如新。装修时，墙角是用专用弧形瓷砖贴线，由于没有直角，显得既美观又便于擦拭。楼内取暖采用暖气和壁炉双套设施，壁炉为欧式，而它的装饰则是中式盘龙纹，中西合璧，犹如一件艺术杰作。据段家楼景区特聘顾问张延年介绍，段家楼内文物众多，其中要数总经理办公楼内的木质冰箱、总经理卧室的穿衣镜、档案室的文件柜、小姐楼卧室内的组合柜、凉亭里的石桌石凳和一个德国进口的保险柜最有历史价值。这些文物或设计精巧，或做工精细，或造型美观，堪称段家楼的六件“镇楼之宝”。而其穿衣镜不论从哪个角度、不论距离远近都能显示试镜者的全身，据说这种镜子的制作工艺已经失传。

关于段家楼，著名作家尧山壁曾有妙文描述，说此处办公地是一处洋建筑群，背靠云凤山，面对绵河水，占地 16 万平方米，包括七处豪宅，统称段家楼。段祺瑞行伍出身，淮军将领，曾受李鸿章委派赴德国学炮兵，欣赏西方生活，主持设计了这座中西合璧的楼群。背西朝东，期望紫气东来。半圆围墙，莲门中开，做挽弓射箭状。迎面凉亭，八角石柱，歇山屋顶，起脊飞檐，屋脊上不是飞禽走兽，而是一排北洋士兵，个个大檐帽。亭后六十棵柏树听到口令一样一起向东南倾斜，柏与拜谐音，朝他老家安徽合肥鞠躬，有人说是风向所致，也不排除当初有意为之。

占据中轴线显赫位置的小姐楼，段祺瑞当初选址有两点原因：第一，感觉这里曾是明朝开国功臣徐达的校场，要英雄有用武之地；第二，南对凤凰岭，西有云凤山，“凤凰不落无空之地”，把楼建在两个山尖连线上。小姐楼罗马式，三层洋楼，拱券回廊，尖顶红瓦大阳台，德国材料，冬暖夏凉。段祺瑞女儿七岁进山，一住就是十四年，后来移居美国，活到八十多岁还念念不忘太行山这座小楼，子辈孙辈都来看过。

2001 年，段家楼被河北省列为省重点文物保护单位，如今已被列入第七批全国重点文物保护单位。

段家楼后院

扫码看视频
《北张村民俗表演》之一至之五

井陉社火

文 / 任滟俐、朱朱

这一路人马，穿梭在山村的小街小巷中，
两旁的人群摩肩接踵、翘首观望。
穿着新衣的媳妇，三三两两聚在一起，
时不时窃窃私语、掩嘴偷笑，
不知是说着彼此的体己话还是打趣着那个他。

井陉县过年时街景

井陉社火

文 / 任滟俐

井陉，坐落在太行山中，位于河北和山西的交界处，自古山西商人多，从山西通往东部平原，井陉成为必经之地。清代诗人赵执信在《井陉道歌》中云：“晚云挟雨风不休，井陉古道行人愁。未知驻足竟何处，群山来往相遮留。”在核桃园、大梁江、旧关、黄岩村等地，曾经有许多商铺和驿站。历史考据，春秋时期就出现“井陉”这个名字。作为太行“八陉”之一，井陉历来是兵家必争之地，最有名的一场战争是韩信指挥的背水之战。

一个地方历史悠久，必然有许多文化传承和特有的民风民俗。一说井陉，先让人想到的是拉花，唐代的《元和郡县图志》就有对拉花的记载。拉花形成于何时何地无文字可考，众说纷纭，确凿的是在井陉最终发扬光大。2006 年，拉花经国务院批准列入第一批国家级非物质文化遗产名录。其实，井陉何止拉花，还有花脸社火、跑驴、旱船、竹马、龙灯、马火、斗火龙、走黄河阵、龟驮碑等几十种民俗表演。有些演出节目年年都会出现，可秀林镇的马火表演只在马年才有，十二年一次。

每逢农历正月，一些喜欢民俗表演的朋友都要跑到井陉。

2023 年农历正月初六，几个朋友结伴一起去天长镇。天长镇是井陉县规模最大、建筑最完整的一个千年古镇，唐代在此地驻守天长军。这里是山西通往河北的咽喉要道，至今南城门依然有清康乾时期的四个大字“燕晋通衢”。当日民俗演出非常丰富，常山战鼓、社火打斗、戏剧小品……人潮人海，可惜的是匆匆看了踩街和一些演出就打道回府了。

2024 年农历正月十九，抱着去年的遗憾，再次相约朋友们去井陉的罗庄。

北方的正月虽过立春，依然冰寒料峭，灰蒙蒙的天空、灰蒙蒙的公路，沿着 307 国道，十点半左右赶到罗庄。当天是罗庄的庙会，十里八乡的人一大早就赶了过来，村口被络绎不绝的大小车辆拥堵得水泄不通，远远听到敲锣打鼓的声音，踩街已经开始。

每个村演出前，按照习惯都要先踩街，前面是几个扛着五颜六色彩旗的壮汉，后面是敲锣打鼓的乐手，接着是演出的团队，最后是抬着纸马供品的汉子，队伍的成员就是村子里的男女老少。每逢这个时候，平日穿着朴素的大妈、大婶，也

井陉县社火踩街的队伍之一

是涂胭脂抹粉儿，头上戴花，穿上花花绿绿的衣服。

无从考据过每个村子为什么都要踩街，猜想是驱赶什么邪气或者猛兽，我更相信是后者。历史上，这里属于中山国，赵简子和中山狼的故事家喻户晓，故事总归是故事未必属实，不过，几十年前猛兽还经常光顾村庄。前些年去井陉县的南蒿亭村，偶进一个院子，见一老大娘在院子中间独自剥黄豆，见面就诉说在20世纪60年代，一次过年，全家在东屋做饭，睡在西屋的襁褓中的孩子被狼叼走，面部本该有的哀伤已经麻木，或许如同祥林嫂一般本应该让人同情，因为不停地磨叨招来周边的嫌弃，但对她而言却是永远挥之不去的悲伤。

一路追着踩街的队伍来到一个空场，他们把祭祀的香案、花树、供品等一应物件安置好，活动就暂告一段落。一打听，文艺演出要下午一点半才开始。不能

井陉县社火踩街的队伍之二

干等着，马上询问老乡附近村子还有什么演出活动。

四十分钟后，赵村铺就这样出现在我们的视野里。村子在秦皇古驿道的北线，当年是交通要道，交通带动商业，商业又调动起文化，当年说书的、唱曲儿的、杂耍卖艺的、做买卖的会经常在村里逗留，是附近热闹的大镇店。据说，这个村子已经有六百多年的历史，现在还保留着龙王庙、古戏楼、文昌阁等古迹，还有在风雨沧桑中静静伫立的老树、斑驳的石头房子，向人们诉说着当年的繁华与荣光。

每逢这个时候，村子就会有民间社火演出，在外面务工的子弟没有特殊情况必须赶回来，不仅是家人的团聚，更是乡里乡亲一年中难得的一次见面。

头天还是斯斯文文的教书先生，今天就化妆成蓝脸的窦尔敦；小超市的年轻老板娘把脸一抹，抄起烟袋就成了媒婆。

扫码看视频
《赵村铺走街》

扫码看视频
《井陉乡村走街》

扫码看视频
《王家岩走街》

井陉县社火踩街的队伍之三

踩街的队伍甚是庞大，远远望去，如同一条舞动的彩龙。最前面的老汉扛着彩旗，叼着烟卷儿和路边看热闹的老相识打招呼。浓妆艳抹的大妈、大嫂跟平时完全不一样，腰杆笔直，边走边舞。几个汉子挥舞着双臂，站在三马子（三轮车）上，把大鼓敲得震山响。还有一群小学生穿着校服、挎着腰鼓混杂在中间，或许不远的将来，他们就是演出的主力。

今天，在赵村铺村村民心里是一年之中最重要的日子。过会的迎“杆”早就矗立在演出现场，那些“杆子”有碗口粗细、十多米高，在竖“杆”上搭满横梁，再把各形花炮、彩旗、纸花捆扎其上。

几声炮响，戏台上农民艺术节联欢会开始了，精心排演的小品、拉花、广场舞、戏曲、现代流行歌曲等节目可谓丰富多彩。

台下突然骚动起来，回头一看原来是花脸社火表演，十几个武生扮相的年轻人你来我往、闪转腾挪、吼来吼去，打斗场面好不激烈，在急促的锣鼓声中，仿佛回到古战场一般。

农历正月二十一大早，罗庄和赵村铺的演出场景还没有淡化，又来到南张村。南张村村口一如既往地水泄不通，老远就闻到小吃摊飘过来的香气，炸油条的、卖爆米花的、卖烤香肠的……摊位一个接一个。可惜的是演出已经开始，小学校的操场作为舞台正在演出。台上一男一女，20 世纪六七十年代的扮相，老头子穿的是绿色上衣、蓝色裤子，头上扎着白毛巾；老婆子穿的是白地蓝花棉袄、蓝色裤子，脚上穿一双方口布鞋。剧本讲的是老头子不求思想进步，老婆子苦口婆心地教育他，连说带唱，诙谐调侃，逗得观众前仰后合。接下来是民间舞蹈、赶驴、跑旱船、拉花等。

观众的外围是南张村面塑展，一些手巧的婆姨（方言，泛指妇女）把普通的白面做成颜色、形状各异的馍，如祭祀用的猪羊、寿桃、面花等。更有高手奇思妙想，把最初的祭神供品逐步演变成为千姿百态的艺术作品，如龙腾虎跃、凤凰飞天，还有参加劳动的社员、谈情说爱的小青年等。如今，这些会蒸花馍的妇女已是非物质文化遗产传承人，用自己的巧手延续着村庄的历史。

下午，来到庄旺村，庄旺村属于天长镇。井陉的古村落很多，随便哪一个都有几百年甚至上千年的历史。2016 年 12 月，庄旺村被列入第四批中国传统村落名录。庄旺村出名的有放河灯、元宵灯会、渔家乐、跑旱船等，当然也少不了“拉花”，庄旺村是“拉花”的传承地之一。庄旺村的演出是在村委会的大院里，演出没开始，院里已经聚满村民。参加演出的演员已经打扮齐整只等开始，节目形式都是老百姓喜闻乐见的，看了多少年也看不腻。生活在村子里的老人平常还是喜欢跳跳拉花，这不，当天的拉花演出队伍临时在村民中选演员，个个一身本事，随时上台。看了一个拉花和唢呐独奏后，演出突然停止，观众也没走，不知道什么情况。一问，原来是等外村的红脸社火。半个小时过去，几辆小货车进了院子，红脸社火的演员们从车斗里跳了下来，村子里管事的赶紧递烟倒水，他们也不敢怠慢，迅速抄起家伙式儿披挂上阵，似乎还要去其他村子赶场。社火演的是《三英战吕布》，演员跨着纸糊的大马，手持兵刃在空场拉开架势，吕布穿白爱素，手持方天画戟；刘备一身土黄袍，手持宝剑；关羽红战袍，披着莺歌绿的斗篷，手持青龙偃月刀；张飞一身黑，手持丈八蛇矛。双方都两眼一瞪，真有六亲不认的感觉，在一个小小的院子里，演员们插招换式，杀了个昏天黑地。

热闹的民俗活动到农历二月二才结束，一个村子一年中仅有一天这样的演出，但祖祖辈辈生生不息地延续了几百年、上千年。井陉人民用最朴素的方式钟爱着自己的家乡文化，同时感染着每个喜欢民间文化的人，唤醒游子对故乡文化的思念。

红脸社火《三英战吕布》

扫码看视频
《庄旺拉花》

扫码看视频
《庄旺红脸社火》

赵庄岭庙会

文 / 朱朱

2024 年农历正月二十五的清晨，天还未亮，一个掩映在苍岩峻岭之中的山村——赵庄岭却打破以往的沉睡，早早醒来。一个个大人兴奋得像孩子，床头摆放的花裤绿袄是他们今天的装扮，院子里竖着的团龙黄旗是他们今天的道具。女人们在匆匆准备早饭、捯饬完孩子后，开始涂脂抹粉，腮红、眼影、眉粉、口红，虽然遮不住岁月的风霜，但也能唤回一些青春时的回忆。整个山村在家家户户的兴奋和骚动中醒来，这是一年一度的特殊日子——赵庄岭抬皇杠，一个延传了半个世纪的习俗。待到日出三竿、天明雾散，街上已经是人山人海、花团锦簇。人们聚集在村委会门口，锣鼓喧天、彩旗飞扬。打头阵的是彩旗队，八个壮汉扛着三米多长的龙凤旗、大帅旗、仙鹤旗等引路开场；后面是由装扮一新的拖拉机载着锣鼓队赫赫生威；紧随其后的是手持舞扇的秧歌队、拉花队，当然也少不了北方地区特有的丑秧歌队——那些竖着发髻、装扮成媒婆的大婶大娘们。引路的这些阵仗后面，才走出了今日的主角——一台由彩旗、纸花、金元宝装饰一新的皇杠，杠上站立着一只木雕猴子，四个大汉抬着皇杠缓缓前行。这一路人马穿梭在山村的小街小巷中，两旁的人群摩肩接踵、翘首观望。穿着新衣的媳妇，三三两两聚在一起，时不时窃窃私语、掩嘴偷笑，不知是说着彼此的体己话还是打趣着那个他。抽着烟的大爷眯着眼看着队伍中的后生，是否想起自己年轻时的模样。顽皮的孩子穿着崭新的衣服穿梭在大人们中间嬉笑着、打闹着……

队伍走到一块宽阔的场地，开始各种表演活动。扇子队变换队形，上下翻飞的彩扇像蝴蝶般飞舞在人群中。不再年轻的大婶瞬间变成少女一样，扭动着不再

《凤凰》 面塑

扫码看视频
《井陉南张村》

人物面塑

扫码看视频
《井陉石头村民俗表演》

社火《杨门女将》

纤细的腰肢，笑颜如花、体态轻盈。跑旱船的大叔也加快了脚步，左右腾挪中让一只只旱船像疾驰在水面一般。舞龙灯的小伙最是抢眼，十几米长的巨龙在七个小伙子手中上下翻飞、左右腾挪，时而如蛟龙出水昂首长啸，时而如双龙斗法互相缠绕，精湛的技艺引得周围的乡亲们一阵阵地叫好。当然，最吸引人的当属丑秧歌了，两个身着彩绸衣服、装扮成媒婆的大娘打头阵，一人是一只手拿长杆烟袋，脸上贴着美人痣，蓝衣蓝裤上开着娇艳的玫瑰；另一人是一只手拿黄帕，鬓边插着一朵硕大的红花，红袄红裤镶着藤蔓的花边。她们时而抽着烟袋冲观众吞云吐雾，时而对着路人搔首弄姿、抛着媚眼，那搞怪的动作、夸张的表情逗得大家哄堂大笑，有胆大的小伙子竟然跑到队伍中和她们斗起舞来。这一队人马敲敲

扫码看视频《赵庄岭民俗表演》之一至之二

社火踩街队伍

打打、串街走巷去往那个神圣的地方——火神庙。火神庙的广场上、周围的房顶上、山坡上……凡是能看到表演的有利地形都早已聚集了很多人。在彩旗队的引领下，整个队伍缓缓进入广场，锣鼓声渐渐安静下来，人们将目光都投向火神庙的方向。十几个衣着工整的男子神情庄严地跪拜在庙前台阶下，一个中年女人手持绣了红花的团扇，口中念念有词，开始围着香炉舞动，那是一种身份的象征吧，通过这种形式和上苍进行沟通，诉说着这一年的苦痛和挣扎，诉说着这一年的悲欢离合，诉说着这一年的收获和失去。随后，人们开始抬皇杠进入火神庙，摆放停当以后，将干果、花馍、鲜花恭恭敬敬地摆放在供台上，男女老幼焚香跪拜，祈祷来年风调雨顺、平安康泰。广场上临时搭起的凉棚下，人们排着长队在往一

帅

大秧歌队

个红色的功德箱里投钱，一个戴着眼镜的记账先生一笔一画在红纸条上写着人名，然后贴到后面的墙上，这些功德钱将用于火神庙的维修管理。广场上早已开始了各种表演活动，人们欢笑着、蹦跳着、兴奋着，抬皇杠活动会一直持续到午后。

赵庄岭的抬皇杠来源已久。相传在明正德十年（1515），明武宗朱厚照病危，紧急召唤在外巡视的堂弟朱厚熜还朝继位。朱厚熜接旨不敢怠慢，连夜启程回返，恰逢正月二十四日，风冷夜黑、路遥途险，在经过河北井陉赵庄岭时，遇贼兵拦路截杀，朱厚熜为保存性命，情急之下逃进路边的火神庙，躲在火神的神案之下，方才免过一劫。后来朱厚熜即位登基，年号嘉靖。嘉靖帝感叹当年火神的救命之恩，于是降旨封火神为火帝正君，拨皇银重新修建火神庙，并且赐皇家全幅銮驾执事用以壮其神威。同时钦定于每年农历正月二十五日为祭典之期，从此，赵庄岭火神庙会便形成了。此后的光阴中，赵庄岭祖祖辈辈的人们，每年农历正月二十五日，不管是他乡求生活的壮年，还是独守故乡的老者，抑或嫁入此地的新妇、刚出生的娃娃，都要参加，十里相亲新衣新鞋、头钗鬓花、红粉胭脂，一路吹吹打打、热热闹闹，抬皇杠奔赴火神庙祭火神，焚香纸、盼富足、求平安。

井陉是一个有着两千多年历史的地区，自秦代就开始设县，伴随其悠久的历史，有着极其丰富的文化遗产。以井陉拉花、渔家乐等为代表的非物质文化遗产和以众多节日社火、庙会为代表的民俗文化非常丰富，特别是年俗文化流行甚广，自古就有“过十五、闹十六”的习俗，每逢春节，群众性声势浩大、种类繁多的文化活动便进入高潮。各村各镇每到农历正月十五、十六、十七，群众便自发组织演出队伍轮流到各地进行踩街演出，以此振奋精神、弘扬美德，同时表达对风调雨顺、五谷丰登的祈盼，这种形式被民间称为“过会”。井陉拉花、竹马、跑龙灯、抬皇杠、搧傢官、龟驮碑、老娘送闺女、白脸社火、红脸社火、撵虚耗、斗火龙、牛虎斗、打树花、火流星等轮番上演，热闹非凡。据不完全统计，井陉县三百一十八个村落共有四百多个庙会，列入国家和省级、市级保护名录的传统村落多达七十三个，县级以上非物质文化遗产项目近百项，尤以春节民俗活动最活跃、最具特色，井陉不愧为中国春节和庙会文化的“大观园”。

高搭花台以求来年风调雨顺

扫码看视频
《赵村铺黑脸社火》

黑脸社火

店
皆山商店

庄旺村正月十九花
星光耀眼舞蹈传四海

扫码看视频
《井陉梁家村》
之一至之四

赶旱驴

黄天霸

狂生宋鹅池
——一位明代公路艺术家的摇滚人生

文 / 安期生

宋海翁才高嗜酒，睥睨当世。
忽乘醉泛舟海上，仰天大笑曰：
“吾七尺之躯，岂世间凡士所能贮，
合当以大海葬之耳。”
遂按波而入。[1]

在井陉县天长镇小龙窝村，有一个颇为精致的龙窝寺石窟。据说，明代时，这个石窟旁边有个龙窝寺，寺里有几个和尚，日子过得清贫。当时，有一个读书人寄居在寺里，天天听这些和尚埋怨没饭吃，就跟和尚说：“别苦瓜脸了，我画一幅画，你们拿到集市上换粮食。”和尚将信将疑去了，结果换回来不少粮食，大家都很高兴。不久，寺庙门口来了好多人，都是来找读书人求画的。读书人本来到这就是图个清静，结果被吵得受不了，就偷跑到更深的山里。山的悬崖上有个古时留下来的小楼，平时连砍柴人都爬不上去。这读书人居然跑到小楼里隐居，每天就是翻翻《华严经》，几个月也不出来。山里人以为他是逃犯，就带人要赶他。读书人一看隐居不下去，就自己走了。

读书人姓宋，名登春，字应元，是赵郡新河人，也就是现在的邢台市新河县人。宋登春家的阶级成分是地主，但不幸的是他少年时父母双亡，家里就成了贫农。宋登春喜欢喝酒，但是家里太穷了，大多数时候喝不起酒，他就读古人书来过酒瘾。每当读到子路、鲁仲连、高渐离这些豪杰的故事，就仰慕他们奇绝的志趣，禁不住流着泪慷慨悲歌。从此，宋登春就仰慕豪侠，练就了一身挽强弓、驰骏马的本领。由于他精力太充沛，练武还不过瘾，就又开始写诗，并且画得一手好画。他画画的路数来自当时一个奇人吴小仙，吴小仙名叫吴伟，是中国历史上唯一一个御封的“画状元”。吴小仙虽然多次被招进宫，却是李白那样的人

[1] 陈眉公：《小窗幽记》卷十，中州古籍出版社，2008，第 334 页。

吴伟《灞桥风雪图》轴　明　故宫博物院藏

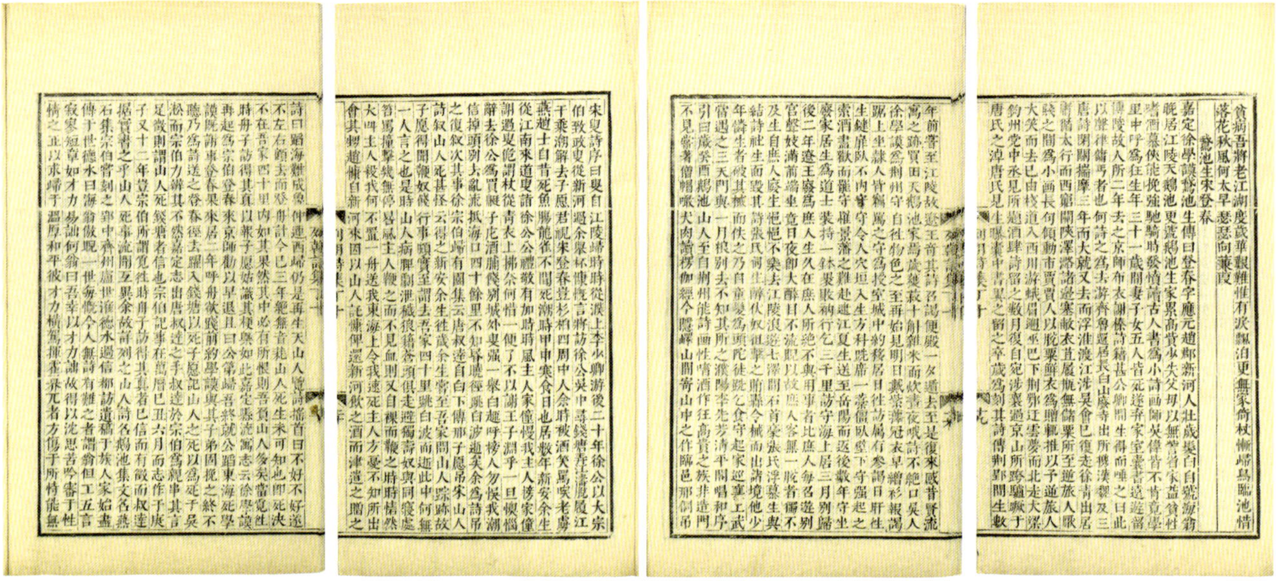

钱谦益辑 《列朝诗集·鹅池生宋登春》 清顺治九年毛氏汲古阁刻本

物，每天喝得醉醺醺。皇上召见他的时候，经常是醉着前来，信手涂涂抹抹就成一幅佳作。后来，皇帝封他为画状元，他却弃印而走，漂泊江湖。宋登春学到了吴小仙的精髓，每天喝得醉醺醺，村里人看他落魄到尘埃里还那么牛，就称他为狂生。

人都是一瞬间变老的。宋登春三十岁那年，他的妻儿五人在一年间相继去世，大概是在那时，他头发白了，给自己起了个号叫“海翁”，意思是心向大海的老头。可能是在这个世界活得太窝心，他只能时刻想想大海，愿自己也像大海那般开阔。宋登春是读书人，但他知道自己的性情忍受不了官场的规则，所以他压根没想过走科举的道路。但他所梦想的鲁仲连、高渐离那样的人生，在明代也不可能存在，他只能像李白那样做一个漂泊的失意人，甚至比李白更甚，成了一个社会规则之外的边缘人。所以，宋登春在妻儿都去世后，伤心地说：“咄嗟！天乎将驱我于埃壒之外乎？”[2] 他把自己的家给了兄长，带着书开始了漫游。

宋登春先是到博陵的一个朋友那里待了两年，然后去了京师。当时，有一个跟他同为布衣的诗人谢榛，每天凭借诗歌在公卿间游走，成就了自己的名声。宋登春非常看不上他，认为好歹七尺之躯，怎么可以把诗歌作为敲门砖匍匐在公卿之下乞活呢？在京师待了一个多月，没什么特殊经历，宋登春就去了渤海边，又到兖州登了峄山，去凭吊当年秦始皇在峄山的石刻。然后他又跑到长白山一个破小寺庙，在那里闭关研读汉魏盛唐的名家诗歌。就像武林高手揣摩修炼秘籍一样，三年之后，宋登春的诗艺大成。他又开始新的游历，过淮河、渡扬子江、登北固山、望金陵钟山……过云阳，凭吊春秋时期延陵季子祠；到吴越，拜访钱塘天竺、灵隐诸峰。后来他又往北返，短暂回老家新河之后，又出居庸关，沿着太行山向西游关、陕、泽、潞这些当时的北方边塞。他有一些边塞诗，可能就是这期间写

[2] 唐执玉、李卫等：《畿辅通志》，雍正版，卷一百五，收入《影印文渊阁四库全书》，台湾商务印书馆，1986，第 15 页。

的，比如这首《塞下曲二首》[3] 之一：

金鞭白马出萧关，沙塞黄云五月寒。明主恩深犹未报，阴山何日斩楼兰。

就是在这个过程中，宋登春短暂居住在太行山中的龙窝寺，后来又隐居到山崖小楼。不久后，他因为被人驱赶，不得不离开小楼去了太原。太原旅馆的掌柜见他衣衫褴褛，十分看不起他。住店的客人里有个商人，想求人写一首诗为长辈祝寿。宋登春帮了他这个忙，商人非常感激，为他置办了新衣裳，旅馆掌柜也觉得自己狗眼看人低了。宋登春接受了商人的好意，但他自在随性惯了，并不想穿这光鲜华丽的新衣，就随手送给了旅馆掌柜（估计权当住宿费），自己穿着破衣烂衫飘然而去。他继续西行，然后从栈道入西川，游历峨眉山后，再沿着三峡到了荆州和郢州，在浔阳和云梦等地驻留之后又北上大梁。在钧州的酒肆里，党中丞看到了宋登春的题壁诗，非常仰慕他，邀请他到家里住了几个月。

宋登春不是总在别人家寄居的人，他继续游历南阳、襄阳、京山。在京山，他骑的驴在老唐家的水坑蹶倒，书囊中的书掉了一地，他只好在街头晒起书来。这位没留下名字的老唐觉得宋登春不是平常人，就盛情邀请他吃饭，并且留他在这住了一年，为他刻印了诗集，宋登春一下子成了荆州、郢州及周边的著名诗人。

宋登春一年后去了江陵，很多年前他去过那里，当时住在城西的开元观，辽王喜欢他的诗，就在便殿接见他，两人话不投机，待了一晚上就跑了。这次来江陵，宋登春登上仲宣楼，这楼是为了纪念东汉末年王粲寄居刘表麾下，郁郁不得志作《登楼赋》而建。宋登春有一种烈士暮年、壮志难酬的悲凉，他瞬间感觉到了自己的衰老。有一首《九日集楚雄楼怀旧》[4] 大概是这一时期所作，颇有杜甫的韵味：

沱水燕关忆壮游，短衣孤剑老荆州。天涯纵酒逢青眼，马上看枫掉白头。
日暮饥乌还绕树，烟寒古堞自深秋。江空鸿雁无消息，千里相思月满楼。

[3] 宋登春：《宋布衣集》卷二，台湾商务印书馆，1986，收入《影印文渊阁四库全书》，第 2 页。

[4] 宋登春：《宋布衣集》卷二，第 30 页。

宋登春找到定居在天鹅池的侄子宋鲸，并在那里住了下来，打算做一个农民，自己取了个新号“鹅池生”，人称“宋鹅池”。宋登春踏踏实实在天鹅池的石田耕作，每年能收获十斛豆子，他把一半豆子换成米，每天吃一顿豆米饭。稍微有点盈余，就都拿去换酒，昼夜赋诗不绝口。在天鹅池，远离故乡的叔侄两人已经情同父子，诗作《戊午杪秋示义儿鲸》[5] 可说明：

徐学谟像

天地羁愁客，江山去住人。悲凉十载事，漂泊一纶巾。

此日知吾老，他乡独尔亲。图南未可料，空负故山春。

当时，嘉定人徐学谟在荆州做知府，听说了宋登春的名号，就主动去拜访他。徐学谟也是个厉害角色，他是明嘉靖二十九年（1550）的进士，授兵部职方司主事。当时大同总兵仇鸾在周边修筑堡寨时以权谋私，徐学谟不顾仇鸾有严嵩做靠山，秉公处置此事，是个正直不阿之士。即便如此，宋登春也藏起来不愿意见他，结果几天后，徐学谟又去拜访，宋登春过意不去，出来接待他，两人相谈甚欢。第二天，宋登春戴着紫箨冠，穿着皂缯衫来衙门拜访徐学谟，大大咧咧直接坐上座，从此两人就经常往来。徐学谟专门写了一首《喜宋山人夜过府署》[6] 来记载两人的友情：

南纪萧疏老客星，鹅池遥忆草堂灵。满城何处堪携杖，深夜相过闻扣扃。

秋远江声寒小箪，月高乌影在闲庭。自来公府无拘束，一任狂歌醉复醒。

徐学谟觉得宋登春在天鹅池过得太辛苦，就自己花钱在城里给他置办了个屋子，让他搬来住，并且约好第二天去拜访。结果第二天徐学谟迟到了，宋登春不给他开门。徐学谟就让人从墙上开了个洞进去，发现宋登春光着脚躺在墙角的席子上，两人席地对饮了一下午。徐学谟还帮宋登春整理刊刻了诗文集《燕石集》，比唐氏出的集子更加完善。几年后，徐学谟因为抵制景王非法侵占荆州沙市，被景王倒打一耙，说他无人臣礼，结果罢官回乡。徐学谟离开的时候，宋登春依依

[5] 宋登春:《宋布衣集》卷二，第 10 页。

[6] 爱新觉罗・玄烨:《御选宋金元明四朝诗・御选明诗》卷八十二，收入《影印文渊阁四库全书》，台湾商务印书馆，1986，第 28 页。

不舍地坐船送他，一直送到岳阳，他们在途中诗酒唱和，宋登春途中作了两首颇为精彩的诗，一首是《洞庭送徐使君投劾东归》[7]：

秋来为客易沾巾，又向潇湘送逐臣。烟草断云横楚塞，夕阳落雁度江津。
天涯白发无知己，湖上青山有故人。回首吴关空怅望，何年沧海共垂纶。

另一首是《自沙津江行舟次岳阳送徐使君》[8]：

漠漠晴沙江水流，搴衣同上木兰舟。白蘋风起洞庭暮，碧树云横楚塞秋。
羁客怀乡何限泪，孤臣去国不堪愁。夕阳帆影临空尽，谁念天涯独倚楼。

回去之后，宋登春想到徐学谟受了委屈，在故乡嘉定闲居，就总想去陪陪他。但是，宋登春实在没钱上路，聪敏的他于是身着一套道袍，手里拿着个钵，一路化斋行乞，步行三千里到了嘉定。嘉定人因为他是徐学谟的朋友，都争着送河豚来慰劳他。他来者不拒，第二天见到对方也不道谢。一位郭将军派人送巨款给他，宋登春说："将军啊，您以为我这穷鬼是为了钱来的？"让来人回去谢绝了郭将军。当时徐学谟本打算在嘉定买田，把年纪已经不小的宋登春安置在这，后来觉得就他这性子还是别勉强为好。宋登春在嘉定住了三个多月，其间与徐学谟诗酒往来，留下许多佳作。比如《春日寓徐公西园》[9]：

笋出过阑见，桃香度水闻。树深连海色，洞午散江云。
石上抛书卷，花间数鹤群。春愁如碧草，随处乱纷纷。

又如《海上寒食》[10]：

风雨临寒食，偏惊流浪情。梅花乡信远，芳草客愁生。
青眼故人少，白头世事轻。还余一尊酒，东海吊田横。

[7] 宋登春：《宋布衣集》卷三，收入《影印文渊阁四库全书》，台湾商务印书馆，1986，第1—2页。
[8] 宋登春：《宋布衣集》卷三，第2页。
[9] 宋登春：《宋布衣集》卷三，第10页。
[10] 宋登春：《宋布衣集》卷三，第10页。

宋登春回到了江陵，他是把这里当作终老之地的。江陵的辽王朱宪㸅是个荒唐人，但他对宋登春颇为照顾，经常邀请宋登春到别宫参加宴会，满堂都是舞姬歌女，别的客人故意开玩笑取悦辽王，只有宋登春端坐在那，目不斜视只顾喝酒。辽王越发敬畏他，这个大部分时间都不正常的王爷，每次在宋登春面前都很正常。可以说，徐学谟走后，在江陵能照顾穷困潦倒的布衣宋登春不被人欺负的，也就这位不着调的辽王了。不过好景不长，两年后，辽王被废了，这件事是他自找的，也是几代恩怨累积的结果。

辽王被废后，很多关系密切的人都跟着遭殃，宋登春因为对辽王的冷淡态度幸免。但是，失去辽王的庇护，宋登春就不想留在江陵了，他把当年徐学谟给他的房子卖了，大部分钱都留给了宋鲸，自己拿着些盘缠游历楚地。到了石首的时候，士人们都很欢迎他，大家一起结了诗社。诗社里有个土豪少年张氏，仗着有钱横行乡里，想附庸风雅博个雅名。宋登春没看上他的诗，一点面子没给。张氏怀恨在心，在一次聚会上故意挑衅，派奴才几乎把宋登春打死。他又贿赂县官，给宋登春戴上枷锁赶出石首。幸亏几个石首士人良心不泯，在出境后帮他逃脱。伤痕累累的宋登春又回到了江陵，把之前来往的朋友挨个拜访了一遍，然后自己剃了头发，打扮成一个头陀的样子，从此行乞为生。一个凭借才华蔑视权贵的人，却无奈生活在权贵掌控的世界上，宋登春这个苦命人，不想向那些规则低头，却在垂老之际遭受无赖的迫害。从他回江陵之后做的事就能看出来，这道无解的题，他真的是受够了。

明万历十二年（1584），宋登春去拜访了自己的忘年交邢侗。邢侗是临邑（今山东德州临邑县）人，字子愿，号知吾、啖面生、方山道民、来禽济源山主等。他是明万历二年（1574）进士，做过南宫知县、湖广参议等，年轻时就以诗文成名，又因为擅书画而与董其昌齐名，被称为“北邢南董”。宋登春趁醉跟邢侗说：“我要去拜访徐学谟，然后去看钱塘江的大潮，跳进那潮头而去。”[11] 邢侗借着酒劲大骂他：“老虏，燕赵士自昔死鱼肠龙雀，不闻死潮！”[12] 意思是：老家伙，我只听说过燕赵豪杰都是死在鱼肠、龙雀这些利器之下，没听说过死在潮里的。邢侗想用宋登春当年的少年意气刺激他，让他放下跳江的念头，却不知他去意已决。

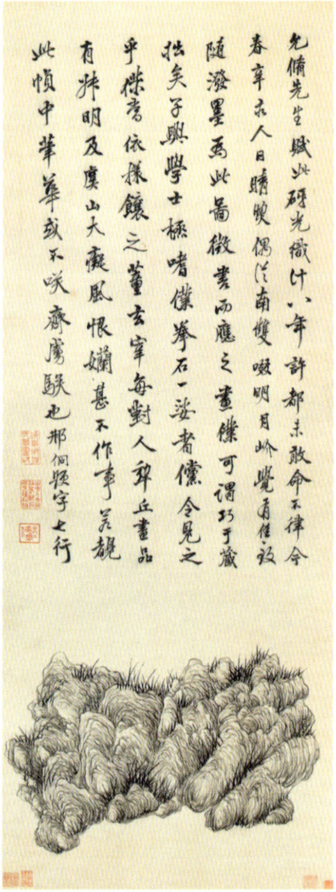

邢侗《拳石菖蒲图并跋》轴
明　南京博物院藏

[11] 钱谦益辑《列朝诗集》丁集第十，清顺治九年毛氏汲古阁刻本，第二十页。
[12] 钱谦益辑《列朝诗集》丁集第十，第二十页。

明万历十三年（1585），宋登春南下去找徐学谟。徐学谟在这些年间起起落落，此时已经从礼部尚书任上罢归，在嘉定建了归有园。因为宋登春叨叨自己老无所归，总要去跳海，徐学谟就把他安置在这里，想让他在这里终老。宋登春在这里住了一年多，两人看看芥纳楼的梅花，或者拜访程园去看牡丹，老年生活过得倒还行。可某一天，两人的家奴闹了矛盾，宋登春嫌徐学谟责罚得太轻，怠慢了他这个“海内名士”，非得自己把那家奴狠揍了一顿，吵吵着要回家去。徐学谟没办法，就给他雇了一艘船，二人就此别过，再也没有相见。

明万历十四年（1586）秋，杭州城外，钱塘江大潮澎湃而来，一个满头白发的老人忽然仰天大笑，从舟中一跃而起，没入波涛之中。古稀之年的狂生宋鹅池，最终还是把终点选在了大海。他一辈子游历天下，因为喜欢才写诗，没饭吃就画画换口饭，明代公安派文人江盈科描述说：“海翁方面大耳，身长七尺，须眉皓然。寓桃源半载，居恒无宿舂。值粮尽，则值纸绘古人图像，易米为炊，馈遗一金以上皆不受。”[13]宋登春游离在一切社会规则之外，试图保持一种独立的人格，按现在的话说就是一个活得很摇滚的公路诗人。近百年后的清康熙二十三年（1684），仰慕宋登春的新河县令王益仲在宋登春的家乡给他修了祠堂，立了“明布衣宋鹅池先生故里”碑，并为其刊刻《宋布衣集》。从那以后，一辈子不受待见的宋登春开始被神化，成为当地的“宋大仙”，涌现出各种类似神笔马良的民间传说，都是他凭借高超画艺帮助穷人或惩戒财主之类。宋登春如果泉下有灵，应该又急了要打人吧。

走遍大江南北，觉得这片高天厚土都搁不下自己的人，只有狂生宋鹅池。

[13] 钱谦益辑《列朝诗集》丁集第十，第二十七页。

燕赵美食

文 / 韩晓静、孙金韬 等

那些在河北土地上出现过的大、小政治中心，
都有孕育饮食文化的深厚土壤，也最终导致了河北饮食文化的多样性。
在漫长的历史进程中，冀菜从地域风格上形成了四大流派：
以保定为代表的直隶官府菜，以承德为代表的宫廷菜，
以张家口为代表的塞外菜和以唐山为代表的冀东沿海菜。

烙制棒子面大饼

飘香在燕赵大地上的美食

文 / 韩晓静

有历史的地方才有美食，这已是人所共知的常识。地处京畿之地的燕赵故土历史悠久，当然在更朝换代间也少不了美食的故事。春秋时期，齐国有二桃杀三士的传奇。战国时期，中山国则不可思议地因一杯羊羹而亡国——当时中山国本就与赵国关系紧张，恰有一次，中山君命厨师做羊羹一菜，宴请群臣。菜味香浓，早令众臣垂涎，不承想这分羹的工作做得不好，大臣司马子期没能分上一杯羹。他愤怒至极，羊羹尝不到，这被人冷落的滋味更伤人心，于是一气之下投奔了赵国，并劝说赵王征讨中山国。

一杯羊羹勾出的故事让人唏嘘，羊羹的美味也因这惊心动魄的历史故事被蒙上了神秘色彩。河北这片土地上的美食经历了几千年演变，饮食种类的丰富、做法的繁复早已不是一杯羊羹可比。然而，回顾历史会发现，历史赋予美食的恐怕有因自然、水土、气候而生长的物产，也有因政治原因人群聚集带来的制作的工巧，天、地、人各种因素聚合，就有

杂鱼泡饼

酱爆脆骨

京酱肉丝

了一个地方的美食。

比如邯郸，作为历史名城，邯郸不仅有美酒，有敬酒、喝酒的传统，更有不少美食。酥鱼、饺子、驴肠、烧饼等，看似不起眼的小吃，说说就有上追宋元乃至魏晋的历史。更让人意想不到的是，地处北方的邯郸居然种植水稻，还有不少以鱼为食材的菜品——这不由让我猜想当年的古城周围必是河网密布，即便不堪比鱼米之乡，也一定迥异于今天地下漏斗遍布的景象。其实，据考古发现，人工养鱼早在春秋时期就已在现今河北这片地域出现了。人们对美味的追求其实也是经济实力的反映，当年像吕不韦这样的大商游走的地方，锦衣美食自然少不了。邯郸菜用油多，也许是当年富足的表现。春秋时期的邯郸是都城所在，权贵云集，再加上商业发达、财富聚集，美食自然就多。宋代是中国饮食的成熟期，食材丰富自不必说，技术进步、煎炒烹炸、饭菜做法花样翻新，更是让人垂涎。从《水浒传》中就能看到对大名府的描写，十万人口的大城镇，酒楼茶坊、饮食店铺林立，晚上还有夜市，饮食种类相当丰富。

沧州当年是大码头，20 世纪 50 年代还有遗迹。码头南来北往的客人多，带来不同的饭菜做法和口味。沧州有回族同胞聚居，自然造就了羊肠子这类小吃。要说官府菜，还得说保定。相比于其他城市，保定既有丰富的民间小吃，又有上得台面的官府菜。这当然是和保定特殊的历史地位有关系。同是总督，直隶总督就权重位显，集军事、行政、盐务、河道及北洋大臣于一身，其权力已大大超过直隶省范围，所以非重臣莫属。到任的总督自然也把家乡风味带到此地：李鸿章在任，安徽老乡就来了，淮扬菜的清香也就飘到保定的街巷中；曾国藩在任，湘菜的辣爽没准儿就混合进保定的酱香……

杂烩菜

承德是皇家之地，饮食有宫廷之风自不必说。燕窝鸡寿意、珐琅葵花盒小菜、水晶饼……宫廷名菜近四百道，个个都是精心烹制。宫廷饮食不仅食材讲究、造型精美，在用器上也格外考究，承德的民间小吃也因此自品种、花样到制作工艺都精于其他地方。除了宫廷的影响，承德所处的地理位置也是各民族文化交流的地方，各民族发展、交融的历史轨迹都在饮食上留下了痕迹，因此，承德的民族风俗也让它的饮食颇具民族特色。

唐山是工业重镇，也是闯关东途经的一个城市。当年闯关东的人们在此停留，带来了饮食上的外乡口味。

张家口临近塞外，少不了马帮的影响，羊肉自然不可少；气候原因种不了小麦种莜麦，因此就有了莜面窝窝、莜面鱼、凉拌莜面、莜面拿糕……

饮食的快感不仅在于齿颊，还在于佐着美食总有过往的故事——不管是堂而皇之写入史册的正史，还是街头乡野传闻一时的野史，历史在可闻可见间多了活色生香，自然是谁都不能抵挡的诱惑。还是回到当年一杯羊羹亡了国的中山国，戏剧性的结局是狼狈逃亡的中山国国君发现总有两个人提着戈跟着他，一问才知道，当年这两个人的父亲快饿死了，中山王曾从壶中拿出食物来给他们吃，因此至死感恩，告诉子孙中山国如有难要以死相报。中山王慨叹自己以一杯羹亡国，却因一壶食物得到两位义士。施与受关乎人心，这是治国者不可忽视的大事，更何况食物是人生存的根本。由此可见，关心美食可不是小事！

冀菜杂谈

文 / 孙金韬

319 年，在当时狼烟四起的河北土地上，羯族人石勒建立后赵，定都于襄国（今河北邢台），在与我们河北老乡、“闻鸡起舞”的祖逖抗衡多年后，他最终称霸北方。石勒作为奴隶出身的胡人，特别忌讳人们提“胡”字。据说，他宴请群臣时曾指着一盘黄瓜问汉族官员樊坦：“卿知此物何名乎？”黄瓜本是张骞从西域带来，所以一度称为胡瓜，樊坦如果说“胡瓜”必然犯禁，于是急中生智吟道：“紫案佳肴，银杯绿茶，金樽甘露，玉盘黄瓜。”石勒听后大悦，“胡瓜”从此便更名“黄瓜”。唐代陈藏器在《本草拾遗》中说：“北人避石勒讳，（胡瓜）改呼黄瓜，至今因之。”由于黄瓜从那时就在冀南一带广泛种植，所以后来冀菜中甚至出现了整席菜全用黄瓜的“黄瓜宴”。

黄瓜的出身说明河北饮食文化渊源悠远，也揭示了河北饮食文化与历史的密切关系，到了清代尤其如此。清雍正八年（1730），直隶总督署驻地迁至保定，冀菜中的重要一支——保定直隶官府菜开始在各届总督府中孕育。保定的历届直隶总督们来自五湖四海，李卫带来了江苏口味、刘墉带来了山东风味、曾国藩带来了湖南口味、李鸿章带来了安徽口味、袁世凯带来了河南口味……全中国的口味在保定汇聚，与保定本地的特色食材和烹饪工艺结合，形成了融合各地口味却又有河北本土风格的直隶官府菜。可以说，明、清时期的河北作为环卫京畿的军政重地，饮食文化与历史文化几乎是共生的关系，而当我们再把视野拓展到整个中华文明的长河中时，河北饮食文化与历史、地理的关系就更为明显了。

从历史、地理的角度来看，河北这片土地上一直很热闹：黄帝曾战蚩尤于涿鹿，尧帝曾建都于唐，战国时期又有燕、赵、中山三国雄踞，三国时期曹魏都于邺，五胡十六国有多位豪强建都于河北，唐代安禄山以范阳为根据地，自元以后河北几乎一直为中央直属，那些在河北土地上出现过的大小政治中心都有孕育饮食文化的深厚土壤，也最终导致了河北饮食文化的多样性。在漫长的历史进程中，冀菜从地域风格上形成了四大流派：以保定为代表的直隶官府菜，以承德为代表的宫廷菜，以张家口为代表的塞外菜和以唐山为代表的冀东沿海菜。不难看出，冀菜的面貌其实并不统一——直隶官府菜本就是综合性流派，受晚清直隶总督李鸿章、荣禄等人的口味影响，创造出烹虾段、总督豆腐、桂花鱼翅等名馔，而承德、张家口等地的饮食风格则与山西、内蒙古、东北地区多有交集，冀东的沿海菜则与辽东沿海有很多近似之处。总体来说，冀菜很难形成统一的菜系风格，因而从体系上讲，远远没有其他八大菜系成熟。

有趣的是，与冀菜作为“菜系”的晚熟相比，河北的地方小吃却成名甚早，有些甚至可谓誉满全国，有人用驴肉火烧作为河北的代表美食，这恐怕也出乎河北人的意料。如果说承德宫廷塞外菜代表着来自东北的满族皇室口味，直隶官府菜代表着官僚阶层的复合口味，那么河北的名吃则代表着百姓生活的日常口味。在河北，所有人都可以对自己家乡的名吃娓娓道来：张家口的坝上莜面、柴沟堡熏肉，承德的碗坨、驴打滚，保定的牛肉罩饼、槐茂酱菜，唐山的炒饹、棋子烧饼，秦皇岛的赵家馆饺子、粉鸽子，沧州的虾酱、羊肠子，邢台的道口烧鸡、南宫熏菜，衡水的鞋底烧饼，廊坊的香河肉饼，高碑店的豆腐丝……而人们最熟悉的驴肉火烧甚至发展出了保定和河间两种风格。不得不说，这些名吃是先辈智慧的结晶，是文化和民俗赋予河北的人文财富。从这个角度讲，菜系弱、小吃强的现状恰恰体现了河北质朴、勤俭的民风，这虽不是冀菜的菜系特色，却算得上是冀菜的人文精神了。或许，冀菜中的这些小吃比被称为百姓菜的川菜更加百姓化呢。

河北招牌菜——金毛狮子鱼
20 世纪 70 年代，袁清芳首创

白洋淀上打鱼人

做鱼的白洋淀人

文 / 王颖

人是主宰陆上的生灵，鱼是主宰水里的生灵，人毕竟需要各种食物果腹，包括鱼。自从有了人类，我想，吃鱼的历史也就开始了。从某种意义上讲，吃鱼曾推动和改变过历史的进程。据说，北欧人是追踪鳕鱼的渔夫而最早发现了北美新大陆，后来的哥伦布是受了他们的启迪才出发的！

古老的东方以鱼为美食的记载，可上溯至三千多年前的周朝。曾经有出土的青铜器记载，当年周师在彭衙（今陕西白水县内）迎击猃狁，凯旋后，大将尹吉甫私宴张仲及其他友人，主菜就是烧甲鱼加生鲤鱼片。两千多年前，圣人孟子在论述“舍生取义”之大节时，就是拿鱼和熊掌作比喻的：“鱼，我所欲也，熊掌，亦我所欲也；二者不可兼得，舍鱼而取熊掌也。”在熊成为受保护动物的今天，倘使孟夫子在世，在鱼和熊掌不可兼得的情况下，他肯定会说舍熊掌而取鱼了。

民间有俗语说：“吃四条腿的不如吃两条腿的，吃两条腿的不如吃一条腿的，吃一条腿的不如吃没有腿的。”人之于鱼，向来情有独钟。在这个辽阔的星球上，人鱼共生共存、相互滋养。鱼给人们提供着生存的蛋白质，同时，人们也在促进着鱼类的生息繁衍。而吃鱼，怎样吃好鱼，怎样做出可口的鱼，怎样千方百计地换着花样做出美味的鱼，是人们津津乐道且乐此不疲的事情。

一方水土孕育一方风味。号称“华北明珠”“鱼米之乡”

炖杂鱼贴饼子

的白洋淀，到保定市的直线距离不过四十五公里，这里的水产资源极为丰富，淡水鱼类有五十种之多。老话说得好，靠山吃山，靠水吃水，鱼也就自然而然地成为水乡人上乘的果腹食材。遥望淀里，连绵的淀塘苇荻接天、荷菱映日，淀中居民船来水往，热热闹闹，过着以苇为田、捕鱼采菱的诗样生活。在富饶的白洋淀，鲜活美味的水产品俯拾皆是，鱼虾鳖蟹、藕蘋菱芡，都可大饱口福。炊烟袅袅，饭口正当，渔民们打起一网小鱼，就在船上支起铁锅，舀半锅清水开炖，锅沿上还要贴一圈黄澄澄、香喷喷的玉米面小虾糊饼。慢腾腾地炖上一个半小时，待到柴尽鱼酥，热腾腾地夹在口感粗糙硬朗的饼子里，让鲜香的汁水微微淌出，这时咬上一口，饼子的香脆硬扎与小鱼的香软层次分明，相得益彰。一顿好饭，口感可以是香浓而粗犷，也可以是清雅而精致。香滑弹嫩的熘鱼片、浓郁醇厚的小锅炖鱼、咸香利口的松花鸭蛋，这些实在的“硬菜”摆在面前，无可挑剔的色香味就直白原始地挑逗着你的消化欲，诱惑你举匕探箸，让味蕾的满足感带来强烈的幸福感。如果你已“口厌肥甘”，自然还有别致的应时小菜佐人清兴。甜脆的嫩藕可以满足任何挑剔的食客，再配上一壶口感甜润的荷叶茶，虽坐盛夏酷暑中，也自有凉风爽意生于席间。

说到白洋淀最具代表性的特色美食，那一定是白洋淀的鱼菜系列了。白洋淀人做鱼的方法独特、远近闻名。他们终日水上漂荡、以鱼谋生，长年累月积累了丰富的吃鱼方法，形成了非常独到的白洋淀鱼类菜系。听老辈人讲，康熙帝十分喜爱白洋淀，曾数十次来此游览，他的孙子乾隆也曾多次到此巡游，淀上现仍存有他的行宫遗迹。皇帝来了，大小官员都不敢闲着，千方百计地讨皇帝欢心。鱼宴不断翻新，越

白洋淀炸鱼

白洋淀炸虾

白洋淀熏鱼

做越精。这样，白洋淀民间鱼肴就进入了官府菜和宫廷菜。近年来，随着改革开放和对文化遗产的传承，人们将白洋淀特色鱼系发扬光大。白洋淀人积累了丰富的做鱼经验，形成了庞大的白洋淀菜系，吃法精确到鱼的每个部位，刀法有鱼片、鱼丝、鱼条、鱼段、鱼丸、鱼丁、鱼干、鱼馅等，做法有清炖、红烧、焦熘、爆炒、糖醋、干煸、清蒸、火烤、烟熏等。

保定的食鱼文化影响深广，做鱼的高手也车载斗量，在众多的做鱼人当中，被誉为“直隶鱼王”的陈爱军便是其中的佼佼者。

1965 年出生的陈爱军是土生土长的白洋淀人，他的老家圈头村四面环水，当年不通陆路，他是在水里泡大的。在陈爱军之上有六个姐姐，在那困难的年代里，同中国的大多数农民一样，陈家也在为温饱而忧虑。父亲最疼陈爱军，怕他挨饿，在他初中毕业后就让他到村里的供销社去学厨师，这样起码不缺油水。那时的圈头村虽远离现代文明社会，但却更多地保留了传统文化，年节吉庆、婚丧嫁娶还按照旧时的套路，陈爱军学厨的小饭店生意还挺红火。但他最初只是切菜帮厨，并没有机会主灶。然而过了不久，机会就来了。有一次，邻居家来了客人，到饭店叫了几样小菜，碰巧当厨的师傅不在，在邻居的催促下，陈爱军只好亲自上手。那年他才十六岁，壮着胆子，煎、炒、烹、炸，一通折腾，弄了四凉四热。菜被拿走了，他心里忐忑不安，生怕菜被退回来。等了一阵子，邻居来了，结果却出乎他意料，邻居说吃饭的客人非要见见他。那人是城里来的，见过世面，是个吃鱼的行家，觉得他做的鱼菜别有滋味。见到他这么年轻后很是惊讶，问他做厨师几年了，他红着脸说是第一次。客人吃惊地问：“油、盐、酱、醋，你是怎么放的，能做出这独特的味道？”他说：“我特别紧张，手忙脚乱的，拿着什么是什么，顺手放的，全是凭感觉。”客人感叹地说：“真是个做菜的天才！”自此，陈爱军在三乡五里名声扬开了，乡亲们办酒席时，都请他来掌勺。我同陈爱军聊起此段时，他笑着说：“我对鱼的感觉是天生的，准确地说也是饿出来的。从记事起就在船上漂着，鱼是我们的主要食粮，饿的时候就看鱼，就想着怎么吃它，想着用什么方法能让它滋味更好，吃得更痛快。”

味蕾的感觉是衡量一个厨师的标准，对食材独特的感受能判定厨艺的高低。厨师对菜品的感觉如果顺应了众人的口味，他就会成为大厨。

1984 年，陈爱军来到古城保定，担任餐厅主厨。第二年，他拜饮食界久负盛名的徐嘉瑞为师，接受了正规的烹饪训练，厨艺有了更大的进步。1993 年，陈爱军顺利通过河北省组织的特一级厨师评定，取得了厨师的最高级别，并获在省、市级的厨师考试中担任评委。那一年他只有二十五岁。1994 年，陈爱军在保定创建了自己的酒店，主做鱼宴。开业之初，他就立下壮志：顺应饮食潮流，发展营养饮食，形成自己独特的经营风格，在三年内创建出真正属于自己的饮食名牌，五年内建立分店。他不断选派员工到外地去学习，自己的足迹也遍及大江南北。巴陵的全鱼宴、淮阴的鳝鱼席和湖州的百鱼宴，都曾是他关注的对象。经过潜心研磨，集众家之长，终于推出以自己名字命名的全鱼宴。

全鱼宴有不同规格，一般大众餐饮有四凉四热、六凉六热；高品位的全鱼宴包括八凉八热、两个饭菜、一个汤菜，共十九品菜，其冷菜、热菜、小吃、主食都是以淡水鱼为原料制成的。鱼的品种主要有鼋鱼、鳜鱼、虹鳟鱼、鲇鱼、鲂鱼、鲤鱼、黑鱼……他通过传统的或是创新的烹饪技法处理，并赋予多种多样的味型，精心制成冷、热、汤、羹等各式菜品。其特点之一是部分鱼菜吃鱼不见鱼，如各种鱼片、鱼丝、鱼丸等。这主要是采用了多种刀工和烹调方法，从造型到口味、色调都不相同，大多造型优美，富有诗情画意。以炒最难以成形，太大则肉如柴，味道如嚼蜡，鱼只取其背，肉肥而嫩，切成蝴蝶状，上锅爆炒，味道咸鲜微酸，开胃爽口。鱼头则拿来做鱼汤，成为名副其实的一鱼两做。特点之二是因材施艺，物尽其用。以鱼鳞冻为例，采用鲤鱼的鱼鳞，清洗干净后，加水上屉蒸至鱼鳞打卷时，将鱼鳞汁取出，晾凉。色如水晶般剔透，似乎可以掌上把玩和微微弹起；嚼在嘴里的感觉冰凉凉的，入口没有一丝腥气，只觉凉滑清爽，有点弹牙和滑润，老少皆宜。特点之三是讲究当地原料入馔，以烹制鲜活见长，原料丰富、刀工细腻、口味清淡。以凉拌鱼丝为例，采用鲜活黑鱼，因需肉质鲜嫩，鱼只取其腹，切丝下水，焯至八成熟，取出沥水，加以葱、姜、蒜末，淋麻油、香醋少许，即可上桌。小虾糊饼，选自新鲜的玉米面，颜色特别黄，加上白洋淀刚打上来的活蹦的小红虾和白洋淀榨菜，鲜香脆爽，余味深长。

全鱼宴每道菜品都有透着文化品位的菜名。白洋淀从前有个大水围，客人去了之后，都是吃淀里的鱼。那些经典

剁椒鱼头

的传统菜，比如半蒸半煮都有典故。县志里记载着康熙、乾隆到过白洋淀。传说当时皇帝乘坐的船翻了，幸亏一个叫李铁龙的农民把他捞上来。皇帝在农民家里吃饭，李铁龙用铁锅做的“半蒸半煮”——下边熬小鱼，上边贴饼子。关于这道菜，据说康熙还写过一首诗。白洋淀吃鱼得从这个时候算起。

此外，上庄坨的汤也很有名。俗话说，“赵北口的汤，喝也后悔，不喝也后悔”，形容喝了它，就会迷上那鲜嫩的口感。

“民以食为天，食以鱼为首”，浓郁的水乡情结促使陈爱军集百鱼制作之精华，在全鱼宴的基础上又推出了一道以全鱼、全羊相结合的创新文化菜——“鲜”字菜，把二者结合起来，取其“新鲜、时鲜、味鲜”齐全之意。鱼和羊组成“鲜”字是中国人对味道至高无上的评价，“全鱼宴”与“鲜”字文化菜的成功研制奠定了他的“鱼王”基石。他还根据春、夏、秋、冬四个季节特点，按照营养学进行搭配，把食材加工制作成健康养生菜品。一年三百六十五天，每天都研制系列菜新品，坚持推出新品菜系。他所研制的鱼头泡饼系列业已风靡全国，在《东方美食》刊物上登出后，全国各地的餐馆、酒店纷纷效仿，并加以自己的名字推出此菜系。

如今的全鱼宴已研制出千余种鱼肴，不仅形态多样，而且味道香浓，带有白洋淀人独特的水乡情感。在陈爱军的带动下，不过一万人口的圈头村竟然走出了六百多名学厨、事厨的青年，从1985年到1995年，光是获得二级厨师证的就有二百多人。现在的陈爱军，从事厨师行业的徒弟已有千余名，可谓桃李满天下。前些天，他专门召开了众弟子的联谊会，并给他们授牌，词曰：“把事业当成生命！”

电视系列片《舌尖上的中国》中有句台词：“美食抚慰着中国人的胃和心”，我想，这鱼无疑是一切陆上生灵所没有的柔化人情感的情绪源泉，是冲洗我们血管里凝块的涓涓细流。

古人云：“子非鱼，安知鱼之乐？”我说：“子非吾，安知吾不知鱼之乐乎！”鱼是人类最好的伴侣，为此，我们将一路吃去，乐而不疲。

驴肉火烧

漕河说驴

文 / 郑学

小黑驴沿着北运河来到河北，刚入沧州，听得人言：“要吃‘火烧驴肉’！”一路奔逃进保定，忽听沿街叫卖：“驴肉火烧！”

河北人是要吃驴肉的。

地有东、西、南、北，味有酸、辣、咸、辛。因为文化习惯的差异，不同地域间食材选择差异颇大。比如朝鲜族聚居区域，狗肉是席上之珍；桂林的马肉米粉，亦自独步全国，可是这些食材，其他地区的很多人都不视为普通食物。河北饮食最特殊处是擅长烹饪驴肉，而最好吃的驴肉出在保定徐水的一个小镇——漕河。

到漕河吃驴，吃的不只是肉嫩汤浓，更是一个感受传统地方文化的过程。从非物质文化遗产学的角度看，漕河驴肉既有完整的口传文本，又有可以依附的物质基础。吃腻了普通的五牲六畜，不妨去漕河进一脔稀罕的全驴宴，顺便听本地人聊聊驴肉的历史故事。

我们找到擅长做全驴宴的厨师王宏伟，他从前辈那里听到的故事是这样的：

> 漕河驴肉有六百多年的历史。以前这里有漕帮和盐帮，两家分别负责给天津运粮食和盐。他们关系不好，经常动起刀兵。漕帮常常缴获了盐帮的货物，把他们的驴用来煮肉，慢慢形成了一种煮肉的模式。后来经过加工，发展为现在的老汤煮肉，这汤也有几百年的历史了，汤底绝不外借。漕河驴肉制作工序复杂，需要一天一夜才能完成。用老汤加上盐和二十多种香辛料，放上肉，不加酱油，先大火攻，煮完之后要拿出来晾一下，然后再小火焖上一宿。第二天出锅时，肉特别入味，颇

烤制火烧

色特别红润，口感极好。

传说是历史变形的反映。在这个故事中，可以发现几个关键的信息点：码头、漕运、盐、粮。把视野放宽，投射到整个河北范围，不难发现一个现象：凡是食用驴肉的地区，都在北运河一条线上。中国人饲养驴、马，主要是为了获得畜力。在农耕区，驴是宝贵的生产资料，一般不会轻易宰杀食用，唯有交通线上可以汇集如此大量的驴匹。明清以来，运河是北京的生命线，政治中心汇聚的众多人口，仰赖运河通漕转运的江南粮食。直到今天，北京、河北口语中仍把糯米称为“江米”，就是六百年漕运留下的印记。在官营制度下，明初以来，长芦生产的食盐也要通过这条运河转运八方。然而，北运河时常出现的干涸与淤塞，会影响到这条交通动脉的顺畅运行，因此在运河两岸，赶驴的脚力是一种重要的补充。驮运盐粮，任务繁重，对驴匹消耗很大。老弱伤病，不堪使用，大量驴匹淘汰，需要寻找消耗渠道，汤锅是当然的选择。于是乎，驴子“赍以姜枣，荐以木兰，祭以粮稻，衣以火光，葬之于人腹肠”，从沧州到保定，产生了“火烧驴肉”“驴肉火烧”的种种花样。明初到清晚期，漫长的漕运史足以让驴肉形成一种饮食文化，停漕一百多年后的今天，驴肉依然可以代表河北味道。由于当年驴肉来自老病驴匹，烹制驴肉时必须重盐重硝，以杀菌消毒，保证食用安全。好在运盐路上食盐易得，所以过去的驴肉口味颇重。运河两岸的消费者多为脚夫、船工，他们从事体力劳动，需要补充盐分，也正欢迎这样的食品。肉无盐不香，物资困难时代，老百姓喜欢的就是这么一口肥腻油香。漕河驴肉最传统的吃法，是驴肉火烧，肥滋滋、香喷喷的驴肉夹在香酥的火烧里，简单快捷，令人满足。这不是雅士们浅斟细酌的清馔，而是实在抗饿的旅行快餐。

时代变了，驴肉当然也要适应新形势发展改良。今天的漕河驴肉远比过去健康，降低了盐分，选料也更精瘦。昔日糙人的享受，已经摇身一变，成为独具风味的美食，身登大雅之堂。

王宏伟是全驴宴年轻的传承者。他的理想是将来开一家漕河驴肉加盟店。王宏伟为我们介绍了漕河驴肉的奥妙：对美食来说，选料最是关键。做好漕河驴肉，先要有双善于相驴的慧眼。公驴、母驴的肉质差别不大，小驴和老驴

制作驴肉火烧过程

却一口就尝得出来。最好吃的驴肉是驴儿在优质环境里长到三至七岁时的肉，既不过嫩，也不太老。做漕河全驴宴的饭店都建有专门的养殖基地和加工厂，最繁难复杂的加工过程深藏在融合了传统与现代工艺的工厂里。像红烧驴尾，驴尾不好处理，一般是在加工厂里把驴尾先煮熟，做出半成品，然后送到饭店，加上保定出名的槐茂甜面酱烧制。真正的奥妙全在厂子里，一般厨师都不得而知。

在饭店里，驴肉需要整块儿煮，然后加工成驴皮、驴脖儿、驴腱子肉、驴肋板肉等。腱子肉筋特别多，吃起来特别劲道，它和肋板肉最受欢迎。驴皮含的胶原蛋白非常多，美容养颜特别好，甚至有一道特色菜专用驴皮。驴皮褪毛是一个特别烦琐而且重要的工作。

关于驴的菜，一共有一百零八道，用各种花样的驴肉摆出拼盘。拼盘分大驴拼、小驴拼和全驴拼。小驴拼有四种：驴焖子、驴肝、驴板肠、驴腱子肉，食用时蘸上蒜汁，搭配凉菜，又香嫩，又清爽。大驴拼就是驴身上的各种部位，包括驴鞭、驴碗口、驴睾丸、驴心、驴肺、驴肚儿、蹄筋儿等一共八种。全驴拼是十种，主要为以下部位：驴耳、驴肚、驴心、驴唇、驴肝、驴口条、驴排、驴皮、驴筋和驴骨髓。

驴唇一般切出三片肉，一定得制熟再切，生的切不了。如果切不好，就浪费很多。驴的蹄子叫“掌中宝”。驴脆骨用驴的喉管制成，口感特别脆。椒盐驴骨髓，食材来自驴的脊椎骨，将骨椎由中间折断，然后抽出骨髓。驴肉烧烤，很多人觉得比羊肉串香。驴灌肠和驴焖子，二者材质不一样，驴焖子淀粉比较多，驴灌肠粉面比较多。驴鞭俗称“金钱肉”——我们这里有一种漕河金钱酒，就是用驴鞭酿制的。钱儿肉一般直接吃，不蘸佐料。还有睾丸用来炒我们的特色菜“鞭打绣球”，在鲜花上面放着驴蛋。

说起驴肉，人们第一印象就是驴肉火烧。一般驴肉火烧的饭店有驴肉火烧，也有驴肉罩火烧。吃罩火烧要分几罩儿，比如二罩一、二罩二等，二罩二就是用二两肉。咱们的罩火烧，是先把火烧掰一下，将驴肉片放进去，然后用驴肉老汤反复浇。河间的驴肉火烧是细条的，保定则是圆的，都是用死面制作，不用发面做。做法虽有不同，但都一样美味。

“天上龙肉，地上驴肉”这顺口溜儿说得够狂够大气。估计从有驴肉火烧的时候就已经有这话了。

驴肉大包子

直隶的“罩”

文 / 郑学

河北有种最独具特色的烹饪手段叫作“罩”。昔年，保定、石家庄等城市为人津津乐道的小吃，往往都是“罩”出来的。一百多年前，保定义春楼的“白肉罩火烧”，上到军政人士、伶界名流，下到奔走负贩，人人对它食指大动。一“罩”生百味，石家庄的牛肉罩火烧，从20世纪20年代红火至今。

今天在老省城保定，说起最令人赞不绝口的美食，绝不能忘了牛肉罩饼。这里的罩饼汤色清亮，微微泛着些黄色，没有一丝浑浊，牛肉软硬适口，葱细饼香。

做罩饼二十多年的老厨师马宁和罩饼文化的研究者安建军聊起了“罩”的今昔。

马宁：我老家在定州号头庄回族乡。我是回族，十三岁开始学艺，从烙大饼、蒸馍子、干糙活学起，干这行有二十年了。当初汤色比较红，因为以前用的铁锅会令汤发黑。如今的牛肉罩饼比那时改良得清淡了很多。

这罩饼大概有二百来年的历史。我感觉罩饼就是始创于保定，因为几年以前，我老家定州还很少吃罩饼。那边的小吃摊位上都是饺子、焖饼——定州焖饼不叫焖饼，叫炒饼。至于定州也流行起这个肉汤泡饼是最近十年的事，石家庄也是这些年才流行开来。

虽然都叫“罩”，但有“火烧”和“烧饼”两种叫法。保定好多地方驴肉火烧也卖得很好，和牛肉罩饼不相上下。牛肉的也叫过“罩火烧”，不过没有沿用这个名称。

牛肉罩饼是清真风味的特色食品。我记事时，老家里还不叫牛肉罩饼。以前老家宰完牛，家里得煮牛骨头。那时候讲究啃骨头，烙几张大饼、搁上点葱丝泡骨头汤，感觉特别香。到了饭店里就不这样吃，而是精细化了。首先就是讲究选料——选的牛身上的部位罩出来要好吃，不塞牙。喜欢吃筋的，有腱子肉；喜欢吃瘦肉的，就是牛肋板，而不是牛腩；牛腩是带皮的，一般单独炖着吃。

以前吃牛肉罩饼，调料里中草药是很少的——在民间，喝上点骨头汤已经足够大补，再放点葱、姜、花椒、大料之类就可以了。后来慢慢发展、演变才成了现在的形式。发展到什么时候牛肉罩饼就好吃了？有酱的时候，一层肉一层面皮的时候。保定人喜欢吃槐茂的甜面酱。以前用酱都是自己发酵的，用麻籽发了以后，弄上点小曲儿，就是酱。

现在的佐料是一大包，大概三十多种，硬料包括花椒、大料、桂皮、没药、甘草、肉蔻、草果、白蔻、白果、丁香、沙参等，丁香这东西不能多；软料有葱、蒜和牛油，蒜就是没剥开的紫皮蒜，用清水洗干净放在料包里就可以入锅了。

煮牛肉的工序很多，肉和骨头要一块儿炖，要耗出牛油、牛骨头、牛骨髓的香味儿。水开锅后，先把老汤倒进去，待再开锅之后打浆，把面浆一点一点地泻进去。打完浆以后放盐，盐有杀菌、消毒的作用。然后再把浮沫打完，撇去里面牛油之类的东西。我们一直保留老汤，什么东西都能换，老汤不能换，一直续着。

肉煮到八成熟后，就把火调小，这样可以提高汤的香

扒牛肉

牛肉罩饼

味，也可以给肉入味。因为大火煮熟的肉根本就没味儿。肉出锅晾凉以后，先用保鲜膜包起来保鲜，不让它风干，否则口感就硬了。等吃的时候再切，切薄片且不能顺丝切，否则容易塞牙。

大饼是自己烙的多层饼，趁热手撕。饭店有专管撕饼的大姐，每天上午十一点的时候，面饼大姐戴上一次性手套、口罩，开始一层一层地撕饼。烙饼是层多点好，饼热乎的时候一罩，客人吃完再喝点汤，美极了。我们可以罩的东西挺多，比如罩葱、罩小白菜等蔬菜。吃牛肉罩饼，一般还配上河北省的六个旅游名菜——鱼香肉丝、滑熘里脊、芝麻牛排、香辣牛板筋、醋熘木须肉片、扒肉条。炒菜可以融合新的东西尝试改进，研发新的菜品，比如鱼香肉丝始创于川菜，用豆瓣酱染成红色；而清真菜喜欢清淡，就用牛肉丝做成白色的。此外还有羊杂、羊蹄、腱子冻、葱烧蹄筋等清真佳肴。葱烧蹄筋叫“龙筋”，因为这东西稀有，一头牛也就一盘。

安建军：我奶奶那辈儿在山西搞餐饮，炸馓子、麻花之类。新中国成立后回到保定，大概是 1985 年，在保定城南门开了两间特别小的门面，就我们一家子干，从炸油条、做芝麻烧饼到研究罩饼。

罩饼只分肥瘦，有人喜欢吃肥的，咱们给他多来点肥牛肉；有口轻一点的，就多来瘦肉。不撒青蒜，只罩葱；不撒香菜，只罩青菜。罩别的容易串味儿，要是罩酸了，这锅汤就没法吃。面饼撕成一般大的片儿，层虽然多，却没有黏糊的。面皮不能薄也不能厚，太薄了泡在汤里易糟，太厚了还粘牙。吃的时候带点汤，一人一个小碗，加点醋。

罩饼其实反映出了咱们河北人浓厚的人情味儿，热气腾腾的情义、有包容性的胸怀，端起一碗，心里就特别踏实。

沧州羊肠

沧州羊肠汤

文 / 闻章

羊肠汤是沧州历史悠久的特产小吃，民间俗称“羊肠子”，方言发音是“样尝咋”。羊肠汤色泽光亮，呈乳白色，入口烂熟香嫩，油而不腻、鲜而不膻，爽滑可口。据老人们说，过去由于人们生活条件差，没有钱吃肉，聪慧的乡厨就用高超技艺把人家丢弃的羊肠、羊血灌制成血肠，把肥肠、羊胎盘、羊奶洗净，和姜、花椒、大料清炖，汤炖成乳白色后加盐，十分钟后羊汤汤香四溢，让人垂涎欲滴。

羊肠汤的制作手艺

如今，羊肠汤的做法是先将大量清水添入锅内，待水烧开后，放进鲜肉几十公斤、羊杂和骨架各一套，用木柴旺火烧，顶出血沫，然后将作料下锅，再熬几十分钟即成。作料主要有白芷、肉桂、草果、陈皮、杏仁等，放多了药味出头，少了则腥膻不除。其独具特色的丝滑清香让人回味无穷。

站在街边大快朵颐，就爱这独特味道

早上六点来钟，不少路段上的羊肠汤摊儿已经开始热气腾腾了。很多“好这口”的食客们有的就近找一家来上一碗，有的则是约上三五个伴，驱车赶到有口皆碑的那家一解嘴馋。但无论哪家，生意都很火爆。

尽管羊肠汤有人爱有人憎，但它的确是沧州小吃的代表。在沧州，吃过羊肠子的人都有这样一种感受，那就是第一次是闭着眼吃——怕膻，第二次是眯着眼吃——品味，第三次是瞪着眼吃——解馋。真可谓越吃越有瘾，越吃越爱吃。

炎炎夏日也不能阻挡食客们追求美味的脚步。瞧他们，衣着光鲜地站在车水马龙的街道边上，手里端着一碗热气直冒的羊肠汤，腾出两根手指拿着吃了一半的烧饼，一脸满足地大饱口福。羊肠汤摊儿一般给顾客准备了小马扎，但无奈人多座少，等不及的人们就索性站着吃。无论是坐着细细品味，还是站着大快朵颐，为的都是这独特的味道。

在冬天，羊肠汤更是人们的最爱。卖羊肠汤的人一般都推着一辆小车，车的前端放着碗、筷及各种佐料，在中间木箱内放一口大锅，里面的老汤熬得滚滚开，锅的旁边有盛着烧饼或饼子的箱子，在比较固定的地方停下车后，把锅上的盖子一掀，羊肠子的香味便立即飘出来，充溢着半条街，吸引着过往行人闻香而来。

老板会主动递给每人一个小凳或马扎，问清要吃多少，然后放好碗，用筷子从锅里夹出一段羊肠子，用一把雪亮的刀快速地把羊肠子切成一寸左右的小段放到碗内，接着从锅里舀出一勺子热汤，浇在羊肠子上面。人们接过碗，咬上一口，满口皆香。热气腾腾的羊肠子瞬间驱散了身上的寒气，全身热乎乎的，舒坦极了。

在兴济一家羊肠汤摊儿，韩先生等几人一边喝着羊肠汤，一边招呼店老板把他带来的高压锅装满：“朋友都好这一口，不过离沧州有点儿远，一次来不了那么多人，每次都是我来尝鲜，再给他们带一锅回去。”韩先生老家在沧州，现在石家庄工作，一旦回到家乡，他总会喝上几碗羊肠汤。“小时候跟父亲去赶集，疼我的父亲每次都为我要上一碗大人轻易舍不得喝的羊肠汤。无论春、夏、秋、冬，一碗热腾腾的羊肠汤下肚，细腻、滑嫩和清香充满口腔，直抵肺腑。在那个清贫的年代，那叫一个解馋。现在，听老乡们一会儿一句‘来碗羊肠子’，感觉就舒坦。”对于韩先生这样的“游子”来说，品品美味、听听乡音、忆忆乡情，端的是一种享受。

据店老板介绍，像韩先生这样“连吃带拿”的顾客很多，除了沧州的食客，还有不少北京、天津、石家庄、山东等地的人专程驾车来喝羊肠汤，酒足饭饱之后，不少人会捎点儿带走。

“我最爱沧州的羊肠子，别的地儿也有，味道不正宗。每次有机会来，我都得喝个两三碗，就这样还意犹未尽，但肚子实在是盛不下了。”北京的徐先生最近来沧州出差，最让他念念不忘的事儿，就是喝碗沧州羊肠汤。

随着喝羊肠汤的人越来越讲究，迎合吃货们的各种喜好，不少聪明的店家推出了多种功效的羊肠汤，顾客也逐渐从蓝领大众扩大到白领小资，而人们对吃饭的环境也多了些许要求。

尤其是大运河申遗成功后，身处运河沿岸的沧州引来更多的关注，这也必然会对旅游产生积极影响，而游客最感兴趣的两件事物非景点和美食莫属。不少市民表示，虽然羊肠汤香飘四海，但如果能给游客提供更好的饮食环境，将对这一行业的美誉度提升大有裨益。徐先生就告诉记者，他非常喜欢沧州的羊肠汤，味正，但有时就餐环境差了些。基于此，近年来，一些时尚店面将传统名吃请进了窗明几净的厅堂，相信不久的将来，沧州名吃——羊肠汤会真正地名扬四海，吸引更多的四海宾朋来品尝这最接地气的沧州味道。

街头食家

0-50元

喜庆宴席

燕山夜话：河北饮食文献一夕谈

访谈 / 张卫东、杨连起

整理 / 冯珊珊

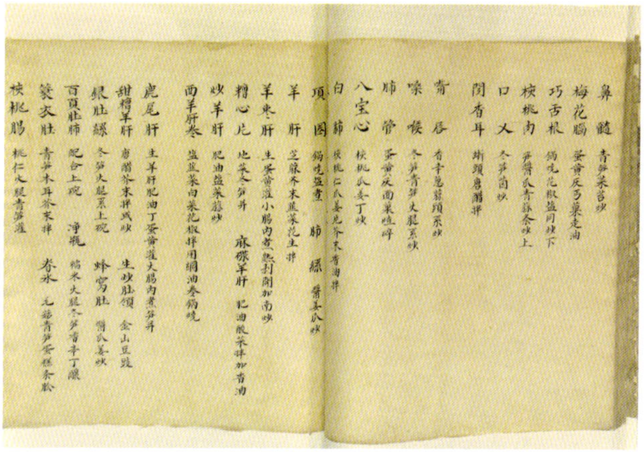

老菜单

提起河北饮食文化研究，不得不提到梁连起，他多年致力于对传统饮食文化的保护、整理和弘扬，他苦心收集的大量明、清、民国菜谱是一座富饶的宝库。历史上，中国人的餐桌是什么样貌？各大菜系的发展形成经历了怎样的过程？河北本土菜肴有什么传统？这一切问题都可由文献做出准确回答。

书籍自古易散难聚，文献的搜罗是件艰苦工作，需要本领域的专家投入大量精力与金钱，积多年之功方可有成。梁连起自 1985 年开始收集古代菜谱，为了购求珍贵的古籍，当年工资还不高的他为此节衣缩食。事业有成后，梁连起更是通过各地古籍书店、古董商店、拍卖会等极大地丰富了自己收藏。目前，梁连起收藏的饮食文献独步海内，他正在助手帮助下整理编写相关目录。

本书邀请著名民俗学者、文献专家张卫东，就河北饮食文献与梁连起交流意见。

梁连起：我是 1958 年生人，1983 年二十几岁时入行。当时，我在一个厂子的食堂里帮厨，大师傅不在的时候，才可以在工厂的小灶上炒菜。我觉得这机会挺难得，就盼着大师傅不上班。1985 年以后，我由工厂正式调到餐厅，才开始跟师父学炒菜。

我与直隶官府菜的缘分起于我的师父潘春生，他是厅属的厨师，保定人，当时已经七十多岁。他曾经告诉我："我父亲、哥哥都是在衙门里做菜的，我做的这些菜就叫'衙门菜'。"他把"衙门菜"传给了我，我认识潘老之后，他只教了我这一个徒弟。

我开蒙学的第一道菜叫"鸡里蹦"，是过油的菜，主料是鸡和虾。保定的"鸡里蹦"和北京的不同，北京的这道菜，鸡肉是黄的、虾是红的，非常美观；而保定的做法则是呈现槐茂面酱的色泽。我和北京同行开会时，他们以这道菜在北京传承了百余年为由，批评我们的做法不正宗，我告诉他们"鸡里蹦"在保定的历史并不比北京短，而且菜肴口感明显超过北京。

我师父现在已经去世。在保定，自古厨师就比较多。在餐饮行业中，保定是一处重镇。当年清宫里的御厨很多出自保定，近代的各国驻华使馆里也净是我们保定派的厨师。过去说起直隶省，常说省、卫两埠。直隶总督府长期设在保定，天津是通商口岸。所以，天津有很多人来保定学做菜，保定也有很多人到天津学做菜。

现在说的"直隶官府菜"是我们保定直隶官府菜研究会冠的名。保定衙门口多，衙门菜也多，做这个菜的厨师也比较多。直隶总督府的衙门最大，名气也最大，所以说起衙门

枣饼子

三角粽子

豆皮

菜，自然就是官府菜，自然就是总督菜。

张卫东： 官府菜和我们的家庭菜有关系吗？比如说，我们在年节里食用的一些菜，跟官府菜是很相近的。

梁连起： 您说得很对。比如说“李鸿章烩菜”，保定自古善做烩菜。可以说，逢年过节家家都做烩菜，用五花肉炝锅，然后放入面酱、花椒、大料，炖好后放入粉条、白菜、豆腐泡，煨一大锅。后来，直隶总督府的官厨借鉴了民间的一些东西，掺入衙门菜里。在这些基础上，又加入海参、鹿鞭之类的昂贵食材。所谓“李鸿章烩菜”，就是在保定杂烩菜基础上进行的升华。

张卫东： 您从什么时候开始收藏才汇集了这么多的菜谱？

梁连起： 是从 1985 年开始的。那时候，我的师父总是揣个包，时不时地拿出本书来，一有空就看。起初我不知道怎么回事，后来才知道师父在看菜谱。师父对菜谱的收藏也引导我对老菜谱有了兴趣。后来，师父也送了我几本菜谱。我的文化程度随着学做菜、看菜谱的过程逐渐提高，多年阅读竖版老菜谱让我增长不少知识。我收藏的最古老的一本菜谱已有四百多年历史，是在拍卖会买的。我把这些书都做成电子版，可以根据电子版的菜谱进行试制。

张卫东： 从字体、纸张判断，这大约是明代嘉靖年间的菜谱。字是馆阁体，里面记载的一些菜品现在还有，比如八宝燕窝等。

梁连起： 我的收藏中还有清光绪十六年（1890）的资料。

张卫东： 这是御膳房的菜单子，是西四南纸店流出来的。故宫的档案，包括御膳房的档案，都被打成捆当废纸卖给了西四南纸店。卖到那儿以后，有人知道了，说这是好东西，就赶快过去淘。所以这批档案有一部分化了纸，另一部分保留了下来。

纸上的印记是龙纹印，且是暗龙纹。先在纸上盖上戳子，抄的时候字在印章上边。这本书不及刚才那本价值高，因为这本不是菜谱，它是《起居注》的一种。但是我们可以通过这个资料看到当年内廷的菜是怎么做的。他们吃的东西没有我们现在丰富，不是白菜就是菠菜、韭菜。溥仪的《我的前半生》回忆录中的菜都是按照这些做的，但是溥仪的回忆当中有错误，因为他记不清。

这个单子写的什么呢？概括起来，就是某年某月皇上吃什么、皇后吃什么、某位妃子吃什么等。体例是“莞贵妃”“祺贵妃”等每人吃什么、用多少东西，用量都写得很清楚。又如这一段，里面写道：“皇后每天用净……芽韭十八板，重三斤。红头菠菜三斤、老白菜三斤、葱三斤、大萝卜二十个，初一至十五日，此十五日用净。”净就是洗干净的意思，芽韭就是俗称“野鸡脖”的韭菜。写这些字的人，并不能说都很会写字。字是让如意馆的人写的他们经常写错别字，这里有好些菜的名字写得可能不太准。

梁连起： 直隶官府菜与李鸿章关系很深。我收藏了两份李鸿章的奏折，一份是清同治年间的，还有一份是清光绪年间的。内容都是直隶总督一年的饭食银两，向上报告招待费用，文字是满文和汉文的。

梁连起： 三十年来，我收藏菜谱没有标准，只要见到就一定要设法购得。我发现过一本直隶老菜谱，刻印于民国七年（1918），名叫《直隶省烹饪实习目录》。这是明确无误的直隶菜前身的证据和代表，距今已经一百多年了。还有民国时我们保定一个餐厅的资料。

张卫东：《直隶省烹饪实习目录》写的是直隶省，但并不单指保定，当时直隶还有天津卫。民国初年，天津卫就代表河北省，所以这里面包括很多天津卫的菜，比如卫西餐。这类的书在民国初年经常有，内容是河北省的大路菜，不及您的官府菜讲究。这本书的最大价值就在于西餐也进入其中了。如果要研究中国的西餐发展史以及天津卫的饮食文化，这是很好的资料。因为当时直隶总督在天津卫。

另一份资料是寿宴的菜单和价格，形式跟过去的戏单一样。书不见得年纪久就有价值，有些新书价值也很大。像这本书就很好，它是给内行人、会做菜的人看，不会做的人就看不明白。字迹写得比较潦草，估计是厨子抄的。从菜色看，这是南边的菜谱，选料跟咱们河北菜不同。比如这道“三样”就是典型的南菜。

梁连起：我还收藏着民国时期“保定会馆”的老牌匾，这是曹瑞写的。曹瑞是曹锟的四弟，1918 年至 1921 年曾任直隶省省长。当年，北京有三个直隶省会馆，分别在北京的宣武下斜街、骡马市大街和畿辅先哲祠。

张卫东：会馆跟国家政府机构是两回事，现在很多人都混为一谈了。会馆是纯民间的，完全由民间举议、起址、造馆，供进京赶考办事的乡人白吃白住，乡人考中之后，再回赠一些银两，公益助善，跟政府部门没有任何瓜葛。但是，乡人中了举、做了官之后，就得按照自己的官职大小给会馆捐钱，因此很多政治家的名字就被镌刻在会馆的碑刻中。有一些政治家回访，会馆要负责他们的起居衣食，而这饮食就不能按照北京人常吃的那几道菜做，总得有几道家乡菜，家乡味儿就逐渐成为会馆里的一个特点。直隶会馆的饮食风味和北京、天津的风味在当时都是很接近的，后来就渐渐变成和北京一样了。所谓“官府”，指的是从京里传出来的，而直隶离京最近，是全国各大会馆当中最接近宫廷味道的帮会，所以直隶会馆很了不起。

但是直隶会馆所谓的官府菜，在过去来讲是很便宜的，为什么呢？它的食材就是猪八样、三牲，离不开传统上用于祭祀的食品，除了猪、牛、羊、鱼、鸡，其他怪模怪样的东西不能上桌。驴肉火烧尽管那么有名，直隶官府是不要的。就好像我们一般人家里办生日宴、满月宴，也不会允许上驴肉火烧；办白事上驴肉馅饺子也没有人吃。当年，上席的东西以米、面为主，还有河鲜类的藕、莲子，干货类的红枣、核桃。柿子不能上鲜的，只能上柿饼；黑枣是不上桌的，山里红可以上桌。官府菜基本上就是这一套。

这又不同于天津。天津海味特别多，而保定则是干货多，只能用干海类。这里很多菜都是用干菜煨，煨透了才去烧。这样一来，直隶菜实际上就给了我们一个标准的确定：吃的是“礼”。它的取材比较平正，基本上都是日常见得到

糖火烧

莜面卷饼

直隶官府菜——鸡里蹦

的，没有怪异之物。另外，蒸炖类的、油炸类的菜品多，爆炒类的菜品少。

梁连起：在器具方面，根据现存的文物，把直隶菜餐具概括为温系列和凉系列。

张卫东：温盘过去叫“暖袋”，里边灌上热水，上面放菜，冬天菜不寒。这个器物最合适做熘鱼片或者是酱豆腐肉等肉片类菜肴，因为肉片类的菜要热。这样的器具很难复制，它的特点得是瓷器底下要厚、上边要薄，而且一定要做成深底，不能用平盘。为什么是深底呢？平盘注上水以后是散热型的；深底的盘子注上水之后，两边水多，是聚热型的。另外，它里面还应该有一个独立的、薄的白瓷盘，用来盛菜。厨子做好菜放在白盘中，搁在暖袋上，这么端上去就能保持菜的温度。如果直接把菜放在灌了热水的暖袋上，热水的温度迅速传上来，菜底部的肉就不好吃了。而且若是没有这个内套的白瓷盘，彩上沾了油不好刷。过去大户人家的器皿，无论釉上彩、釉下彩、大青花，都是摆盘用的，不能直接接触食品。

过去这个温碗叫“温凉盏”，不但可以温，还可以凉。冬天注热水，夏天倒冰水，上面放京糕拌梨丝、杏仁豆腐、奶酪等都可以。倒冰水的现在很少见。

梁连起：我称之为“凉系列”，现在都是把这个灌水以后放在冰箱里，而不是倒冰水。这个冰法，除非是包桌宴席时才做，平时不做。

张卫东：包桌的菜，有的需要凉，有的需要热，有一些就不用太讲究了。“暖袋”有整桌的八仙桌的面儿。在老北京，一般温盏用得多，凉盏用得少。

餐饮业者不能只知生意和做菜手艺，而应在做菜的学问上下功夫。我们现在需要一种研究的态度。

直隶官府菜——高烧麻山药

直隶官府菜——京爆肚

蔚县香菇肉末豆腐

蔚县小米牛肉粒

蔚县精品小四碗

唐山的味道

文 / 任滟俐

生活里有几件小小的雅事，其快乐是恒久的，绝非跑马圈地、加官晋爵这样的大事可比。比如下雨天睡个好觉、和有趣的朋友喝茶聊天，比如大快朵颐。

记得有位大师曾经说过：“只有吃喝玩乐的事是正经事，是真正有文化的事。”大师自有大师的讲究，咱们老百姓比不了，可是这“吃”排在第一位被评为天一样大的事是有着深厚的群众基础、经历了实践检验的，任你再了不起，再“高大上”，也离不开吃，离不开一日三餐。

幸运的是，我的工作可以四处走走看看，每到一地，工作之余必做的一件事就是寻吃！无论高堂大院还是街边小摊，只要好吃，绝不错过。不同的城市有不同的风土民情、文化特性，自然也就有不同的味道，就像女子，燕瘦环肥、各有姿态。不同的美源自不同的韵味。要说河北省有几个城市饮食是极有特色的，唐山就是其一。唐山地处河北省的东部，南临渤海，北依燕山，之所以出名，除了丰富的矿藏，还有 1976 年的那场大地震。地震毁掉了一切，这个城市一切都是新的，凤凰涅槃、旧地重生，老建筑、老器物……很多带有城市标签的东西都消失了，那什么才是唐山这座城市的特点，什么才是唐山的味道呢？

对于爱吃的人来说，了解一座城市当从饮食开始。朋友听说我这个吃货驾到，赶紧张罗，订了一家很火爆的老字号，他说吃过这里的菜才叫吃过了唐山的味道。这家老字号创建于 1937 年，饭庄的主要创始人在此之前在唐山一家饭店当跑堂，为人机敏伶俐、精明能干，深得经理的赏识。1935 年，正当事业蒸蒸日上的时候，他有一次和经理发生误会，被饭庄辞退，无奈只好回老家种地。做惯了买卖的他在老家也待不住，一次来唐山城里会老朋友，大家提议由他牵头开个饭店。善于交际联络的他先后找到三四人，集资三千六百元，经过周密安排、精心准备，1937 年农历八月二十六日，这家老字号在鞭炮声中热热闹闹地开业了。

既是行家里手，经营起来自然不在话下，他开的饭庄很快跻身唐山数一数二的大饭庄。做饭店，说别的都是虚的，只有菜品口味好才是硬道理。能流传数十年不衰，没几个拿手菜是不行的，这家的招牌菜就是唐山名菜“鸿宴肘子”。肘子挑选肥瘦适中、尺寸大小均匀、去骨的，经过浸泡、刮洗、焯水、煮坯、用糖色上色等一系列准备工序后，就开始晾坯子，等坯子凉透了，再起油锅将带皮的一面炸至起泡，然后用开水涮掉多余的油，炝锅再炖、蒸、收汁，大大小小几十道工序，不能有一丝失误，否则会影响肘子的口感和模样。肘子出锅时，整体要红润鲜亮，皮得完整，黏性适中，筷子夹开肘子时，热气散出，香味儿袭来，肉皮糯香软滑，入口即化，瘦肉不柴、肥肉不腻，只看和闻就能令食欲沸腾起来，对于无肉不欢的朋友来说，这里的肘子可以满足你对肉的所有想象。

有肉无鱼，席面可不算完整。既然摆宴，鱼是必不可少的组成，这里的“官烧目鱼”是首选。“官烧”看名字就知

蒸饺

制作麻糖

道当年一般老百姓可吃不起，专供达官贵人食用。比目鱼的选择有讲究，最好是三斤半斤以上的，因为个大的比目鱼味道足、肉质肥嫩，请客也会觉得更有排场。选择鱼的中段红烧，小火慢炖、收汁……跟天津的官烧目鱼做法不一样，颜色干净漂亮，口味咸鲜香嫩，个人觉得唐山的做法更大限度地保留了食材的鲜味儿。还有季节的选择，吃官烧目鱼最好是在伏天里，因为这时的比目鱼肉质细嫩，格外鲜美。

有见识的人知道如何讲究，有见识的城市亦如此。唐山人在吃上讲究也是由来已久。

早在明洪武年间，山东的一些富户、贫农迁徙到唐山，鲁菜的引进奠定了唐山菜的基础。到了清朝，唐山丰润成了皇亲国戚、王公贵族们往返沈阳—北京之间落脚的地方，是交通要道，也是很重要的驿站，因为大人物时常驾到，周围的饮食、起居自然马虎不得，一蔬一菜也不敢怠慢。见过世面，生活慢慢地就讲究起来了，也就形成了独具一格的唐山菜的特点。

还有一种吃食，既是零食又是菜肴，女性和孩子们比较喜欢——那就是麻糖。唐山麻糖据说起源于明万历年间，那时叫炸排叉，也叫麻叶，后来叫蜜汁排叉，再后来就形成了现在的唐山麻糖，已经有四百多年历史。主料就是面粉、

唐山麻糖

糖、蜂蜜，每一片都薄如蝉翼、颜色乳白、松软酥脆、香甜适口。经厨师精心研制后，把麻糖摆出大牡丹花的样子——名曰“花开富贵”或“迎宾牡丹”，晶莹剔透、纤尘不染，有绿叶映衬，美得让人不忍下箸。

九转大肠、锅塌西红柿、棋子烧饼、炒馇、菊花烧卖、糖炒栗子……因为沿海，各类海鲜更是应有尽有，只恨自己不能一次吃个够，不过也因此留有念想，心有期待。

怎么让唐山菜既能保留自己的特色，又能有时代特色呢？中国烹饪大师何宝良说过：“传承不守旧，创新不忘本。”好东西要好好地传承下去，新东西得有浓郁的地域特色，才是独一无二的，它的气息和味道才有可能属于这个城市，属于老字号。食客就能顺着这些熟悉的味道找回那个城市里的记忆，找到记忆里的温暖和甜蜜。

中国人所有重要的事情都跟吃有关，逢年过节、婚丧嫁娶、升职加薪、迎来送往……无论用什么样的方式庆祝，最终都会以大吃一顿推向高潮！

今天也不例外，一桌地道的唐山菜端了上来，三五好友围坐半圈儿，心情大悦。有香气，味蕾苏醒；有温度，眉欢眼笑。一切都是热气腾腾的，一口肘子下肚，就连世界也随之鲜活起来……

承德老街

承德——那些关于吃的记忆

文 / 南园

“吃”这个字对于生于20世纪五六十年代的人来说有着痛苦的记忆。在大人的提醒下，恍惚记得我两岁时发生的几件事：一是阿姨（老师）带我们在避暑山庄里采桑叶充饥，我的右眼角被树枝扎破，留下了永久的疤痕（已是幸运的事了）；二是幼儿园的会计贪污孩子们的伙食费，被判刑；三是饿疯了的我趁老师不留意自己跑了几公里，而且是一个大雪天“滚”回了家，妈妈发现院子里有个雪球在动才救了我一命。

作家冯唐说过，人幼儿时只有两个记忆，一是吃，一是吃完了就睡；长大了也基本围着这两个中心，多了两个字：抱着吃，抱着睡。按他的说法，我至少从小就失去了一半的幸福，总觉得亏，所以这辈子都在拼命地找美食。记忆中，有美食的开始是刚上小学，那时在学校吃午饭，有一种小米加瘦肉做的粥，无比美味。但那时味蕾的满足十分有限，吃饱饭已经不错了。真正的有关美食的记忆是参加工作以后，命运很公平地补偿了我。我的工作单位是承德招待处，按现在的说法，那是承德当时最大的一个宾馆。它下边有三个小宾馆，都是接待外宾和中央领导的，当时承德的几大名厨都在那里，又因为地处名胜避暑山庄内的文津阁、畅远楼，美食加美景，滋养了我受伤的身心。闻名遐迩的猴头、燕窝、鲨鱼翅，几乎是一夜间我就尝到了。那时，承德已有了厨艺比赛，我也调到办公室工作，每天和美食打交道，下班后就和喜欢美食的朋友找好吃的。

承德这个地方三百年前没什么人，康熙帝建了避暑山庄后觉得孤独，从京城迁来二百余人住在城墙外，每从城墙上望去，见有百姓炊烟升起，内心坦然。故有一景，坦坦荡荡。有贵族余脉，好吃是跑不掉的。承德当年是重要的省会城市，一大批东北人（当时属热河省）调入，食物就带着东北满族的风味——口味浓重，突出的是味道。因为有宫廷菜为根基，比较讲究。民间能吃到的典型的一道菜是改刀肉，改刀肉以猪肉和竹笋为主料，切成丝翻炒，边炒边加入鸡鸭汤、口蘑汤、酱油、绍兴酒、香油等，待肉丝、笋丝呈金黄色后，浇上汁水，盛入盘中。成品改刀肉外形像一座金字塔，笋丝柔韧，肉丝筋道，味道鲜美，爽口而不腻。20世纪70年代，我吃过承德著名大厨时振朋做的一道菜“玻璃肉”，把五花肉煮至七成熟，切大片挂浆炸熟后，再用糖化开，待糖表面成玻璃状装盘，甚是好看又好吃。白案师傅宁家森的“千丝饼”，用油把面抻开，再做成剂子上平锅烙，筷子一夹，千丝如瀑，非常美观。还有王永安、苏家俊等人，各有绝活。后起之秀是孙晓春，当年他获全国厨师大奖的是一道炒豆芽菜，平中见奇，绝妙！

这些都是大餐，其实我更感兴趣的是承德人传承下来的更具本土意味的小吃食品。比如“碗坨”，承德盛产荞麦，《承德府志》记载：“荞麦于山田尤宜。”汪灏《广群芳谱》又曰：“北人日用以供常时，农人以为御冬之具。”可知当时承德一带农人是以荞麦作为主要粮食作物的。宋代诗人陆游还曾有“荞花漫漫连山路，豆荚离离映版扉”的诗句，极言荞麦之盛。

用荞麦面制的碗坨是承德传统风味小吃，已有二百多年历史。它的特点是营养丰富、酸辣鲜香、滑嫩筋道，是经济实惠的大众化美味食品，吃起来别具风味，食欲顿增。清乾隆年间，皇帝巡幸热河，随行的后妃宫女们从小太监处得知二仙居一带有种叫碗坨的小吃，非常好吃，便叫太监去买。卖碗坨的为了讨好后妃们，就把碗坨装到一个精致的盒

20 世纪六七十年代避暑山庄门前

子中，带到避暑山庄叫卖，碗坨的身价也随之提高。二仙居一带，碗坨做得最好的要数人称“碗坨王”的王老三。他从清末起就以制碗坨为业，他制作的碗坨选料精、工艺新、煎得透，器皿也很考究。民国时期，他曾被热河督统汤玉麟召到督统府专门传授制碗坨的技艺。他去世后，这门手艺由他的后人传了下来。直到现在，二仙居的碗坨仍然深受国内外游客的欢迎。碗坨的原料是荞面、绿豆粉、五香粉、花椒面以及适量的猪血。碗坨的制作要经过和面、熬煮、成形三道工序。吃时，要在煎好的碗坨上浇点麻酱、蒜汁、醋、酱油、香油，用小叉子叉食，味道极美。碗坨煎的时间越长越入味，由此承德一句骂人的话说：“你是二仙居的碗坨——煎（奸）透了！”隆化县的荞面也是一绝，先把荞面用淡碱水和好，然后用一种特制的工具——河漏床子把面团压成长条，下入锅中煮熟，加蒜末、香油、醋等佐料即可食用。我几次开车去那里，就为专门吃这一口。还有丰宁围场坝上草原的一大特色——“撮鱼儿”，把烫熟的当地产的莜面用手

搓成条状，大火蒸熟，然后用干黄花、白蘑、五花肉切丁打卤浇在上面，是绝配的美食，也有的用面在锅盖上捻一下，俗名叫“猫耳朵”，吃法大同小异。

好吃是承德人骨子里的情结。吃不起大餐就小吃一下，最常见的是荞面、平泉羊汤，再来一个芝麻烧饼，一定要刚出炉的，那叫一个美。承德又有浓厚的清代遗风，提个鸟笼子、买几盆花、找个地儿一聊，一天就过去了。

承德是旅游城市，老百姓收入不高，物价却极贵。市民大部分收入都用在吃上了，20 世纪八九十年代就形成了几条以吃为主的街，风光不再的清风街火了很多年，与之相邻的庆丰商场边的一条斜街，那是我常去的地儿，有几家饺子非常好吃，都是撂地摆摊儿的那种，物美价廉。有一年，我和刘昆去一家常吃的饺子摊儿，相邻的摊儿生意不好，我们坐的位子占到对面，引起争执；过几天再去，两家摊主都不在，一问才知道我们走后两家动了菜刀，都在医院呢。后来小溪沟也形成了小吃一条街，有一家做的锅贴，不是一般

20 世纪 70 年代的承德街景

的好吃，老板娘也不是一般的漂亮，二美兼具，自然少不了光顾。那时刘昆住得远，我们俩几乎天天中午去吃，熟了后，就问老板娘怎么做的，要秘方。老板娘说了一个理论改变了我对饮食权威的看法，她说其实一个人做菜一个味儿，关键是用心去做，为别人做跟为自己做一样用心，别糟蹋了东西。可惜时间不长，这个小吃街改造消失了，再也无缘遇见如此的美食了。

沦为画家日久，吃的机会越多，就越想念家乡的味道。除了这些小吃，还有些“饭店”级别的大餐也很美味，清真美食“扒羊肉”应是一绝，羊肉肥而不腻，下饭最好。有一道熘肉片，那是承德人的老做法，里脊肉切片上浆，先过油，迅速捞出，再起锅，把肉片再次入锅，过了油的胡萝卜片和青椒片倒入，最后勾芡，加入大量的蒜末，淋香油出锅，色泽油亮，也是一道下饭的菜。二仙居有两个店，一个是铁道边上的松枝包子，极有卖点，那是用山庄内的松枝连着猪肉大葱包子一起上锅蒸，个儿大皮儿薄，吃起来满嘴流油，兼有松枝的清香味。还有一个是马家烧卖，馅儿调得好，好吃不贵，我吃着不亚于北京前门大街的那一家。要讲儿时的记忆是我七八岁时，德汇门大坝头有一家小馆子烙的馅饼，九分钱一个，个儿大又好吃，这对我来说是绝等的美味，可那时也吃不起。没钱就想办法攒，目的是一个月的时间够得上买一个。攒钱的办法是卖破铜烂铁，另外，实在饿得慌就用很多小孩都用的办法——打酱油时加点水，暗度陈仓！

美食的诱惑如少女的风姿，不同的是她永远不会老去，留下的都是美好的印迹。其实在我的内心，承德永远都如少女般美好，但吃又是刻骨铭心的记忆。

故乡的年味

文 / 唐晶

还是农历的年底更像年底。

进了腊月，农闲时节的人们忽然间忙碌起来，空气都似乎与平时不大一样：冬日阳光中淡淡的积雪融化的气息，大扫除后清水洗尘的泥土味道，院子里刚晾的床单、被套上肥皂的气味，爆竹燃放过后的硫黄味儿，还有更诱人的——不知道谁家大锅煮肉的厚厚浓香……

年味，总是从某种味道开始的。

民以食为天，食物在每个传统节日里都有着重要的地位，因此常有人调侃中国的节俗最后只剩下了个吃。春节概莫能外，现代人过年常常感慨年味越来越淡，未尝不是因为曾经那些需要盼上一年的美食如今天天都能吃到，少了些吸引。

味蕾总会牵动最深沉的乡愁，食物其实是一种生活方式。人生的酸甜苦辣放进岁月中慢慢熬煮，节日是最好的一道催化剂，让饮食的意义从此得以升华。所谓年味，大概便是如此吧。

谷粟为粥和豆煮

春节是一年中最重要的节日，过年过的却不只是农历正月初一那一天。筹备的过程可以长达整个腊月，节庆的气氛至少会延续到元宵节，甚至直到农历二月二才能完全宣告结束。这么长的时间里，起承转合，剧情迭起，简直是一部微缩版人生。

小时候的冬天，似乎总是特别长也特别冷。最冷莫过腊八日，“腊七腊八，出门冻杀”，天寒地冻的早晨难免想在温暖的被窝里多赖一会儿，只有腊八这一天，天还不亮就能早早起床。而母亲总是起得更早，炉火上已经煮上了一锅浓稠

年前的集市

的腊八粥，睁开眼满屋子就都是谷物的甜香了。

清代李渔的《闲情偶寄》里说“粥饭二物，为家常日用之需”。腊八粥可能是最家常的节日饮食，虽然比平时的粥多了些烦琐，但食材毕竟不难寻找。家中所有，无论谷物还是豆类，不拘多寡都能扔到锅里熬粥，多了谁少了谁不会有太大影响。制作起来也没有粽子、元宵之类那么复杂，需要的只是一份等待的耐心而已。

用方言说起粥的制作，动词不是“煮”而是“熬”。“煮”不过是简单的烹饪方式，而“熬”却多了些天长日久的意味。腊八粥的原料多不易熟烂，小时候家里的炉火烧的是煤泥块，也没有现在的高压锅，很多食材只好提前浸泡。如是红豆之类，甚至要泡上整整一天，等那些原本坚硬干瘪的豆子一个个在水中胀得饱满而柔软时，再按次序下锅。熬粥的过程是一场漫长的磨合，原本五颜六色的食材，在不断地翻腾辗转间慢慢混成面目不清的一团，最后如胶似漆、难分难解。

熬腊八粥的习俗多是由主妇们传承，母亲传给女儿，婆婆传给儿媳妇，母性的宽厚包容于寒冷的冬天给全家人一份熨帖的温暖。如今有了电压力锅，腊八粥的制作变得格外简单了。食材洗净后，一股脑扔进锅里，按下按钮就可以不再理会，几十分钟后，香糯的腊八粥就能出锅了，馋粥的人再也不需要天天盼着腊八日。只是那过程太“快餐化”，仿佛青春少女一夜之间变成沧桑老妇，少了些生活打磨的厚重深沉。

佐粥之物，莫过于咸菜。如果说粥是岁月煎熬出的深谙世故，咸菜就是百味浸渍之后的不改初心。北方的农村，谁家也少不了一堆腌咸菜的坛坛罐罐，白菜、黄瓜、萝卜……就没有不能腌了留着过冬的。缺少新鲜蔬菜的冬天，各类腌菜就是绝佳的救赎。

提起腌菜，父亲总会为故乡的“腌黄菜”抱不平，说是现在人人都说东北的酸菜好，其实哪如正定的腌黄菜好吃，不过是很少有人做了而已。腌黄菜的原料是白菜。北方的农村大白菜永不会少，腌黄菜选的是比较“暄”（松软）的白菜，方言叫“扑棱拨子”，洗过掰开，用石头压在大瓮里。大冬天挖出颗白菜心来吃，“酸得呦，现在可没有那种酸，买的那些都不行”。曾经村里都是烧煤取暖，有人煤气中毒后就拿黄菜汤去灌，据说是可以救命的偏方。

腊八日这天要准备的食物还有腊八蒜。大蒜剥好泡进醋里，装进玻璃瓶子密封起来，然后就看着那些蒜瓣一天天变绿，到年三十时刚好泡好配饺子吃。腌蒜用不完的蒜瓣，用铁丝穿了放到盘子里，泡上水，等着它们发芽，长出长长的蒜苗。平常人家养不好水仙那么娇贵的花卉，翠绿的蒜苗可以摆在屋里当花看，剪下来还能炒菜、包饺子，中看又中吃，是粗茶淡饭过日子的实惠。

年集上的“土快餐”

过了腊八就是年。腊八粥喝完，就要开始置办年货了。鸡鸭鱼肉、干鲜果品、一家人的新衣服，甚至油、盐、酱、醋、十三香等，一堆的东西都要购置。

置办年货最物美价廉的所在是集市。腊月里的集叫“年集”，比平时要热闹得多。集市上多了些花花绿绿的糖果、红红火火的对联、五颜六色的年画……于是便多了些节日的气氛。一大袋一大袋往家拎瓜子、花生的男人和花布摊前反复挑拣着新衣布料的女人，把这种氛围助推得更加热烈。心气高些的主妇也许还会在绢花摊上挑个漂亮的花瓶和几枝鲜艳的绢花，带回去给打扫一新的家里添些点缀。

平时省吃俭用，到了过年终于可以稍稍放纵一下自己，置办年货的过程是对一年辛苦的犒赏。消费的快感很少有人能够拒绝，在购物没那么方便的农村，集市的存在绝不仅仅是一个商品交流的场所，更是一场不亚于节日的小小狂欢。大一些的乡镇都有自己的集市，大多是按照农历五天一集，一六、二七、三八、四九、逢五排十，周边哪个村子哪天有集，村里的大妈大姐们如数家珍。像是城市女子周末会相约逛街购物，到了赶集的日子，村里的女人们给自己放上半天假，呼朋唤友，打扮一新，集市上逛一圈，看看热闹也是开心。逛累了，守着床子轧碗饸饹，或者扒糕摊上打一块扒糕，那种打破了日常生活节奏的感觉能给自己增添不少乐趣。

各式“土快餐”是农村集市的一景，而赶集的“标配”就是缸炉烧饼。

饸饹是荞麦面轧的面条，忙碌的饸饹床子和热气腾腾的大锅，或许是很多人对于赶集印象最深的记忆。之所以在集市上如此普及，主要是因为制作方便。吃饸饹不叫“煮”，而是要说“轧”，用的是种特别的工具——饸饹床子。饸饹床子是木制的，一个圆孔，底部镶个有许多圆眼的铁片，和好的面团放在圆孔里，上面木杠子上的杵棒轧下来，铁片底下漏下的就是面条的形状了。底下架上口大锅，轧好的面在开水里一滚，捞出来浇上卤就能吃，简便快捷，多少人吃都能供得上。轧上一碗冒着热气的饸饹，最好再配上个香脆的缸炉烧饼，倘若更讲究点，还可以在烧饼里夹上块猪头肉，就是一顿廉价的“大餐”。

正定街头市场

[1] 王祯:《农书》卷七，收入《钦定四库全书》，第 146 页。据知识图谱数据库：https://cnkgraph.com/Book/KR3d0005_007?key=北方山后诸郡多种#page_7-14b。

饸饹是典型的粗粮食品，主要原料是荞麦面。元代王祯的《农书》里“荞麦”的条目记载：“北方山后诸郡多种，治去皮壳，磨而为面，摊作煎饼，配蒜而食。或作汤饼，谓之‘河漏’，滑细如粉，亚于麦面，风俗所尚，供为常食。”[1] 里面的“河漏”便是饸饹。“红根绿叶开白花”的荞麦周期短、耐寒瘠、易长易收，常常是别的作物遭了灾，就赶紧补种荞麦挽回损失。跟小麦比起来，荞麦就是谷物里的灰姑娘，纯真质朴、随遇而安，连带荞麦制成的食品也只是乡野小吃，很少能登上大雅之堂。不过，灰姑娘也不是没有成为公主的时候，比如石家庄一带有名的无极饸饹就在当地的婚礼上扮演着重要的角色。据说，以前无极县举办婚礼的前一天称为“安棚”，“安棚”这天的午餐一定要吃饸饹，“安棚饸饹起轿糕”，寓意白头偕老。

现代饮食中粗粮越来越受重视，荞麦的身价水涨船高，各种荞麦制作的食品也随之变得金贵起来。比如荞麦面做的扒糕，现在的小贩们会往里面掺白面降低成本。

小时候去赶集，最馋的就是扒糕摊子。一张小桌，两条长凳，卖家掂起一块圆饼状的扒糕，在手心里用刀切成条，码在盘子里端上来。吃扒糕有特殊的工具——扒糕叉，是一根竹片做成的小叉子，叉了扒糕蘸酱油、醋来吃，最少不了的调料就是蒜汁。扒糕算是小吃里的“糟糠之妻”，制作过程汤汤水水、稀里糊涂，做成后，模样灰扑扑一团并无可取，入口还有点粗糙，细品起来却是温柔细腻，而且配什么调料都合宜入味。

扒糕是老家正定古城的特色小吃。“正定府三件宝，扒糕、粉浆、豆腐脑。”豆腐脑如今也还是集市和早餐摊上的常客，只是据年纪大点的人们说，当年卤水点的“老豆腐”已经不常见了，卤也不如从前。父亲说城里原来豆腐脑的卤是用肉汤，卤汁里加着各种菜，现在完全就是酱油汤了。至于粉浆则已经绝迹，粉浆是做粉条时沥出的汤，晒在太阳地里发酵以后制成的，喝起来有种特殊的味道。正定人喜欢喝粉浆都留下了典故，说听着远处呼呼作响，有人喊是天上“雨漠”（大概类似雷声之类）来了，要下雨了，然后就会有人说，那可不是雨漠，是正定府的人们在喝粉浆。

当年，正定城关是繁华地界，集市比周边的乡村频繁，不是五天而是三天一集，农历逢单都会有集市，未免少了些期待。现在购物越来越方便，赶集更是“老皇历”了。集市的魅力，来自那种贸易云集、街市繁华间异质生活的吸引，人们永远是向往更新鲜的生活的。比如现在集市上烤肠、炸鸡之类的“洋气”零食，对于孩子们的吸引远远超过了扒糕之类的“土快餐”，很多集市上也卖起了米线之类的南方食品，而年轻的一代则更喜欢去代表了现代生活的商场、超市购置年货。

平民式“豪宴”

新衣准备好了，年货备齐了，午后或者傍晚，村子里不时会响起密集的鼓点，是年轻人为了正月里“耍玩意儿”（花会表演）进行的演练。在咚咚的鼓声里，新年进入了倒计时，腊月二十三，糖瓜粘；腊月二十四，扫房日；腊月二十五，做豆腐；腊月二十六，去买肉……过了小年，每天都有每天的安排。

这个时候，家家户户过年筹备的重头戏也就开始了——做年菜。

据说 20 世纪 80 年代以前，村里人家都还养猪，辛辛苦苦养上一年，进了腊月就到了杀猪的时候。猪肉，要么自己煮煮或者做成肉菜，要么就腌起来存在瓮里日后慢慢吃，节省点的人家，杀猪的肉能吃上多半年，至今很多地方还都是这样的做法。不过，我老家所在的正定县西关村做的年菜有点特别，就是如今已是河北省非物质文化遗产的“正定八大碗”。

“八大碗”其实不止八道菜，而是八盘凉菜、八盘热菜、八个蒸碗一整套的席面，也叫“三八席”。中国人做什么事都喜欢讨个吉利，一张八仙桌，坐上八个客人，端上三八二十四道菜，有凉有热、荤素搭配、四平八稳、团圆吉庆是西关人宴客的最高待遇，一般只有过年和结婚喜宴时才会拿出来用。

问起“八大碗”的来历，书本上查不到，村里也没有人能说得清。常山赵子龙名闻天下，正定本地诸多物产总喜欢和他扯上关系，因此有赵云四碗肉菜犒赏三军的故事，不过这传说太过附会，当不得真。论起蒸菜文化倒是源远流长，气蒸法是中国最古老的烹饪方式之一。魏晋之际谯周撰写的《古史考》记载，“黄帝始造釜甑”“黄帝蒸谷为饭”，而早在仰韶文化时期就有了用于蒸制饭菜的陶甑，这种由陶鼎和陶釜组合而成的炊具可算是最早的蒸锅了。北魏贾思勰的《齐民要术》中有“蒸法”，记载了多种蒸制菜肴的方法，其中“蒸豚法”说:“肥豚一头十五斤，水三斗，甘酒三升，合煮令熟。漉出，擘之。用稻米四升，炊一装；姜一升，橘皮二叶，葱白三升，豉汁涑饙，作糁，令用酱清调味。蒸之，炊一石米顷，下之也。”听起来和现在正定做蒸碗的方法诸多类似。“八大碗”不只正定有，其实很多地方如北京，山东滕州和临清、安徽，甚至满族、回族、布依族等，都有自己的“八大碗”，形式类似，内容却是各自就地取材，碗里蒸的都是各地的特产。

西关村的老人杜计皂是位民间的“大厨”。当地方言把在红白喜事上给人帮忙称为“攒忙”，杜计皂就是位常被乡亲们请去“攒忙”的主厨，制作“八大碗”的手艺在村里也

农家蒸锅

“八大碗”出锅

是数一数二。据他回忆说，从前人们生活条件差，做的年菜品种少，品位也差，简陋点的宴席就是白菜上放些肉片。民国年间，从保定来了一位姓王的厨师，在正定收了七个徒弟传授厨艺，其中的一个就是西关村的杜凤池。杜凤池是杜计皂的本家哥哥，年纪比他大很多，学了手好厨艺后，村里乡亲们谁家过事或者做年菜时，常常请他来帮忙，就这样完善了蒸碗的菜式，“八大碗”的宴席格局从此渐渐固定了下来。

八凉、八热、八个蒸碗，其实只是个数量上的形式，并不拘于是哪几种菜肴。这就有了一定的自由度，丰俭由人，还能不断加入新的菜式。像八个热菜，往常因为过年时新鲜蔬菜少，用的多是干豆角、大头菜、春不老之类，现在就可以加些时新的蔬菜。八个蒸碗称作“四搭四扣”，“四扣”是四个荤菜，常见的是扣肘、酥肉、腱条、方肉等；“四搭”是四个素菜，主要有清汤萝卜、豆腐、粉条、海带等。除了这几样，常见的蒸碗还有米粉肉、江米肉、白菜卷、腐皮肉、芙蓉肉、江米丸子等，多种多样，喜欢吃什么就能做什么。现在蒸碗里会做的喇嘛肉，据说就是从山西乔家大院的名菜“一品喇嘛肉”引进的。至于凉菜，据杜计皂老人说，20世纪60年代以前，正定城里曾有著名的四道下酒菜——鸡丁、崩肝、干炸腹肋、缯肘花，他还曾有幸吃过，做法却不甚了解，只能推测出来一星半点。崩肝如今是正定名声在外的特产，但他感觉吃起来也不是曾经的味道了。

“八大碗”最主要的食材是猪肉。猪肉是最具平民气质的肉类——牛羊肉略显“贵族”，鸡肉廉价却不过瘾，鱼类又太过精细，只有猪肉最易普及，能简单粗暴地补充腹内缺失的油水。平民宴席上玩不来《红楼梦》里“茄鲞”那样十只鸡只为衬托一个茄子的迂回精致，正定的“八大碗”就是为了猪肉存在的。二十四道菜里压轴的是八个“蒸碗”，而蒸碗里最重要的则是“四扣”的四碗肉菜，其他的所有菜式都是为了烘托它们的存在，目标简单明确——解馋。“四扣”无一不是油腻肥厚，细嚼慢咽未免失了风味，最是要大快朵颐才能尽兴。因为猪肉的平实，这样大碗吃肉的豪放却也不是梁山好汉“切几斤牛肉”那种野气，而多了些冀中南平原安善百姓的朴拙。《隋书·地理志》中对于本地风俗有着“恒山、赵郡……人多敦厚，务在农桑，好尚儒学而伤于迟重”的评语，民风与饮食习惯恰是一脉相承。

既然是“杀猪菜”，猪身上的一切自然是“物尽其用”，不叫浪费了一丝一毫。剔骨、分割，肘子用来做扣肘、里脊用来炒菜、通脊可以做馅、硬五花（靠近上部的正肋）用来蒸碗、软五花（靠近腹部的正肋）用来蒸江米肉和米粉肉、猪头用来压猪头、内脏可以卤煮、猪皮用来做焖、猪板油可以炼油炸各种东西，甚至泡骨头的血水、清汤都会用到……家里做菜时往往炉灶有限，时间上便要有所算计，哪样先下锅，哪样后下锅，哪个步骤可以和哪个一起进行，都会有精心安排，以使效率达到最高。村里人不懂什么统筹管理，靠的就是多年的经验积累和精打细算过日子的生活智慧。

虽名为“蒸碗”，但烹饪的手法却不仅仅是一个蒸字。蒸碗用的肉、内脏、骨头、猪头还有做皮冻的尾巴、猪爪、肉皮等都需要先煮。菜做得好不好，一锅煮肉汤是关键。不同用途的肉煮的时间长短也不一样，一一按顺序煮好，汤也要清好留出备用。蒸碗的肉煮好后，捞出擦干，在肉皮上抹上面酱，过油炸到肉皮上布满小气泡，颜色介于红黄之间时就捞出来。需要炸的东西很多，除了肉，还有豆腐、丸子、山药、江米丸子之类，次序是不坏油的先炸，坏油的最后放。

炸好之后就到了最具特色的 -步——装碗。不同种类的肉块，这个时候要先切成不同形状。肘子带皮留 3 厘米，切成 2 厘米宽的条再斜刀切成菱形块，烧肉是两刀一片，讲究的是一刀断一刀连。考验刀工的时候到了，蒸碗能成宴席也可作为家常菜，就是在这样的地方拉开差距。装好上锅蒸，先不加任何调料蒸一小时，趁热滗出碗里的汤，然后加入种种调料，添上清汤至满碗，锅里加满水，蒸到开锅后半小时，这才终于算是做好。

蒸好的菜放起来，什么时候吃，就把碗里的肉倒扣到另一个大点的碗里，浇上花椒水、酱油兑的汤，上屉蒸热就能端上桌了。装碗时都是肉皮朝下，这样一扣，肉皮就朝上了，圆圆地扣在碗里。当地人把蒸碗叫作“扣碗”，就是因为这个倒扣的过程。

丰年留客足鸡豚

“八大碗”的制作手艺在村里没什么刻意地传承，大多是口传心授、父辈传子辈，大家都是在灶台边上慢慢看会的，因此每家的蒸碗都有自己不同的味道。时至今日，村里养猪的人家已经寥寥无几，腊月里杀猪的声音是听不到了，但家家户户也还都要买点猪肉做上几碗蒸碗自己吃或者宴客送人。做得少的人家自己动手，讲究些的则会约了有经验的乡亲来家里主厨。无论是自己还是请人，做年菜都是个“兴师动众”的过程，得要一家老小齐上阵，整整忙活一天甚至两天，热闹程度堪比过年。

蒸碗原来用柴火，现在用煤火，但都要用大锅。旺旺的炉火映得人脸红彤彤的，热气蒸腾间一家人穿梭往来，煮肉、炸东西、刷酱、装碗，分工合作，恨不得多生出几双手脚。从早忙到晚，眼角眉梢却没有太多疲惫，只是一起讨论着过年的种种打算，欢声笑语，齐心协力忙活着年终岁尾家里的这一宗大事。煮肉的香气钻进鼻孔直通到心里去，把心里烘得热腾腾的，然后从心底翻出快乐来。那个过程中，亲情似乎成了看得见、摸得着的东西。春节是个阖家团圆的日子，团圆的氛围从这个时候其实已经开始了。

需要提前做好的不只是蒸碗，还有炒的热菜。村里传统的习俗，过年这几日不兴起火炒菜。年前要把该炒的都炒好，一份一份盛在盔子里存放起来，寒冷的天气就是最好的冰箱。要吃的时候舀出一块盛到碟子里，搁到锅里一蒸就能吃。除了这些菜，还要把正月里要吃的馒头准备好，或买或蒸，馒头顶上拿粒完整的大料蘸上红颜色点几个花瓣似的红点，小孩子们都会念："八个碟子八个碗，白面馍馍红点点。"

忙忙碌碌着，终于万事齐备。年三十到了，村里每条街巷都打扫得干干净净，街上挂上了"花花纸"（染得红红绿绿的花纸装饰，一排四张，有的上面还会写点吉祥话），家家户户贴上了新对联，年的气息便呼之欲出了。下午鞭炮声渐渐连成了片的时候，一家人开始凑在一起包饺子——除夕的年夜饭。

除夕夜包饺子说道颇多，不能说"包完了"，不能说面或者馅"不够"了，不能说煮"烂了""破了"，年纪小记不住那么多忌讳，说错了总会惹来母亲一顿教训。有时还会往一个饺子里包上一枚硬币，等煮好了谁吃出硬币，谁就是这一年最有福气的人。

精心准备的"八大碗"要在过年待客时才亮相。提起宴客的规矩，"正定八大碗"非物质文化遗产传承人宋秀海说，从前吃不起这么多肉，过年最多是买点肉做上两道肘子方肉，上菜时端到桌上。那时吃饭时规矩大，主人动筷后客人才能动，主人让哪道菜客人就夹哪道菜。主人让遍满桌的菜，就是不往中间这两道肉菜下筷子，客人也只好保持默契不动，直到散了席，这两道菜原封不动撤下去，下次待客依然如是。正月过完了，最后一次吃席，主人这才大方地把肉皮翻开，一桌人分掉这两碗肉菜。如今，人们早已不缺吃喝，过年时伙食只会更好，鱼生火、肉生痰，大鱼大肉吃惯了，对着这几道硬菜，却是宁可寻了清汤萝卜之类素净的菜吃。

待客时的食物除了"八大碗"，饺子也必不可少。都说"好吃不过饺子"，饺子在当地被视为最高级别的食物。春节期间，自家要吃饺子，待客要吃饺子，上供要供饺子，上坟也要包饺子带去……农历正月初一到正月十五，饺子能把人吃到审美疲劳。待客吃饺子的习惯，不同地方各不相同，"送客的饺子接风的面"，县城一带的人家往往会在客人临走前下一锅饺子，务必让人吃得饱饱的再出门；而稍远的乡下则是客人一进门就赶紧煮饺子招待，回头中午再摆席喝酒。十里不同乡，八里不同俗，不同的习俗留下了段子：乡里人笑话城里人不实在，城里人进门先让喝茶水，左一碗茶水右一碗茶水，混个水饱，上席时啥也吃不下了，哪像他们那里，一进门饺子先管饱。

腊尽春回，除旧布新，随着时代的发展，春节的习俗一变再变，祭祖、祈福之类的内容日渐淡化，如今的春节似乎只剩下了一个沟通亲情的职能。整个正月，人们都在忙着走亲访友，摆一桌传统的宴席，叙叙一年的寒温，尽管食物已不是以往那种平时求之不得的珍贵，但熟悉的味道却可以直接连通血脉相连的亲情。

“八大碗”宴席

燕赵诗话

文 / 安期生

苦主卢仝

范阳卢氏，老祖宗卢植，东汉时师从太尉陈球和大儒马融，同学是响当当的郑玄、管宁和华歆。毕业后，他回到涿县教书，学生有刘备、公孙瓒、高诱等人。曹操当年北征乌桓，经过涿郡时跟太守说：“故北中郎将卢植，名著海内，学为儒宗，士之楷模，乃国之桢干也。”[1]专门派丞相掾去扫墓。曹魏时置范阳郡，涿县属之，故称“范阳卢氏”。卢植的后人在曹魏时期地位显赫，到北魏时期太和改制时列入“卢崔郑王”四姓高门，到唐代位列“七姓十家”，是当时第一等的名门望族。

卢仝虽出身范阳卢氏，但他这一脉似乎命都不太好：爷爷辈的卢照邻少年成名，位列初唐四杰，但一生坎坷，后来还得了风疾，最终不堪病痛折磨，自投颍水而逝。到卢仝这里，不仅狂狷的性情遗传下来，贫苦的家境也被遗传了，元代辛文房的《唐才子传》里说他特别穷，有一个长胡子、披头散发的老奴，一个掉光牙齿且没鞋穿的老婢，吃饭都是靠隔壁的僧人送米。穷成这样，卢仝还拒绝了朝廷的征召，这是因为他对当时宦官专权的朝廷极为不满，后来他专门写了《月蚀诗》讽刺世道，得到韩愈的称道，也招致了很多人的不满。

卢仝活得很矛盾，他一方面对朝廷不满，不想做官；一方面却又衣食无着，不得不结交权贵谋食，这导致他始终不能和自己和解，在诗里说：“努力事干谒，我心终不平。”[2]韩愈到洛阳做官时，对他多有照顾，有一件事可以看出卢仝的生存状态。《唐才子传》里记载：“（仝）尝为恶少所恐，诉于愈，方为申理，仝复虑盗憎主人，愿罢之，愈益服其度量。”[3]卢仝被恶少欺负，本来想找韩愈为自己讨回公道，但是后来又怕牵连到韩愈，就索性作罢。被欺负、怕麻烦人、自己消化，这是典型的社交恐惧，宋代钱易撰写的《南部新书》里说他“性僻面黑，常闭于一室中，凿壁穴以送食”[4]。他有一首诗叫《解闷》[5]，那是非常地闷：

人生都几日，一半是离忧。
但有尊中物，从他万事休。

[1] 陈寿：《三国志·魏志》卷二十二，裴松之注，收入《影印文渊阁四库全书》，台湾商务印书馆，1986，第 24 页。

[2]《御定全唐诗》卷三百八十八，收入《影印文渊阁四库全书》，台湾商务印书馆，1986，第 7 页。

[3] 辛文房：《唐才子传全译》，李立朴译注，贵州人民出版社，1994，第 291 页。

[4] 钱易：《南部新书》卷九，收入《影印文渊阁四库全书》，台湾商务印书馆，1986，第 1 页。

[5]《御定全唐诗》卷三百八十七，收入《影印文渊阁四库全书》，台湾商务印书馆，1986，第 12 页。

从屈原开始，中国诗人就喜欢用“香草美人”自比，把自己的理想主义幻化为一场恋情，卢仝也有这样的抒情诗，比如《有所思》[6]：

当时我醉美人家，美人颜色娇如花。今日美人弃我去，青楼珠箔天之涯。
天涯娟娟姮娥月，三五二八盈又缺。翠眉蝉鬓生别离，一望不见心断绝。
心断绝，几千里。
梦中醉卧巫山云，觉来泪滴湘江水。湘江两岸花木深，美人不见愁人心。
含愁更奏绿绮琴，调高弦绝无知音。美人兮美人，不知为暮雨兮为朝云。
相思一夜梅花发，忽到窗前疑是君。

美人始终没来，苦主卢仝却迎来了死亡。甘露之变时，卢仝正和朋友们在宰相王涯的相府聚会，晚上就留宿在了那里。吏卒把卢仝捉住，卢仝说：“我是卢山人，大家无冤无仇，何罪之有？”吏卒说：“既然是山人（隐士），来宰相的宅院，难道不是罪？”卢仝那时也就四十多岁，但是提前秃了顶，太监们就在他脑后钉了个钉子，用这个怪异的方式结束了这个怪人的生命。这种冤苦，何人可申？

在文学史上，卢仝最有价值的是《月蚀诗》，然而在社会上，卢仝最被称道的是《走笔谢孟谏议寄新茶》[7]：

日高丈五睡正浓，军将打门惊周公。口云谏议送书信，白绢斜封三道印。
开缄宛见谏议面，手阅月团三百片。闻道新年入山里，蛰虫惊动春风起。
天子须尝阳羡茶，百草不敢先开花。仁风暗结珠琲瓃，先春抽出黄金芽。
摘鲜焙芳旋封裹，至精至好且不奢。至尊之余合王公，何事便到山人家。
柴门反关无俗客，纱帽笼头自煎吃。碧云引风吹不断，白花浮光凝碗面。
一碗喉吻润，两碗破孤闷。三碗搜枯肠，唯有文字五千卷。
四碗发轻汗，平生不平事，尽向毛孔散。五碗肌骨清，六碗通仙灵。
七碗吃不得也，唯觉两腋习习清风生。蓬莱山，在何处？
玉川子，乘此清风欲归去。山上群仙司下土，地位清高隔风雨。

[6]《御定全唐诗》卷十七，收入《影印文渊阁四库全书》，台湾商务印书馆，1986，第 10 页。
[7]《御定全唐诗》卷三百八十八，第 4—5 页。

安得知百万亿苍生命，堕在巅崖受辛苦！便为谏议问苍生，到头还得苏息否？

因为这首诗，卢仝被称为“茶仙”。借由七碗茶，玉川子乘清风归去，仙人不会委屈，也不会死去，这也许就是诗的魅力。

卢仝（约 775—835），自号玉川子。唐代诗人，范阳（今河北涿州）人。早年隐居少室山，后迁居洛阳，家境贫寒，刻苦读书，不愿仕进。卢仝性格狷介豪雄，诗亦如之，是韩孟诗派代表人物。有《玉川子诗集》。

刘松年《卢仝烹茶图》卷　南宋　故宫博物院藏

穿越时空的酒

清乾隆二十六年（1761）的《容城县志・艺文》里收录了一场诗歌唱和，发起者是元朝大学者刘因，他写了一首《九日九饮歌》[8]；两百多年后，明人杨继盛加入酒局，写下《和静修九日九饮歌》[9]；又近百年后，孙奇逢入局，写下《和静修九日九饮歌》[10]。这场酒从刘因开始，由杨继盛续杯，由孙奇逢在刘因墓前完结，跨越三百年，表面上是酒局的延续，背后是元、明、清三代高贤德行与文脉的传承。

九日九饮歌

[元]刘因

一饮君听第一歌，谁知此际见天和。醉乡开物工夫密，春意空蒙尚未多。
二饮重赓第二歌，春风毛发欲婆娑。寸心又到欣然处，莫怪山人语渐多。
三饮山人笑且歌，羲皇相去已无多。举杯为向诸君道，自此光阴奈乐何。
四饮须歌第四歌，山人未醉竟颜酡。属君轻摘黄花露，滴向杯心生小波。
五饮初喧四座歌，黄花满意入红螺。人间此乐知无复，鱼鸟闻声亦太和。
六饮相将醉景过，令严斟浅欲如何。秋香正满黄花萼，宜与南山细拊摩。
七饮人惊饮量多，儿童休唱接篱歌。青山一帽千年在，只恐西风不奈何。
八饮人惊饮量过，剧谈不记竟云何。杯中正有春风在，无奈萧萧落叶多。
九饮苍崖藉翠蓑，江山摇落奈吾何。乾坤闭物胚胎密，中有山人第九歌。

刘因（1249—1293），字梦吉，号静修，雄州容城（今属河北）人，宋元之际理学家。幼年颖悟，落笔惊人，与许衡、吴澄并称“元初三大儒”。元至元十九年（1282），应召入朝，为承德郎、右赞善大夫，未几即辞归。元至元二十八年（1291），忽必烈再度征诏，刘因称疾固辞，以治学授徒终其余生。死后追赠翰林学士、资政大夫、上护军，追封容城郡公，谥文靖。著作有《静修先生文集》《刘静修先生集》等。

和静修九日九饮歌

[明]杨继盛

一饮初歌第一歌，乾坤万物属中和。醉乡能发天然乐，况复幽人情兴多。
二饮停杯歌二歌，西风短鬓任婆娑。四时佳兴俱堪赏，谁道当秋百感多。
三饮幽人发浩歌，百年风月属予多。此身不是乾坤蒂，留我苍天欲若何。

[8] 吴思忠等纂《容城县志》，俞廷献等修，台北成文出版社，1968，清光绪二十二年刊本，第 1035—1036 页。

[9] 吴思忠等纂《容城县志》，俞廷献等修，第 1037—1038 页。

[10] 吴思忠等纂《容城县志》，俞廷献等修，第 1039—1040 页。

四饮须听第四歌，傍人休笑醉颜酡。曾经雪浪翻天涌，风落杯中漫起波。

五饮起来鼓缶歌，万年宇宙一红螺。闲中看破盈虚壳，聚散浮沉总太和。

六饮特酣豪兴多，仰天长啸奈吾何。片云忽暗楼头月，只欲凌虚一拂摩。

七饮相看乐趣多，风吹万籁尽浩歌。区区怀抱俱春意，笑尔尚秋奈我何。

八饮自惊饮量过，疏狂成癖竟如何。纵然满似珍珠酒，却恐醉来语更多。

九饮浑忘披翠蓑，圣明恩厚复如何？酿成四海合欢酒，欲共苍生同醉歌。

杨继盛（1516—1555），字仲芳，号椒山，保定容城（今属河北）人，明代著名谏臣。明嘉靖二十六年（1547）进士，历任南京吏部主事、兵部员外郎、狄道典史、诸城县令、南京户部主事、刑部员外郎、兵部武选司员外郎等。明嘉靖三十二年（1553），杨继盛上《请诛贼臣疏》弹劾严嵩十大罪，下狱受尽折磨而不屈，于明嘉靖三十四年（1555）遇害。友人王世贞为其撰《行状》，以此事为原型作传记《鸣凤记》。明隆庆元年（1567），追赠太常少卿，谥忠愍。有《杨忠愍集》传世。

和静修九日九饮歌

[清] 孙奇逢

一饮君听第一歌，萧萧烟壑转清和。双杨耸峙插天半，想见先生道韵多。

二饮重赓第二歌，乾坤舒卷任婆娑。莫愁当日期功少，翻喜今朝展墓多。

三饮山人笑且歌，晋家处士孰居多。尧天万古尤容许，胜国荆榛奈我何。

四饮须歌第四歌，幽人未饮已颜酡。腹鳞唇甲方酣战，尺水无风自起波。

五饮初喧四座歌，太行徙倚吐青螺。非凭酒力当风力，坐对先生分外和。

六饮相将醉景过，问心不语意如何。半生有志今摇落，仍欲从头细抚摩。

七饮人惊饮量多，牢骚忽而起悲歌。腐儒不识真儒意，横肆讥弹可奈何。

八饮人惊饮量过，百年天地竟如何。好留底本归桑海，英略雄图未足多。

九饮苍崖籍翠蓑，羲皇一枕乐如何。椒山曾为怜同调，愧我樽前漫和歌。

孙奇逢（1584--1675），字启泰，一字钟元，世称夏峰先生，直隶容城（今属河北）人，明清之际理学家。明万历举人，明亡隐居不仕。明天启年间，魏忠贤专权，陷害杨涟、左光斗等人，孙奇逢与友人积极营救，被称为“范阳三烈士”。明末盗贼纵横，孙奇逢携家人故旧居易县五峰山，创立双峰书院。明亡后拒绝清廷征召，隐居讲学于辉县夏峰村，世称夏峰先生，与黄宗羲、李颙并称“清初三大儒”。著有《理学宗传》《读易大旨》《四书近旨》《夏峰先生集》等。

纪晓岚题跋钱旭《山水十开图册》

纪晓岚老故事

《阅微草堂笔记》是纪晓岚晚年编的“故事会”，其中很大篇幅是在避暑山庄陪皇上之余写的，从清乾隆五十四年至清嘉庆三年（1789—1798），历时九年写成二十四卷，包括《滦阳消夏录》《如是我闻》《槐西杂志》《姑妄听之》《滦阳续录》等。清代擅长讲小故事的还有蒲松龄和袁枚，但由于纪晓岚有因泄密被贬到新疆的经历，所以他记录的故事从地域角度比其他二人要更丰富，其中还不乏路上历经生死的亲身体验。鲁迅在《中国小说史略》中评价《阅微草堂笔记》说：“惟纪昀本长文笔，多见秘书，又襟怀夷旷，故凡测鬼神之情状，发人间之幽微，托狐鬼以抒己见者，隽思妙语，时足解颐，间杂考辨，亦有灼见。叙述复雍容淡雅，天趣盎然，故后来无人能夺其席，固非仅借位高望重以传者矣。”[11]

智狐[12]

沧州刘士玉孝廉，有书室为狐所据，白昼与人对语，掷瓦石击人，但不睹其形耳。知州平原董思任，良吏也，闻其事，自往驱之。方盛陈人妖异路之理，忽檐际朗言曰：“公为官颇爱民，亦不取钱，故我不敢击公。然公爱民乃好名，不取钱乃畏后患耳，故我亦不避公。公休矣，毋多言取困。”董狼狈而归，咄咄不怡者数日。刘一仆妇甚粗蠢，独不畏狐。狐亦不击之。或于对语时举以问狐。狐曰：“彼虽下役，乃真孝妇也。鬼神见之犹敛避，况我曹乎？”刘乃令仆妇居此室。狐是日即去。

张铉耳梦诗[13]

沧州张铉耳先生，梦中作一绝句曰：“江上秋潮拍岸生，孤舟夜泊近三更。朱楼十二垂杨遍，何处吹箫伴月明。”自跋云：“梦如非想，如何成诗；梦如是想，平生未到江南，何以落想至此？莫名其故，姑录存之。桐城姚别峰，初不相识，新自江南来，晤于李锐巅家，所刻近作，乃有此诗。问其年月，则在余梦后岁余。开箧出旧稿示之，共相骇异。世间真有不可解事，宋儒事事言理，此理从何处推求耶？”又海阳李漱六名承芳，余丁卯同年也。余厅事挂《渊明采菊图》，是蓝田叔画。董曲江曰：

[11] 鲁迅：《中国小说史略》，江苏文艺出版社，2007，第165—166页。
[12] 纪昀：《阅微草堂笔记 · 滦阳消夏录一》，上海古籍出版社，2010，第1页。
[13] 纪昀：《阅微草堂笔记 · 滦阳消夏录二》，上海古籍出版社，2010，第21页。

"一何神似李漱六！"余审视信然。后漱六公车入都，乞此画去。云平生所作小照，都不及此。此事亦不可解。

风穴奇闻[14]

唐太宗《三藏圣教序》，称风灾鬼难之域，似即今辟展土鲁番地。其地沙碛中，独行之人往往闻呼姓名，一应则随去不复返。又有风穴在南山，其大如井，风不时从中出。每出，则数十里外先闻波涛声，迟一二刻风乃至。所横径之路，阔不过三四里，可急行而避。避不及，则众车以巨绳连缀为一，尚鼓动颠簸，如大江浪涌之舟。或一车独遇，则人马辎重皆轻若片叶，飘然莫知所往矣。风皆自南而北，越数日自北而南，如呼吸之往返也。余在乌鲁木齐，接辟展移文，云军校雷庭，于某日人马皆风吹过岭北，无有踪迹。又昌吉通判报，某日午刻，有一人自天而下，乃特纳格尔遣犯徐吉，为风吹至。俄特纳格尔县丞报，徐吉是日逃。计其时刻，自巳正至午，已飞腾二百余里。此在彼不为怪，在他处则异闻矣。徐吉云，被吹时如醉如梦，身旋转如车轮，目不能开，耳如万鼓之鸣，口鼻如有物拥蔽，气不得出，努力良久，始能一呼吸耳。按《庄子》称"大块噫气，其名为风。"气无所不之，不应有穴。盖气所偶聚，因成斯异。犹火气偶聚于巴蜀，遂为火井；水脉偶聚于阗，遂为河源云。

蛇角[15]

《左传》言："深山大泽，实生龙蛇。"小奴玉保，乌鲁木齐流人子也。初隶特纳格尔军屯。尝入谷追亡羊，见大蛇巨如柱，盘于高岗之顶，向日晒鳞，周身五色烂然，如堆锦绣，顶一角，长尺许。有群雉飞过，张口吸之，相距四五丈，皆翩然而落，如矢投壶。心知羊为所吞矣，乘其未见，循涧逃归，恐怖几失魂魄。军吏邬图麟因言此蛇至毒，而其角能解毒，即所谓吸毒石也。见此蛇者，携雄黄数斤，于上风烧之，即委顿不能动。取其角，锯为块，痈疽初起时，以一块著疮顶，即如磁吸铁，相粘不可脱。待毒气吸出，乃自落。置人乳中，浸出其毒，仍可再用。毒轻者乳亦绿，稍重者变青黯，极重者变黑紫。乳变黑紫者，吸四五次

[14] 纪昀:《阅微草堂笔记·滦阳消夏录三》，上海古籍出版社，2010，第 38 页。
[15] 纪昀:《阅微草堂笔记·滦阳消夏录五》，上海古籍出版社，2010，第 74 页。

乃可尽，余一二次愈矣。余记从兄懋园家有吸毒石，治痈疽颇验；其质非木非石，至是乃知为蛇角矣。

沈氏[16]

侍姬沈氏，余字之曰明玕。其祖长洲人，流寓河间，其父因家焉。生二女，姬其次也。神思朗彻，殊不类小家女。常私语其姊曰："我不能为田家妇。高门华族，又必不以我为妇，庶几其贵家媵乎？"其母微闻之，竟如其志。性慧黠，平生未尝忤一人。初归余时，拜见马夫人。马夫人曰："闻汝自愿为人媵，媵亦殊不易为。"敛衽对曰："惟不愿为媵，故媵难为耳。既愿为媵，则媵亦何难！"故马夫人始终爱之如娇女。尝语余曰："女子当以四十以前死，人犹悼惜。青裙白发，作孤雏腐鼠，吾不愿也。"亦竟如其志，以辛亥四月二十五日卒，年仅三十。初仅识字，随余检点图籍，久遂粗知文义，亦能以浅语成诗。临终，以小照付其女，口诵一诗，请余书之，曰："三十年来梦一场，遗容手付女收藏。他时话我生平事，认取姑苏沈五娘。"泊然而逝。方病剧时，余以侍值圆明园，宿海淀槐西老屋。一夕，恍惚两梦之，以为结念所致耳。既而知其是夕晕绝，移二时乃苏，语其母曰："适梦至海淀寓所，有大声如雷霆，因而惊醒。"余忆是夕，果壁上挂瓶绳断堕地，始悟其生魂果至矣。故题其遗照有曰："几分相似几分非，可是香魂月下归？春梦无痕时一瞥，最关情处在依稀。"又曰："到死春蚕尚有丝，离魂倩女不须疑。一声惊破梨花梦，恰记铜瓶坠地时。"即记此事也。

纪昀（1724—1805），字晓岚，一字春帆，晚号石云，直隶献县（今属河北）人，清代学者、文学家。少时即"目逾万卷，心有千秋"，清乾隆十九年（1754）进士，官至礼部尚书、协办大学士等。纪昀学宗汉儒，长于考证训诂，工于诗文，因主持完成《四库全书》的编纂而闻名于世。谥文达。有《纪文达公遗集》《阅微草堂笔记》等著作传世。

[16] 纪昀：《阅微草堂笔记·槐西杂志二》，上海古籍出版社，2010，第 198—199 页。

河北大事年表（三）

1368 年　正月，朱元璋于应天府（今南京）称帝，国号明，年号洪武。

1369 年　正月，置河间长芦都转运盐使司。三月，设北平行中书省，治北平府（今北京）。

1370 年　封四皇子朱棣为燕王，居北平，出旨迁民，以实空地，大量政治军事人员集中，随政府北迁北平附近。

1371 年　收取北平、山东故元五省八翼汉军分隶北平诸卫为军。

1375 年　改燕山都卫为北平都指挥使司。

1380 年　燕王朱棣正式到自己的封地北平就藩。

1381 年　徐达发燕山等卫屯兵一万五千一百人修永平、界岭等三十二处关隘，置山海卫。

次年年底，明长城山海关落成，是为“万里长城第一关”。关城内原有徐太傅祠，俗名“显功庙”，纪念建城决策者徐达。

1388 年　迁山西泽、潞二州民之无田者往真定、彰德、临清、归德等诸处闲旷之地，令自便置屯耕种，免其赋役三年。

“问我祖先来何处，山西洪洞大槐树。”元末明初，经过战争的蹂躏，河北地区居民逃散，人烟稀少，洪武、永乐两朝因而采取了移民实边的政策。被征发的百姓并不情愿背井离乡来到河北的荒原，据说他们是在绳索绑缚下踏上征途，只有如厕时才能得到短暂解脱——于是，汉语多了一个妙词：解手。

四川人都说，我们祖宗是“湖广填四川”而来；广东人都说，我家宋朝时家住开封珠玑巷；东北人都说，我太

镶金错银铜牺尊　战国　河北博物院藏

铜制骑兽人物博山炉　西汉　河北博物院藏

爷爷当年闯关东；河北人都说，我的老家在山西大槐树……

1391 年 朱元璋十九子朱橞被封谷王，就藩于宣府，宣府是战国时燕国上古郡所在地，故称其为谷。

1398 年 闰五月，朱元璋去世，皇太孙朱允炆即位，年号建文，是为明惠帝。六月，朱棣自北平奔丧，明惠帝诏止之。齐泰、黄子澄建削藩之议。

1399 年 七月，燕王朱棣以诛齐泰，黄子澄之名于北平起兵

1402 年 靖难军下南京。五月，朱棣攻入南京城，号称“靖难”。即皇帝位，是为明成祖。七月，革除建文年号，称洪武三十五年。

1403 年 北平改称北京顺天府，改北平行都司为大宁都司，移治保定府。

1411 年 工部尚书宋礼重开会通河，漕粮重达河北。

明、清北京人食用的大米产自南方，由漕运运达，故称江米。北方话至今仍把糯米叫作江米：包粽子，那是江米小枣；吃点心，有江米条。明洪武二十四年（1391），黄河原武段决口，洪水挟带泥沙，淤塞会通河三成以上河段，大运河漕粮北运受阻二十年之久。

1418 年 诏修《天下郡县志书》。

方志是非常重要的历史资料。据朱士嘉先生统计，我国现存宋代方志三十三种、元代十三种、明代八百六十七种。所以，对全国大部分地区来说，明代编修的这批方志就是本地最早的资料宝库。

由于方志刊印较多，藏书家极少收藏，以至今日明刊方志已是非常珍贵的善本。中国乃至亚洲最古老的藏书楼——宁波天一阁藏有大量明代罕见方志，《天一阁藏明代方志选刊》共计影印一百零七种。中国国家图书馆前身——北京图书馆建立时，鲁迅先生主持购买了一大批方志。

1430 年 设易州柴炭山厂。置北直隶巡抚。

紫荆关出产的青信木、白枣木、牛肋木等硬杂木，可以制成火旺耐烧、不生灰烟的绝佳好炭。皇帝取暖的特供

炭，是把易州山厂精选的佳炭截成一定规格尺寸，然后装在刷过红土的小圆箩筐里，所以叫作“红箩炭”，非常有名。

1431 年 诏北直隶地方新开荒田永不起科。

直到几十年前，原北直隶地区仍有大面积荒田可供开垦。

1436 年 置巡抚宣府地方赞理军务。

1440 年 定长芦盐场开中盐例，定常股、存积之法。

1449 年 七月，蒙古瓦剌部首领也先进犯，英宗率军五十万人亲征。八月，英宗被俘于怀来土木堡。十月，也先以送英宗还京为名，犯紫荆关，直抵北京。兵部尚书于谦严守九门，激战五日，也先退兵。

1450 年 闰正月，移易州柴炭山厂于平山、灵寿。八月，也先与明约和，送英宗归京，尊英宗为太上皇，居南宫。

1457 年 柴炭山厂仍迁易州。

1472 年 五月，以北直隶地广，分置顺天巡抚、保定巡抚。

1484 年 京师、永平等府和宣府、大同、辽东同日地震。

1492 年 改“开中盐法”，由赴边纳粮改为运司纳银，领取盐引。定民养官马，每十丁养儿马（公马，与骒马相对）一匹，十五丁养骒马一匹。

顾炎武《天下郡国利病书》:“江南之患粮为最，河北之患马为最。”

古代战争，骑兵强者得天下。人吃马嚼开销巨大，钱从哪里来？朱元璋一拍脑袋：叫老百姓家家给我养马！于是，明朝有了这条基本国策。

民养官马的规定十分严格，寄养在百姓家里的种马，每年必须繁衍滋生，扩大马群；马儿全要膘肥体壮、精神抖擞。若是谁家不能每年如数交上好马，就要以好几倍于市场的价格赔偿，一匹马的价格，至少超过中等人家一年的收入，很多人因此破产。

据说“南方气候不适合养马”，江南地区的马役后来改为征收养马银。而河北接近前线，马政备受重视，明宣德三年（1428）奏准，北直隶每三丁养骒马一匹，二丁养儿马一匹。明政府还派军队为养马提供技术指导。到张居正

铜熏炉　西汉　河北博物院藏

上台，终于革除了民养官马的苛政，此后明朝征收专门经费，交由太仆寺负责购买军马。

张居正的设想近乎完美。可他想不到的是，败家皇帝居然挪用公款，挥霍一空，到明末战争急需战马时，明代马政已经解体。

1498 年 擢右副都御史，巡抚顺天。整饬蓟州边备，建议增筑塞垣。自山海关西北至密云古北口、黄花镇直抵居庸。

1510 年 刘六、杨虎在霸州发动起义，时号“响马盗”。

刘六（宠）、刘七（宸）哥俩出身文安农户，打小喜欢舞枪弄棒。杨虎是交河军汉，娶了一个彪悍的老婆。

刘家哥俩的经历酷似武侠小说：当过捕快，劫过大牢，游走太监和大盗之间。一不小心，哥俩玩大了，刘六、杨虎起义，得众十七万，转略八省，天下震动。

起义失败后，明武宗扒了六个起义领袖的人皮，制成马鞍骑着解气。刘六、刘七倒没受这个罪，他们先后在战斗中阵亡。

1512 年 文学家马中锡病故于狱中。

马中锡（1446—1512），故城（今河北故城东）人，成化十年（1474）乡试解元，成化十一年（1475）进士，明文学家。马中锡为官清正，声誉很高。他晚年受命镇压刘六起义，主张招抚刘六，但没有成功，后来刘六劫掠故城县，因为感念马中锡恩德，未曾伤害他的家人。有小人借机生事，诬陷马和刘六勾结，明天启皇帝昏庸，将马中锡下狱。著作《东田集》，集内《中山狼传》颇有名，塑造了东郭先生和狼的艺术形象，但是否为其所作尚有异说。

1532 年 户部郎中徐元祉治理滹沱河。

1550 年 蒙古俺答部大举内犯，毁边墙而下，至通州，逼京师。鞑靼兵在京师附近焚掠八日而去。

1551 年 应俺答请，开马市，开大同镇羌堡、宣府来远堡马市。

故元北遁，原本携带了大批手艺匠人。谁想二百来年过去，不肖子孙们愣是把手艺丢得精光。到俺答汗的时代，蒙古物资奇缺，很多部民家里连铁锅都没有，吃腻了羊肉

佛立像　北魏　河北博物院藏

比丘道拾等造观音菩萨立像

东魏　河北博物院藏

串，想吃涮羊肉成了一个大问题。明朝大臣知道他们经济困难，越发卡着蒙古诸部的脖子，不许互市。俺答汗被逼得干脆带领人马抢劫，抢走铁锅无数。明朝被抢怕了，这才同意开放边贸市场。

其实明朝也不吃亏，八两银子买一匹好马，比自己养马实惠得多。

1552年 罢马市。

停市的主要原因是蒙古各部实在不大厚道，头一天做完生意，第二天就过来抢劫。

1569年 兵部左侍郎谭纶请筑山海至居庸屯兵御敌台三千多个。

1571—1572年 蓟辽总督谭纶、蓟州总兵戚继光请筑蓟镇敌台一千二百座。

1578年 张居正诏请丈全国田亩。

1581年 全面推行“一条鞭法”。因互市马饶，尽卖民间种马输兵部。停遵化铁场。

1596年 始于畿内开矿。

开矿本来是便民利民的好事，可是明万历皇帝用太监收税，把好事生生变成了坏事。太监身体残缺，容易心理变态，又不怕断子绝孙，所以一个个蚊子肚里刮油，往死里要钱。监矿太监到人家田地房屋所在，随手一指——这里有矿！该户人家必定倾家荡产。

1618年 后金汗努尔哈赤以“七大恨”誓师告天，兴兵反明。明因辽饷缺乏，加田赋，每亩三厘五毫。

明初本有规定，开垦荒田永不起科。

1622年 闻香教教主王好贤、白莲教首领徐鸿儒、于弘志先后起义。

1627年 赵南星病逝。

赵南星（1550—1627），字梦白，号侪鹤，高邑（今河北元氏）人，明文学家。明万历进士，官至吏部尚书。

宦官魏忠贤专权，赵南星、顾宪成、邹元标主持清议与之对抗，世称“海内三君”。赵南星被迫害充军，病故山西代州。崇祯初追谥忠毅。他的正直、傲岸受到全国崇拜。

1629年 农历十月，后金皇太极自喜峰口破口，经遵化、三河、通州，直抵京师城下。袁崇焕自山海关回援北京。

1630年 一月，皇太极还师，归途陷迁安、通州、遵化、滦州诸镇北归。

1634年 后金军再次入长城攻略。

1636年 清兵攻定兴，大儒鹿善继殉城。

1638年 清兵从墙子岭、青山口入长城，前大学士孙承宗殉难。

孙承宗文武全才，知人善任，麾下袁崇焕、鹿善继、茅元仪等将佐人才济济，本可力挽狂澜、只手回天，无奈朝中小人诋毁不断，最终只得黯然归隐。事后，清朝君臣追忆，不由暗称侥幸。

1642年 清兵攻明，从墙子岭、青山口入长城，破蓟州。

1644年 三月，李自成大顺军入北京，明思宗自缢死。四月，李自成攻山海关，总兵吴三桂乞师于清。李自成败归北京，称帝，西逃山西。十月，清世祖即皇帝位，定都北京，建元顺治。十二月，清廷以近京州县“无主荒地”授八旗军士，俗称圈地。

大顺军兵分两路进攻北京。第一路部队主力由李自成亲率，大部自大同东进，攻克宣府之后折而向南，顺着居庸、昌平一路攻到北京；别部由任继荣率领，从固关经真定、保定，会师北京。

另一路部队在刘芳亮指挥下沿着黄河北岸东进，由河南北上，横扫半个河北，最后进京。

1645年 设张家口、古北口满洲章京各一员。谕户部，如民不能资生，欲投入满洲家为奴者，本主秉明该部，果系不能资生，即准投充。六月，谕直省限旬日剃发。

髡发是北方少数民族的象征，当年匈奴等族都有此风俗。剃发胡服，在古人看来，叫作“用夷变夏”，是孔子和朱熹最痛恨之事。所以对汉族人而言，剃头是最痛苦、最屈辱、最无法容忍的大事，剃了头，就代表抛弃一切荣誉，彻底屈服。当时有人作了首无奈的滑稽打油诗：“闻到头堪剃，何人不剃头！有头皆要剃，无剃不成头。剃便由他剃，头还是此头。君看剃头者，人亦剃其头。”

有趣的是，人活一辈子要作髡发系辫装束，死后留给孝子贤孙叩拜的画像，却允许画作汉人模样。这个叫作“活从死不从”。

1648 年 准满汉官民联姻。定官民服制，悉依满装。

可是戏台上却要穿着前明服饰。直到清末，河北梆子、评剧、京剧等剧种方才打破陈规，纷纷上演时装剧。

1651 年 许民出山海关垦地。
1660 年 复置直隶巡抚。
1661 年 复置直隶总督。
1663 年 于遵化州建顺治孝陵。
1669 年 诏永停圈地，无地旗民于古北口等处的边外空地拨给耕种。撤裁直隶山东河南三省总督，直隶巡抚改驻保定府。
1675 年 孙奇逢逝世。
1681 年 建木兰围场。
1686 年 魏裔介卒。

魏裔介（1616—1686），清代著名道学家。清直隶柏乡（今属河北）人，顺治进士。历任左都御史、吏部尚书等职，官至保和殿大学士。治程朱理学，著有《圣学知统录》。

1691 年 收藏家梁清标逝世。
1693 年 改宣府镇为宣化府，统领三州八县。
1698 年 直隶巡抚于成龙治浑河，康熙赐名永定河。

清初有个老于成龙，号称天下廉吏第一；有个小于成龙，乃是治河名臣。小于曾是老于手下。

1703 年 热河行宫正式破土。
1704 年 颜元逝世。

颜元（1635—1704），字易直，号习斋，博野（今属河北）人，清初思想家、教育家。他的学问，既有宋明理学的精微思辨，又包含科技、政治、军事、经济、法律等多方面的实际知识，用他的话说，就是“礼、乐、兵、

三彩塔式罐

晚唐　河北博物院藏

农”，或者“礼、乐、射、御、书、数及兵、农、钱、谷、水、火、工、虞”。其高足李塨得了真传，世称“颜李学派”。

颜元、李塨都是武林高手。

梁启超盛赞颜元：“其对于旧思想之解放，最为彻底。”钱穆推举颜元为清代学术思想第一大师，“前不见古人，后不见来者”。章太炎说，颜元质朴凝重的学风令人钦敬，可谓“[illegible]”。

1711年　热河行宫赐名“避暑山庄”。

地名产生巧合，当地谚云：“避暑山庄真避暑，百姓都在热河中。”

1712年　诏民人出口外耕种者，直隶巡抚查明年貌、籍贯，造册送部，不得任意往返。

1715年　谕直隶村庄筹立义学。

1723年　置热河直隶厅。以直隶巡抚李维钧请，将丁银摊入田亩征收。

1730年　易州雍正泰陵动工。

1731年　改天津直隶州为天津府。

1733年　李塨逝世。

1748年　直隶总督方观承自浙江引种红薯。

1763年　曹雪芹逝世。

曹雪芹（约1715或1721—约1764），名霑，字梦阮，号雪芹，清小说家。满洲正白旗包衣（奴仆）。

1765年　方观承《棉花图》进献乾隆皇帝。

1778年　改热河直隶厅为承德府。

1805年　纪昀逝世。

1810年　设热河都统。

1813年　那彦成刻《莲池书院法帖》石刻。

直隶总督那彦成是大学士阿桂之孙，家藏大量法书名帖。石刻置于保定莲池书院。

1816年　崔述逝世。

崔述（1740—1816），字武承，号东壁，直隶大名（今属河北）人，清学者，乾隆举人。遗作由弟子汇为《崔东壁遗书》。

1824 年　程含章建议疏浚直隶诸河海口，修千里长堤，均奏准。

1831 年　王清任逝世。

王清任（1768—1831），字勋臣，直隶玉田（今属河北）人，清代医学家。其《医林改错》绘有二十五幅人体脏器构造图，比较准确地标明了人体器官位置、构造、功能、血管分布。

1840 年　侵华英军战舰四十七艘、士兵四千人北犯。钦差大臣琦善会懿律于大沽，同意惩办林则徐，议定英船退回南方后谈判解决。驻芦台。

1841 年　一月，清政府对英宣战。五月，《广州和约》签订。

1842 年　撤新疆伊犁镇总兵，移置天津。

1843 年　在芦台设芦台总镇。

1846 年　谕凡康熙年间各省旧建之天主教堂，除已改庙宇、民居者，准其还与该处奉教之人。

1853 年　太平天国将领林凤祥、李开芳、吉文元率兵两万北伐。清廷以惠亲王绵愉为奉命大将军、僧格林沁为参赞大臣，复命恭亲王奕䜣办理巡防事务。

太平天国官制复杂：林凤祥为“天官副丞相”，李开芳为“地官正丞相”，吉文元为“春官副丞相”。

1854 年　英、法、美三国代表率兵船至大沽口要求换约，无果南返。

1855 年　林凤祥、李开芳先后被擒。六月，黄河改道，夺大清河入渤海。

1858 年　三月，英、法、美、俄四国公使分别照会清政府，限六天内派员至大沽谈判修约。四月，英法联军攻陷大沽炮台，清廷以僧格林沁为钦差大臣，督办京津防务。五月，清政府与俄、美、英、法分别签订《天津条约》。

1859 年　英法联军兵船闯大沽口被守军击退。

1860 年　英法兵船两百余艘、兵两万多名攻陷天津后逼进北京。咸丰皇帝避难热河，恭亲王奕䜣为钦差大臣办理和局。

1861 年　咸丰皇帝病死热河行宫，子载淳即位。慈禧太后联合恭亲王奕䜣发动宫廷政变，史称“祺祥政变”。三口通商大臣崇厚在天津组织“洋枪队”，由英国教官进行训练。

1865 年　曾国藩督办直隶、山东、河南三省军务。

1866 年　奕䜣奏准设立天津机器局，崇厚任督办。

在李鸿章辛苦经营下，机器局发展壮大，成为规模巨大、工艺齐全的兵工重镇。被八国联军摧毁之前，机器局甚至可以制造潜水艇。

1870 年　直隶总督曾国藩查办“天津教案”。

1875 年　直隶总督李鸿章、两江总督沈葆桢分别督办北洋、南洋海防事宜，并于直隶磁州、福建、台湾试办煤铁矿。

1877 年　李鸿章创办开平矿务局，唐廷枢出任总办。

1880 年　李鸿章建立津沪间电报线，于天津开办北洋电报学堂。

1881 年　李鸿章于天津机器局内附设北洋水师学堂。唐胥铁路建成通车。

1885 年　李鸿章设立天津武备学堂。

1886 年　王灏汇刻《畿辅丛书》刊成。

1889 年　张之洞奏建卢汉铁路。

1891 年　李鸿章督办关东铁路，于山海关设北洋官铁路局。

1894 年　中日开战，丁汝昌率兵舰巡缉秦皇岛、山海关海域。

1895 年　广西按察使胡芬于天津小站编练新军。

1896 年　直隶总督王文韶、湖广总督张之洞奏请设立铁路总公司，统筹卢汉铁路的修建。山海关北洋铁路学堂创办。

1898 年　总理衙门奏准自开秦皇岛为商埠。直隶总督王文韶奏办畿辅大学堂，劳乃宣为总办。义和团运动兴起。

秦皇岛，第一处中国北方自己开放而不是列强以不平等条约强加的通商口岸。

1900 年　八国联军侵华。美国人胡佛、德国人崔德琳借机骗取、强占开平矿务局。

矿务局开山掌门人唐廷枢去世，执掌朝政的醇亲王就把这个肥差赏给了自己府里的仆人张翼。区区一个奴才能有多大见识？好端端的矿务局被他搞得乌烟瘴气。洋兵轻轻一吓唬，张翼就把国家的矿务局给私“卖”了——偌大的唐山、秦皇岛，居然只卖了五万英镑。

骗子胡佛发了大财，后来当上美国总统。

1902 年 直隶总督袁世凯建立直隶省大学堂，直隶农务学堂，设陆军速成学堂和将弁学堂，天津、保定警务学堂，直隶师范学堂。

畿辅大学堂在八国联军侵华时遭到焚毁。袁世凯于其基础上建立直隶省大学堂，后改称直隶高等学堂，亦称保定大学堂，1913年并入天津大学的前身北洋大学——直隶、北洋两校的西学总教习都是美国人丁家立，学术传统相近。

直隶农务学堂后更名直隶高等农业学堂，并演变为河北省立农学院、河北农业大学。北洋行营将弁学堂即保定军校前身，中国最高军事学府。

按照《庚子条约》，天津不能驻军，袁世凯便以警察作为替代。两警务学堂次年合并为北洋巡警学堂，是中国正规警务教育的开端。

1903 年 袁世凯委派周学熙创办直隶工艺总局。

直隶工艺总局大大促进了河北实业的发展，使河北成为全国近代工业最发达的地区之一。它带动的著名企业有万益有限公司（织造毡呢等物）、济安自来水有限公司、北洋劝业铁工厂、北洋烟草公司、唐山启新洋灰公司等。

1905 年 科举考试废除。京张铁路动工。革命党人、直隶高等学堂学生吴樾行刺出国考察宪政五大臣。

1906 年 袁世凯下令筹建滦州煤矿。

1909 年 张之洞逝世。

张之洞（1837—1909），字孝达，号香涛，直隶南皮（今属河北）人，清末洋务派首领，杰出政治家，中国近代化事业的重要推动者，著名学者、诗人。曾任翰林院侍讲学士、内阁学士等职。著有《张文襄公全集》，今辑有《张之洞全集》。

1912 年 一月，新军发动滦州起义。三月，开平、滦州煤矿合并。

1918 年 张家口至库伦公路竣工。

1921 年 天津工商大学（河北大学前身）创办。

胁侍菩萨立像　唐　河北博物院藏

三彩鸭形杯　唐　河北博物院藏

1922 年　秦皇岛耀华玻璃厂创办。直奉大战爆发。

1924 年　英国地质学家巴尔博、法国博物学家桑志华发现阳原县泥河湾古人类遗址。

1926 年　中华平民教育促进会（简称“平教会”）在河北定县开展乡村“平民教育”实验。

晏阳初领导的平民教育运动，旨在治愈民众贫、弱、愚、私四大病。1926年，晏阳初来到定县翟城村。1929年，平教会亦迁往定县。在平教会努力下，翟城村建成了我国第一个合作社，编写了河北第一部村志。

1928 年　国民革命军二次北伐，奉军退出关外。

1929 年　北京人头盖骨化石出土。

1931 年　九一八事变爆发。中华民族开启了长达十四年的浴血奋战。

1933 年　日本陆、海、空军越过山海关，进犯河北。

1937 年　卢沟桥事变，中国全民族抗战的开端。八路军开辟晋察冀抗日根据地。

1940 年　日军发动“扫荡”，八路军发起“百团大战”。

1945 年　日本投降。

1946 年　全国内战爆发。

1948 年　平津战役打响。

1949 年　平津战役结束，河北全境解放。